Joachim Bauer | Michael Haspel (Hrsg.)

Jakob Strauss und der reformatorische Wucherstreit

Die soziale Dimension der Reformation und ihre Wirkungen

EVANGELISCHE VERLAGSANSTALT
Leipzig

Bibliografische Information der Deutschen Nationalbibliothek
Die Deutsche Nationalbibliothek verzeichnet diese Publikation in der Deutschen Nationalbibliografie; detaillierte bibliografische Daten sind im Internet über http://dnb.dnb.de abrufbar.

Das Buch wurde auf alterungsbeständigem Papier gedruckt.

Cover: Kai-Michael Gustmann, Leipzig
Satz: Steffi Glauche, Leipzig
Druck und Binden: Hubert & Co., Göttingen

ISBN 978-3-374-05150-2
www.eva-leipzig.de

Jakob Strauss und der reformatorische Wucherstreit

Inhalt

Einleitung

Zins und Wucher spielten in den Auseinandersetzungen der Reformationszeit eine nicht unerhebliche Rolle. Ihre Bedeutung für die soziale Attraktivität reformatorischer Initiativen wird in der gegenwärtigen Rezeption der Reformation in Forschung, Kirche und Öffentlichkeit hingegen wenig beachtet. Der Eisenacher Reformator Jakob Strauß, Prediger an der Georgenkirche, hat 1523 51 Artikel gegen den Wucher veröffentlicht. Er wendet sich dabei nicht nur gegen überhöhte Zinsen, sondern verurteilt Geldverleih für Zinsen generell als nicht schriftkonform. Er schließt die damals üblichen Formen das Wucherverbot zu umgehen, wie etwa den Wieder- bzw. Rentenkauf, in seine Kritik ausdrücklich ein. Beim Rentenkauf wurde das Verleihen von Geld gegen Zinsen als Kaufgeschäft dargestellt. Als Sicherung diente in der Regel eine Immobilie, oft das Ackerland, von dem eine bäuerliche Familie lebte. Wurde dies im Falle des Zahlungsverzuges gepfändet, waren die Eigentümer oftmals in ihrer Existenz bedroht. Gleichwohl wurde der Rentenkauf von der römisch-katholischen Kirche und reichsrechtlich zunehmend akzeptiert.

Ein wesentlicher Grund für die Zunahme von Finanzgeschäften ist die Entwicklung der Geldwirtschaft seit dem 12. Jahrhundert. Durch Fernhandel, Kreuzzüge und Kriege und nicht zuletzt die Entwicklung der herrschaftlichen Höfe und der Kathedralbauten gewinnt Geld enorm an Bedeutung und verschiedene Formen von Krediten entfalten sich. Die entstehenden staatlichen Strukturen befördern deshalb die Entrichtung der Abgaben in Geld statt in Naturalien.

Neben jüdischen Geldverleihern und den Klöstern treten in diesem Kontext auch christliche Geldverleiher hinzu, die teilweise in Konkurrenz zu den jüdischen geraten. In diesem Zusammenhang verstärken sich anti-judaistische Klischees, obwohl über lange Zeit das Verleihen von Geld durch Juden an Christen als feste gesellschaftliche Institution angesehen wurde.

Theologie und Kirche sahen sich durch die wirtschaftliche Entwicklung herausgefordert, einerseits das biblische Zinsverbot aufrechtzuerhalten, andererseits aber auch das wirtschaftlich notwendige Kreditwesen zu ermöglichen. Hier hat es in der Scholastik durchaus produktive Ideen, etwa bei Gabriel Biehl und auch bei Luthers Kontrahenten Johann Eck gegeben.

Strauß und Luther nehmen hier konservative Positionen ein. Sie halten mit Aristoteles Geld an sich nicht für fruchtbar – was nicht unbedingt der ökonomischen Praxis gerade im Süden und Westen Europas entsprach. Deshalb traten sie für die Durchsetzung des biblischen Zinsverbotes beim Geldverleihen ein, akzeptierten allerdings moderate Pachtzinsen auf Land und Immobilien. So können wir vorläufig festhalten, dass sich im reformatorischen Wucherstreit theologische Fragen, insbesondere das Bibelverständnis, mit ökonomischen, insbesondere der Geldtheorie, mischen.

Hinzu kommt eine weitere Dimension. Die höhere Abgabenlast, Missernten und die Pest hatten schon im 15. Jahrhundert die Schuldenlast in großen Teilen der Bevölkerung erhöht. So wird es auch aus Eisenach berichtet. Die Wucher-Kritik von Jakob Strauß hatte also wesentlich eine soziale Dimension. In Eisenach kommt hinzu, dass seine Artikel nicht etwa gegen Banken und Spekulanten, sondern gegen die geistlichen Herren in Eisenach gerichtet sind, die Geld und Land für hohe Zinsen vergeben. So richtet sich Strauß' Wucherkritik nicht gegen jüdische Geldverleiher, wenn auch anti-jüdische Ressentiments in seinen Schriften erkennbar sind.

Viele Bürger wurden, etwa wenn durch Missernte die Zahlungen nicht geleistet werden können, überschuldet und Strauß versucht hier Gerechtigkeit zu schaffen. Er prangert aber nicht nur das Zinsnehmen an, sondern vertritt die Auffassung, dass auch diejenigen, die Zinsen geben, Sünde tun. Deshalb ist für Jakob Strauß die Zinsfrage primär eine theologische und erst sekundär eine sozialethische. Für ihn ging es um die Frage, welches Handeln aus dem Glauben folgt. Entscheidend ist für ihn ein wörtliches Verständnis der Bibel und er unterscheidet – anders als Luther – nicht zwischen der Sphäre des Glaubens und der Sphäre der Politik und Wirtschaft.

In der damaligen Situation ist das sozialer Sprengstoff. Und für die Mehrheit der Menschen eine attraktive Option, ihre sozialen Probleme zu lösen und gleichzeitig das Seelenheil zu gewinnen. Die reformatorische Botschaft Strauß‘ hat die kirchliche Praxis der römisch-katholischen Kirche und deren Finanzierungsgrundlage zugleich im Kern angegriffen. Auch die Finanzierung der weltlichen Herrschaft war dadurch bedroht.

Die Wucher-Frage ist auch insofern reformationsgeschichtlich spannend, weil sie zumindest indirekt mit der Ablassproblematik verbunden ist. Beides waren wichtige Einnahmequellen der Kirche. Viele derer, die den Ablass für richtig erachteten, hielten auch das Zinsnehmen für erlaubt, z. B. Luthers Gegner Johann Eck, der eng mit den Fuggern in Beziehung stand.

Die sozialethische Dimension der theologischen Auseinandersetzungen in der Reformationszeit wird meist wenig beachtet. Aber sie war wichtig, denn die hohen Zinsen hielten diejenigen, die kein eigenes Kapital und keinen Landbesitz hatten, oft über Generationen hinweg in Abhängigkeit und Armut. Und für viele Menschen damals in Eisenach und Mitteldeutschland werden die theologischen Begründungen vermutlich nicht immer durchschaubar gewesen sein. Sie haben wohl auch deshalb so enthusiastisch auf die Botschaft der Reformatoren gehört, weil die geistliche Freiheit auch Befreiung aus weltlichen Zwängen verhieß.

Mit Strauß in Eisenach begegnen wir einem eigenständigen Reformator, dessen reformatorische Kritik sich nicht auf die Wucherfrage beschränkt, sondern auch die Reform der Buße, der Sakramente und des Gottesdienstes umfasst. Damit gehört er zu den Reformatoren, die im Thüringer Raum bis 1525 die reformatorische Bewegung prägen und durchaus eigene und andere Akzente als Luther und die Wittenberger Theologen setzen. Erst der Bauernkrieg hat Herzog Johann veranlasst, die reformatorische Bewegung gemäß dem Wittenberger Modell zu zentralisieren und in das territorialstaatliche Herrschaftsgefüge domestizierend einzufügen.

Die reformatorischen Ansätze waren in dieser Hinsicht wirtschaftlich attraktiv: Man brauche keinen Ablass mehr kaufen, um das Seelenheil zu erlangen, man brauche den geistlichen Herren keine Abgaben mehr entrichten und schließlich auch keine Zinsen mehr bezahlen.

Diese Zusammenhänge und die daraus resultierenden Fragen wurden in der Tagung »Vom Wucher zur Internationalen Finanzkrise. Die soziale Dimension der Reformation und ihre Wirkungen« aufgegriffen, die vom 11.–13. November 2016 in Eisenach gemeinsam von der Friedrich-Schiller-Universität Jena und der Evangelischen Akademie Thüringen veranstaltet wurde. Dabei kam es einerseits darauf an, die historischen Ereignisse in Eisenach weiter zu erhellen und in den weiteren Zusammenhang der Reformation und deren Historiographie einzuordnen. Andererseits wurde bewusst versucht, die Themen auch diachron zu verfolgen und nach Wirkungen in der weiteren Geschichte und sogar Anknüpfungspunkte an die gegenwärtigen gesellschaftlichen Debatten zu identifizieren. Die Beiträge der Tagung werden nun der weiteren Öffentlichkeit in diesem Band zugänglich gemacht.

Für die Einordnung des Wucherstreits in die reformatorischen Geschehnisse ist die Analyse der Sakraltopographie Eisenachs im 15. und 16. Jahrhundert von großer Bedeutung. Denn ein wichtiges Argument, warum der Wucherstreit gerade hier stattgefunden hat, war bislang die hohe Dichte an Klerikern. In der Literatur wird davon ausgegangen, dass bis zu 10 Prozent der Bevölkerung dem geistlichen Stand angehört haben. Diese Perspektive hinterfragt Thomas T. Müller in seinem Beitrag »Wucherstreit im Pfaffennest. Anmerkung zur Vor- und Frühreformation in Eisenach« und korrigiert sie in seinen Ausführungen nach unten. Entscheidend für den Wucherstreit bleibt dennoch, dass sich ein Großteil des Grundbesitzes in der Hand der geistlichen Korporationen befand und dieser wohl zu erheblichen Zinsen verpachtet wurde. Da die Schuldverhältnisse über Generationen hinweg ihre Fortsetzung fanden, gestaltet sich die Situation immer unklarer. Manche Häuser und manche Äcker waren so mit Erbzins belastet, dass sie nicht mehr wirtschaftlich bewohnt bzw. bewirtschaftet werden konnten. Vor diesen realen sozialen Verhältnissen ist der Wucherstreit in Eisenach besser zu verstehen.

Die politischen Verhältnisse und Zuständigkeiten untersucht Dagmar Blaha in ihrer Analyse »Die Beziehungen Eisenachs zum Weimarer Hof unter Johann dem Beständigen«. Eisenach, das sich seit dem 12. Jahrhundert zu einer reichsfürstlichen Residenz entwickelt hatte, erlebte seit der Verlagerung der Residenz nach Weimar ab dem ersten Drittel des 15. Jahrhunderts einen Niedergang. In Weimar war mit der Mutschierung (Verwaltungsteilung unter Beibehaltung des gemeinsamen Besitzes) zwischen Kurfürst Friedrich von Sachsen und seinem Bruder, Herzog Johann, ein zweites Herrschafts- und Verwaltungszentrum im Territorium des Kurfürstentums Sachsen entstanden. Von hier aus verwaltete Herzog Johann die thüringischen, fränkischen und Teile der vogtländischen Besitzungen der Ernestiner. Sein Beauftragter und Verbindungsmann im Gebiet um Eisenach war der Amtmann. Ebenfalls war der Schultheiß wichtig, der in der Stadt die Rechte des Fürsten stellvertretend für ihn auch gegenüber dem städtischen Rat wahrnahm. Diese, im Beitrag vorgestellte Konstellation, hatte erheblichen Einfluss auf den Verlauf und die Behandlung des Wucherstreites am Weimarer Hof.

In ihrem Beitrag »Die Soziale Frage in der Reformationszeit« geht Siegrid Westphal davon aus, dass es eine Wechselwirkung von sozialer Entwicklung und Reformation gab. Allerdings wurde diesem Zusammenhang in der Reformations- und Lutherforschung bislang wenig Aufmerksamkeit zuteil. Ein wichtiger Faktor war die demographische Entwicklung. Um die Wende vom 15. zum 16. Jahrhundert setzt ein Bevölkerungsanstieg ein, wodurch besonders klein- und unterbäuerliche Schichten wachsen. Die Löhne sinken, die Preise steigen. Die verarmende Landbevölkerung zieht in die Städte. Dies kann man daran erkennen, dass dort Bettelordnungen festgelegt werden.

Ein wichtiger Faktor war, dass die Erträge der Landwirtschaft von Grundherren und Pächtern durch Zinsen und Abgaben, die zunehmend auch als Geldzahlung gefordert werden, verstärkt abgeschöpft werden. Dies führte zur Überschuldung und verstärkte die Zins-/Wucherproblematik. Mit diesem Beitrag wurden die bislang lokal erhobenen Befunde in eine überregionale Perspektive eingefügt. Dabei kann man sehen, dass der Eisenacher Wucherstreit exemplarisch für vielfältige soziale Konflikte, nicht zuletzt im Zusammenhang der Zins- und Wucherproblematik, steht.

Zur Erschließung des Themas müsse man, so Joachim Bauer in seinen einleitenden historiographischen Anmerkungen seiner Abhandlung »Die Bedeutung von Jakob Strauß in der frühen ernestinischen reformatorischen Bewegung«, bereit sein, alternative reformatorische Ansätze neben Luther zu akzeptieren. Die gegenwärtige wissenschaftliche, kirchliche und gesellschaftliche Diskussion im Rahmen des Reformationsgedenkens sei noch viel zu sehr dem 19. Jahrhundert mit seinem Luther-Nationalmythos verhaftet. Die christlich-soziale Dimension der Reformation bleibt dabei viel zu wenig berücksichtigt.

Demgegenüber sei – insbesondere im Thüringer Raum – mit einer reformatorischen Vielfalt zu rechnen, da hier, anders als im Kurkreis des ernestinischen Territoriums, bis 1525 keine Vereinheitlichung und Zentralisierung durch die Wittenberger Theologie stattgefunden hat. Offensichtlich war Johann, mehr als sein Bruder Friedrich, aktiv an der reformatorischen Umgestaltung seines Territoriums und dabei durchaus an unterschiedlichen Ansätzen interessiert. Dabei spielte die Gruppe der Prediger eine besondere Rolle. Dies gilt eben auch mit Blick auf Eisenach und Jakob Strauß. Man kann etwa an den Reise- und Logisabrechnungen der fürstlichen Kasse nachweisen, dass Strauß vielfach als Berater Johanns in der Weimarer Residenz weilte. Nur so kann man sich auch erklären, dass Johann ihn mit der ersten Visitation im Eisenacher Amt beauftragt hat. Darüber hinaus wird erkennbar, dass der Wucherstreit nicht nur eine lokale Bedeutung hatte, sondern dass er Ausdruck eines eigenen umfassenderen reformatorischen Ansatzes von Jakob Strauß war. Strauß hat zudem seinen eigenen theologischen Überlegungen und Überzeugungen entsprechend den Gottesdienst, die Sakramente, das Kirchenwesen in Eisenach reformiert und steht damit für einen wichtigen Beitrag zur frühen reformatorischen Bewegung im ernestinischen Territorium.

»Die Diskussion um den Wucher in ihrer Bedeutung für die von Wittenberg ausgehende Reformation« stellt Stefan Michel in seinem Beitrag vor. Eingangs analysiert er die Bedeutung der Kirche in den wirtschaftlichen Konflikten vor der Reformation und stellt fest, dass es auf Grund der Stellung der

Klöster einen wirtschaftlich begründeten Anti-Klerikalismus gab. Insbesondere die Städte wurden durch die Privilegien der Klöster und durch ihren enormen Landbesitz im Umfeld der Städte in ihrer Entwicklung eingeschränkt. Durch Pacht- und Zinsgeschäfte fiel oft verpfändetes bzw. beliehenes Land in die Hände der Klöster, deren Besitz dadurch stetig wuchs. Dies brachte die Bürger nicht selten in Abhängigkeit. Michel exemplifiziert dies am Beispiel eines Konfliktes der Stadt Grimma mit dem dortigen Augustinerkloster. Vor diesem Hintergrund entfaltet er dann den Standpunkt Martin Luthers zu Besitz und Wucher.

Am Beispiel des Geldverleihers Shylock aus Shakespeares »Kaufmann von Venedig« macht Fritz Backhaus in seinem Artikel »Die Entwicklung des Wuchertopos zur antijüdischen Polemik« die im 16. Jh. virulenten anti-jüdischen Stereotypen deutlich.

Auch bei Jakob Strauß bildet die Stereotype des »jüdischen Wucherers« die negative Folie für die Christen und seine Wucherkritik und auch Luther rezipiert und reflektiert diese Stereotype. Diese Polemik steht allerdings im Widerspruch zur realen Situation. Es gab auf Grund der Pogrome kaum noch größere jüdische Gemeinden. Juden waren faktisch gesellschaftlich kaum präsent und spielten in weiten Teilen Deutschlands keine herausragende Rolle im Geldgeschäft. Mehr noch, die jüdische Bevölkerung war insgesamt gefährdet und lebte überwiegend in prekären Verhältnissen. Man kann also schon für das 16. Jahrhundert von einem Antijudaismus ohne Juden sprechen.

Auch im modernen Antisemitismus, der sich von der ursprünglich vermeintlichen religiösen Begründung löst, wird die Stereotype des jüdischen Geldverleihers propagiert. Sie verbindet so alten und neuen Antisemitismus.

In seinem Beitrag »Vom Wucherstreit zur aktuellen Krise der globalen Finanzwirtschaft« schlägt Maximilian Kalus den Bogen von der Finanzkrise im Frühkapitalismus der Reformationszeit in die Gegenwart – und entdeckt bei allen Unterschieden doch auch etliche Entsprechungen. Zunächst ordnet er den Eisenacher Wucherstreit wirtschafts- und sozialhistorisch ein, um so die Grundlage für einen Vergleich mit der Gegenwart zu schaffen. Er argumentiert, dass in Deutschland die Geldmenge durch Silber gedeckt werden konnte, anders als etwa in Frankreich, wo Wechsel, also Buchgeld notwendig waren, um die Geldmenge zu erhöhen. So wurde realwirtschaftlich das Bankenwesen notwendig, um (größere) Investitionen und damit auch wirtschaftliche Entwicklung zu ermöglichen. Dies führte zu einer doppelten Konfliktlage für die römisch-katholische Kirche. Zum einen widersprach die empirische Notwendigkeit von Krediten der normativen theologischen Lehre der Kirche;

zum anderen waren Rentengläubiger oft kirchliche Institutionen, was erheblich zum Antiklerikalismus beitrug – wie etwa auch in Eisenach.

Nach Kalus lassen sich durchaus Parallelen zwischen der damaligen wirtschaftlichen Situation und der heutigen Finanzkrise ziehen. So spielten etwa Finanzinnovationen (Derivate) eine Rolle, dadurch wächst das Risiko von Spekulation und Preisverzerrung, was wiederum zur Verschärfung sozialer Konflikte führen kann. Eine besondere Rolle spielt die Überschuldung – damals wie heute: Wenn Kredite nicht mehr bedient werden können, kann dies innerhalb kürzester Zeit zu Bankenkrisen führen, die zum wirtschaftlichen Zusammenbruch führen können. Damals wie heute.

In seinem Beitrag »Wucher. Eine biblische Erinnerung an Lk 6,27–35« analysiert Rainer Kessler eine der zentralen Bibelstellen des Wucher-Diskurses, auf die sich auch Jakob Strauß bezieht. Er macht dabei auf zwei wichtige Kontexte aufmerksam. Zum einen ist diese Textstelle im Zusammenhang mit dem Erlassjahr zu sehen. Alle sieben Jahre wurden die Schulden erlassen. Es könnte also in dem Text um eine Ermahnung gehen, Kredite auch dann zu geben, wenn ein solcher Schuldenerlass bevorsteht. Zum anderen ist aber auch ein Zusammenhang mit den Vorstellungen des Klientelwesens im hellenistischen Raum, den der Evangelist ja mit im Blick hat, wahrscheinlich. Dort war der Kredit immer an die Erwartung von Gegenleistungen gebunden. Dies wird im biblischen Text abgelehnt. Mit dieser sozialgeschichtlichen Einordnung macht Kessler deutlich, dass die Bibel insgesamt und dieser konkrete Text nicht wie ein Rezeptbuch angewandt werden können. Es bedarf der interpretierenden Übertragung und Aktualisierung. Allerdings, so Kessler, wird die Intention deutlich, dass auch im Bereich der Finanzwirtschaft nicht nur egoistische Interessen verfolgt werden sollen, sondern Regeln zum Schutz der Schwachen nötig sind, um auch die Wirtschaft nach Kriterien der Lebensdienlichkeit und des Gemeinwohls zu gestalten.

Um Sprachgewaltigkeit und Argumentationsführung nachvollziehbar werden zu lassen, erfolgt im Anhang des Bandes eine Präsentation der Streitschriften des Predigers Jakob Strauß gegen den Wucher, zusammengestellt und bearbeitet von Carlies Maria Raddatz-Breidbach. Zum einen werden Reprints im ursprünglichen frühneuhochdeutschen Wortlaut geboten. Zum anderen werden sie in einer dem heutigen Deutsch angenäherten und kommentierten Übertragung abgedruckt, die jedoch die ursprüngliche Diktion der Strauß'schen Texte weitestmöglich erkennen lässt.

Deutlich geworden ist durch die Tagung und die hier versammelten Texte, über wie wenig empirisch gesichertes historisches Wissen wir immer noch hinsichtlich der sozialen und wirtschaftlichen Verhältnisse zur Reformationszeit verfügen. In unserem Falle handelt es sich ja mit Eisenach um einen herausgehobenen Ort der Reformationsgeschichte – und doch wissen wir wenig über die konkreten Verhältnisse, obwohl sie für die Einführung und Durchsetzung der Reformation entscheidend waren. Die Reformationsdekade ist zwar nun zu Ende, die eigentlichen Reformationsjubiläen kommen aber erst noch. Das lässt hoffen, dass in den kommenden Jahren mehr Energie in die Erforschung der Sozialgeschichte der Reformation investiert wird – Lutherbücher sind inzwischen ja genug erschienen. Mit Blick auf das anstehende Gedenken des Bauernkrieges wird es unumgänglich sein, diese Fragen zu vertiefen.

Wir hoffen, mit diesem Band einen Anstoß, an einigen Stellen eine Grundlage und viele Anknüpfungspunkte bieten zu können.

Es ist natürlich schwer, am Ende eines solchen Projektes so etwas wie einen inhaltlichen Ertrag zu formulieren. Aber einiges kann man festhalten. Zunächst einmal wird man nicht umhinkommen festzuhalten, dass sowohl Luthers als auch Strauß' fundamentale Zins-Kritik auf einer verkürzten Aufnahme der biblischen Tradition beruht. Mit Blick auf die neutestamentliche Referenzstelle Lukas 6,27–35 hat Rainer Kessler in diesem Band aufgezeigt, wie das Zinsverbot der Hebräischen Bibel schon bei Jesus und seinem Zeitgenossen Rabbi Hillel auf die jeweiligen Zeitumstände angewendet und dabei unterschiedlich aufgefasst wird. Mit Blick auf den alttestamentlichen Zusammenhang, etwa 2. Mose 22,24; 3. Mose 25,35–37 und 5. Mose 23,20–21, ist anzunehmen, dass sowohl Strauß als auch Luther die Unterscheidung von Not- und Investitionskredit nicht beachten. Alle diese Stellen beziehen sich eindeutig auf einen Kredit an einen sich in Not befindlichen Angehörigen des eigenen Sozialverbandes. Da sollte es ethisch eigentlich selbstverständlich sein, dass die Not, etwa eines Familienangehörigen, nicht ausgenutzt, sondern, so möglich, selbstlos mit einem zinslosen Kredit geholfen wird. Aber gilt dies auch für rein kommerzielle Kredite?

Weder Strauß noch Luther waren in der Lage, diese Differenzierung in die Interpretation der Bibeltexte einzutragen. Beide vertraten die aristotelische Geldtheorie, nach der Geld nicht fruchtbar sein konnte. Die Vorstellung, dass eine auf Kredit beruhende Investition einen Ertrag erbringt, der einen Zuwachs des Geldes darstellt und insofern auch eine Zinszahlung rechtfertigt, blieb ihnen fremd. In dieser Hinsicht teilten sie ein verkürztes Verständnis des Kreditwesens ihrer Zeit, indem sich das Streben nach risikolosem Gewinn, das die Reformatoren zu Recht geißelten, und die Grundlage einer auf Kredit beruhenden kapitalistischen Produktionsweise mischten. Oberdeutsche römisch-katholische und reformierte Theologen waren da deutlich moderner. Luther ist von dieser Position aus pragmatischen Gründen – nicht aus prinzipiellen – abgerückt, insofern der Zins moderat blieb.

Insbesondere bei Strauß wird man nicht umhinkönnen festzustellen, dass er ein fundamentalistisches Bibelverständnis hatte und über keine entwickelte Hermeneutik verfügte. Der biblische Text war für ihn unmittelbar normativ. Weder historisch noch in seinem eigenen Zeitzusammenhang konnte er ihn kontextuell rekonstruieren und interpretieren. Dabei unterschied er auch nicht zwischen der Wortmacht des Evangeliums und der weltlich-politischen Macht des Gesetzes. In der Sache war seine Wucherkritik, soweit wir das heute beurteilen können, wohl angemessen. Die Begründungen dafür lassen sich aber schwer aufrechterhalten.

Gleichwohl wird an Jakob Strauß' Position zum Wucher deutlich, wie wichtig soziale Faktoren – in lokal je unterschiedlicher Weise – für die Akzeptanz und Durchsetzung der Reformation waren. Ob von den Reformatoren intendiert oder nicht, die Botschaft der Befreiung wurde neben ihrer religiösen Dimension auch politisch und wirtschaftlich verstanden. An diesem Punkt ist wohl auch die Kritik aus dem Zusammenhang des theoretischen Ansatzes der »Frühbürgerlichen Revolution« nicht ganz von der Hand zu weisen. Die Erwartungen, insbesondere die der Bauern und unterbäuerlichen Schichten, zum Teil des Bürgertums – ganz unabhängig davon wie berechtigt sie waren – wurden nicht erfüllt und die Menschen, mit Hinblick auf die Entwicklungen ab 1525, enttäuscht.

Spätestens ab dem Bauernkrieg ist die »Soziale Frage« von den Wittenberger Reformatoren nicht ausreichend beachtet und nicht mehr mit dem Anliegen der Reformation der Kirche und der Gesellschaft verbunden worden. Luthers eigener theologischer Ansatz und seine frühen Schriften hätten dazu gleichwohl eine gute Grundlage liefern können. Diese sozialethische Abstinenz hat wohl nicht unwesentlich dazu beigetragen, dass ab 1525, gewiss aber seit dem Dreißigjährigen Krieg auch die lutherische Kirche sich zur Obrigkeitskirche und damit das Untertanenchristentum entwickelte. Der »regierbare Untertan« war die Erwartung, nicht die prophetische Kritik an unhaltbaren sozialen und politischen Zuständen.

Mit diesem Band wird eine gute Text- und Forschungsbasis geboten, um an diesen Themen weiter zu arbeiten. Wir wünschen uns, dass das vielfältig geschieht und verbinden dies mit der Hoffnung, dass nun die Zeit der anstehenden eigentlichen Reformationsjubiläen auch dazu genutzt wird, darüber nachzudenken, was diese Fragen für den Weg der Kirche und die verantwortliche Gestaltung unserer Gesellschaft bedeuten können. Landraub, Überschuldung, Klimawandel, Hunger, Despotie sind, global gesehen, heute so aktuell wie damals im Deutschland des 16. Jahrhunderts.

Wir danken allen Autorinnen und Autoren dieses Bandes und allen, die ihn möglich gemacht haben. Unser herzlicher Dank gilt Sebastian Tischer für die redaktionelle Betreuung des Bandes. Ganz besonders danken wir Frau Raddatz-Breidbach, die den Abdruck der Texte von Strauß ermöglicht und die Übertragung, Kommentierung und Erschließung besorgt hat. Wir hoffen, dass dies nicht nur den Zugang zu den Texten erleichtert, sondern auch die Auseinandersetzung mit der Sache befördert.

Zu danken haben wir den Kooperationspartnern und besonders den Unterstützern, ohne die die Tagung und damit der vorliegende Band nicht möglich gewesen wären: der Bundeszentrale für politische Bildung, der Beauftragten der Bundesregierung für Kultur und Medien, dem Freistaat Thüringen und der Evangelischen Kirche in Mitteldeutschland.

Neudietendorf / Weimar / Jena zu Michaelis 2017

Prof. Dr. Michael Haspel | Prof. Dr. Joachim Bauer

Wucherstreit im Pfaffennest

Anmerkung zur Vor- und Frühreformation in Eisenach

Thomas T. Müller

Franziska Luther hat vor drei Jahren in ihrem Überblicksaufsatz über die Klöster und Kirchen Eisenachs in den ersten drei Jahrzehnten des 16. Jahrhunderts treffend festgehalten:

> »Ein Desiderat der Forschung in Bezug auf die Stadt Eisenach in vor- und frühreformatorischer, aber auch in mittelalterlicher Zeit bleiben auf den noch vorhandenen Archivalien basierende Einzelstudien zu den verschiedenen geistlichen Einrichtungen. Kritische ganzheitliche Betrachtungen der städtischen Interaktion zwischen Institutionen und Individuen unter modernen Fragestellungen müssen nachgeholt werden.«[1]

Diese Aussage hat weiterhin Bestand! Und so kann dieser Beitrag auch kaum mehr leisten, als einige weitere Anmerkungen zu jener für Eisenach so spannenden Zeit der Vor- und Frühreformation zu geben. Dies allerdings mit dem Prolog, dass davon unbenommen eines der dringendsten Vorhaben der Stadtgeschichtsforschung eine moderne Reformationsgeschichte für die ehemalige Residenzstadt am Fuße der Wartburg sein sollte.

---

1 Franziska Luther, Die Klöster und Kirchen Eisenachs (1500–1530). Prologe zur Reformation und wie die Geistlichkeit »vermeynen die Zinse aus etzlichenn armenn zu kelterenn«, in: Joachim Emig/Volker Leppin/Uwe Schirmer (Hrsg.), Vor- und Frühreformation in thüringischen Städten (1470–1525/30). (Quellen und Forschungen zu Thüringen im Zeitalter der Reformation 1) Köln u. a. 2013, 403–435, hier 407–408.

1 Zur Sakraltopographie Eisenachs am Vorabend der Reformation

Es ist mehrfach darauf hingewiesen worden, dass die kirchliche Situation in Eisenach eine besondere und somit auch für den Verlauf der Reformation in der Stadt von spezieller Bedeutung gewesen sei. Joachim Rogge hat in diesem Kontext u. a. behauptet, dass jeder zehnte Bewohner der um 1520 etwa 3.000 bis 4.000 Einwohner zählenden Stadt dem geistlichen Stand angehört habe.[2] Die Belege für seine Behauptung blieb er allerdings schuldig. Zwar ist heute nachgewiesen, dass vor allem in Bischofsstädten der Anteil der Geistlichen an der Gesamteinwohnerzahl durchaus 10 Prozent betragen konnte (z. B. in Worms oder Augsburg), der normale Durchschnittswert lag in den deutschen Landen um 1500 jedoch bei nur rund 2 Prozent.[3]

Da für Eisenach meines Wissens keine durchgängig tragfähigen Zahlen überliefert sind, können bei einer seriösen Betrachtung der Situation lediglich grobe Schätzungen vorgenommen werden. Nicht nur hierfür ist es hilfreich, zuvor einen knappen Überblick zur Sakraltopographie der Stadt am Ausgang des Mittelalters zu geben.[4]

Eisenach war um 1500 in drei Parochien aufgeteilt, unter denen – nach ihrem Wiederaufbau ab 1515 – der Pfarrei »St. Georgen« die bedeutendste Rolle zukam. Allein die Anzahl von 18 im Jahr 1506 verzeichneten Vikarien spricht für diese herausgehobene Bedeutung. Wohl deutlich älter war die Pfarrkirche »St. Nikolai«, an der 1506 immerhin neun Vikarien nachzuweisen sind. Zur Stiftskirche der Augustinerchorherren »B. Mariae Virginis« mit sogar 23 Vikarien gehörte die dritte und kleinste Parochie der Stadt.

Hinzu kam eine für die Größe Eisenachs doch recht erstaunliche und wohl nur durch ihre Funktion als einstige ludowingische Hauptresidenz zu

---

2 Joachim Rogge, Der Beitrag des Predigers Jakob Strauss zur frühen Reformationsgeschichte, (Theologische Arbeiten 4) Berlin 1957, 37.

3 Rainer Postel, Ouvertüre zur Reformation? Die spätmittelalterliche Kirche zwischen Beharrung, Reform und Laienfrömmigkeit, in: Jörg Deventer/Susanne Rau/Anne Conrad u. a. (Hrsg.), Zeitenwenden. Herrschaft, Selbstbehauptung und Integration zwischen Reformation und Liberalismus, Festgabe für Arno Herzig zum 65. Geburtstag, Berlin [2]2006, 213.

4 Der nachfolgende kursorische Überblick folgt, sofern nicht anders angegeben, der zusammenfassenden Darstellung bei Luther, Klöster (s. Anm. 1), 410–420. Vgl. zudem Enno Bünz (Bearb.), Das Mainzer Subsidienregister für Thüringen von 1506, (Veröffentlichungen der Historischen Kommission für Thüringen; Große Reihe 8) Köln/Weimar/Wien 2005.

erklärende Anzahl von Klöstern. Hierzu zählten zuvorderst das Katharinenkloster der Benediktinerinnen, welches auch über das Patronat der neben dem Kloster gelegenen Georgenkirche verfügte, sowie das ebenfalls mit Benediktinerinnen besetzte Nikolaikloster, dem das Patronat der gleichnamigen Pfarrkirche zustand. In der Innenstadt kamen noch das Franziskanerkloster »St. Michael« südlich der Georgenkirche, das Dominikanerkloster sowie das Karthäuserkloster hinzu.

Außerhalb der Mauern befanden sich zudem das Zisterzienserkloster Johannistal und der kleine Franziskanerkonvent »St. Elisabeth« am Fuße der Wartburg. Belegt sind 1506 zudem vier Vikarien an der Jakobskapelle im Nordwesten der Stadt. Hinzuzuzählen sind außerdem die Hospitäler »St. Clemens«, »St. Anna« und »St. Spiritus« sowie die wohl erst nach der Reformation zum Hospital umgewidmete Kapelle »St. Justus«.

Mehrfach wird bereits für das ausgehende 15. Jahrhundert über schwerwiegende wirtschaftliche und sittliche Probleme in den Klöstern berichtet. Belastbare Zahlen über deren Insassen liegen für das frühe 16. Jahrhundert jedoch kaum vor.[5] Geht man nun in Anbetracht der insgesamt recht desolaten Lage von einer durchschnittlichen Besetzung der sieben Klöster mit etwa 15 Personen um das Jahr 1523 aus, kommt man auf rund 100 Personen, hinzuzuzählen wären die rund 60 Vikare sowie drei Pfarrer, mehrere Prediger und die Mitglieder des Chorherrenstifts.

Alles in allem halte ich eine Anzahl von rund 200 Männern und Frauen im geistlichen Stand, also von ca. 5 bis 7 Prozent der Bevölkerung für eine realistische Schätzung. Damit hätte der Anteil der Geistlichen im »Pfaffennest« Eisenach um 1523 zwar klar über dem Durchschnitt gelegen, die von Rogge angenommene 10 Prozent-Marke allerdings noch deutlich unterschritten.

Anders verhielt es sich hingegen mit dem prozentualen Anteil des Grundbesitzes in der und um die Stadt. Hier verfügten die diversen kirchlichen Institutionen über den größten Teil der landwirtschaftlichen Flächen, über zahl-

---

5 Weder für das Kloster Johannisthal (Gerd Bergmann, Eisenach, St. Johannisthal, in: Germ Ben. IV-1, 573–579) noch für die beiden Franziskanerklöster (Petra Weigel, Eisenach, St. Michael, in: Müller/Schmies/Loefke (Hrsg.) unter Mitw. v. Jürgen Werinhard Einhorn OFM: Für Gott und die Welt – Franziskaner in Thüringen. Text- und Katalogband zur Ausstellung in den Mühlhäuser Museen vom 29. März – 31. Oktober 2008, Paderborn 2008, und Udo Hopf/Ines Spazier/Petra Weigel, Zelle der St. Elisabeth unterhalb der Wartburg, in: a. a. O., 226–227) sind in der einschlägigen Literatur genaue Zahlen genannt.

reiche Gebäude und Zinsen.[6] Doch auch hierzu dürfte eine vergleichende wissenschaftliche Untersuchung weitere wichtige Erkenntnisse erbringen.

2. Anmerkungen zur Frühreformation in Eisenach

Obgleich Martin Luther bei seiner Predigt, die er am 2. Mai 1521 auf dem Rückweg vom Reichstag in Worms in der Georgenkirche hielt, starken Zulauf gehabt haben soll, konnte sich die Reformation in Eisenach vorerst nicht durchsetzen.[7] Und auch die evangelisch gesinnten Predigten des Franz Lambert (1485/87–1530), der im November 1522 in Eisenach das Johannesevangelium auslegte und den örtlichen Klerus zur Disputation aufforderte, brachten noch keinen endgültigen Durchbruch für die Reformation in der Stadt.[8]

Den brachte erst das Wirken des um das Jahr 1480 in Basel geborenen Predigers Jakob Strauß. Dieser war bereits in seiner Jugend in den Dominikanerorden eingetreten und hatte nachweislich 1515 und 1516 an der Universität Freiburg im Breisgau studiert.[9] Als er 1521 in Hall in Tirol erstmals durch seine evangelischen Predigten auffiel, war er bereits zum Doktor der Theologie promoviert worden. In Hall fand er schnell eine große Zuhörerschaft, zog jedoch schon bald den Unwillen des Bischofs von Brixen auf sich. Während der Haller Rat durch taktische Manöver versuchte, einer Forderung nach der Ausweisung des Predigers zu entgehen, suchte Strauß in seinen Predigten weiter die bewusste Konfrontation mit der alten Kirche.[10]

Der Bischof von Brixen setzte sich schließlich durch und auf Drängen des inzwischen ebenfalls mit der Angelegenheit befassten vorderösterreichischen Regiments in Innsbruck wurde Strauß am 9. Mai 1522 vom Haller Rat mit einem Ehrengeschenk aus der Stadt verabschiedet.[11] Sein Weg führte ihn nach

---

[6] Ausführlich hierzu Gerd Bergmann, Eisenach in der frühbürgerlichen Revolution, (Eisenacher Schriften zur Heimatkunde 41) Eisenach 1989, 6–18.

[7] Bergmann, Revolution (s. Anm. 6), 18–19.

[8] Luther, Klöster (s. Anm. 1), 422.

[9] Die Matrikel der Universität Freiburg im Breisgau von 1460–1656, Bd. 1, Einleitung und Text, bearbeitet und herausgegeben von Hermann Mayer, Freiburg i. Br. 1907, 219 (Nr. 38).

[10] Franz Waldner, Dr. Jakob Strauß in Hall und seine Predigt vom Grünen Donnerstag 1522, in: Zeitschrift des Ferdinandeums für Tirol 3 (1882), 3–39.

[11] Hermann Barge, Jakob Strauß. Ein Kämpfer für das Evangelium in Tirol, Thüringen

Wittenberg, wo er sich wenig später an der Universität einschrieb.[12] Doch schon im September 1522 erhielt er auf Vermittlung Martin Luthers (1483–1546) eine Stelle als evangelischer Prediger bei Graf Georg von Wertheim (um 1487–1530).[13]

Während sein neuer Dienstherr eine vorsichtige und schrittweise Einführung der Reformation in seiner tauberfränkischen Herrschaft plante und deshalb Strauß wohl auch entsprechende Anweisungen erteilt hatte, forderte jener die sofortige radikale Abschaffung aller der Reformation entgegenstehenden kirchlichen Einrichtungen. Der Bruch zwischen beiden kam schnell und endgültig. Bereits am 29. Oktober 1522 schrieb Georg von Wertheim seiner Frau, er wolle sich nach einem neuen Prediger umsehen, der »mer ain lerer, dan ein gebieter sey.«[14]

Dass Luther vom radikalen Eigensinn des von ihm Empfohlenen nicht sonderlich begeistert war,[15] wundert wenig und dürfte das Verhältnis der beiden bereits zu diesem Zeitpunkt nachhaltig beeinflusst haben. Dabei war sich Strauß seines Rufes durchaus bewusst. Im Vorwort einer an Kurprinz Johann Friedrich von Sachsen (1503–1554) gerichteten Schrift beklagte er beispielweise nur wenige Monate später, dass er lediglich geringes Ansehen genieße, da er nicht heucheln oder liebkosen könne.[16]

Spätestens Ende November 1522 war Strauß wieder in Kursachsen, wo er an der Weimarer Disputation Wolfgang Steins mit den dortigen Franziskanern teilnahm.[17] Durch die von Strauß besorgte Drucklegung der im Nachgang

---

und Süddeutschland, (Schriften des Vereins für Reformationsgeschichte 162) Leipzig 1937, 1–22.

12 KARL EDUARD FÖRSTEMANN (Hrsg.), Album Academiae Vitebergensis, Ältere Reihe, Bd. 1, 1502–1560, Leipzig 1841, 111.

13 WA Br 2, Nr. 535 (597) sowie WA Br 3, 88.

14 HEINRICH NEU, Geschichte der evangelischen Kirche in der Grafschaft Wertheim, Heidelberg 1903, 112.

15 WA Br 3, 88.

16 An den durchleuchtigistenn || hochgeborn F[ue]rst vñ herrn herrn Johanßen || Friderichen hertzogen zu Sachssen … || Das nit herren aber diener eyner yedenn Christ=||lichen versamlung zugestelt werdenn / beschluß=||reden vnd haupt artikel / wen gel[ue]stet/ mag sich || dar gegen h[oe]ren lassen / wirt im sunder zweyfel || auff Euangelischer leer Christlich vñ br[ue]derlich || gut bescheyd vnnd bewerung widerfaren.|| … D. Jacobus Straus || Ecclesiastes.||Erfurt 1523 (VD16 S 9472), Bl. A2 r.

17 HELMAR JUNGHANS u. a. (Hrsg.), Thomas-Müntzer-Ausgabe. Kritische Gesamtausgabe, Bd. 3, Quellen zu Thomas Müntzer, bearb. v. Wieland Held und Siegfried Hoyer, (Quellen

angefertigten schriftlichen Ausführungen der Disputanten wurde er weiteren Kreisen bekannt. Das Vorwort verfasste Strauß selbst. Es weist ihn als scharfzüngigen Vertreter der Reformation aus. Beendet hatte er es am 20. Januar 1523 bereits in Eisenach.[18] Dort war er kurz zuvor – wohl auf Vermittlung Steins bei Herzog Johann – als Prediger an der Georgenkirche angestellt worden.

Fortan entwickelte er nicht nur eine umfangreiche Predigttätigkeit, er publizierte auch nahezu im Monatstakt. Am 9. Februar 1523 schloss er sein bald darauf in Erfurt erschienenes Beichtbüchlein ab[19] und am 26. März 1523 beendete er seinen »Kurtz Christenlich vnterricht«, mit dem er gegen den auch in Eisenach üblichen Reliquienkult vorging. Durch jene »Abgötterei« würde bei den Bischöfen, Kaisern, Königen, Fürsten und dem einfachen Volk der gründliche christliche Verstand des lebendigen Gotteswortes ausgelöscht, polterte er.[20]

Noch vor dem Osterfest hatte er die individuelle Ohrenbeichte abgeschafft und durch eine allgemeine Formel ersetzt, die der Priester der Gemeinde vortrug und die diese dann wiederholte.[21] Bereits in den ersten Monaten seiner Tätigkeit führte er zudem in Eisenach die Priesterehe ein und heiratete auch selbst.[22]

---

und Forschungen zur sächsischen Geschichte 25,3) Leipzig 2004, Nr. 68, 113 u. Nr. 175, 267.

18 Ob / dz aller hochwirdigeste Sacra= | | ment / des leibs vnnd blutes / vnsers | | heilmachers Christi / anders benenhet | | moge werden dan eyn getrew Testa | | ment … | | Eine | | newe Disputacion / geschrifft | | lich gehalten Zwiessch | | en den Barfuessern | | Zw Weimmar / | | vñ Magister | | Wolffgang Steyn / deß | | … hertzogenn Hanszenn | | Zw Sachsszenn. [et]c.Prediger. Erfurt 1523 (VD16 O 33).

19 Eyn new wunderbarlich Beycht= | | p[ue]chlin in dem die warhafft gerecht beicht vnd pueß= | | fertigkeit/ christenlichen gelert vnd angezeygt wirt / | | vnd k[ue]rtzlichen all tyranney ertichter men= | | schlicher beycht auff gehaben / zcu seli= | | ger rewe / frid vnd freid der ar= | | men gefangen gewissen. | | D: Jacobus Strauss Ecclesiastes | | zcw Eysennach in | | D[ue]ringen. | | Erfurt 1523 (VD16 S 9492). Weitere Ausgaben erschienen noch 1523 in Straßburg (VD16 S 9496) und Nürnberg (VD16 S 9495). In Augsburg wurde die Schrift sowohl 1523 (VD16 S 9491) als auch 1524 (VD16 S 9497) gedruckt.

20 Ein kurtz Christenlich vnterricht des | | grossen jrrthumbs / so im heiligthüm zů eren gehalten / das dan | | nach gemainem gebrauch der abg[oe]tterey gantz gleich ist. | | D. Jacobus Strauß zu Eysenach | | in Doringen Ecclesiastes. [Erfurt 1523] (VD16 S 9488), Bl. B1 r. (sic!).

21 FELICIAN GESS (Hrsg.), Akten und Briefe zur Kirchenpolitik Herzog Georgs von Sachsen. Bd. 1 (1517–1524), Leipzig 1905, 559, 565.

In dieser Angelegenheit, so erklärte er in einem noch im selben Jahr in den Druck gegebenen »Sermon« kämpferisch, helfe kein päpstliches Gesetz, kein Eid oder ein menschliches Gelübde. Natur bleibe Natur und an Gottes Wunderwerk dürfe nichts verändert werden. Aus diesem Grunde sei auch das grausame, tyrannische Gebot der priesterlichen Ehelosigkeit gegen »gotes werk und wort, auch der natur entgegen«.[23] Zudem werde deutlich, welchen unschätzbaren Schaden dasselbe der Christenheit bereite. Denn dieses Eheverbot für Priester und Mönche habe nur zu Ehebrecherei, Unlauterkeit und der Verführung von Jungfrauen beigetragen.

Allerdings scheint es bei einigen der nun bald einsetzenden Hochzeitsfeiern Eisenacher Ex-Mönche zu Ausschweifungen gekommen zu sein. Denn Strauß hatte Anlass, darüber zu polemisieren, dass er nicht davon ausgehe, dass Schlämmen, Prassen, Föllen, Tanzen und Springen und anderes Teufelswerk als Belege für eine gute Ehe oder einen rechten christlichen Verstand herangezogen werden könnten. Stattdessen hätten nun die »feind[e] des Evangliums«, also die Altgläubigen, die willkommene Gelegenheit zu behaupten, von den »unsinnigen, abtrünnigen Christen« in Eisenach werde nur gelehrt, wie man ohne jegliche christliche Zucht und Ordnung allein nach der Fleischeslust lebe.

Aus diesem Grund ermahnte Strauß in seiner Predigt am Sonntag vor Christi Himmelfahrt (10. Mai) 1523 alle evangelischen Eisenacher, den Altgläubigen fortan keinen Anlass mehr zur Häme zu bieten, sondern lieber ein Beispiel für eine gute christliche Ehe abzugeben.[24]

Nachdem Strauß bereits um Ostern herum das Taufsakrament grundlegend und viel weitergehender als Luther umgestaltet hatte,[25] begann sich zu-

---

22 Am 18. Oktober 1523 ließ Luther Grüße an dessen Frau übermitteln (WA Br 3, 179) und im April 1524 war Strauß bereits Vater eines ehelichen Kindes (WA Br 3, 278).

23 »Es hilfft auch hie kain Babstes gesetz, ayd, oder menschlich gelübd. Natur bleyb natur und mag on gottes wunderwerck nit verkert werden. Derhalben auch das grawsam tyrannisch gebot den pristern auffgeladen, nit Eelich zu sein, wider gotes werk und wort, auch der natur entgegen, zu unerschetzlichem schaden der Christenhait reychent, offenbarlich erscheint.« Ain Sermon Jn || der deütlich angezeygt / vnd geleert ist || die pfaffen Ee / in Euangelischer leer || nit zů der freyhayt des flayschs … || gefun=||diert/ aber das Gotes werck vñ wort || allein angesehen … || werd .|| … D. Jac. Strauß zů Eyssenach eccle.|| Augsburg 1523 (VD16 S 9499), Bl. A1 v.

24 Ebd.

25 Uon dem ynner=||lichen vnnd ausserlichem Tauff || eyn Christlych begr[ue]ndt ||

nehmend auch öffentlicher Widerstand gegen den dogmatischen Prediger zu regen. Ein konkreter Anlass dafür war seine Weigerung, beim Taufritus, wie bisher üblich, Chrisamöl zu verwenden.

Dies veranlasste einen Vater, sein Kind nicht in der eigentlich zuständigen Georgengemeinde, in welcher ja Strauß tätig war, taufen zu lassen, sondern in einer anderen Eisenacher Kirche, in der noch altgläubige Priester die Messe lasen. Jene gestalteten die Feier nun besonders prächtig, was wiederum Strauß veranlasste, sich der Angelegenheit in einer scharfen Predigt erneut anzunehmen. Dabei kritisierte er unter anderem die bislang übliche Praxis, Taufgeld zu verlangen. In seiner Kirche hingegen werde man »nyt umb gelt / aber wie Christus gebotten hat / gratis / umbsunst« getauft![26]

Deutlich folgenschwerer war ein Vorfall, der sich am Dienstag, dem 14. Juli 1523, abends gegen sechs Uhr, zutrug. Während Strauß in der Georgenkirche zu den versammelten Gläubigen predigte, ließ ein altgläubiger Ratsherr auf dem der Kirche direkt benachbarten Rathaus fröhliche Musik aufspielen. Während die Schalmeien und Posaunen erklangen, forderte er die Umstehenden zum Tanz auf.

Nachdem bereits einige der Musiker den Dienst verweigert hatten, um die Predigt nicht weiter zu stören, verbot schließlich einer der Eisenacher Bürgermeister die Provokation. Wütend verließ der Ratsherr daraufhin das Rathaus und stürmte in die Kirche. Dort schrie er die versammelte Gemeinde an, sie solle Strauß keinen Glauben schenken, denn jener versuche nur, sie mit seiner ketzerischen Lehre zu verführen.

Strauß verwies ihn nicht nur der Kirche, sondern er verbot seinen Anhängern fortan auch außerhalb der Gemeinde jeglichen Umgang mit ihm. Wer sich diesem Urteil aus seiner Gemeinde widersetzen sollte, den träfe dieselbe Strafe, verkündete er. Zudem forderte er die Bürgerschaft auf, darüber nachzudenken, welchen Spott und welche Schande jener Mann dem Rat und der gesamten Gemeinde zu Eisenach eingebracht habe.[27] Damit hatte Ja-

leer / geprediget durch || D.Ja.Straus || zu Eyssnnach || Ecclesiasten || … || Erfurt 1523 (VD16 S 9511).

26 Widder den Si=||monieschen Tauff || vnnd erkaufften ertichten || Chrissum vnd [oe]l / auch || worynn die recht || Cristlich tauf ||<allein võ Chri=||sto aufgesetzt || begriffen sei || ein genotti=||ge ser=||mon / geprediget zu Eissnach.|| … D. Jacobus Straus.|| Ecclesiastes. Erfurt 1523 (VD16 S 9513), Bl. A1 r.

27 Ein ernstliche handlũg wider || eyn freuenlichen widersprecher des lebendi=||gen wort Gottes beschehenn Jn sant || Jorgen kirchen zu Eyssennach.|| … || D.Jacobus Strausz.|| Ecclesiastes. [Erfurt 1523] (VD16 S 9480).

kob Strauß an diesem 14. Juli 1523 in durchaus selbstherrlicher Weise und ohne jede Rücksprache mit weltlichen oder kirchlichen Instanzen den ersten Bann ausgesprochen, der jemals in einer evangelischen Kirchengemeinschaft verhängt worden ist.[28]

Dass jene Vehemenz, mit der Strauß all sein reformatorisches Tun vorantrieb, weder bei den Wittenberger Reformatoren um Martin Luther noch am herzoglichen Hof in Weimar auf Wohlwollen stieß, verwundert kaum. Doch die eigentliche Herausforderung war erst die konsequente Haltung des Predigers in der Wucherfrage. Obwohl bereits seit dem 12. Jahrhundert nach kanonischem Recht ein Zinsverbot für geistliche Institutionen bestand, war dasselbe im täglichen Geschäft durch allerlei spitzfindige Tricks de facto längst außer Kraft gesetzt.[29] Das hieraus folgende sozial-theologische Problem der kirchlich geduldeten Ausbeutung von Christen durch Christen hatte auch Martin Luther erkannt. Bereits drei Jahre vor Strauß hatte er sich damit in seinem »[Großen] Sermon von dem Wucher« auseinandergesetzt.[30]

Strauß ging – immer auch die wirtschaftlichen Verhältnisse seiner Zeit im Blick – in seinen 51 Thesen wider den unchristlichen Wucher jedoch deutlich weiter als Luther, wenn er kategorisch fordert: Niemand solle »um keines Gebots und keiner Gewalt willen den Wucher bezahlen« (These 29), sondern »ihr sollt einander leihen und nichts dagegen verhoffen« (These 51).[31]

Und doch war Strauß Realist. Er wisse wohl, schrieb er 1524 in einer weiteren Schrift gegen den Wucher, dass seine christliche Lehre den dummen, verblendeten Gemütern der »geltsuchtygen wuchersecke« seltsam und unmöglich erscheinen und ihnen Anlass für Gespött und Verachtung geben werde, auch dass sich wohl kaum einer danach richten werde, von einigen wahrhaften Gotteskindern abgesehen, denen mehr am Wort Gottes gelegen

---

28 Barge, Strauß (s. Anm. 11), 58.

29 Hans-Jörg Gilomen, Wirtschaftsgeschichte des Mittelalters, München 2014; ders., Wucher und Wirtschaft im Mittelalter, in: Historische Zeitschrift 250 (1990), 265–301; ders., Artikel Wucher, in: Lexikon des Mittelalters, Bd. 9, München 1998, Sp. 341–345; ders., Artikel Rente, -nkauf, -nmarkt, in: Lexikon des Mittelalters, Bd. 7, München-Zürich 1995, Sp. 735–738.

30 WA 6, 33–60.

31 »vmb kain gebot noch gewalt den wucher bezalen.« (These 29); »Ir sölt aynander leyhen vnd nichts dargegen verhoffen« (These 51). Haubtstuck || vñ artickel Christenlicher leer || wider den vnchristlichen || wuecher / darũb etlich pfaff zů Eysnach || so gar vnruewig || vnd bemueet || seind. || Gepredigt zů Eysenach durch || D. Jakob Straussen. || (VD16 S 9481), (Augsburg) 1523, Bl 19 r.-19 v.

sei, als an allen Schätzen und Reichtümern dieser Welt. Dennoch sei es sein Auftrag, den Weg zur richtigen Auslegung der Heiligen Schrift zu lehren. »Es ergere sych darab, wer do wyll«![32]

Mit dieser konsequenten Haltung sorgte er erneut für überörtliche Aufmerksamkeit. Selbst in der Schweiz wurde seine Wucherschrift mit Interesse gelesen. Konrad Grebel (um 1498–1526) und der Kreis der Züricher Prototäufer schrieben am 5. September 1524 an Thomas Müntzer, sie hielten viel Gutes von Jakob Strauß und etlichen anderen Predigern, welche von den nachlässigen Wittenberger Schriftgelehrten und Doktoren wenig geachtet würden.[33]

Grebel, der bereits am 15. Juli 1523 in den Besitz der 51 Artikel des Eisenacher Predigers gegen den Wucher[34] gelangt war,[35] zeigte sich anscheinend begeistert von dessen klaren Forderungen. In einem weiteren Brief bezeichneten die Züricher die Lehren von Strauß, Karlstadt und Müntzer als weit reiner als die der Wittenberger Reformatoren, welche jeden Tag aufs Neue aus einer Schriftverkehrung in die andere und von einer Blindheit in eine noch größere fielen. Es käme ihnen bald so vor, schrieben die Züricher, als wären die Wittenberger Papisten und wollten selbst Papst werden.[36]

Da die an Müntzer gerichteten Briefe ihren Empfänger nie erreichten, hat Strauß von seiner Wertschätzung durch die Züricher Prototäufer wohl ebenso wenig erfahren, wie es ihm wohl recht gewesen wäre, auf eine Stufe mit Thomas Müntzer gestellt zu werden. Beide hatten sich vermutlich erstmals 1522 in Weimar persönlich getroffen. Die Kontaktaufnahme, die am

---

32 Das wucher zu nemen vnd geb.|| vnserm Christlichem glauben. vnd || br[ue]derlicher lieb ... || entgegen yst / vnuberwintlich leer / vnnd ge=||schrifft. Jn dem auch die gemolet Euange=||listen erkennet werden.|| ... D. Ja. Strausz Ecclesiastes || zu Jsennach. Erfurt 1524 (VD16 S 9478), Bl. D 1v.-D 2r.

33 »Wir versehend vnß fil gutz zu Jakobo Struß vnd anderen etlichen, die wenig geacht werdend by den hinlessigen gschriftgelerten vnd doctoren zu Wittemberg.« in: HELMAR JUNGHANS/ARMIN KOHNLE (Hrsg.), Thomas-Müntzer-Ausgabe. Kritische Gesamtausgabe, Bd. 2, Briefwechsel, bearb. v. Siegfried Bräuer und Manfred Kobuch. (Quellen und Forschungen zur sächsischen Geschichte 25,2) Leipzig 2010, Nr. 103,1 (355).

34 Haubtstuck || vñ artickel Christenlicher leer || wider den vnchristlichen || wuecher / darũb etlich pfaff zů Eysnach || so gar vnruewig || vnd bemueet || seind.|| Gepredigt zů Eysenach durch || D. Jakob Straussen.|| (VD16 S 9481), (Augsburg) 1523.

35 ANDREA STRÜBIND, Eifriger als Zwingli. Die frühe Täuferbewegung in der Schweiz, Berlin 2003, 232–234.

36 ThMA 2 (s. Anm. 33), Nr. 103,2 (365).

Rande der Disputation mit den Franziskanern[37] erfolgte, ging von Müntzer aus, wie dieser später selbst aussagte.[38]

Im August 1524 traf sich Strauß mit Herzog Johann von Sachsen in Weimar, um mit ihm ausführlich über Müntzer, »seiner anhenger leer und der neuen geister halbenn, wie er sie genant«, zu reden. Strauß schlug dem Fürsten vor, Luther, Karlstadt, Melanchthon, ihn selbst und Müntzer zu einer Disputation einzuladen. Obwohl Herzog Johann tatsächlich geneigt war, dem Vorschlag zu folgen[39] und sich auch Kurfürst Friedrich von Sachsen für eine solche Zusammenkunft aussprach[40], kam diese – möglicherweise aufgrund der Septemberunruhen in Mühlhausen –[41] jedoch nicht mehr zustande.

Es spricht allerdings nicht viel dafür, dass Jakob Strauß die Auffassungen Müntzers teilte. Wenngleich er sich selbst nicht dazu geäußert hat, ist ein überaus deutlicher Brief seines damaligen Mitarbeiters Georg Witzel (1501–1573)[42] vom 11. März 1525 überliefert, in welchem dieser Müntzer dringend auffordert, seine Lehre von der göttlichen Offenbarung durch Visionen und Träume sowie seine den Aufruhr befördernde Schriftauslegung zu widerrufen. Stattdessen solle er sich vom Arzt Christus von dem satanischen Einfluss befreien lassen, der anscheinend über ihn gekommen sei.[43]

---

37 Vgl. s. Anm. 18.

38 ThMA 3 (s. Anm. 17), Nr. 175 (267).

39 ThMA 3 (s. Anm. 17), Nr. 112 (173–174).

40 ThMA 3 (s. Anm. 17), Nr. 116 (180–181).

41 Hierzu GÜNTER VOGLER, Ein Aufstand in Mühlhausen im September 1524. Versuch einer Revision und Rekonstruktion, in: GÜNTER VOGLER, Thomas Müntzer und die Gesellschaft seiner Zeit (Veröffentlichungen der Thomas-Müntzer-Gesellschaft 4), Mühlhausen 2003, 89–104.

42 Von Strauß als evangelischer Prediger in Wenigenlupnitz eingesetzt, hatte Witzel Eisenachs Frühreformation nicht nur miterlebt, sondern war selbst daran beteiligt. Anfang der 1530er Jahre sagte er sich jedoch von der evangelischen Lehre wieder los und wirkte ab Sommer 1533 als katholischer Pfarrer an der Andreaskirche in Eisleben. Zu Witzel vgl. BARBARA HENZE, Aus Liebe zur Kirche – Reform. Die Bemühungen Georg Witzels (1501–1573) um die Kircheneinheit (Reformationsgeschichtliche Studien und Texte 133), Münster 1995; GÜNTER VOGLER, »Quamquam satis admonitus es«. Georg Witzels Verhältnis zu Thomas Müntzer, in: HARTMUT KÜHNE / HANS-JÜRGEN GOERTZ / THOMAS T. MÜLLER / GÜNTER VOGLER (Hrsg.), Thomas Müntzer – Zeitgenossen – Nachwelt. Siegfried Bräuer zum 80. Geburtstag (Veröffentlichungen der Thomas-Müntzer-Gesellschaft 14), Mühlhausen 2010, 209–226.

43 ThMA 2 (s. Anm. 33), Nr. 110 (391–397), vgl. hierzu auch ThMA 2 (s. Anm. 33), Nr. 136 (449–450).

3. Visitation, Bauernkrieg und Demission

Spätestens gegen Ende des Jahres 1524 begann Strauß seine reformatorische Tätigkeit auch auf das Eisenacher Umland auszudehnen. In Waltershausen führte er auf Luthers Empfehlung Dr. Johannes Draconites (um 1494–1566)[44] als evangelischen Prediger ein. In Wenigenlupnitz installierte er den aus Vacha aufgrund seines evangelischen Bekenntnisses vertriebenen Georg Witzel. Die aus denselben Gründen aus Hersfeld vertriebenen Geistlichen Heinrich Fuchs und den (späteren Täufer) Melchior Rinck (um 1493–nach 1553) setzte er als Pfarrer in Marksuhl bzw. in Eckartshausen bei Eisenach ein.[45]

Um Struktur und Ordnung in seinem Kirchenwesen bemüht, erteilte Herzog Johann um die Jahreswende 1524/1525 an Jakob Strauß auch den offiziellen Auftrag, die Stadt Eisenach und die umliegenden Ämter zu visitieren. Ihm zur Seite stellte er seinen erfahrenen Rat Burghard Hundt von Wenkheim (gest. 1545). Gemeinsam nahmen beide vom 11. bis 15. Januar 1525 in der Stadt und dem Amt Eisenach die erste Visitation der Reformationsgeschichte vor. Am 17. März verfügte Herzog Johann die Fortsetzung der Visitation in den Ämtern Wartburg, Hausbreitenbach, Salzungen, Creuzburg und Gerstungen. Dabei wurden Strauß umfangreiche Vollmachten erteilt. Zudem erhielt der lokale herzogliche Verwaltungsapparat die Anweisung, ihn vollumfänglich zu unterstützen.[46]

---

44 Zu ihm vgl. zuletzt: Eike Wolgast, Die Unterdrückung der reformatorischen Bewegung in der Kurmainzischen Amtsstadt Miltenberg 1523, in: Irene Dingel (Hrsg.), Zwischen Konflikt und Kooperation. Religiöse Gemeinschaften in Stadt und Erzstift Mainz in Spätmittelalter und Neuzeit (Veröffentlichungen des Instituts für europäische Geschichte Mainz, Abt. für abendländische Religionsgeschichte, Beih. 70), Mainz 2006, 123–140; Heinz Scheible, Johannes Draconites, Ein Gelehrter der Reformationszeit als Pfarrer von Miltenberg und sein unsteter Lebensweg, in: Zeitschrift für bayerische Kirchengeschichte, 71 (2002), 29–47.

45 Barge, Strauß (s. Anm. 11), 93–94. Zum Verhältnis von Strauß zu den Täufern vgl. John S. Oyer, The Influence of Jacob Strauss on the Anabaptists. A Problem in Historical Methodology, in: Marc Lienhard (Hrsg.), The Origins and Characteristics of Anabaptism, Den Haag 1977, 62–82; Hans-Jürgen Goertz, Brüderlichkeit - Provokation, Maxime, Utopie. Ansätze einer fraternitären Gesellschaft in der Reformationszeit, in: Heinrich R. Schmidt/André Holenstein/Andreas Würgler (Hrsg.), Gemeinde, Reformation und Widerstand. Festschrift für Peter Blickle zum 60. Geburtstag, Tübingen 1998, 161–178; Strübind, Eifriger als Zwingli (s. Anm. 35).

46 Dagmar Blaha, Die Entwicklung der Visitationen als Mittel zur Durchsetzung der Kirchenreformation in Kursachsen, in: Werner Greiling/Gerhard Müller/Uwe Schir-

Bei seinen Reisen beschränkte sich Strauß jedoch keineswegs auf die Visitation der Kirchenvertreter, er tadelte, so er dies für notwendig erachtete, Bürger ebenso wie einfache Bauern. Selbst Adlige und Amtleute kritisierte er für ihr Verhalten. Selbst jene, die ihn bislang auch gegen Widerstände unterstützt hatten, wie der Eisenacher Schultheiß Oswald, wurden nicht geschont. Dabei scheint allerdings jene Selbstherrlichkeit, die bereits Georg von Wertheim angeprangert hatte, erneut und überdeutlich zum Vorschein gekommen zu sein.[47]

Aus einem Brief an Georg Spalatin vom 10. April 1525 tritt klar hervor, dass Luther in Strauß inzwischen eine Gefahr für die Reformation in seinem Sinne sah. Spätestens zu diesem Zeitpunkt scheint er nicht zuletzt durch sein eigenständiges Agieren und die offenkundig fehlende Bereitschaft, sich dem Willen des Wittenbergers voll und ganz unterzuordnen, dessen anfängliches Wohlwollen vollständig verloren zu haben. Vielmehr noch: Luther wünschte sich die Absetzung des Predigers.[48]

Auch wenn es hierzu nicht kam, demissionierte Strauß einige Monate später in Folge des Bauernkrieges und ging nach Süddeutschland. Zuvor hatte er das Bedrohungsszenario durch die vor der Stadt lagernden Aufständischen jedoch noch geschickt zu nutzen gewusst, um die endgültige Vertreibung der letzten noch in den Eisenacher Klöstern verbliebenen Nonnen und Mönche durchzusetzen. Spätestens nach diesem anscheinend auch mit ikonoklastischen Ausschreitungen verbundenen antiklerikalen Akt war die Reformation in Eisenach nicht mehr rückgängig zu machen.

Allerdings setzte sich bereits in direkter Folge des Bauernkriegs in der Stadt unterhalb der Wartburg der Wittenberger Weg der Reformation durch und der Einfluss von Jakob Strauß auf die Eisenacher schwand zunehmend. Dies dürfte ein Hauptgrund für die Demissionierung des eigentlichen Reformators der Stadt gewesen sein.

Man habe schändlich »wider got vnd alle warhait« versucht, ihm die

---

MER/HELMUT G. WALTHER (Hrsg.), Die Ernestiner. Politik, Kultur und gesellschaftlicher Wandel (Veröffentlichungen der historischen Kommission für Thüringen, Kleine Reihe 50), Köln/Weimar/Wien 2016, 123–144, hier bes. 133–134.

47 RUDOLF HERRMANN, Die Kirchenvisitationen im Ernestinischen Thüringen vor 1528, in: Beiträge zur Thüringischen Kirchengeschichte 1 (1930), Heft 2, 167–179. Vgl. auch CHRISTOPH VOLKMAR, Frühe Visitationen als Reformation vor Ort. Quellen, Akteure, Interessenlagen, in: DAGMAR BLAHA/CHRISTOPHER SPEHR (Hrsg.), Reformation vor Ort. Zum Quellenwert von Visitationsprotokollen, Leipzig 2016, 31–56.

48 WA Br 3, 470.

Schuld am Aufruhr aufzuladen und ihn nach seiner Flucht vor ihrem »unvermeydlichen haß« schriftlich und mündlich verleumdet. Selbst der Tod sei ihm angedroht worden, beklagte sich Strauß im Vorwort einer 1526 in Augsburg und Worms gedruckten Schrift.[49]

Eine neue Anstellung fand er – anscheinend erst nach längerer Suche – schließlich 1526 in Baden, wo er unter dem dortigen Markgrafen als Prediger arbeitete und im Juni eine Flugschrift gegen Ulrich Zwingli verfasste.[50] Sie ist das letzte bislang bekannte Lebenszeichen des ersten Reformators der Stadt Eisenach.

Es wird davon ausgegangen, dass er bereits verstorben war, als sein ehemaliger enger Vertrauter Georg Witzel im Jahr 1533 in einem an Justus Jonas (1493–1555)[51] gerichteten Pamphlet über Strauß schrieb:

> »War es nicht genug, dass jener Mann, so lange er lebte, von euch gequält wurde, aus keinem anderen Grund, als weil er euch die Füße nicht küssen wollte? Bevor er vom Wucher schrieb und bevor er sowohl eure Sitten als die des evangelischen Volkes tadelte, hieltet ihr ihn für einen der vortrefflichsten Evangelischen, nachher aber wurde er verachtet wie kein Anderer!«[52]

---

[49] Auffr[ue]r / Zwytracht vñ vn= | | ainigkait / zwischen waren Euan= | | gelischen Christen für zůkomen/ kurtz auch | | vnüberwintlich leer / Ainem yeden erkenner | | Gottes / besunder / Allen frommen Chri= | | stenlichen Fürsten … | | notturfftig / vor ergangner auffr#[ue]r | | Etlichen … Herren | | gepredigt / vnd … | | in truck | | bracht. | | Augsburg 1526. (VD16 S 9474) Bl. A2 r.

[50] Wider den vnmilten Jrrt | | hum̃ Maister Vlrichs zwinglins / So | | er verneünet / die warhafftig gegenwirtigkait | | dess allerhailligsten leybs vnd bluets Chri= | | sti im Sacrament. Doct. Jacobi Strauß | | … ablenung / vnd er= | | claerung … | | Jm jar. M.D.XXVj. Mense Junij. | | Margraffen Baden. [Augsburg 1526] (VD16 S 9515).

[51] IRENE DINGEL (Hrsg.), Justus Jonas (1493–1555) und seine Bedeutung für die Wittenberger Reformation (Leucorea-Studien zur Geschichte der Reformation und der Lutherischen Orthodoxie 11), Leipzig 2009.

[52] CONFVTATIO | | CALVMNIOSISSIMAE RE= | | SPONSIONIS IVSTI IONAE, ID EST, | | IODOCI KOCH, VNA CVM ASSER | | tione bonorum operum, per | | Georgium Vuicelium. | | Leipzig 1533 (VD16 W 3901), Bl. B4 r.

Die Beziehungen Eisenachs zum Weimarer Hof unter Johann dem Beständigen

Dagmar Blaha

Eisenach mit der hoch über der Stadt gelegenen Wartburg war nach dem Aussterben der ludowingischen Landgrafen in Thüringen im Mannesstamm zusammen mit einem Großteil ihres Territoriums an die Wettiner gekommen. Für dieses Adelsgeschlecht bedeutete das einen beachtlichen Gebietszuwachs und die Festigung ihrer politischen Stellung unter den Fürsten des Reiches. Nach langwierigen Erbauseinandersetzungen mit Sophie von Brabant (1224–1275), die als Tochter der Heiligen Elisabeth (1207–1231) und des Landgrafen Ludwig IV. (1200–1227) das Erbe für ihren Sohn Heinrich das Kind (1244–1308) beanspruchte, konnten die Markgrafen von Meißen 1264 schließlich das ehemals landgräfliche Territorium in Thüringen mit der Stadt Eisenach in Besitz nehmen. Für Heinrich das Kind blieben die ehemaligen ludowingischen Besitzungen in Hessen.[1] Seitdem Markgraf Friedrich der Freidige (1257–1323) im Jahr 1310 durch den Kaiser Heinrich VII. (1278/79–1313) mit der Landgrafschaft Thüringen belehnt worden war, waren die Wettiner die nunmehr auch reichsrechtlich anerkannten Stadtherren von Eisenach. Die Stadt und die Wartburg hatten sich bereits unter den ludowingischen Landgrafen zu einem beliebten Wohn- und Repräsentationsort entwickelt und waren ein bedeutendes kulturelles Zentrum des Mittelalters im Heiligen Römischen Reich Deutscher Nation. Hans Patze sah in Eisenach die Hauptstadt der ludowingischen Landgrafschaft Thüringen.[2]

---

1 Vgl. Karl-Heinz Blaschke, Geschichte Sachsens im Mittelalter, Berlin 1990, 274–281.

2 Hans Patze, Die Entstehung der Landesherrschaft in Thüringen, I. Teil (mehr nicht erschienen) (= Mitteldeutsche Forschungen 22), Köln/Graz 1962, 496.

1. Eisenach als Zentralort der Wettiner

Unter der Herrschaft der Wettiner setzte sich die seit dem 12. Jahrhundert unter ihren Vorgängern begonnene Entwicklung zu einem hochmittelalterlichen reichsfürstlichen Verwaltungszentrum fort. Die von den Ludowingern zur Sicherung ihres und ihrer Untertanen Seelenheils gestifteten Klöster der Benediktinerinnen, Zisterzienserinnen und Dominikaner wurden durch die Wettiner weiter gefördert, durch die von ihnen begünstigten Niederlassungen von Franziskanern, Karthäusern, Augustiner-Chorherren und Zisterziensern ergänzt und unter fürstlichen Schutz gestellt.[3] Vor allem daraus erklärt sich wohl die sehr dichte sakrale Topographie Eisenachs, welche die Stadt und ihre Umgebung zu Beginn des 16. Jahrhunderts kennzeichnete. Der Kupferstecher, Chronist und Verleger Matthäus Merian (1593–1650) stellte in seiner »Topographia Superioris Saxoniae …« fest, »daß fast an keinem Ort so viele Mönche Nonnen Pfaffen Meßpriester Kirchen Clöster Capellen und Clausen gewesen als eben allhiero.«[4]

Ein reichhaltiges geistliches Leben sollte die Stadt attraktiv machen für ihre Bewohner und Zuzügler. Die geistlichen Einrichtungen der Stadt, allen voran die 1294 durch Landgraf Albrecht den Entarteten (1240–1314) in ein Kollegiatstift umgewandelte Marienkirche, hatten zudem Bedeutung für die landesherrliche Repräsentation und Verwaltung. Etliche Angehörige der wettinischen Landesverwaltung besaßen im Eisenacher Marienstift, aber auch in anderen geistlichen Einrichtungen in der Stadt Pfründen.[5] Darüber hinaus stellten die Kirchen, Klöster und Hospitäler einen bedeutenden Wirtschaftsfaktor dar. Von den Landgrafen in Thüringen, aber auch von Adligen der Umgebung wurden sie so reich ausgestattet, dass der umfangreichste Grundbesitz in der Eisenacher Gegend in der Hand von Kirchen und Klöstern war.

---

3 Vgl. Franziska Luther, Die Klöster und Kirchen Eisenachs (1500–1530). Prologe zur Reformation und wie die Geistlichkeit vermeynen die Zinse aus etzlichenn armenn zu kelterenn, in: Joachim Emig / Volker Leppin / Uwe Schirmer (Hrsg.), Vor- und Frühreformation in thüringischen Städten (1470–1525/30) (= Quellen und Forschungen zu Thüringen im Zeitalter der Reformation 1), Köln/Weimar/Wien 2013, 403–435, bes. 410–420.

4 Matthäus Merian, Topographia Superioris Saxoniae, Thuringiae, Misniae, Lusatiae etc, Frankfurt am Main 1650, 66.

5 Vgl. Brigitte Streich, Zwischen Reiseherrschaft und Residenzbildung: Der wettinische Hof im späten Mittelalter (= Mitteldeutsche Forschungen 101), Köln/Wien 1989, 89–90.

Die ihnen zugeeigneten Einkünfte deckten mehr als ihren Bedarf. Das ermöglichte es den geistlichen Einrichtungen, zum einen als Grundherr, zum anderen als Geldverleiher in Eisenach und Umgebung zu wirken. Zudem trugen die Klöster als Orte des Dienstes an Gott und den Menschen, der Heiligenverehrung und der Bildung auch zum gesellschaftlichen Ansehen des ludowingischen und späteren wettinischen Zentralortes bei. Die jedes Jahr in Eisenach stattfindenden Generalkapitel der Dominikaner, an denen auch weltliche Herrscher teilnahmen, stellten ein bedeutendes gesellschaftliches Ereignis dar. Im Jahr 1349 war das Dominikanerkloster sogar Veranstaltungsort eines Hoftages König Karls IV. (1316–1378).[6]

Die Stadt bildete einen eigenen Rechtsbezirk, der durch einen landgräflichen Schultheiß verwaltet wurde. Ihm zur Seite standen zwölf Schöffen. Seit etwa 1250 ist ein städtischer Rat nachweisbar. 1286 hatte Landgraf Albrecht den Eisenacher Bürgern das Recht verliehen, zwei Bürgermeister zu wählen, die die Interessen der Bürger gegenüber dem landesherrlichen Verwalter vertraten. Bis Mitte des 18. Jahrhunderts war die Stadt pro forma in Selbstverwaltung, die Angehörigen des städtischen Rates mussten allerdings durch den Landesherrn bestätigt werden. Eine eigene Gerichtsbarkeit erwarb die Stadt nicht, lediglich Fragen von sogenannter freiwilliger Gerichtsbarkeit, also Kauf, Tausch und Verpfändung von Grundstücken und Gütern sowie Verfahren wegen Vergehen gegen den städtischen Rat konnte von diesem selbst entscheiden werden.[7]

Auch nach dem Anfall an die Wettiner behielten die Wartburg und Eisenach einen herausragenden Platz innerhalb ihres Machtbereiches. Dazu dürfte neben den von den Ludowingern herrührenden Herrschaftsstrukturen und -einrichtungen auch die Tatsache beigetragen haben, dass Eisenach Wirkungsort der im Jahr 1235 heiliggesprochenen Elisabeth von Thüringen war. Mit ihr fühlten sich die Wettiner besonders verbunden. Deutlich wird dies beispielsweise durch die Einrichtung eines der Heiligen geweihten Franziskanerkonvents in Eisenach durch Landgraf Friedrich den Ernsthaften (1310–1349), in dem von ihr einst unterhalb der Wartburg eingerichteten Hospital. Dort wurden auch bedeutende Elisabethreliquien aufbewahrt. Der Löffel der Heiligen Elisabeth ist spätestens seit 1513 in der berühmten Reli-

---

6 Vgl. Streich, Zwischen Reiseherrschaft und Residenzbildung (s. Anm. 5), 82.

7 Bruno Kühn, Eisenach, Stadtkreis, in: Erich Keyser (Hrsg.), Deutsches Städtebuch. Handbuch städtischer Geschichte, Stuttgart/Berlin 1941, 286–288; Gerd Bergmann, Ältere Geschichte Eisenachs. Von den Anfängen bis zum Beginn des 19. Jahrhunderts, Eisenacher Geschichtsverein, Eisenach 1994.

quiensammlung Friedrichs des Weisen an hervorragender Stelle als erstes bzw. zweites Stück im ersten Gang nachgewiesen.[8]

2. Der Ausbau Weimars als Residenz der Wettiner

Um die Mitte des 14. Jahrhunderts setzte allerdings eine zunehmende Ostverlagerung der wettinischen Zentralorte in Thüringen ein, die sich noch verstärkte, nachdem Weimar im Jahr 1372 in den Besitz der Wettiner gelangt war. Für Albrecht den Entarteten und Friedrich den Freidigen war die Wartburg noch bevorzugte Residenz, unter Friedrich dem Ernsthaften erlangte der in der Stadt gelegene Steinhof, der später die Bezeichnung Zollhof führte, als Aufenthaltsort zunehmend an Bedeutung. Balthasar, Landgraf in Thüringen und Markgraf zu Meißen (1336–1406), war der letzte Wettiner, der die Wartburg häufiger als Aufenthaltsort nutzte. Allerdings trat unter seiner Herrschaft neben Eisenach auch Gotha, bis 1359 der Witwensitz seiner Großmutter Elisabeth von Arnshaugk (1286–1359), als Residenz in Erscheinung. Seit den 1430er Jahren dominierte Weimar neben Eisenach als Hauptstandort des wettinischen Hofes in Thüringen. Ausschlaggebend für die zunehmende Bevorzugung Weimars, das zu dieser Zeit Eisenach sowohl an Größe als auch in geistlicher, kultureller und wirtschaftlicher Hinsicht um einiges nachstand, war mit großer Sicherheit die Lage Eisenachs an der Peripherie des kursächsischen Herrschaftsgebietes.[9] Mit der Entwicklung von der Reise- zur Residenzherrschaft bot Weimar nun einfach die besseren Voraussetzungen als Verwaltungszentrum. In dem Zuge, in dem Herrschaft immer weniger durch das Bereisen des Territoriums seitens des Herrschers und seines Hofes ausgeübt wurde, erlangte ein möglichst zentral gelegener Herrschafts- und Verwaltungssitz an Bedeutung. Durch seine zentrale Lage in Thüringen war Weimar hier gegenüber Eisenach deutlich im Vorteil. Die im Gegensatz zu Eisenach nur gering entwickelten Strukturen zur Versorgung eines reichsfürstlichen Hofes in Weimar wurden durch die Nähe zu Erfurt kompensiert. Die Stadt, die man auch das »thüringische Kleinod« nannte, konnte mit den dort ansässigen Händlern, Handwerkern und Künstlern, als Universitätsstadt

---

8 Thüringer Universitäts- und Landesbibliothek Jena, Ms. Bos. q 26a, Bl. 7r.

9 Vgl. Dagmar Blaha, »… in civitate nostra Wimare …«. Die Entwicklung Weimars zum Residenzort, in: Roswitha Jacobsen (Hrsg.), Residenzkultur in Thüringen vom 16. bis zum 19. Jahrhundert (= Reihe PALMBAUM. Texte. Kulturgeschichte 8), Bucha bei Jena 1999, 43–58.

und Umschlagplatz für exotische Handels- und begehrte Luxusgüter, aber auch für Informationen, die Bedürfnisse eines größeren Hofes durchaus befriedigen. Zudem war die Weimarer Burg einfacher zu erreichen als die Höhenburg über Eisenach. Das waren die entscheidenden Vorteile der Stadt an der Ilm gegenüber dem alten ludowingischen Landgrafensitz.

Bereits Wilhelm III., der Tapfere (1425–1482), bevorzugte Weimar als Herrschaftssitz, nachdem ihm in der sogenannten Altenburger Teilung 1445 die thüringische Landgrafschaft und die fränkischen Besitzungen der Wettiner zugefallen waren. Ihm waren Stadt und Burg bereits seit 1437 vertraut, als er für zwei Jahre am Hof seines Onkels Friedrichs des Friedfertigen lebte, für den bereits ein Drittel seiner nachweisbaren Aufenthalte in Weimar festgestellt werden konnten. Unter Wilhelm III. begann der Ausbau Weimars zur reichsfürstlichen Residenz.[10] Er war es vermutlich auch, der die Reliquien der Heiligen Elisabeth, mit Ausnahme des Mantels, in seine Residenz nach Weimar holte und diese an die weiblichen Familienmitglieder verlieh, wenn diese ein Kind erwarteten.[11]

Der Ausbau zur Residenzstadt fand seine Fortsetzung und Intensivierung, nachdem Herzog Johann von Sachsen (1468–1532) ab 1514 seinen Hauptaufenthaltsort von Torgau nach Weimar verlegt und einen großen Hof in Weimar etabliert hatte. Im November 1513 war auf Wunsch seines Bruders, des Kurfürsten Friedrichs des Weisen (1463–1525), eine Verwaltungsteilung des kurfürstlich-sächsischen Territoriums vereinbart worden. Der gemeinsame Territorialbesitz wurde so aufgeteilt, dass Friedrich den nördlichen, Johann den südlichen Teil verwaltete, der im Wesentlichen das ernestinische Thüringen, Teile des Vogtlandes und die Pflege Coburg umfasste.[12] In Weimar war damit neben Torgau/Wittenberg ein zweiter Verwaltungsmittelpunkt des Kurfürstentums Sachsen entstanden.[13]

---

10 Vgl. Blaha, in civitate nostra (s. Anm. 9), 52–54.

11 Vgl. Joseph Kremer, Beiträge zur Geschichte der klösterlichen Niederlassungen Eisenachs im Mittelalter (= Quellen und Abhandlungen zur Geschichte der Abtei und der Diözese Fulda II), Fulda 1905, 89–91; Streich, Zwischen Reiseherrschaft und Residenzbildung (s. Anm. 5), 84.

12 Vgl. zur Verwaltungsteilung zwischen Friedrich und Johann von Sachsen: Ernst Müller, Die Mutschierung von 1513 im ernestinischen Sachsen, in: Jahrbuch für Regionalgeschichte Bd. 14 (1987), 173–182; Jörg Rogge, Herrschaftsweitergabe, Konfliktregelung und Familienorganisation im fürstlichen Hochadel. Das Beispiel der Wettiner von der Mitte des 13. Jahrhunderts bis zum Beginn des 16. Jahrhunderts, Stuttgart 2002, 325–326.

13 Vgl. zum Weimarer Hof Herzog Johanns von Sachsen: Dagmar Blaha, Die Struk-

Bei seiner Herrschaftsausübung ließ sich Herzog Johann von Sachsen wie andere Herrscher seines Standes von Vasallen beraten, die ihm nach Lehensvertrag zur Hilfe durch »consilium et auxilium«, durch »Rat und Tat« verpflichtet waren. Das waren in der Regel Vertreter des Landadels, die das Vertrauen des Herzogs besaßen und über notwendige juristische Kenntnisse verfügten. Zu Beginn des 16. Jahrhunderts öffneten allerdings auch zunehmend ein abgeschlossenes Jura-Studium und der Doktortitel juris utrisque Bürgerlichen die Schlosstore und den Zugang zum fürstlichen Hof. Die 1499 im Kurfürstentum Sachsen eingeführte Hofratsordnung bestimmte, dass sich mindestens vier Räte ständig am Hof aufzuhalten, täglich zu festgelegten Zeiten die aufgetretenen Probleme untereinander zu diskutieren und dem Fürsten einen Entscheidungsvorschlag zu unterbreiten hatten.[14] Bekannte Weimarer Räte des Herzogs Johann waren beispielsweise sein Kammerschreiber Johann Rietesel († 1543), der Kanzler Gregor Brück (nach 1485–1557), sein Hofmarschall Nickel vom Ende zum Stein († 1540), der Erfurter Jurist Johann von der Sachsen (nachgew. 1514–1527) und Anarg von Wildenfels (nachgew. 1498–1543). Sie wurden bei Beratungen der zahlreichen Einzelfälle unterstützt und ergänzt durch hinzugeforderte Adlige mit besonderer Ortskenntnis oder anderen Spezialkenntnissen, zum Beispiel auf dem Gebiet des Finanzwesens oder der Bergbauverwaltung oder durch kurfürstliche Lokalbeamte.

Seine Verwaltungstätigkeit stützte Herzog Johann vor allem auf die Lokalverwaltung seines Territoriums durch Amtleute. Deshalb reichten am Hof wenige Räte aus, die sich ständig dort aufhielten. Ohne die Verbindungen der Amtleute und Schosser in den Ämtern untereinander und zu den übrigen Landadligen, ohne deren Kenntnisse der örtlichen Gegebenheiten und Besonderheiten wäre eine Verwaltung in dieser Zeit undenkbar gewesen, von einer Regierung ganz zu schweigen. Diese Amtleute genossen das besondere Vertrauen der Fürsten. Sie sorgten nicht nur für die Einnahme der Erträge und Abgaben der Ämter sowie für die Erhaltung des fürstlichen Besitzes, sie waren auch für Informationsbeschaffung und Nachrichtenübermittlung und

---

tur des Weimarer Hofes unter Herzog Johann von Sachsen, in: Christopher Spehr/Michael Haspel/Wolfgang Holler (Hrsg.), Weimar und die Reformation. Luthers Obrigkeitslehre und ihre Wirkungen, Leipzig 2016, 44–58.

14 Landesarchiv Thüringen – Hauptstaatsarchiv Weimar (künftig LATh – HStA Weimar), Ernestinisches Gesamtarchiv (künftig EGA), Urkunden Nr. 5621, hier: Bl. 2r–v. Diese Ordnung ist ediert von Gustav Emminghaus, Die Hofraths=Ordnung des Kurfürsten Friedrich des Weisen und Herzogs Johann von Sachsen, von 1499, in: ZVThürGA 2 (1857), 97–106.

für die Einhaltung von Recht und Gesetz in ihrem Bereich verantwortlich. Sie waren mit weitgehenden landesherrlichen Befugnissen ausgestattet und so eine unersetzliche Stütze des Fürsten bei der Regierung seines Landes.[15]

3. Amt und Stadt Eisenach im 16. Jahrhundert

Eisenach war im 16. Jahrhundert Sitz eines solchen Amtes. Die Amtsbezeichnung wechselt zwischen »Amt Wartburg« und »Amt Eisenach«.[16] Der Amtmann residierte auf der Wartburg. Die Belange der Wettiner als Stadtherren von Eisenach nahm wie zu landgräflichen Zeiten ein Schultheiß in deren Auftrag wahr. Dieser führte aber auch die Amtsrechnungen und war für die Einnahme der Steuern verantwortlich, hatte also im Wesentlichen in seinem Zuständigkeitsbereich die gleichen Aufgaben zu erfüllen wie ein Amtmann. Die Stadt war Bestandteil des Amtes, zu dem außer Eisenach noch sechs, ab 1523 sieben Dörfer, der sogenannte Steig, der 1850 unter der Bezeichnung Ehrensteig in die Stadt Eisenach eingemeindet wurde, sowie kleinere Besitzungen in den umliegenden Ortschaften, gehörten.[17] Wenn also nach den Beziehungen Eisenachs zum Weimarer Hof gefragt wird, so betrifft diese Frage neben der Stadt immer auch das Amt Eisenach. Die Integration von Städten in Amtsgebiete war gängige Praxis in allen Gebieten des sächsischen Kurfürstentums. Neben den wettinischen Landesherren hatten auch Adlige in der Eisenacher Gegend Rechte und Besitz. Diese Adligen waren alle kanzleisässig, das heißt, sie unterstanden nicht dem Amt, sondern erhielten Nachrichten, Anweisungen und Befehle direkt aus der Kanzlei Herzog Johanns.

Der ranghöchste und bestbezahlte landesherrliche Beamte eines Amtes war der Amtmann. Der Fürst musste ihm absolut vertrauen können, denn er war in dem ihm zugewiesenen Sprengel nicht nur höchster Dienstmann, sondern auch Vertreter des Landesherrn in allen Angelegenheiten. Deshalb

---

15 Vgl. Blaha, Weimarer Hof unter Herzog Johann (s. Anm. 13), 55–56.

16 Vgl. dazu: Hilmar Schwarz, Die Vorsteher der Wartburg, in: Wartburg-Jahrbuch 1994, Eisenach 1995, 58–84, hier: 68–70; Hans Patze / Walter Schlesinger (Hrsg.), Geschichte Thüringens, Bd. 3. Das Zeitalter des Humanismus und der Reformation, (= Mitteldeutsche Forschungen 48/III), Köln/Graz 1967, 152–157; Erich Debes, Das Amt Wartburg im ersten Drittel des 16. Jahrhunderts, Eisenach 1926, 2.

17 Mosbach, Kittelsthal, Weißenborn, Eckartshausen, Förtha, Ruhla (eisenachischer Anteil), seit 1523 Etterwinden; vgl. Debes, Das Amt Wartburg (s. Anm. 16), 6–9.

wurde das Auswahlverfahren auch mit großer Sorgfalt betrieben. Als im Frühjahr 1517 der Eisenacher Amtmann Caspar von Boyneburg aus dem Amt schied, war es sowohl Kurfürst Friedrich als auch Herzog Johann klar, dass die Stelle so schnell wie möglich neu besetzt werden musste. Aber es war wohl nicht ganz einfach, einen Mann zu finden, der »zu einem solchen amt zu gebrauchen tuglich und nutzlich« war. Zur Auswahl standen der herzogliche Rat Anarg von Wildenfels, der Amtmann des benachbarten Amtes Hausbreitenbach, Hans Metzsch (um 1490–1549), und Hans von Berlepsch (um 1480–1533). Letzteren hatte zwar Friedrich der Weise bereits als Amtmann für Schlieben vorgesehen, verzichtete dann aber auf seine Bestallung, weil er Herzog Johanns Favorit für die Stelle im Amt Eisenach war. Er begründete dies damit, dass der Kandidat »des orts umb Eysenach wol bekannt« war und außerdem dort Besitzungen hatte. Hans von Berlepsch selbst war ebenfalls bereit, diese Verantwortung zu übernehmen, nachdem Herzog Johann seine Besoldung gegenüber seinem Vorgänger noch einmal kräftig aufgestockt hatte. Nach Friedrich von Thun (um 1450–1535), dem Amtmann von Weimar, war Hans von Berlepsch mit 114 Gulden und 19 Groschen sowie etlichen Naturalien der zweithöchstdotierte Amtmann Herzog Johanns.[18]

Hans von Berlepsch gehörte einem uradligen Geschlecht an und war Sohn des hessischen Erbkämmerers Sittich von Berlepsch. Er wurde etwa 1480 auf der Burg Berlepsch, heute in einem Ortsteil von Witzenhausen, geboren. Mit Herzog Johann von Sachsen verband ihn ein besonderes Vertrauensverhältnis. Seit mindestens 1514 stand er in den Diensten des kurfürstlichen Bruders.[19] Hans von Berlepsch ist vor allem im Zusammenhang mit Luthers Wartburgaufenthalt bekannt geworden. Er war Amtmann und zugleich Burghauptmann der Wartburg zu jener Zeit, als sich Luther dort verborgen hielt. Zusammen mit dem Coburger Amtmann Hans von Sternberg inszenierte er den Überfall auf Luther und dessen Entführung, den die Amtleute von Weimar und Weida, Friedrich von Thun und Philipp von Feilitzsch (vor 1473 bis nach 1532) gemeinsam mit dem kurfürstlichen Sekretär Georg Spalatin (1484–1545) vorbereitet hatten.

Man kann sicher davon ausgehen, dass bei der Auswahl der Wartburg als Aufenthaltsort für den gebannten und geächteten Reformator das beson-

---

18 LATh-HStA Weimar, EGA, Reg. Rr pag. 1–316 Nr. 112; vgl. auch LATh-HStA Weimar, EGA, Reg. Rr pag 1–316, Nr. 4, Bl 2r–v.

19 Berlepsch verhandelte im Auftrag Herzog Johanns im September 1514 mit Kaiser Maximilian I. über die Vormundschaftsverwaltung Hessens durch die Ernestiner (LATh-HStA Weimar, EGA, Reg. Bb 4242, Bl. 55r).

dere Vertrauensverhältnis der fürstlichen Brüder zu Berlepsch eine Rolle spielte. Dieser soll sich spätestens seit 1521/22 zu Luthers Lehre bekannt haben, was vermutlich das Resultat der persönlichen Bekanntschaft des herzoglichen Amtsträgers mit Martin Luther auf der Wartburg war. Er stellte praktisch die Verbindung Luthers mit der Außenwelt, auch zu Herzog Johann von Sachsen her, während dieser sich zwangsweise auf der Wartburg aufhalten musste. Auf Berlepschs Vermittlung hin legte Luther dem Herzog die Perikope von den zehn Aussätzigen[20] aus. Auch mit dem Wartburghauptmann selbst hat Luther offensichtlich theologische Probleme erörtert. Wie er Spalatin mitteilte,[21] hätte er seinem Wirt (»hospiti meo«) gern die Schrift »Von Menschenlehre zu meiden«[22] gewidmet, die im Ergebnis der Diskussionen über menschliche Satzungen und Traditionen entstanden war. Aus Sicherheitsgründen unterblieb dies aber. Hans von Berlepsch kaufte 1523 die Wasserburg Seebach bei Mühlhausen, die am 30. April 1525 durch aufständische Bauern ausgeraubt wurde. Berlepsch, der noch am 24. April 1525 von der Wartburg aus über den Einzug der Bauern in Salzungen berichtet hatte, eilte auf sein Gut, wo ihn die Aufständischen gefangen nahmen. Mit dem Vorwurf, er hätte seinen Amtssitz, die Wartburg, unerlaubt verlassen, wurde er von Herzog Johann 1525 seines Amtes enthoben. Das Vertrauensverhältnis war offensichtlich erschüttert. Möglicherweise haben den Herzog zudem die Anschuldigungen des mit der Visitation im Amt Eisenach beauftragten Jakob Strauß (um 1480 bis vor 1530) nicht unbeeindruckt gelassen, der die Teilnahme Berlepschs an dieser Visitation ablehnte mit der Begründung, der Amtmann auf der Wartburg sei mit dem Abt von Reinhardsbrunn, der Äbtissin und dem Vorsteher des Nikolaiklosters »ein seel, ein hertz und gemut« und verhindere, dass die Kinder Zugang zum reinen Wort Gottes erhielten.[23] 1533 befindet sich Berlepsch in mansfeldischen Diensten.[24]

Über den fürstlichen Vertreter in der Stadt Eisenach, der wie in ludowingischen Zeiten die Bezeichnung »Schultheiß« führte, ist weit weniger bekannt. In dem von uns betrachteten Zeitraum ist es Johann Oswald(t) (gen. 1505–1531) gewesen, der spätestens seit Mai 1506 in dieser Funktion in Ei-

---

20 »Das Evangelium von den zehn Aussätzigen«, WA 8, 336–397.

21 Luther an Spalatin, 24. März 1522, WA Br 2, Nr. 463, S. 480–481; WA 10 II, 61–62.

22 WA 10 II, 72–86.

23 LATh-HStA Weimar, EGA, Reg. Ii 133, Bl. 1r.

24 Die biographischen Angaben beruhen auf Otto Böcher, Martin Luther und Hans von Berlepsch (= Schriftenreihe der hessischen Genossenschaft des Johanniter-Ordens 18), Speyer 1992.

senach tätig war, nachweisbar bis Michaelis 1525.[25] Sein Nachfolger Hans Bahner wurde zu diesem Zeitpunkt in die Amtsgeschäfte eingeführt. Der Eisenacher Schultheiß war auch für die Führung der Amtsrechnungen und die Einnahme und Ablieferung der Steuern zuständig. Er nahm also auch die Funktion eines Schossers war. Rangmäßig stand er hinter dem Amtmann, fungierte aber des Öfteren als dessen Vertreter, wenn dieser abwesend war. Seine Besoldung war allerdings mit 67 Gulden und drei Groschen[26] um Etliches geringer als die des Amtmannes. Auch wurde er nicht aus der herzoglichen Kammerkasse, sondern aus Mitteln des Amtes bezahlt, gehörte also zum Amtspersonal. Auch zu Oswald hatte der Herzog nach den Bauernunruhen wohl kein Vertrauen mehr. Der ehemalige Schultheiß tritt 1528 als Bürgermeister in Gotha in Erscheinung und war 1531 als solcher Mitglied der Sequestrationskommission für Thüringen.[27]

Die Aufgaben, die Hans Berlepsch und Johann Oswald im Auftrag ihres Landesherrn zu erfüllen hatten, waren vielfältiger Natur. Oberstes Gebot war natürlich die Wahrung von Ruhe und Ordnung in Amt und Stadt. In dieser Funktion waren die beiden Beamten erste Anlaufstelle zur Beilegung von Streitigkeiten. Erst wenn die Schlichtungsversuche erfolgslos waren, durften die Parteien an den herzoglichen Hof verwiesen werden. Allerdings muss in diesem Zusammenhang darauf hingewiesen werden, dass die Gerichtshoheit lediglich auf den Grundbesitz des Amtes beschränkt war, andere Gebiete unterstanden anderen Gerichtsherren, was auch regelmäßig zu Kompetenzstreitigkeiten zwischen Amtspersonal und Geistlichkeit führte. Darüber hinaus war es wohl vorrangig Aufgabe des Schultheißen, flüchtige Tatverdächtige einzufangen.[28] Außerdem waren Amt und Stadt vor dem Einfall Fremder zu schützen, für die termingerechte und vereinbarungsgemäße Stellung des Amtsaufgebotes zu sorgen, die Einnahmen des Amtes zu verwalten und darüber gegenüber dem Fürsten Rechenschaft zu legen, Straßen instand zu halten, durchziehende Händler und Abgesandte anderer Territorien zu beschützen.[29] Das konnten durchaus hochgestellte Persönlichkeiten sein wie im Juni 1524 die Königin von Dänemark oder die Botschafter des Kaisers. Wenn er-

---

25 LATh-HStA Weimar, Rechnungen 3194, Bl. 56v.

26 LATh-HStA Weimar, EGA, Reg. Rr pag. 1–316, Nr. 4, Bl. 3r.

27 Vgl. C[arl] A[ugust] H[ugo]Burkhardt, Ernestinische Landtagsakten, Band I: Die Landtage von 1487–1532 (mehr nicht erschienen), Jena 1902, Nr. 361, S. 90/91; Nr. 425, 233–235.

28 DEBES, Das Amt Wartburg (s. Anm. 16), 47.

29 A. a. O., 1–19.

forderlich, sorgte der Schultheiß auch für Nachtquartier. Fürstliche Personen, manchmal auch der Herzog oder sein Bruder Friedrich,[30] fanden im Amts- und Wohnsitz des Schultheißen, dem Zollhof, Unterkunft. Dieser verfügte zu diesem Zweck über eine Hof- und eine Saalstube sowie Fürstengemächer.[31] Ab 1520 hatte Herzog Johann das Gebäude durch den Bau eines Küchentraktes und einer Badstube, die Pflasterung des Hofes und die Einrichtung eines »springenden rorbronnen in einem eichenkasten« modernisieren lassen.[32] Anfang September 1520 informierte sich Friedrich der Weise persönlich über den Stand der Bauarbeiten vor Ort und berichtete seinem Bruder aus Eisenach.[33] Andere Durchreisende wurden in den Herbergen der Stadt untergebracht. Die Botschafter des Kaisers, die in Richtung Hessen unterwegs waren, nächtigten beispielsweise beim »Wirthe zum Christoff« in Eisenach.[34] Wenn in Frankfurt am Main eine Messe bevorstand, wurden die Adligen der Umgebung dazu aufgefordert, die Straßen mit einem Militäraufgebot zu sichern.[35] Amtmann und Schultheiß hatten das zu kontrollieren.

Jedes Jahr im November gab es eifrige Geschäftigkeit in der Stadt und auf der Burg. Das Amtspersonal reinigte die Gemächer, Nahrungsmittel wurden aus den benachbarten Ämtern herangeschafft, die Wildwagen instand gesetzt und geschmiert für die herzogliche Jagd, die in der Regel Ende des Monats anstand.[36] Dass diese reibungslos vonstatten ging und sich der Herzog und seine hochgestellten Gäste wohlfühlten – auch dafür hatten Amtmann und Schultheiß zu sorgen. Am Weimarer Hof waren zudem Produkte aus der Region im Thüringer Wald beliebt. Neben Wildbret brachten Amtmann und Schultheiß auch Forellen aus Großenlupnitz und Käse aus dem Eisenacher Nikolaikloster auf den Weg nach Weimar.[37]

---

30 Eine Abrechnung der Aufwendungen über die Vorbereitung eines Aufenthaltes Herzog Johanns im Eisenacher Zollhof befindet sich für das Jahr 1522 in LATh-HStA Weimar, EGA, Reg. Bb 1242, Bl. 36v–37r.

31 Eine Inventarisierung der Ausstattung des Zollhofes durch Johann Oswald von 1520 befindet sich a. a. O., Bl. 41r–44r.

32 LATh-HStA Weimar, EGA, Reg. S fol. 91b Nr. II.1 und 2, Bl. 15r+v.

33 LATh-HStA Weimar, EGA, Reg. S fol. 91b Nr. II.1 und 2, Bl. 21r-22v (09. 09. 1520); Bl. 23r (10. 09. 1520).

34 LATh-HStA Weimar, Rechnungen 3193, Bl. 95r.

35 LATh-HStA Weimar, Rechnungen 3193, Bl. 101v.

36 Vgl. beispielsweise LATh-HStA Weimar, Rechnungen 3191, Bl. 51v; Nr. 3192, Bl. 103v.

37 LATh-HStA Weimar, Rechnungen 3191, Bl. 51r; 52r.

Das Hauptgeschäft beider landesherrlicher Beamter bestand jedoch darin, Streitigkeiten der Amtsuntertanen untereinander oder mit den Adligen und Geistlichen der Gegend zu schlichten und für die Informationsbeschaffung und Nachrichtenübermittlung zu sorgen. Ihrem Landesherrn hatten sie auf Anforderung und bei besonderen Vorkommnissen Bericht zu erstatten. Regelmäßig wurden Gerichtstage gehalten, an denen meistens Johann Oswald als Schultheiß teilnahm. Oft wurden Unstimmigkeiten aber auch auf eigens durch den Amtmann angesetzten Tagen verhandelt wie etwa im August 1523, als er gemeinsam mit dem Gothaer Amtmann Burkhardt Hundt zwischen denen von Wangenheim und deren Leuten in Waltershausen verhandelte.[38] Im Mai 1524 schlichteten Berlepsch und Oswald in Creuzburg Unstimmigkeiten zwischen den dortigen Bürgern und dem Jungfrauenkloster.[39] Konnten die Differenzen nicht ausgeräumt werden oder gab es Unklarheiten in der Verfahrensweise, wurde am Weimarer Hof nachgefragt wie im Juli 1522 wegen eines gefangenen Priesters.[40] Oder einer der beiden Eisenacher Beamten reiste nach Weimar, um sich dort mit den Weimarer Räten zu beraten wie im Mai 1522 in Angelegenheiten des Abtes von Pforta und des Katharinenklosters in Eisenach[41] und natürlich auch im Januar 1524, als es um die Auseinandersetzung zwischen den Geistlichen und den Bürgern Eisenachs wegen der Zinszahlungen ging.[42]

4. Die Beziehungen zwischen dem Amt Eisenach und dem Weimarer Hof bis 1525

Eine besonders wichtige Funktion der landesherrlichen Beamten in den Ämtern war die Informationsbeschaffung und Nachrichtenübermittlung. Häufig kam vom Weimarer Hof die Aufforderung, über bestimmte Ereignisse oder Entwicklungen Erkundigungen einzuziehen und zu berichten. Hier stellte Ei-

---

38 Vgl. LATh-HStA Weimar, Rechnungen 3194, Bl. 3r; ediert in Otto Merx, Akten zur Geschichte des Bauernkrieges in Mitteldeutschland, Erste Abteilung, Berlin 1923 (künftig AGBM I), Nr. 535, 384–385.

39 LATh-HStA Weimar, Rechnungen 3193, Bl. 96r.

40 LATh-HStA Weimar, EGA, Reg. Bb 1242, Bl. 30r.

41 LATh-HStA Weimar, EGA, Reg. Bb 1242, Bl. 31v.

42 Vgl. den Bericht des Schultheißen Johann Oswald und des Abgesandten des Eisenacher Rates am Weimarer Hof am 14. Januar 1524: LATh-HStA Weimar, EGA, Reg. Ii 126, Bl. 1r–4r.

senach eine Art Sammelpunkt für Nachrichten aus den umliegenden Ämtern Hausbreitenbach, Creuzburg, Gotha, Tenneberg, Gerstungen, Reinhardtsbrunn und Salzungen dar, die dann von der Wartburg aus nach Weimar gesandt wurden. Aber auch umgekehrt war das der Fall. Sehr häufig wurden Schreiben des Weimarer Hofes an Amtleute umliegender Ämter, kanzleisässige Adlige oder Geistliche nach Eisenach geschickt mit der Aufforderung, sie an die Empfänger weiterzuleiten. Die Eisenacher Beamten erfüllten also für die Landesherrschaft auch eine Art Vermittlerfunktion und die Stadt war immer noch eine Art Zentralort, wenn auch nur für das südthüringische Territorium. Eine ähnliche Mittelpunktfunktion lässt sich auch für Gotha, Altenburg und Weida, alles ebenfalls alte Herrschaftszentren, nachvollziehen.

Gegenüber dem Landesherrn hatten Amtmann und Schultheiß besonders dann Bericht zu erstatten, wenn es zu außergewöhnlichen Ereignissen kam, wie beispielsweise im Frühjahr 1525, als sie die aufgebrachte Bürgerschaft nur besänftigen konnten, indem sie die Pfaffen, Mönche und Nonnen aus der Stadt wiesen. Trotzdem war eine große Zahl von Eisenacher Einwohnern dem in der Nähe liegenden Werra-Haufen zugelaufen.[43] Zu diesem Haufen aufständischer Bauern hatte der Schultheiß am 23. April den Prediger an der Eisenacher Georgenkirche, Jakob Strauß, gesandt, mit dem Auftrag, die Leute zu beruhigen und möglicherweise zur Aufgabe ihres Vorhabens zu bewegen.[44] Der Geistliche musste jedoch unverrichteter Dinge wieder umkehren, ja er konnte wohl froh sein, dass ihn die Bauern nicht in die Werra geworfen hatten.[45]

Jakob Strauß kam im Januar 1523 nach Eisenach. Die Umstände der Aufnahme seiner Predigertätigkeit an der Georgenkirche konnten bisher nicht eindeutig geklärt werden. In der Literatur besteht aber fast völlige Übereinstimmung darüber, dass er entweder durch Herzog Johann, was wahrscheinlich ist, oder durch Kurfürst Friedrich, was vermutlich nicht zutrifft, in das Eisenacher Amt entsandt wurde.[46] Anforderungen aus der Georgenkirche

---

43 LATh-HStA Weimar, EGA, Reg. N 834, Bl. 2r; ediert in: Akten zur Geschichte des Bauernkrieges in Mitteldeutschland, Band II, unter Mitarbeit von Günther Franz u. Walther Peter, Jena 1942 (künftig AGBM II), Nr. 1198, 99.

44 LATh-HStA Weimar, Rechnungen 3194, Bl. 3r; ediert in AGBM I, Nr. 535, 384.

45 Gerd Bergmann, Eisenach in der frühbürgerlichen Revolution (= Eisenacher Schriften zur Heimatkunde 41), Eisenach 1989, 30–36.

46 Vgl. Joachim Rogge, Der Beitrag des Predigers Jakob Strauss zur frühen Reformationsgeschichte, Berlin 1957, 37.

nach einem neuen Prediger oder etwa eine Empfehlung Luthers sind nicht überliefert oder bisher nicht entdeckt worden. Bekannt ist, dass Jakob Strauß an der Disputation zwischen dem Erfurter Prediger Johannes Lang (um 1487–1548) und den Weimarer Franziskanermönchen Ende 1522 in Weimar teilnahm. Es wäre durchaus möglich, dass der Hofprediger Herzog Johanns, Wolfgang Stein, seinen Herrn auf ihn aufmerksam machte.[47] Mitte Januar 1523 war Hans von Berlepsch in Weimar, das geht aus der Eisenacher Amtsrechnung hervor.[48] Am 14. Januar 1523 sind die Herbergskosten für einen vierzehntägigen Aufenthalt von Strauß aus der herzoglichen Kammerkasse beglichen worden.[49] Möglicherweise hat Berlepsch Strauß ja in Weimar abgeholt und nach Eisenach gebracht.

Besonders im Jahr 1523, also dem ersten Jahr der Predigttätigkeit von Strauß in Eisenach, bestand intensiver Kontakt zu Herzog Johann, zum Weimarer Hofprediger Stein und zum Weimarer Hof. Die Tatsache, dass die Reisekosten und die Auslagen für die Boten, die mit der Korrespondenz zwischen Strauß und Herzog Johann hin- und hereilten, von der herzoglichen Kammerkasse getragen wurden, weist darauf hin, dass der Kontakt vor allem von Weimar aus gepflegt wurde.[50] Ein weiterer Aufenthalt in Weimar wurde aus der Amtskasse bezahlt, ging aber auch auf eine Forderung von Herzog Johann an seinen Eisenacher Prediger zurück.[51] Im April 1523 hielt sich der Weimarer Hofprediger Wolfgang Stein längere Zeit in Eisenach auf – ebenfalls auf Kosten der herzoglichen Kammerkasse.[52] Er stellte vermutlich das Bindeglied zwischen Herzog Johann und Jakob Strauß dar. Das alles, wie auch die Tatsache, dass Herzog Johann Anfang 1525 Jakob Strauß mit einer Untersuchung der Tätigkeit und des Lebenswandels der Prediger, ob sie in einer Art seien, »so sich der gotlichen schrifft nach gezymet unnd gebure«[53], beauftragte, zeugt davon, wie sehr der Herzog den Eisenacher Prediger als Berater geschätzt und wie sehr er ihm vertraut hat.

Und es liegt noch eine weitere Vermutung nahe: Kurfürst Friedrich wie auch Herzog Johann betonten beide immer wieder, dass sie sich in Fragen

---

47 Vgl. Rogge, Jakob Strauss (s. Anm. 46), 34–36; Joachim Bauer, Beitrag in diesem Band.

48 LATh-HStA Weimar, Rechnungen 3191, Bl. 52r.

49 LATh-HStA Weimar, EGA, Reg. Bb 5213, Bl. 44v.

50 LATh-HStA Weimar, EGA, Reg. Bb 5213, Bl. 54v; Bl. 145v; Bl. 192r; Bl. 208.

51 LATh-HStA Weimar, Rechnungen 3192, Bl. 103v.

52 LATh-HStA Weimar, EGA, Reg. Bb 5213, Bl. 241v.

53 LATh-HStA Weimar, EGA, Reg. Ii 132, Bl. 1v.

des Glaubens und der Religion nicht für kompetent genug hielten, um fundierte Entscheidungen zu treffen. Beide sahen allerdings die Deutungshoheit über kirchenpolitische Angelegenheiten seit Anfang der 1520er Jahre nicht mehr ausschließlich bei der Kurie. Kurfürst Friedrich ließ in Wittenberg solche Probleme von den Theologen und Juristen der Universität, allen voran Martin Luther, sowie den Stiftsgeistlichen diskutieren und befand dann über deren Entscheidungsvorschlag. Johann hatte diese Möglichkeit in Thüringen nur bedingt. Natürlich konnte er bei bestimmten Problemen in Wittenberg rückfragen, das hat er ja beispielsweise auch bei der Auseinandersetzung mit der Wucherproblematik getan. Im Auftrag des Herzogs übersandte Kanzler Gregor Brück die Strauß'sche Schrift über den Wucher an Martin Luther in Wittenberg, der ihm mit der Bitte antwortete, das von ihm angefertigte und mitgeschickte Gutachten dazu an den Herzog weiterzuleiten.[54] Aber den Wittenberger Protagonisten fehlte die thüringische Ortskenntnis. Es sieht so aus, als hätte sich Johann gezielt für bestimmte Brennpunkte seines Herrschaftsbereiches geeignete Prediger gesucht, die ihn und seine Räte von dort aus mit Informationen versorgten, den Herzog und den Hof in kirchenpolitischen Fragen berieten und vor Ort als Geistliche praktisch tätig waren. Zu denken wäre in diesem Zusammenhang z. B. an Nikolaus Hausmann, seit 1521 Pfarrer an der Marienkirche in Zwickau, der für Herzog Johann mindestens zwei theologische Gutachten anfertigte.[55] 1523 begann Jakob Strauß in Eisenach seine Tätigkeit und ab 1524 wirkten Friedrich Mykonius in Gotha und Johannes Grau an der Stadtkirche in Weimar. Sie alle wurden zu theologischen Fragen vom Herzog immer wieder konsultiert. Sie waren es auch, die seine Entscheidungen in geistlichen Angelegenheiten vor Ort durchsetzten. Im Zusammenhang mit der Integration der Kirchenorganisation in den landesherrlichen Territorialstaat und den Aufbau einer Landeskirche spielten sie eine entscheidende Rolle.

---

[54] Luther an Brück, Wittenberg 18. Oktober 1523 in: WA Br 3, 176–178.

[55] Franz Lau / Nikolaus Hausmann, in: Neue Deutsche Biographie 8 (1969), 126.

5. Der Geschäftsgang am Weimarer Hof unter Herzog Johann

Wie gestalteten sich nun die Beziehungen zwischen Eisenach und dem Hof Herzog Johanns auf der Geschäftsebene? Das soll abschließend auf der Grundlage der Überlieferung zum sogenannten Eisenacher Wucherstreit[56] ausgeführt werden.

Im Jahr 1523, nachdem Strauß' erste Wucherschrift[57] erschienen war, müssen sich Geistliche aus Eisenach bei Herzog Johann beschwert haben, dass ihnen keine Zinsen mehr bezahlt würden. Strauß sowie der Schultheiß sprachen in dieser Angelegenheit im Herbst 1523 bei Herzog Johann sogar persönlich vor.[58] Dieser gab wohl daraufhin Instruktion, was dem »haubtman, schulteys, radt, gemeyne und geistlicheyt« im Namen des Landesherrn auszurichten wäre.[59] An erster Stelle stand, dass alle Prediger das Volk im »heiligen evangelio und worth gottis« zu unterweisen hätten. Unter den Predigern sei aber selbst Irrtum und Uneinigkeit »also das eyner den andern lesterer, schmeher und ketzer schilt«, was das Volk verunsichert habe und es »in irtumb und unfrieden gewießen und verfurt« habe. Deshalb werden die Prediger aufgefordert, »cristliche bruderliche einigkait zu pflantzen«[60] und die Lästerung des göttlichen Wortes wie auch der Prediger zu unterlassen. An die Bewohner Eisenachs gerichtet, führte er mahnend aus, dass ihm sehr wohl bekannt sei, dass einige von ihnen die Predigten »in einen mißvorstandt gezogen und alßo eingenommen, das sie sich unterstehen, iren eigen nutz und nit die ere gottis oder die liebe des negsten zu suchen und sunderlich, ßo sie der gaistlicheit und auch andern mit erblichen oder widderuflichen zinsen

---

56 LATh-HStA Weimar, EGA, Reg. Ii 126. Zum Wucherstreit vgl. Reinhold Jauernig, D. Jakob Strauß, Eisenachs erster evangelischer Geistlicher, und der Zinswucherstreit in Eisenach, in: Mitteilungen des Eisenacher Geschichtsvereins, 4. Heft 1928, 30–47; Rogge, Jakob Strauss (s. Anm. 46), 71–82; Bergmann, Frühbürgerliche Revolution (s. Anm. 45), 20–26; Bergmann, Ältere Geschichte (s. Anm. 7), 210–217; von Joachim Bauer, Beitrag in diesem Band.

57 Haüptstück. vnd || artickel christenlicher leer wider || den / vnchrystenlych wuech=||er / darumb etlych pfaf=||fen tzue Eyssenach so || gar vnrywig vnd || bemyet sint.||... Erfurt 1523 (VD16 S 9483).

58 Vgl. Rogge, Jakob Strauss (s. Anm. 46), 75. Nach der Weimarer Kammerrechnung kommt hier nur ein Aufenthalt von Strauß Anfang September 1523 infrage, vgl. LATh-HStA Weimar, Reg. Bb 5215, Bl. 208.

59 LATh-HStA Weimar, EGA, Reg. Ii 126, Bl. 13r–16v.

60 A. a. O., 13v–14v.

vorhaft [...] diese nit schuldig zu sein«. Deshalb befahl er »mit ernstem beger, wie das dieselbigen befelche mit sich bringen«, den Geistlichen und Weltlichen rechtmäßig zustehende Zinse künftig zu reichen, weil es niemandem gebühre »in seiner eigen sachen selbst richter zu sein.« Bei Uneinigkeit in dieser Frage sollten sie sich künftig an Amtmann, Schultheiß oder Rat wenden. Diese sollten sich der Sache annehmen und vor allem dafür sorgen, dass es künftig nicht zu weiteren Widersetzlichkeiten käme, aus denen Aufruhr und Empörung entstehen könnte. Sollten Anzeichen dafür erkannt werden, sollte der Herzog benachrichtigt werden, der für die Aufrührer empfindliche Strafen androhte.

Aber die Geistlichen beschwerten sich wieder, weil etliche Bewohner ihnen noch immer die Zinszahlung verweigerten. Jetzt wusste sich der Schultheiß nicht mehr zu helfen. Weil er selbst keine Möglichkeit mehr sah, diesen Konflikt beizulegen, begab er sich gemeinsam mit einem Vertreter des Eisenacher Stadtrates, Heinrich Weißensee, nach Weimar und berichtete am 14. Januar 1524 seine Sicht der Dinge sowohl schriftlich als auch mündlich am herzoglichen Hof.[61] Angesichts der angespannten Lage bat er darum, den »ambtmann zu Wartburg« oder einen anderen als Kommissar nach Eisenach zu schicken, damit sie die ganze Angelegenheit untersuchen, die Beschwerden der Zinsschuldner anhören und »nach Billigkeit« helfen.[62] Zwei Monate später, am 23. März 1524, reisten zwei Eisenacher Bürger – wie sie angaben, im Auftrag des Rates – nach Weimar und wurden am Hof vorstellig. Dort stellten sie sich schützend vor die Geistlichen und beschuldigten Jakob Strauß, die Menschen nicht nur zur Zinsverweigerung anzustacheln, sondern auch Empörung und Aufruhr zu predigen. Die herzoglichen Beamten in Eisenach seien dagegen machtlos. Gregor Brück, der herzogliche Kanzler, protokollierte ihre Aussage.[63] Ihre Darstellung der Situation und die Anschuldigungen gegen Jakob Strauß lösten bei Herzog Johann Zweifel an deren Richtigkeit und unter den Hofräten eine intensive Beratung aus.

Man war sich einig darüber, dass eine Kommission vom Weimarer Hof nach Eisenach geschickt werden musste, um sich selbst ein Bild zu machen und klärend in die Auseinandersetzungen einzugreifen. Diese Mission wurde in einer Beratung des Hofrates intensiv vorbereitet. Angestrebt wurde eine gemeinsame Anhörung des städtischen Rates und des Predigers. Es wurden

---

[61] Vgl. a. a. O., Bl. 1r–4r.

[62] A. a. O., 3v–4r.

[63] LATh-HStA Weimar, EGA, Reg. Ll 195.

alle möglichen Konstellationen während der Verhandlungen bedacht und entsprechende Verhaltensvorschriften für die mit der Reise nach Eisenach beauftragten Räte festgelegt.[64] So rechnete man damit, dass der städtische Rat nicht einig sein könnte und die Teilnahme des Predigers ablehnen würde. Das sollte dem Fürsten dann so berichtet werden und er würde sich selbst den Eisenachern gegenüber äußern. Sollte die Anhörung aber stattfinden und sich herausstellen, dass die Angaben der beiden Bürger nicht den Tatsachen entsprachen, so erwartete der Herzog eine Richtigstellung. Sollten sich die Anzeigen gegen Strauß hingegen als wahr herausstellen, sollten die Räte ihm das Missfallen des Herzogs ausdrücken und ihm bedeuten, er solle sich darauf beschränken, das Wort Gottes und die Nächstenliebe zu predigen. Die Bürger wären an ihre Pflichten zu erinnern und ihnen wäre zu bedeuten, dass der Fürst die Zinsverweigerung nicht länger zu dulden gedächte. Wenn aber Strauß die Vorwürfe bestritte, so solle er dies schriftlich tun, die Räte sollten das Schreiben an den Fürsten schicken, der sich dann dazu äußern würde.[65] Auch die Geistlichen sollten angehört werden. Hier sollte vor allem der Bericht des Schultheißen Oswald als Grundlage dienen, »in dem aller mangel den geistlichen aufgeladen und das an den burgern kein fehl ist gewest.«[66] Den Stiftsherren sollte aufgetragen werden, ein Verzeichnis der ihnen zustehenden Zinse an den Weimarer Hof zu schicken. Bei Klagen über zu hohe Zinsen sollten die Räte die Parteien auf einen Zinssatz von 5 Prozent vergleichen und nach Möglichkeit den Erlass der hinterstelligen Zinsen erreichen.[67] Sollte sich aber herausstellen, dass Oswalds Bericht zu tendenziös war, so war ihm das Missfallen des Fürsten und eine Warnung vor dem Wiederholungsfall auszudrücken.

Damit war die Angelegenheit für den Weimarer Hof erledigt, so war der allgemein übliche Geschäftsgang am Weimarer Hof zur Klärung von soge-

---

64 LATh-HStA Weimar, EGA, Reg. Ii 126, Bl. 5r–12v.

65 A. a. O., Bl 10r.; Strauß äußerte sich daraufhin in seiner 1524 in Erfurt gedruckten Schrift Das wucher zu nemen vnd geb . | | vnserm Christlichem glauben. vnd | | br[ue]derlicher lieb … | | entgegen yst / vnuberwintlich leer / vnnd ge= | | schrifft. Jn dem auch die gemolet Euange= | | listen erkennet werden. | | … D. Ja. Strausz Ecclesiastes | | zu Jsennach. | |, eine Reaktion des Herzogs darauf ist unbekannt. Der Prediger blieb allerdings im Amt und wird von Johann Anfang 1525 mit einer Visitation in der Eisenacher Gegend beauftragt, was darauf schließen lässt, dass Strauß durch seine Schrift nicht in Ungnade gefallen war.

66 LATh-HStA Weimar, EGA, Reg. Ii 126, Bl. 11v–12r.

67 Vgl. a. a. O., Bl. 10v- 11r.

nannten Gebrechen in Städten und Ämtern. Dass nicht immer eine Kommission an den Ort des Geschehens reiste, sondern die Beteiligten auch zur Anhörung an den Hof befohlen werden konnten, wissen wir aus den Auseinandersetzungen mit den Allstedtern und Thomas Müntzer, die ein halbes Jahr später stattfanden.

6. Zusammenfassung

Zusammenfassend kann festgestellt werden, dass sich die Regierungstätigkeit Herzog Johanns von Sachsen auf eine intensive Zusammenarbeit zwischen Hof- und Lokalbeamten stützte, wobei die erste Instanz immer die herzoglichen Beamten vor Ort waren. Konnten sie Angelegenheiten selbst nicht klären oder handelte es sich um außergewöhnliche Ereignisse mit großer Tragweite, berichteten sie darüber am Hof. Dort wurde dann, häufig mit der Kompetenz von Juristen, eine Entscheidungsvorlage für den Fürsten vorbereitet. Seit Anfang der 1520er Jahre setzte Johann von Sachsen an bestimmten Zentren seines Territoriums, zumeist in Städten, die ehemalige Herrschaftssitze waren, Theologen ein, die sich ausdrücklich zur lutherischen Lehre bekannten. Sie wirkten als Pfarrer oder Prediger vor Ort und berieten den Fürsten in geistlichen Angelegenheiten. Entscheidungen des Fürsten wurden dann durch die Kanzlei den Beteiligten abschließend zur Kenntnis gebracht. Für die Verteilung und Zustellung solcher »Bescheide« bediente man sich des Amtspersonals in Orten mit Mittelpunktfunktion, die sie an den Empfänger in der Region weiterleiteten. Obwohl die Verwaltung im Territorium Herzog Johanns von Sachsen noch überwiegend dezentral organisiert war, lässt sich spätestens seit Anfang der 1520er Jahre eine zunehmende Tendenz zur Zentralisierung seiner Regierungstätigkeit erkennen.

Die Soziale Frage in der Reformationszeit

Siegrid Westphal

Ist die Rede von der *Sozialen Frage*, dann verbindet man dies gemeinhin mit den sozialen Missständen, die infolge der europäischen Bevölkerungsexplosion und der industriellen Revolution im 19. Jahrhundert eintraten. Diese Phänomene lassen sich nicht eins zu eins auf das 16. Jahrhundert übertragen. Dennoch regen sie dazu an, nach dem Verhältnis von gesellschaftlichen Entwicklungen und reformatorischem Geschehen sowie möglichen Wechselwirkungen zu fragen.

Zum einen: Gab es in den ersten Jahrzehnten des 16. Jahrhunderts demographische Veränderungen, die soziale Missstände zur Folge hatten? Zum anderen: Führten wirtschaftliche Veränderungen zu sozialen Problemen? Hinter allem steht die Frage, inwiefern soziale und wirtschaftliche Rahmenbedingungen das reformatorische Geschehen beeinflusst haben. Damit wird vor allem der Kontext beleuchtet, innerhalb dessen sich der Wucherdiskurs der Reformationszeit abgespielt hat.

Um diese Fragen zu beantworten, wird zunächst die bisherige reformationsgeschichtliche Forschung danach untersucht, welche Antworten sie darauf gegeben hat, dann werden die demographischen Rahmendaten in den Blick genommen und die wirtschaftlichen Entwicklungen skizziert, bevor abschließend überlegt wird, welche Verbindungen es zwischen diesen Phänomenen und dem Wucherdiskurs der Reformationszeit gegeben hat.

1. Zum Stand der Forschung

Die bisherige Forschung wirft erhebliche Schwierigkeiten auf. Noch in jüngster Zeit musste der Kirchenhistoriker Thomas Kaufmann konstatieren, dass sich die Reformationsgeschichtsschreibung und die Lutherforschung lange

Zeit nicht für wirtschafts- und sozialgeschichtliche Aspekte interessiert haben und allenfalls die marxistische Geschichtswissenschaft sowie die Bauernkriegsforschung einen Zusammenhang zwischen sozialen und wirtschaftlichen Entwicklungen mit der Reformation hergestellt hat.[1] Neben dem Bauernkrieg rückten insbesondere die Städte als Zentren der Reformation in den Blick, wobei überwiegend größere Städte und Reichsstädte mit ihren sozialen und wirtschaftlichen Rahmenbedingungen von Interesse waren.[2] Robert Scribner hat jedoch zu Recht mehrfach darauf hingewiesen, dass die Betrachtung der Reformation als ein Phänomen der Stadtgeschichte das Geschehen unzulässig verkürze, denn in der Reformationszeit lebten nur etwa zehn Prozent der Menschen in Städten.[3] Und diese Städte besaßen häufig den Charakter von Ackerbürgerstädten und waren deshalb stark von der Agrargesellschaft geprägt.

Konjunktur besitzt momentan die Auseinandersetzung mit dem Wucher- und Armutsdiskurs der frühen 1520er-Jahre.[4] Kontrovers wird dabei die Frage diskutiert, ob die dort formulierten Positionen eher aus theologisch-ethischen Überlegungen oder wirtschaftlich-sozialen Rahmenbedingungen resultierten.

---

1 THOMAS KAUFMANN, Wirtschafts- und sozialethische Vorstellungen und Praktiken in der Frühzeit der Reformation, in: DOROTHEA WENDEBOURG/ ALEC RYRIE (Hrsg.), Sister Reformations II / Schwesterreformationen II. Reformation and Ethics in Germany and in England/Reformation und Ethik in Deutschland und in England, Tübingen 2014, 325–355, 325.

2 BERND MÖLLER, Reichsstadt und Reformation, Tübingen 2011.

3 ROBERT W. SCRIBNER, Religion und Kultur in Deutschland 1400–1800 (Studies in medieval and reformation thought 81), Göttingen ²2006.

4 MICHAEL HASPEL, Der Protestantismus und die Soziale Frage. Die Geburt der Diakonie aus dem Geist der Sozialdisziplinierung, in: RALF KOERRENZ (Hrsg.), Armut und Armenfürsorge. Protestantische Perspektiven, Paderborn 2014, 119–134; HANS-JÜRGEN PRIEN, Luthers Wirtschaftsethik, Neuauflage, Nürnberg 2012; MICHAEL LAPP, »Denn es ist geld ein ungewis, wanckelbar ding.« Die Wirtschaftsethik Martin Luthers anhand seiner Schriften gegen den Wucher, in: Luther 83 (2012), 91–107; ANDREAS PAWLAS, Lutherische Berufs- und Wirtschaftsethik. Eine Einführung, Neukirchen-Vluyn 2000; ANDREAS PAWLAS, Lutherische Wirtschaftsethik in ihrer geschichtlichen und aktuellen Bedeutung, in: UDO KERN (Hrsg.), Wirtschaft und Ethik in theologischer Perspektive (Rostocker Theologische Studien 7), Münster 2002, 111–138; RICARDO RIETH, »Habsucht« bei Martin Luther. Ökonomisches und theologisches Denken, Tradition und soziale Wirklichkeit im Zeitalter der Reformation (Arbeiten zur Kirchen- und Theologiegeschichte), Weimar 1996.

Thomas Kaufmann vertritt dabei die Position, dass am Anfang reformatorischen Ordnungshandelns die Armuts- und Bettelproblematik stand. In vielerlei Hinsicht hätten die theologischen Meinungsführer und literarischen Akteure der frühreformatorischen Bewegung dabei mit Einstellungen, Mentalitäten und Verhaltensformen übereingestimmt, »die in den städtischen Gesellschaften um 1500 tief verwurzelt waren«,[5] nämlich dass der Bettel von obrigkeitlicher Seite bekämpft und reguliert werden müsse, dass dabei die einheimischen Armen unterstützt und fremde, vagierende Bettler kriminalisiert werden müssten und dass dabei auf das Kirchengut zurückgegriffen werden könne. Im Zusammenhang mit dem Bettelwesen wird auch auf Luthers Haltung zum Zinsnehmen verwiesen.

Eine andere Position wird von Philipp Robinson Rössner vertreten, der Luther als Wirtschaftsdenker sieht.[6] Er habe mit seiner anschaulich-intuitiven Wirtschaftstheorie zur Vorstellung beigetragen, dass Wirtschaft ethischen Standpunkten genügen müsse und die Märkte Regeln brauchten.[7]

Sowohl Kaufmann als auch Rössner setzen ihre Aussagen in Beziehung zu wirtschaftlichen und sozialen Entwicklungen der Reformationszeit. Aus seiner These, dass spätmittelalterliche Stadtgesellschaft und reformatorisches Ethos große Affinität aufwiesen, leitet Kaufmann nun folgende Schlussfolgerung ab: »Soweit ich sehen kann, bieten die sozial- und wirtschaftsgeschichtlichen Befunde zum frühen 16. Jahrhundert keinen Anhaltspunkt dafür, die demographische Entwicklung und die soziale Lage einschließlich der Lebensmittelversorgung für ernster und bedrückender zu halten, als ein oder zwei Jahrzehnte zuvor oder danach«[8].

Rössner konstatiert dagegen, dass die Wirtschaft im Heiligen Römischen Reich Deutscher Nation in den ersten Jahrzehnten des 16. Jahrhunderts nicht gewachsen sei und Deflation geherrscht habe. Sowohl die pro Kopf umlaufende Geldmenge als auch ihre Umlaufgeschwindigkeit hätten sich vermindert. »Reallöhne und Pro-Kopf-Einkommen stagnierten oder gingen zurück (1500–1600) ebenso wie der Urbanisierungsquotient und damit auch der

---

5 Kaufmann, Wirtschafts- und sozialethische Vorstellungen und Praktiken (s. Anm. 1), 352.

6 Philipp Robinson Rössner, Deflation – Devaluation – Rebellion. Geld im Zeitalter der Reformation (VSWG, Beihefte 219), Stuttgart 2012.

7 Philipp Robinson Rössner, Luther – ein tüchtiger Ökonom? Über die monetären Ursprünge der Deutschen Reformation, in: ZHF 42 (2015), 37–74.

8 Kaufmann, Wirtschafts- und sozialethische Vorstellungen und Praktiken (s. Anm. 1), 351.

Beitrag des Agrarsektors zum Sozialprodukt. […] Lediglich die Gesamtbevölkerung wuchs […]«[9]. Rössners Fazit lautet: Die Ausformulierung von Luthers Denken geschah »unter den Vorzeichen einer wirtschaftlichen Krise und Stagnation«[10].

Obwohl beide Historiker auf ein und dieselbe Literatur zurückgreifen, kommen sie zu völlig konträren Aussagen mit Blick auf die wirtschaftlichen und sozialen Verhältnisse in der frühen Zeit der Reformation. Gab es nun eine Wirtschaftskrise mit daraus resultierenden sozialen Missständen oder nicht? Und wenn ja, um welche Missstände handelte es sich dann?

2. Demographische Entwicklung

Nach dem jetzigen Stand der Forschung, die auf mikrogeschichtlichen Untersuchungen beruht und auf dieser Basis Hochrechnungen vornimmt, setzte seit der zweiten Hälfte des 15. Jahrhunderts ein Bevölkerungswachstum ein.[11] Im Zeitraum von 1500 bis 1560 soll die Bevölkerung in den deutschen Territorien mit jährlichen Wachstumsraten von im Schnitt sieben Prozent von rund neun Millionen auf 13,5 Millionen gestiegen sein.[12] Für das Ottobeurer Klosterterritorium hat Peter Blickle beispielsweise auf der Basis der Leibeigenschafts- und Untertanenverzeichnisse für den Zeitraum von 1450/80 bis 1548 einen Bevölkerungszuwachs um rund 50 Prozent konstatiert.[13] Teile Thüringens waren dagegen weniger extrem vom kräftigen Bevölkerungswachstum betroffen. Die Forschung geht hier von jährlichen Wachstumsraten von 1,4 Prozent aus.[14] Dies hatte zunächst für den ländlichen Raum erhebliche Konsequenzen. Infolge der Zunahme der Bevölkerung und aufgrund der spezifischen ländlichen Erbrechte kam es zu einer Verknappung der landwirtschaftlichen Nutzflächen – mit nachhaltigen Folgen für die Sozialstruktur und Agrarverfassung. In den Realteilungsgebieten ließen wiederholte Hoftei-

---

9 Rössner, Luther – ein tüchtiger Ökonom? (s. Anm. 7), 39.

10 Ebd.

11 Christian Pfister, Bevölkerungsgeschichte und Historische Demographie 1500–1800 (Enzyklopädie deutscher Geschichte 28), München ²2007, 11.

12 Michael North, Von der atlantischen Handelsexpansion bis zu den Agrarreformen (1450–1815), in: Michael North (Hrsg.), Deutsche Wirtschaftsgeschichte. Ein Jahrtausend im Überblick, München 2000, 107–191, 118.

13 Peter Blickle, Die Revolution von 1525, München ⁴2004, 80.

14 Pfister, Bevölkerungsgeschichte und Historische Demographie (s. Anm. 11), 11.

lungen immer kleinere, unwirtschaftliche Parzellen entstehen. Peter Blickle spricht für eine Reihe von Gebieten von einer Zunahme der Sölden um fast 40 Prozent.[15] »Die Vermehrung der Seldner (Kleinbauern) und Kleinhäusler und das Anwachsen der Familiengrößen auf den Bauernhöfen deuten auf eine demographisch begründete Verschlechterung der Land-Mann-Relation«[16]. Auch in Gebieten mit relativ günstigem Erbrecht, der Erbleihe, wie in Thüringen, kam es zu Verschlechterungen. Mitunter wurde der Kreis der Erbberechtigten auf eine Person beschränkt, so dass deren Familienangehörige sozial herabsanken.

Dadurch wuchs die Zahl von landarmen und -losen Dorfhandwerkern, Tagelöhnern, Gärtnern, Häuslern usw. an. In manchen Regionen, u.a. in Thüringen, sollen unterbäuerliche Schichten bis zu 50 Prozent der Landbevölkerung ausgemacht haben.[17] Das Überangebot an Landlosen drückte die Löhne. So stand einem sinkenden Anteil für den Markt produzierender Bauern ein wachsender Anteil von solchen gegenüber, die am Rande des Existenzminimums lebten. Diese Entwicklung ließ seit Ende des 15. Jahrhunderts die sozioökonomischen Spannungen auf dem Lande anwachsen, vor deren Hintergrund erst die Sprengkraft der weiteren Konfliktfelder verständlich wird.

Die Problematik der ländlichen Armut, die aufgrund mangelnder Organisation nicht aufgefangen werden konnte, führte seit dem 15. Jahrhundert »zu einem starken Stadtstreben der Armen, was von der Stadtbevölkerung zunehmend als ›Bedrohung der Gesellschaft‹ wahrgenommen und allgemein als Bettlerplage rezipiert wurde«[18]. »Die entstehenden Versorgungslücken und Spannungen suchte man« schon in vorreformatorischer Zeit »durch Bettelordnungen obrigkeitlich einzudämmen, welche eine Kontrolle der Bedürftigkeit bzw. Arbeitsfähigkeit und durch das Ausstellen von Bettelberechti-

---

15 Blickle, Die Revolution von 1525 (s. Anm. 13), 80.

16 Peter Blickle, Unruhen in der ständischen Gesellschaft 1300–1800, München ^{3}2012, 31.

17 Rudolf Endres, Ursachen, in: Horst Buszello/Peter Blickle/Rudolf Endres (Hrsg.), Der deutsche Bauernkrieg, Paderborn u.a. ^{3}1995, 217–253, 222.

18 Julia Mandry, Integration und Ausgrenzung – Versorgung und Ablehnung. Ambivalenzen von Armut und Bettel zwischen Spätmittelalter und Reformation, in: Werner Greiling/Armin Kohnle/Uwe Schirmer (Hrsg.), Negative Implikationen der Reformation? Gesellschaftliche Transformationsprozesse 1470–1620 (Quellen und Forschungen zu Thüringen im Zeitalter der Reformation 4), Köln/Weimar/Wien 2015, 11–27, 17.

gungen eine Reglementierung der Bettelnden einführten«.[19] Magistrate griffen damit in einen Bereich der kirchlichen Zuständigkeit ein. Ursachen des Bettelns wurden dabei kaum reflektiert, stattdessen das Betteln nicht nur reglementiert, sondern auch kriminalisiert. Aus der Not heraus entstanden Bettlergemeinschaften mit bestimmten Bettelstrategien, die als kriminell angesehen und verfolgt wurden.

Diese Entwicklungen hatten ihren Ausgangspunkt im Spätmittelalter, wurden jedoch in der frühen Reformationszeit aufgegriffen und durch neue theologisch-ethische Begründungen fundiert. Ein spezifisch reformatorischer Lösungsansatz war der *Gemeine Kasten*.[20] Aus der Kontinuität der Armutsproblematik zwischen Spätmittelalter und Reformationszeit jedoch zu schließen, dass das Bevölkerungswachstum für die Sozial- und Wirtschaftsethik der Reformation keine Rolle gespielt habe, greift zu kurz, da die konkreten Problemlagen immer noch bestanden.

3. Veränderungen der Wirtschaftsformen und deren soziale Folgeprobleme

Als zweiter Faktor der Sozialen Frage gelten soziale Begleit- und Folgeprobleme, die sich aus Veränderungen der herrschenden Wirtschaftsformen ergeben. Für das frühe 16. Jahrhundert ist hier der Agrarsektor dominierend, da die große Mehrzahl der Menschen auf dem Land (75 bis 80 Prozent) lebte und sich fast ausschließlich von der Bewirtschaftung von Grund und Boden ernährte. Die Produktivität des Bodens war vom Arbeitskräfteeinsatz und damit von demographischen Faktoren sowie den klimatischen Verhältnissen abhängig. Ertragssteigerungen konnten kaum erzielt werden, zu Agrarreformen in größerem Stil kam es erst im 18. Jahrhundert.[21] Auch viele Einwohner von Kleinststädten erwirtschafteten sich ihren Lebensunterhalt durch die Bearbeitung von Ackerflächen, die außerhalb der Stadtmauern lagen und unterschiedlichen Grundherren gehörten.

Neben dem Agrarsektor spielte in einigen Regionen des Reichs das Montanwesen eine wichtige Rolle, so auch im thüringisch-sächsischen Raum. Hier war es vor allem der Silber- und Kupferbergbau und -handel, der Teilen der

---

[19] Ebd.

[20] Blickle, Die Revolution von 1525 (s. Anm. 13), ebd.

[21] North, Handelsexpansion (s. Anm. 12), 125.

Bevölkerung in abhängiger Lohnarbeit den Lebensunterhalt ermöglichte.[22] Die gesamtwirtschaftliche Arbeitsteilung war in diesem Bereich weit fortgeschritten. Der Anteil der nichtagrarischen Erwerbsbevölkerung war überdurchschnittlich hoch und musste durch Getreidelieferungen aus agrarisch geprägten Regionen versorgt werden.[23] Durch starke Überproduktion trat ab Ende des 15. Jahrhunderts eine Krise im Montanwesen ein, die durch die wirtschaftlichen Rahmenbedingungen noch verschärft wurde.[24] Neugründungen wie die Saigerhütten im Thüringer Wald konnten die abnehmenden Fördermengen im Silberbergbau (Erzgebirge, Tirol) während der Montankrise nicht völlig ausgleichen. Der erhöhte Finanzbedarf des komplizierten und aufwändigen Saigerhüttenverfahrens überstieg zudem die finanziellen Möglichkeiten der einheimischen Unternehmer, so dass Fremdkapital bei den großen Händlern und Handelsgesellschaften aus Nürnberg und Augsburg aufgenommen werden musste. Es kam zu Monopol- und Kartellbestrebungen einer kleinen Gruppe von Unternehmern und Kaufleuten, die das Montanwesen zu dominieren versuchten. Die enormen Gewinnspannen, die auf den afrikanischen Märkten und im Indischen Ozean mit dem Verkauf des Silbers gewonnen werden konnten, führten zudem zum Silberabfluss und dadurch bedingt zu einer Silberknappheit in Zentraleuropa. Es stand nicht mehr genug Silber zum Ausmünzen zur Verfügung. Dadurch waren die Landesherren, die über das Münzregal verfügten, dazu gezwungen, regelmäßig »Anpassungen des Feingehalts der Münzen nach unten« (Devaluationen) durchzuführen.[25] Münzhortung und damit eine Verminderung der Umlaufgeschwindigkeit des Geldes waren weitere Folgen der Silberknappheit.[26] In letzter Konsequenz hatte dies eine Absenkung des Preisniveaus zur Folge, so die neueste Erkenntnis der Forschung, die damit die älteren Thesen von Wilhelm Abel über die Agrarkrisen in Frage stellt.[27] Nicht zuletzt deshalb bemühten sich Kaiser und Reich seit Ende des 15. Jahrhunderts um Münzreformen, die häufig von Unruhen und Aufständen begleitet waren.[28] Denn jede Münzreform hatte »beträchtliche Abwertungen der umlaufenden Silbernominalen«

---

22 Endres, Ursachen (s. Anm. 17), 225 f.

23 Rössner, Luther – ein tüchtiger Ökonom? (s. Anm. 7), 42.

24 Endres, Ursachen (s. Anm. 17), 225.

25 Rössner, Deflation – Devaluation – Rebellion (s. Anm. 6), 158.

26 Rössner, Luther – ein tüchtiger Ökonom? (s. Anm. 7), 57.

27 Rössner, Deflation – Devaluation – Rebellion (s. Anm. 6), 152–159.

28 Endres, Ursachen (s. Anm. 17), 240 f.

zur Folge, an welche die Preise, aber nicht die Löhne angepasst wurden.[29] Dadurch ergab sich ein Absinken der Kaufkraft.

Der Großteil der Bauern dürfte jedoch vom Marktgeschehen ausgeschlossen gewesen sein, da sie für ihre eigene Subsistenz wirtschafteten.[30] Für sie galten die Regeln des Feudalsystems, das auf der Abschöpfung der bäuerlichen Produktion durch die Grundherren beruhte, die überwiegend in Form von dinglichen Abgaben und persönlichen Diensten, in geringem Maße aber auch schon in Form von Geldzahlungen erfolgte. Bei den Grundherren handelte es sich um den Landesherrn bzw. adlige oder kirchliche Obereigentümer des Landes, die den Bauern gegen entsprechende Leistungen das Land zur Bearbeitung überließen. In einigen Regionen des Reiches besaßen die Bauern aber auch erheblichen Eigenbesitz. Hohe Prozentzahlen bis zu 70 Prozent »stammen aus Herrschaftsgebieten, in denen die Leibeigenschaft, näherhin der Einzug liegenden Gutes, eine vergleichsweise geringe Rolle spielte«[31].

Für Untersuchungen zur Agrarverfassung ist es also immer entscheidend, welche konkrete Wirtschaftsregion untersucht wird, weil es innerhalb des Reiches doch erhebliche Abweichungen gab.[32]

Die Lage des einzelnen Bauern wurde entscheidend mitbestimmt durch die dinglichen Abgaben und persönlichen Dienste, die an verschiedene Herrschaftsträger zu leisten waren. Die ländliche Bevölkerung lebte in einer ausdifferenzierten Form der Grundherrschaft, eine Person konnte mehreren Herrschaftsträgern zugleich unterworfen und verpflichtet sein. Die wichtigsten dinglichen Abgaben an die Grund- oder Leib-, Gerichts- und Zehntherren waren der Grund- bzw. Pachtzins, der Zehnt, der an die Kirche entrichtet werden musste, und der Handlohn bei Besitzveränderungen.[33]

Der jährlich zumeist in Naturalien, vor allem in Form von Getreide zahlbare Grundzins bzw. die Gülten, die an die Grundherren zu entrichten waren, konnten sich, bei großen regionalen Unterschieden, auf bis zu 30 bis 40 Prozent des Bruttoertrags belaufen.[34] Obwohl die Getreidegülten häufig festgesetzt waren, sicherten sie die Bauern nicht ab. Vielmehr konnten Missernten zum Ruin der Bauern führen, da die Grundherren auf ihren Abgaben bestanden und die Bauern ihr Saatgut dafür opfern mussten. Für die Zeit zwischen

---

29 A. a. O., 241.

30 Blickle, Die Revolution von 1525 (s. Anm. 13), 51.

31 A. a. O., 52.

32 Rössner, Deflation - Devaluation - Rebellion (s. Anm. 6), 133.

33 Endres, Ursachen (s. Anm. 17), 226.

34 A. a. O., 227.

1350 und 1550 hat die Klimaforschung eine Übergangsphase zur *Kleinen Eiszeit* ausgemacht, die gekennzeichnet war durch eine »Verkürzung der Vegetationsperiode um ca. 14 Tage, einem verspäteten Einsetzen des Frühjahrs und einer Verfrühung winterlicher Witterungszustände«. Diese klimatischen Rahmenbedingungen führten zu deutlich schlechteren Ernten bzw. Ernteausfällen.[35] Wenn Bauern die Abgaben nicht mehr leisten konnten, dann gaben sie das Land auf und liefen davon.[36] Auch die Aufnahme von Krediten, um Ernteausfälle zu überbrücken, war gebräuchlich. Wenn diese nicht mehr bedient werden konnten, dann konnte es zu Pfändungen, der Verhängung des Kirchenbanns oder nach einer gewissen Frist gar zum Einzug des Pfands kommen. Auch das gewaltsame Eintreiben fälliger Gelder ist überliefert.[37]

Hinzu kam der ursprünglich nur von der Kirche verlangte, dann aber häufig in kirchenfremden Besitz gewechselte Zehnt, der in großen und kleinen Zehnt unterschieden wurde und im Prinzip alle landwirtschaftlichen Erzeugnisse umfasste. Der sogenannte Kleinzehnt (Schmalsaat) traf besonders die dörfliche Unterschicht mit ihren bescheidenen Erträgen.[38] Als dritte, vielerorts erst jüngst eingeführte Abgabe kam der bei Besitzveränderungen fällige Handlohn hinzu. Dabei handelte es sich um eine Abgabe, die bei Besitzwechseln von Liegenschaften des Lehnsgutes gezahlt werden musste und 5 bis 10 Prozent des Wertes des Lehnsgutes betrug.

Dazu traten die Forderungen der Landesherren, die ihren wachsenden Geldbedarf bzw. ihre Verschuldung durch neue direkte oder indirekte Steuern zu decken suchten.[39] Bei indirekten Steuern war das sogenannte Ungeld auf Wein oder Bier weit verbreitet. Seit Ende des 15. Jahrhunderts wurde es flächendeckend und regelmäßig erhoben, wogegen es zahlreiche bäuerliche Proteste gab. Außerordentliche Steuern waren besonders unbeliebt, weil sie ursprünglich nur zu außergewöhnlichen Anlässen gefordert, dann aber in immer kürzeren Abständen erhoben oder schlicht zu regelmäßigen Steuern erklärt wurden.[40]

---

35 Rüdiger Glaser, Klimageschichte Mitteleuropas. 1200 Jahre Wetter, Klima, Katastrophen, Darmstadt ²2008, 202.

36 Endres, Ursachen (s. Anm. 17), 228.

37 Ebd.

38 Endres, Ursachen (s. Anm. 17), 229.

39 Blickle, Die Revolution von 1525 (s. Anm. 13), 68–71; Endres, Ursachen (s. Anm. 17), 240.

40 Ebd.

Schließlich bedeutete auch die um sich greifende Beschneidung der bäuerlichen Allmenderechte eine effektive wirtschaftliche Belastung der ländlichen und städtisch-ackerbäuerlichen Bevölkerung. Durch die weitgehende Bannung der Wälder und Gewässer wurden den Bauern traditionelle Nutzungsrechte entzogen, die für ihre Existenz von zentraler Bedeutung waren. Durch die landesherrliche Jagd sowie die Einforderung herrschaftlicher Triftrechte (Schäferei) kam es zu weiteren Restriktionen der bäuerlichen Wirtschaft.[41]

Die dinglichen Lasten waren immer wieder Gegenstand lokaler Beschwerden der Bauern und gehörten zu den zentralen Ursachen von bäuerlichen Unruhen. Dazu zählen auch die Frondienste, zu denen die Herrschaftsträger ihre Untertanen ebenfalls in immer stärkerem Maße verpflichteten.[42] Sie konnten von Ort zu Ort völlig unterschiedlich sein und reichten von landwirtschaftlichen Tätigkeiten aller Art, Transport- und Spanndiensten, der Pflicht zur Beherbergung adliger Jagdgesellschaften bis zu gewerblichen Arbeiten wie Spinnen, Weben oder Brauen.

Die Belastungen, ob dinglich oder persönlich, ergaben sich aus der rechtlichen Minderstellung der Bauern, im extremen Fall durch die Leibeigenschaft.[43] Die wesentlichen Merkmale davon waren – neben den oben genannten wirtschaftlichen Verpflichtungen – die Einschränkung der Freizügigkeit, das Verbot der Landflucht und der Verbürgerung sowie drastische Heiratsbeschränkungen (unangemessene Ehe). In Thüringen spielte die Leibeigenschaft in den 1520er Jahren jedoch kaum noch eine Rolle.

Schließlich sind die Bestrebungen der Landesherren zu nennen, im Zuge des Aufbaus frühmoderner Verfassungs-, Gerichts- und Steuerorganisationen (Territorialisierung) die autonomen dörflichen Organe (Gemeindeautonomie) durch landfremde und im römischen Recht ausgebildete Amtsleute, Vögte und Schultheißen zu ersetzen.[44] Damit verbunden war die Verschriftlichung des Rechts und Verdrängung des alten Herkommens, das mündlich tradiert wurde. Es herrschte die Angst vor, dass die Festschreibung der Rechte zum Nachteil der bäuerlichen Bevölkerung ausfallen könnte.

Dagegen begehrten insbesondere die wohlhabenderen Bauern auf, die vorher die Dorfämter wahrgenommen hatten. Massiv erfolgte der Zugriff der

---

41 A. a. O., 232.

42 Blickle, Die Revolution von 1525 (s. Anm. 13), 66–68.

43 Endres, Ursachen (s. Anm. 17), 234 f.; Blickle, Die Revolution von 1525 (s. Anm. 13), 40.

44 Endres, Ursachen (s. Anm. 17), 243.

Landesherren auf die Städte. Den selbstgewählten städtischen Organen wurden landesherrliche Amtsleute vorgesetzt, die städtische Gerichtsbarkeit erheblich eingeschränkt. Diese Eingriffe der Territorialfürsten in die bäuerliche und städtische Autonomie betrafen gerade die Ackerbürgerstädte namentlich des obersächsisch-thüringischen Raums, wie jüngst Uwe Schirmer betont hat.[45]

Im Bereich der sogenannten *Mitteldeutschen Grundherrschaft*, welche die Agrarverhältnisse Alt-Sachsens sowie Thüringens umfasst, waren die »Bauern gegenüber ihren Grundherren zins- und frondienstpflichtig«[46]. Ihrem Pfarrer hatten sie den Zehnten zu reichen. Der regionalen wie sozialen Mobilität der Bauern waren jedoch keine Grenzen gesetzt. Bauern und Gemeinden verfügten über eine Reihe einklagbarer Rechte und konnten ihre Angelegenheiten weitgehend autonom regeln. Sie waren selbstständige Rechtsobjekte. Uwe Schirmer ist es wichtig zu betonen, »dass sich die Erbzinslasten, die Anzahl der Frondienste oder die Abgaben an den Pfarrer während des Spätmittelalters und in der Frühen Neuzeit im obersächsisch-thüringischen Raum faktisch kaum verändert haben«[47]. Der Sachsenspiegel galt als *Grundgesetz* und behielt weiterhin Rechtskraft.

Wenn nun die wirtschaftlichen Belastungen offensichtlich nicht angestiegen und auch keine sozialen Beschränkungen vorhanden waren, dann müssen die Ursachen für die unstrittig vorhandenen Probleme und Konflikte auf einer anderen Ebene zu suchen sein.

Sicher können für die Montanregionen der Abfluss des Silbers und die damit verbundenen wirtschaftlichen Folgen ein Faktor gewesen sein. Aber für den großen Agrarsektor, der auch im mitteldeutschen Raum dominierend war, dürften die Versuche der Grundherren, einzelne ländliche oder städtische Gewohnheiten »auszuhöhlen oder durch Neuerungen einzuschränken«, ausschlaggebender gewesen sein.[48] Uwe Schirmer spricht von herrschaftlichen Entmündigungsversuchen und einer Regelungswut in vielen Bereichen, die

---

45 Uwe Schirmer, Die Entmündigung der bäuerlichen Gemeinden als »negative Implikation« der Reformation? Beobachtungen aus dem thüringisch-obersächsischen Raum (ca. 1400–1600), in: Werner Greiling/Armin Kohnle/Uwe Schirmer (Hrsg.), Negative Implikationen der Reformation? Gesellschaftliche Transformationsprozesse 1470–1620 (Quellen und Forschungen zu Thüringen im Zeitalter der Reformation 4), Köln/Weimar/Wien 2015.

46 A. a. O., 166.

47 A. a. O., 167.

48 Ebd.

die Bewahrung der gottgegebenen Ordnung und die Sorge um den Gemeinen Nutzen zum Ziel hatten, aber in die traditionellen Gewohnheitsrechte eingriffen und deshalb immer wieder die Gegenwehr der Untertanen hervorriefen.[49] Das betraf sowohl das Konsumverhalten als auch Praktiken des Wirtschaftens und zielte auf die umfassende soziale Disziplinierung der Untertanen schon in vorreformatorischer Zeit, ein Vorgang, den die Forschung mit Territorialisierung und Policeygesetzgebung umschreibt.

Hinzu kamen Übernutzungserscheinungen der natürlichen Ressourcen, die sich auf die demographische Entwicklung zurückführen lassen. »Landesherrschaft und Stände trafen eine Vielzahl von Entscheidungen, die das Wirtschaftsleben der bäuerlichen und städtischen Gemeinden teilweise beträchtlich einschränkten«[50]. Das betraf neben der Nutzung des Waldes beispielsweise auch die Nutzung der Gewässer. Hinzu kamen Eingriffe in die Allmenderechte der Gemeinde und Versuche, einen Gesindezwang einzuführen und somit die zu leistenden Dienste auszuweiten.

4. Fazit

Abschließend stellt sich nun die Frage, welche Rolle der Aspekt des Zinses und der damit verbundenen Wucherproblematik aus bäuerlicher Sicht spielte. Naheliegend ist es dabei, die zentrale Programmschrift des Bauernkriegs, die *Zwölf Artikel* der oberschwäbischen Bauern, in den Blick zu nehmen, die Ende Februar 1525 entstand und im April 1525 in den Aufstandsgebieten bereits weit verbreitet war. Die Forschung spricht von 25 verschiedenen Drucken, davon vier in Erfurt.[51] Die sehr allgemein formulierten Forderungen ermöglichten es, sie durch regionale Beschwerden zu ergänzen oder nicht zutreffende Aspekte, wie in Thüringen die Leibeigenschaft, zu streichen.[52] Den *Zwölf Artikeln* kam deshalb große integrative Wirkung zu.

Dabei fällt auf, dass der Aspekt des Wuchers in den *Zwölf Artikeln* überhaupt nicht genannt wird. Nur drei Artikel nehmen Bezug auf den Aspekt von Zinszahlungen und den aus der Grundherrschaft resultierenden Diensten.

---

[49] A. a. O., 171.

[50] A. a. O., 194.

[51] Volker Graupner, Reformation und Bauernkrieg in Thüringen (Beiträge zur Reformationsgeschichte in Thüringen 5), Jena 2016, 32.

[52] Blickle, Die Revolution von 1525 (s. Anm. 13), 90–104.

Artikel 6 und 7 beinhalten die Forderung nach der Reduzierung der Frondienste und der Einhaltung der in den Lehnsbriefen festgelegten Bestimmungen. Im Artikel 8 geht es um die Reduzierung und Neufestsetzung der Gülten.[53] Zum einen wurden die Gültabgaben offenbar als unangemessen empfunden, zum andern die Erhöhung der Dienste unter Hinweis auf die Lehensverträge als Rechtsverstöße gebrandmarkt.[54]

Etwas anders gestaltet sich die Situation, betrachtet man eine thüringische Variante der *Zwölf Artikel*, die *Ichtershäuser Artikel*, welche die aufständischen Bauern um Georgenthal und Ichtershausen ihrem Landesherrn, Herzog Johann von Sachsen, am 28. April 1525 überreichten. Während der Artikel 4 im Stile der Zwölf Artikel die Abstellung neuer Frondienste fordert, gesteht Artikel 6 Zinszahlungen nur noch dem Landesherrn als legitimem Erbherren zu, »sonst nymandes mehr wider geistlichen nach weltlichen«[55]. Im Artikel 7 werden schließlich Geldgeschäfte im Zusammenhang mit »widerkeuff, widerzins nach haubtsumma« abgelehnt.[56] Damit wird dezidiert Bezug genommen auf den im 16. Jahrhundert weit verbreiteten Renten- oder Wiederkauf, der es kreditwürdigen Personen erlaubte, ein Darlehen gegen eine jährliche Rentenzahlung von 5 bis 6 Prozent aufzunehmen. Diese Rentenzahlung wurde nicht auf das Darlehen angerechnet, auch ein teilweiser Abtrag des Darlehens war nicht vorgesehen. Die Rente (wiederkäuflicher Zins) konnte nur durch die vollständige Rückzahlung des Darlehens abgelöst werden. Bei langen Laufzeiten konnte es zudem vorkommen, dass die Summe der Rentenzahlungen die Darlehenssumme insgesamt überstieg.[57] »In Thüringen war dieses Geldgeschäft mit Übervorteilung des Hauptsummengebers augenscheinlich so verbreitet, dass in mehreren dörflichen und städtischen Artikeln dagegen opponiert wurde«[58].

Nun hat die Forschung auch für Eisenach und Umgebung festgestellt, dass es seit Ende des 15. Jahrhunderts zu einer zunehmenden Verschuldung von Höfen und Gütern kam.[59] Gleichzeitig lässt sich aber keine wesentliche

---

53 GRAUPNER, Reformation und Bauernkrieg in Thüringen (s. Anm. 51), 49–53.

54 BLICKLE, Die Revolution von 1525 (s. Anm. 13), 53.

55 GRAUPNER, Reformation und Bauernkrieg in Thüringen (s. Anm. 51), 50.

56 Ebd.

57 A. a. O., 51.

58 Ebd.; vgl. WIELAND HELD, Zwischen Marktplatz und Anger. Stadt-Land-Beziehungen im 16. Jahrhundert in Thüringen, Weimar 1988, 149–151.

59 FRANZISKA LUTHER, Die Klöster und Kirchen Eisenachs (1500–1530). Prologe zur Reformation und wie die Geistlichkeit vermeynen die Zinse aus etzlichenn armenn

Belastungssteigerung durch höhere Abgaben an die Grundherren feststellen. Bei Erblehengütern war dies schon rein rechtlich nicht möglich. Woher kamen nun die Schulden? »Unerträglich hoch belastet konnten die Güter vor allem dann erscheinen, wenn der Grundherr trotz mehrerer Mißernten [...] keine Zinsreduktion gewährte, sondern die Abgaben in voller Höhe eintrieb«, so Peter Blickle.[60]

Aber auch Finanzierungspraktiken wie der Zinskauf, der aus Sicht der Papstkirche nicht unter das kanonische Zinsverbot fiel und deshalb nicht als Wucher galt, trieben Bauern und Bürger in die Überschuldung, und zwar wenn sie nicht mehr in der Lage waren, die vereinbarten Zinsen bzw. Gülten zu zahlen, beispielsweise aufgrund von Ernteausfällen als Folge der klimatischen Rahmenbedingungen.[61] Dass in solchen Fällen dann der völlige Verlust der Güter eintreten konnte, zeigt die ganze Relevanz dieser Problematik. Es ist aus Sicht der Betroffenen somit nicht das eigentliche Finanzgeschäft, sondern die bei Nichtbezahlung der vereinbarten Jahresrenten eintretende Verschuldung und der daraus resultierende mögliche Verlust des eingesetzten Gutes, die unter den Generalverdacht des Wuchers fielen. Die aus anderen Begründungszusammenhängen formulierte reformatorische Kritik am Wucher dürfte vielen Betroffenen als Ausweg aus der Verschuldung erschienen sein, auch wenn sie möglicherweise die theologischen Begründungszusammenhänge nicht verstanden haben.

---

zu kelterenn, in: Joachim Emig/Volker Leppin/Uwe Schirmer (Hrsg.), Vor- und Frühreformation in thüringischen Städten (1470–1525/30) (Quellen und Forschungen zu Thüringen im Zeitalter der Reformation 1), Köln 2013, 403–435; Hans-Jörg Gilomen, Das Motiv der bäuerlichen Verschuldung in den Bauernunruhen an der Wende zur Neuzeit, in: Susanna Burghartz u. a. (Hrsg.), Spannungen und Widersprüche. Gedenkschrift für Frantisek Graus, Sigmaringen 1992, 173–189.

60 Blickle, Die Revolution von 1525 (s. Anm. 13), 55f.

61 Markus A. Denzler, Das Problem des Wuchers im bargeldlosen Zahlungsverkehr des späten Mittelalters – Theorie und Wirklichkeit, in: Petra Schulte/Peter Hesse (Hrsg.), Reichtum im späten Mittelalter. Politische Theorie – Ethische Norm – Soziale Akzeptanz (VSWG, Beihefte 232), Stuttgart 2015, 95–114.

Die Bedeutung von Jakob Strauss in der frühen ernestinischen reformatorischen Bewegung

Joachim Bauer

Das »Reformationsjubiläum 2017« ist in vollem Gange. Überall im Land hat das Thema Hochkonjunktur. Die einen sprechen immer noch von Reformationsdekade, für die anderen ist es schon längst ein Lutherjubiläum, eine »Lutherdekade« geworden. Der Internetauftritt der Geschäftsstelle »Luther 2017« wird vom scheinbar einzigen Reformator dominiert, das Logo zeigt sein Porträt, der Thesenanschlag steht umfassend für die Reformation, die ganz am Rande noch Erwähnung findet. Provokant formuliert – das Lutherbild des 19. Jahrhunderts lässt grüßen!

Es bleibt kein Zweifel daran, dass Luther seit 2008 im Mittelpunkt der Dekade stand. Das belegen allein schon die vielen Publikationen. Der Reformator war dabei auch Ausgangspunkt zahlreicher Kontroversen, an ihm machten sich die unterschiedlichen Perspektiven und Deutungen zum Thema Reformation fest. Luthers Positionen standen auf dem Prüfstand, angefangen von seiner Verortung in der mittelalterlichen Kirche[1], seinen Äußerungen über die Juden[2], bis hin zu seiner ökumenischen Gebrauchsfähigkeit[3]. Zu oft

---

1 Vgl. u. a. Volker Leppin, Reformatorische Gestaltungen. Theologie und Kirchenpolitik in Spätmittelalter und Früher Neuzeit, Leipzig 2016; ders., Die fremde Reformation: Luthers mystische Wurzeln, München 2016; ders., Martin Luther, Darmstadt 2010.

2 Vgl. Thomas Kaufmann, Luthers Juden, Stuttgart 2014; ders., Luthers »Judenschriften«. Ein Beitrag zu ihrer historischen Kontextualisierung, Tübingen 2011.

3 Vgl. u. a. Andreas Holzem / Volker Leppin (Hrsg.), Martin Luther. Monument, Ketzer, Mensch. Lutherbilder, Lutherprojektionen und ein ökumenischer Luther, Freiburg/Basel/Wien 2017; Mariano Delgado / Volker Leppin (Hrsg.), Luther. Zankapfel zwischen den Konfessionen und »Vater im Glauben«? Historische, systematische und ökumenische Zugänge, Fribourg/Stuttgart 2016.

noch wähnte man sich zurückversetzt in Debatten des 19. Jahrhunderts, als sich der Nationalheld »Luther« wieder Raum im kulturellen Gedächtnis der Deutschen verschaffen sollte.[4] Es mangelte weder an kritischen Kommentatoren, noch an Medienpräsenz. So überschrieb Hartmut Lehmann einen FAZ-Artikel mit den warnenden Worten »Vom Helden zur Null«.[5] Er hatte das Schicksal des Christoph Columbus vor Augen, von dessen Heldenhaftigkeit nach dem Jubiläum 1992 zumindest in Übersee nicht mehr viel übriggeblieben war und dessen historische Einbettung in den Kolonialisierungsprozess selbst in Europa am Ende des 20. Jahrhunderts noch für diplomatische Kontroversen sorgte.[6] Lehmanns kritischer Blick auf vergangene Lutherjubiläen macht die Sache nicht besser. Zudem habe sich Luther scharf von Täufern, Rom und Altgläubigen, Juden, Türken und nicht weniger lautstark von anderen reformatorischen Richtungen abgegrenzt, tolerant sei er jedenfalls nicht gewesen. Das alles müsse Beachtung finden, wenn man von Reformation und deren heutigen Wirkungen im Jahre 2017 sprechen wolle.[7] Unlängst kam Lehmann auf das gemeinsame Motto der drei nationalen Ausstellungen zum Reformationsjubiläum 2017 zu sprechen, indem er fragte, welches Signal vom Werbeslogan »3xhammer« ausgehe und welche Botschaft uns eine Werbung mit dem berühmten Historienbild des hammerschwingenden Luther (Ferdinand Pauwel) aus dem Jahre 1872 beschere. Sein Fazit: »Die Sonderausstellungen zum Reformationsjubiläum werden geschichtsfälschend vermarktet.«[8]

Sein Göttinger Kollege, Thomas Kaufmann, brachte nicht minder zugespitzte Positionen in die Debatte. Der Thesenanschlag sei weniger wichtig, denn Luthers Schrift »An den christlichen Adel deutscher Nation« aus dem Jahre 1520 sollte als »Manifest der Reformation«[9] verstanden werden. Er habe

---

4 Massive Kritik äußerte Hartmut Lehmann, Hammerharte Legende, in: Zeitzeichen 9/2016, 51.

5 Vgl. FAZ, 26. 10. 2014.

6 Vgl. dazu den Beitrag von Wolfgang Reinhard, Land in Sicht, in: Das Zeitalter der Entdecker. ZEIT Geschichte, 1/2011.

7 Vgl. Hartmut Lehmann, Die Deutschen und ihr Luther, in: FAZ, 11. 01. 2016.

8 Ebd.

9 Kaufmann, Luthers kopernikanische Wende, in: FAZ, 28. 10. 2013. Die zentrale Verortung des Thesenanschlags sei kritisch zu sehen, denn die »Selbstperformanz« des Jubiläums habe nur solange funktioniert, »wie man den ›Thesenanschlag‹ symbolisch überhöhte«, mithin »als Kampfansage Luthers gegen die niederträchtige römische Kirche, als Aufstand des ›deutschen Gewissens‹ gegen papistisch-welsche Überfremdung« gebrauchte.

über diesen volkssprachlich verfassten Text sein Reformkonzept einer breiten Öffentlichkeit verständlich gemacht. Dann brachte Kaufmann eine keineswegs neue, jedoch im Kontext der bevorstehenden Jubelfeiern eher ungern gehörte Feststellung in die Tageszeitung: »Luther ist nicht die Reformation [...]«.[10]

Das führt uns nun direkt zu unserem Thema, bei dem es um einen anderen Reformator, um Jakob Strauß, gehen soll. Als eigenständig und kritisch denkender Theologe aus Tirol weggewiesen, konnte er auch im lutherischen Wittenberg nicht dauerhaft Fuß fassen, hinterließ dafür aber in Thüringen tiefere Spuren. Er zählt bislang nicht zu den Glanzlichtern des Jubelprogramms von 2017 und im lutherischen Reformationsverständnis wird ihm meist nur eine Nebenrolle zugeteilt. Aber warum?

Beginnen wir unsere Skizze mit einigen historiographischen Anmerkungen über Jakob Strauß. Danach sollen das weitgefächerte reformatorische Potential im ernestinischen Thüringen in den 1520er Jahren und die Verhältnisse in Eisenach und im thüringischen Umland umrissen werden. Schließlich werden die Tätigkeit und die Bedeutung des Eisenacher Predigers im Kontext thüringisch-ernestinischer Frühreformation bis um 1525 in den Fokus kommen.

I. Strauss in der historischen Literatur

Will man das Wirken eines Predigers und Reformators wie Jakob Strauß angemessen würdigen, gilt es erst einmal Barrieren zu überwinden. Entscheidend ist, den Willen aufzubringen, reformatorische Alternativen bzw. eigenständige reformatorische Leistungen neben Luther zu akzeptieren und sich dabei gleichzeitig vom allumfassenden Luthermaßstab zu befreien. Es sollte kein Zweifel daran aufkommen, dass auch der frühreformatorische Luther eine Entwicklung durchmachte, nach Profil und obrigkeitlicher Anerkennung suchte und auf Traditionen aufbaute, die auch und vor allem im mitteldeutschen Raum wurzelten. Er provozierte und polarisierte, stellte aber keinesfalls schon jene normweisende Autorität dar, die wir ihm um die Mitte der 1530er Jahre berechtigt zuweisen. Die Porträts des mit Luther nahezu zeitgleich in Wittenberg angekommenen Lucas Cranach machen den Aufstieg ikonographisch fassbar.[11] Das Wittenberg um 1520 wurde jedoch nicht nur durch

---

10 Vgl. KAUFMANN, Das schwierige Erbe der Reformation, in: FAZ, 26. 10. 2014.

11 Vgl. u. a. MARTIN WANKE, Cranachs Luther. Entwürfe für ein Image, Frankfurt

Luther geprägt. Hier wirkten auch Andreas Bodenstein, gen. Karlstadt, Gabriel Zwilling und Philipp Melanchthon. Viele der später an anderen Orten reformatorisch und nicht immer nur im lutherischen Sinne tätigen Geistlichen machten in den frühen 1520er Jahren in der Universitäts- und Residenzstadt an der Elbe Station. Auch Jakob Strauß gehörte zu ihnen. Zeitgleich vermehrte Kurfürst Friedrich III. von Sachsen, der Weise genannt und heute noch als der Beschützer Luthers gefeiert, weiterhin seine Reliquiensammlung, die 1520 nachweislich 117 Schreine und 19013 Heiligenpartikel umfasste. Von all dem konnte die Welt aber nur erfahren, weil es umfassende mediale Verbreitung fand, ausgehend nicht zuletzt vom Druck- und Verlagszentrum Wittenberg.[12] Wenn wir Kaufmanns Einwand, »Luther ist nicht die Reformation«, folgen wollen, bleibt zu fragen: Was dürfen wir von einer Reformation »jenseits von Luther« aber erwarten? Auf das ernestinische Thüringen bezogen sicher einiges. Das haben die Themenjahre der Dekade gezeigt, die dazu beitrugen, in vielfältiger Weise Ergebnisse der Forschung einer breiteren Öffentlichkeit näher zu bringen, nicht zuletzt durch erfolgreiche Ausstellungen.[13] Dennoch blieb auch hier Luther meist der zentrale Bezugspunkt.

---

a. M. 1984; GÜNTER SCHUCHARDT (Hrsg.), Cranach, Luther und die Bildnisse. Thüringer Themenjahr »Bild und Botschaft«, Regensburg 2015; WOLFGANG HOLLER, Cranach zeigt Luther. Eine Bildstrategie der Reformation, in: CHRISTOPHER SPEHR/MICHAEL HASPEL/WOLFGANG HOLLER (Hrsg.), Weimar und die Reformation. Luthers Obrigkeitslehre und ihre Wirkungen, Leipzig 2016, 83–103.

12 Vgl. ANDRES MEINHARDI, Über die Lage, die Schönheit und den Ruhm der hochberühmten, herrlichen Stadt Albioris, gemeinhin Wittenberg genannt: ein Dialog, herausgegeben für diejenigen, die ihre Lehrzeit in den edlen Wissenschaften beginnen. Eingeleitet, übersetzt und kommentiert von MARTIN TREU, Leipzig 1986, 12f., 119–139. Zur Situation in Wittenberg vgl. u. a. STEFAN OEHMIG (Hrsg.), 700 Jahre Wittenberg. Stadt, Universität, Reformation, Weimar 1995; LYNDAL ROPER, Der Mensch Martin Luther. Die Biographie, Frankfurt a. M. 2016, 105–138, 281–310.

13 Verwiesen sei hier u.a. auf: WERNER GREILING/UWE SCHIRMER (Hrsg.), Quellen und Forschungen zu Thüringen im Zeitalter der Reformation, Köln/Weimar/Wien 2013ff.; WERNER GREILING/ALEXANDER KRÜNES/UWE SCHIRMER (Hrsg.), Beiträge zur Reformationsgeschichte in Thüringen, Jena 2015ff.; FRIEDEGUND FREITAG u. KARIN KOLB (Hrsg.), Die Ernestiner. Eine Dynastie prägt Europa. Thüringer Landesausstellung Gotha Weimar, Dresden 2016; SIEGRID WESTPHAL/HANS-WERNER HAHN/GEORG SCHMIDT, Die Welt der Ernestiner. Ein Lesebuch, Köln/Weimar/Wien 2016; ebenso die Ausstellungen zum Reformationsjubiläum 2017 unter dem Motto »3xhammer«; https://www.3xhammer.de/.

Das Interesse an alternativen Reformationskonzepten und deren Verfechtern ist dabei nicht neu und reicht bis ins 16. Jahrhundert zurück. Damals ging es noch um Ab- und Ausgrenzung. Das blieb bis weit ins 17. Jahrhundert hinein Grundprinzip und erst die kritische Sicht auf die Amtskirche während der Aufklärungszeit lieferte Deutungsalternativen.[14]

Langsam regte sich ein wissenschaftlich-historisches Interesse. Die großen Meistererzählungen des 19. Jahrhunderts schilderten die Reformation als historisch-politischen Prozess jenseits eines konfessionellen Glaubensbekenntnisses. Damit begann der Aufstieg Luthers zum Nationalhelden. Erinnert sei an die quellenfundierte Reformationsgeschichte des Historikers Leopold von Ranke[15], zugleich an die aggressive Polemik Heinrich von Treitschkes[16], der ein nationalistisch verzerrtes preußenorientiertes Luther- und Reformationsbild propagierte. Zu Wort meldeten sich auch bedeutende Vertreter des Historischen Materialismus wie Friedrich Engels und Franz Mehring.[17] Nun wurde die Reformation als umfassender gesellschaftlicher Prozess verstanden, zur »Revolution Nr. 1« des Bürgertums[18] in Europa erklärt. Schon um die Jahrhundertmitte fanden auch die reformatorischen Alternativen Interesse, wie beim Vormärzliberalen Friedrich Wilhelm Zimmermann in seiner dreibändigen Geschichte des Deutschen Bauernkriegs[19], die zwischen 1841 und 1843 erschien. Die als volksreformatorisch gedeuteten Entwicklungen wurden in erster Linie an der Person Thomas Müntzers festgemacht, der damit zu Luthers Antipoden aufstieg. Unter dem Eindruck der

---

[14] Als Beispiel sei Gottfried Arnold, Unparteyische Kirchen- und Ketzer-Historie, Leipzig und Frankfurt a. M. u. a. 1699, angeführt.

[15] Vgl. Franz Leopold von Ranke, Deutsche Geschichte im Zeitalter der Reformation, 6 Bde, Berlin 1839 –1847.

[16] Vgl. Heinrich von Treitschke, Luther und die deutsche Nation. Vortrag, gehalten in Darmstadt am 7. 11. 1883, Berlin 1883.

[17] Vgl. Horst Bartel/ Walther Schmidt/ Rudolph Grosse, Das marxistische Lutherbild. Luther und die deutsche Sprache, Berlin 1984; Horst Bartel/ Walther Schmidt, Das historisch-materialistische Lutherbild in Geschichte und Gegenwart, in: Zeitschrift für Geschichtswissenschaft (ZfG), 32. Jg. (1984), H. 4, 291–300; Siegfried Bräuer, Martin Luther in marxistischer Sicht von 1945 bis zum Beginn der achtziger Jahre, Berlin^2 1983.

[18] Vgl. Friedrich Engels, Zum »Bauernkrieg«. (Fragment 1884), in: MEW, Bd. 21, 402; MEGA, 1. Abteilung, Bd. 30, 41.

[19] Vgl. Wilhelm Zimmermann, Allgemeine Geschichte des großen Bauernkrieges. Nach handschriftlichen und gedruckten Quellen, 3 Teile, Stuttgart 1841–1843.

massiven Folgen einer einsetzenden Industrialisierung im 19. Jahrhundert zogen Kritiker rasch Vergleiche zu einer Massenverarmung, wie man sie im 16. Jahrhundert zu diagnostizieren glaubte. Auf Zimmermanns Darstellung baute Engels mit seiner Bauernkriegsschrift[20] auf, entstanden unter dem Eindruck der gescheiterten 48er Revolution. Der Vergleich mit den Ereignissen im 16. Jahrhundert lag für ihn auf der Hand. Reformation und Bauernkrieg galten dann aus marxistischer Sicht im 20. Jahrhundert schließlich als »revolutionäre Einheit«, als »Frühbürgerliche Revolution«. [21]

Es gab noch weitere neue Erklärungsmodelle. Einen heute fast vergessenen Impuls brachte die herausragende Studie von Hermann Barge über Andreas Bodenstein, genannt Karlstadt, veröffentlicht 1905.[22] Unter dem Eindruck der großen sozialwissenschaftlichen Debatte, dem sogenannten Methodenstreit um Karl Lamprecht in Leipzig, rückte Barge die christlich-soziale Bedeutung der Reformation abseits marxistischer Interpretation in den Blick.[23] Seine Forschungen führen uns nun direkt nach Eisenach zu Jakob Strauß, über den er 1937 ebenfalls eine Studie veröffentlichte.[24]

Barges Arbeiten zeugen heute noch von Pioniergeist, würdigen sie doch zwei wichtige frühe thüringische Reformatoren neben Luther. Anderen Pfarrern, Predigern und Theologen im ernestinisch-thüringischen Raum – ich denke an Friedrich Myconius[25], an dessen Ordensbruder Johann Voit[26], an

---

[20] Vgl. Friedrich Engels, Der deutsche Bauernkrieg, in: MEW, Bd. 7, 327–413; MEGA, 1. Abteilung Bd. 10, 367–443.

[21] Max Steinmetz (Hrsg.), Die frühbürgerliche Revolution in Deutschland, Berlin 1985; Günter Vogler, Das Konzept »deutsche frühbürgerliche Revolution«. Genese – Aspekte – kritische Bilanz, in: Marion Dammaschke (Hrsg.), Signaturen einer Epoche. Beiträge zur Geschichte der frühen Neuzeit, Berlin 2012, 59–88; Vogler, Revolte oder Revolution? Anmerkungen und Fragen zum Revolutionsproblem in der frühen Neuzeit, a. a. O., 89–121.

[22] Vgl. Hermann Barge, Andreas Bodenstein von Karlstadt, 2 Bde, Leipzig 1905.

[23] Vgl. Martin Kessler, Das Karlstadt-Bild in der Forschung, Tübingen 2014, 199–225.

[24] Vgl. Hermann Barge, Jakob Strauß. Ein Kämpfer für das Evangelium in Tirol, Thüringen und Süddeutschland, Leipzig 1937.

[25] Vgl. Heinrich Ulbrich, Friedrich Myconius (1490–1546). Lebensbild und neue Funde zum Briefwechsel des Reformators. Mit einer textgeschichtlichen Einleitung und einem Korrespondenzverzeichnis der gesamten Erstausgabe (SKRG 20), Tübingen 1962; demnächst Daniel Gehrt / Petra Weigel (Hrsg.), Friedrich Myconius (1490–1546). Vom Franziskanerbruder zum Reformator Thüringens.

[26] Vgl. Otto Clemen, Johann Voit. Franziskaner zu Weimar, erster evangelischer

den Zwickauer Nicolaus Hausmann[27], an den Weimarer Hofprediger Wolfgang Stein[28], aber auch an den Jenaer Martin Reinhardt[29] und den Mühlhäuser Heinrich Pfeiffer[30] - schenkte man weniger Aufmerksamkeit.

Für die Würdigung und Einordnung reformatorisch gesinnter Geistlicher dienen uns noch immer festumrissene Maßstäbe, so ihre Stellung zu Luther, zu Müntzer und zum Bauernaufstand. Passende Beispiele sind Karlstadt und Strauß. Mit Blick auf Luther gelten sie als »Aufrührer«, »Schwärmer«, »Bürgerlich-Radikale«, in Abgrenzung zu Müntzer mangelt es ihnen an revolutionärer Entschiedenheit. Und deshalb fehlte ihnen der angemessene Raum im kulturellen Gedächtnis der Deutschen. Für Historiker und Theologen, Mar-

Prediger zu Ronneburg, in: ERNST KOCH (Hrsg.), Kleine Schriften zur Reformationsgeschichte (1897-1944), Bd. 3 (1907-1911), Leipzig 1983, 276-285; ERNST MÜLLER, Martin Luther und Weimar, Weimar 1983, 29f.; demnächst ERNST KOCH, Unzeitige Reformation? Zu einer frühreformatorischen Kirchenordnung in Thüringen, in: ARG 2018.

27 Vgl. OSWALD SCHMIDT, Nikolaus Hausmann, der Freund Luther's nach geschichtlichen Quellen dargestellt, Leipzig 1860; REINER GROSS, Eine Denkschrift des Pfarrers Nikolaus Hausmann an den Rat zu Zwickau Ende 1529, in: Regionalgeschichtliche Beiträge aus dem Bezirk Karl-Marx-Stadt, H. 4 (1982), 58-67; MICHAEL BEYER, Artikel: Hausmann, Nikolaus, in: RGG[4], Bd. 3, Tübingen 2000, 1484.

28 Vgl. OTTO CLEMEN, Wolfgang Stein aus Zwickau. Hofprediger in Weimar und Superintendent in Weißenfels, in: ZKG 45 NF 8 (1927), 555-562.

29 Vgl. HERBERT KOCH, Zur Einführung der Reformation in Jena 1524-1924, Jena 1924, 9-16; BARGE, Karlstadt (s. Anm. 22), 16-20; SIEGFRIED HOYER, Martin Reinhart und der erste Druck hussitischer Artikel in Deutschland, in: Zeitschrift für Geschichtswissenschaft, 18 (1970), H. 12, 1597-1615; VOLKER LEPPIN, Zwischen Kloster und Stadt. Die reformatorische Bewegung in der Stadtkirche, in: MATHIAS WERNER (Hrsg.), Inmitten der Stadt, St. Michael in Jena. Vergangenheit und Gegenwart einer Stadtkirche, Petersberg 2004, 139-152, hier 142-151; VOLKMAR JOESTEL, Ostthüringen und Karlstadt. Soziale Bewegung und Reformation im mittleren Saaletal am Vorabend des Bauernkrieges (1522-1524), Berlin 1996, 55-62; WOLFGANG KOPITZSCH, Martin Luther und Jena, Jena 1983, 32-42; JOACHIM BAUER, Die Reformation in Jena und im Saaletal, Jena 2016, 22-28.

30 Vgl. THOMAS T. MÜLLER, »Höret zu, ich will euch ein ander Bier verkünden.« Das Leben des Mühlhäuser Bauernführers Heinrich Schwertfeger, genannt Pfeiffer. Eine Literaturstudie, in: Eichsfelder-Jahrbuch 1997, 47-66; DERS., Müntzers Werkzeug oder charismatischer Anführer? Heinrich Pfeiffers Rolle im Thüringer Aufstand von 1525, in: GÜNTER VOGLER (Hrsg.), Bauernkrieg zwischen Harz und Thüringer Wald (= Historische Mitteilungen im Auftrag der Ranke-Gesellschaft 69), Stuttgart 2008, 243-255; DERS., Heinrich Pfeiffer, in: NDB, Bd. 20, Berlin 2001, 319-320.

xisten wie Nichtmarxisten, blieb die Frage nach der Einordnung jener frühen Reformationskonzepte in das Spannungsfeld von »Reformation und Bauernkrieg« entscheidend, und dabei ging das reformatorische wie christlich-soziale Profil und die Lebensleistung der »alternativen Reformatoren« weitgehend verloren. Das gilt es mit Blick auf die anstehenden Ereignisse bis zum Bauernkriegsjubiläum 2025 zu korrigieren.

2. Frühreformatorische Vielfalt im ernestinischen Thüringen

Zu Beginn des 16. Jahrhunderts waren der Ausbau der Landesherrschaft und der Aufbau moderner territorialstaatlicher Strukturen bei den Wettinern in vollem Gange. Die Hochgerichtsbarkeit wuchs mit der Grundherrschaft zusammen und die Lehensherrschaft über den ansässigen Adel wurde durchgesetzt. Im Zuge der Reformation sollte die dritte Komponente, die Kirchenhoheit, d. h. eine kursächsische Landeskirche folgen. Die ernestinischen Kurfürsten forcierten in der ersten Hälfte des 16. Jahrhunderts den Ausbau des Verwaltungsapparates und die Förderung sowie Nutzung geistig-kultureller und theologisch-kirchlicher Möglichkeiten. Das notwendige Geld floss aus der Edelmetallförderung und einer expandierenden Metallverarbeitung in Thüringen und im Erzgebirge. Kursachsen verfügte über beachtliche Ressourcen und war einer der mächtigsten Territorialstaaten im Reich. Friedrich der Weise, schon unter Kaiser Maximilian I. hoch verehrt und auf Lebenszeit zum Reichsstatthalter gemacht, konnte es sich leisten, Karl V., einem Enkel Maximilians, Paroli zu bieten, auch in der »causa lutheri«. Deshalb war er noch längst kein Lutheraner, denn es ging mehr um die Macht der Kurfürsten und den Einfluss der Reichsstände gegenüber dem Kaiser, weniger um innerkirchlich-theologischen Disput.

In den thüringischen Besitzungen der Ernestiner fanden Luthers Schriften schon früh Verbreitung und Widerhall. Seine Aufenthalte in thüringischen Orten während der Reisen zum Verhör nach Augsburg 1518 und zum Reichstag nach Worms im April 1521, die ihn u. a. über Erfurt, Gotha, Weimar und Jena führten, trugen zu seiner Popularisierung bei. Besonders in den Städten wandten sich Geistliche dem »wiederentdeckten Evangelium« zu und predigten zunehmend in einem reformatorischen Sinne. Für die Zeit vor 1525 lassen sich in Altenburg, Neustadt a. d. Orla, Saalfeld, Coburg, Eisfeld, Eisenach, Gotha, Weimar, Jena, Eisenberg, Orlamünde, Weida, Zwickau und in Allstedt reformatorisch gesinnte, also reformwillige Geistliche ausmachen. Es waren vor allem Prediger (Weltgeistliche) und ehemalige Mönche, die sich die Verkündigung des »wahrhaften Wort Gottes« auf ihre eigene Weise zur Aufgabe machten.[31] Bekanntermaßen bildeten dann die sogenannten Wittenberger Ereignisse von 1521/22 einen Wendepunkt für die Frühreformation in Kursachsen.[32] Luthers eilige Rückkehr von der Wartburg und die sich anschließende Auseinandersetzung mit Konkurrenten – von den Fasten-Predigten im März 1522 bis in den Bauernkrieg hinein – trugen wesentlich zur Polarisierung in Wittenberg, Kursachsen und im Reich bei. Die Reaktionen des Kurfürsten Friedrich, des Wittenberger Rates und Luthers beschnitten nun vor allem in Wittenberg, aber auch im Kurkreis die Dynamik der »Gemeindereformation«.[33]

In den Wittenberger Ereignissen standen zentrale Problemfelder auf der Tagesordnung, mit deren Auflösung die Ernestiner noch bis in die Visitationen der 1530er Jahre beschäftigt sein sollten. Es ging um die Neuordnung des kommunalen Armen- und Fürsorgewesens, um die Beseitigung des Zölibats und die Einführung der Priesterehe, um den Umgang mit altgläubigen Klosterinsassen und Geistlichen sowie um die evangelische Reform des Gottesdienstes, um die Abschaffung von alten Ritualen, um den Gottesdienst in deutscher Sprache, das Abendmahl in beiderlei Gestalt und auch um den Umgang mit den Bildern im sakralen Raum.[34]

---

[31] Zur Frühreformation in Thüringen vgl. Joachim Emig/Volker Leppin/Uwe Schirmer (Hrsg.), Vor- und Frühreformation in Thüringischen Städten (1470–1525/30), Köln/Weimar/Wien 2013.

[32] Vgl. Stefan Oehmig, Die Wittenberger Bewegung 1521/22 und ihre Folgen im Lichte alter und neuer Fragestellungen, in: Oehmig (Hrsg.), 700 Jahre Wittenberg. Stadt, Universität, Reformation, Weimar 1995, 97–130, hier 99f., 128–130; Natalie Krentz, Auf den Spuren der Erinnerung. Wie die »Wittenberger Bewegung« zu einem Ereignis wurde, in: ZHF 36,4 (2009), 563–595; Norbert Schnitzler, Wittenberg 1522. Reformation am Scheideweg, in: Cècile Dupeux u. a. (Hrsg.), Bildersturm. Wahnsinn oder Gottes Wille? Zürich 2000, 68–74; Hans-Christoph Rublack, Martin Luther und die städtische soziale Erfahrung, in: Volker Press/Dieter Stievermann (Hrsg.), Martin Luther. Probleme seiner Zeit, Stuttgart 1986, 88–123.

[33] Einen guten Überblick über die kontroverse Diskussion gibt Oehmig, Wittenberger Bewegung (s. Anm. 32), vgl. seine zusammenfassende Wertung 128–130.

[34] Vgl. u. a. ebd.; Stefan Oehmig, Der Wittenberger Gemeine Kasten in den ersten zweieinhalb Jahrzehnten seines Bestehens (1522/23 bis 1547): Seine Ausgaben und seine Nutznießer, in: JbGF 13 (1988), 133–179; Stefan Oehmig, Über Arme, Armenfürsorge und Gemeine Kästen mitteldeutscher Städte der frühen Reformationszeit, in: Stefan Oehmig (Hrsg.), Medizin und Sozialwesen in Mitteldeutschland zur Refor-

Im ernestinischen Thüringen verlief die Entwicklung nun anders als im Kurkreis, was oft außer Acht geblieben ist. Denn hier waltete und regierte Herzog Johann, der Bruder Kurfürst Friedrichs, wie gemeinsam in einer Mutschierung 1513 festgelegt worden war. Johann war seit den frühen 1520er Jahren auf eine reformatorische Umgestaltung in seinem Territorium orientiert.[35] Bemerkenswert ist, dass er, im Unterschied zu seinem Sohn Johann Friedrich I., nicht nur auf Luthers reformatorische Ansichten baute, sondern sich darum bemühte, etwas über die vielfältigen und teils sehr unterschiedlichen Reformvorschläge, die in seinem Regierungsbereich öffentlich wurden, zu erfahren. Einige dieser Vorstellungen und manche gemachte Erfahrung im Umgang mit »alternativen Reformatoren« fand nach Übernahme der Kurwürde durch Johann und nach dem Bauernaufstand 1525 bei der Neukonzipierung kursächsischer Reformationspolitik weiterhin Beachtung. Dies würdigend, kann man durchaus von einer vom Weimarer Hof ausgehenden »Reformation« sprechen. Weimar wurde während des gesamten Zeitraumes der Reformierung der Kirche und ihrer Einbindung in den landesherrlichen Territorialstaat immer eine Vorbildwirkung zugewiesen. Das begann mit dem kurfürstlichen Befehl vom August 1525, der Pfarrer und Prediger auf das Evangelium verpflichtete, und reichte bis zur Einführung evangelischer Rituale im Gottesdienst und zur Umgestaltung der Kirchenräume in der zweiten Hälfte des 16. Jahrhunderts.[36] Wenngleich Luther nach seiner Rückkehr von der Wartburg in Wittenberg sein reformatorisches Konzept ausbaute, war auch er schon frühzeitig einbezogen. Denn er hatte 1522 vor dem Weimarer Hof seine Obrigkeitspredigten gehalten, aus denen die Herzog Johann gewidmete Schrift »Von weltlicher Obrigkeit, wie weit man ihr Gehorsam schuldig

---

mationszeit, Leipzig 2007, 73–114; ULRICH BUBENHEIMER, Luthers Stellung zum Aufruhr in Wittenberg 1520–1522 und die frühreformatorischen Wurzeln des landesherrlichen Kirchenregiments, in: ZSRG.K 102 (1985), 147–214; NATALIE KRENTZ, Ritualwandel und Deutungshoheit. Die frühe Reformation in der Residenzstadt Wittenberg (1500–1533), Tübingen 2014.

35 Vgl. JOACHIM BAUER, Die »Weimarer Reformation« unter Johann dem Beständigen und ihre Bedeutung für die reformatorische und gesellschaftliche Neuordnung in Kursachsen, in: CHRISTOPHER SPEHR/MICHAEL HASPEL/WOLFGANG HOLLER (Hrsg.), Weimar und die Reformation. Luthers Obrigkeitslehre und ihre Wirkungen, Leipzig 2016, 31–43; STEFAN MICHEL, Johann der Beständige (1468–1532), in: SUSAN RICHTER u. ARMIN KOHNLE (Hrsg.), Herrschaft und Glaubenswechsel. Die Fürstenreformation im Reich und Europa in 28 Biographien, Heidelberg 2016, 47–62.

36 Vgl. DAGMAR BLAHA, »Das man das lauter rein Euangelion on menschliche zusatzunge predigen sol …«. Reformation in Weimar (im Druck).

sei« 1523 hervorging.[37] In der ersten Hälfte der 1520er Jahre entfaltete sich also im Thüringer Raum, teils landesherrlich toleriert, oft auch zielgerichtet unterstützt, ein breites reformatorisches Spektrum. Es bildeten sich Zentren.

In Weimar rückte dabei der Hofprediger Stein in den Mittelpunkt, der seit spätestens 1523 am dortigen Hof evangelisch predigte. Er galt als ein glühender Verfechter der Auffassung, dass weltliche Obrigkeit ausschließlich nach dem mosaischen Gesetz zu regieren habe. Hier ging er wohl weiter als andere Reformatoren.[38] Alarmiert schrieb jedenfalls Kurprinz Johann Friedrich im Juni 1524 an Luther. Stein »hat es auch dahin gebracht, daß M[ein].G[nädiger].H[err]. und Vater so hart darauf haltet, wenn der Kanzler oder ich dawider sind, daß seine Gnade uns für Widersteher göttlichs Worts halten will«[39].

Während Steins Gönner, Herzog Johann, noch unsicher war, welche reformatorische Position die richtige sei, hatte sein Sohn sich schon für Luther entschieden. Dessen Antwort erfolgte präzise. Der Christ sei schuldig, kaiserliche Rechte anzuerkennen. »Wenn nun solche Prediger oder Mosestreiber Kaiser werden und die Welt zu eigen kriegen, so laß man sie dann Mosen oder Elias oder Adams Recht wählen«[40].

In Allstedt hatte Müntzer seit 1523 den Gottesdienst grundlegend reformiert, sein »Deutzsch kirchen ampt« und eine »Deutsch Euangelisch Messze« 1524 im Druck vorgelegt und diese alltäglich gebraucht, was seinen Beitrag als eigenständigen Reformator klar ausweist.[41] Mit der »Ordnung und Berechnung des deutschen Amts zu Allstedt«[42] erfolgten Erläuterungen und eine Verteidigung der neuen Gottesdienstordnung gegenüber ersten Angriffen von außen.[43] Gleich Luther, Strauß, Stein und Karlstadt war Müntzer vorerst auf städtische Schichten orientiert. Er wandte sich mit aufrechten Angeboten

---

37 Vgl. CHRISTOPHER SPEHR, Luthers Weimarer Obrigkeitspredigten im Jahr 1522, in: SPEHR/HASPEL/HOLLER, Weimar (s. Anm. 35), 13–30.

38 Auch Melanchthon dachte noch 1521 in seinen Loci an das mosaische Gesetz als das geeignetste, um ein christliches Land zu regieren. Vgl. GUIDO KIRSCH, Melanchthons Rechts- und Soziallehre, Berlin 1967, 102f.

39 WA.B 3, 309 (Nr. 754).

40 WA.B 3, 306 (Nr. 753).

41 Vgl. zusammenfassend SIEGFRIED BRÄUER/GÜNTER VOGLER, Thomas Müntzer. Neu Ordnung machen in der Welt. Eine Biographie, Gütersloh 2016, 190–198; GÜNTHER FRANZ (Hrsg.), Thomas Müntzer. Schriften und Briefe. Kritische Gesamtausgabe, Gütersloh 1968, 205–206. ThMA, Bd. 1, 1–187; 198–266.

42 Vgl. FRANZ, Thomas Müntzer (s. Anm. 41), 207–215.

43 Vgl. BRÄUER/VOGLER, Thomas Müntzer (s. Anm. 41), 186f.

auch an die ernestinischen Fürsten. Am Ende fand Müntzers Theologie in der aktiven Ausdeutung der Apokalypse und der Übertragung der Schwertgewalt an die sozial Schwächsten, da sie wie Christus den Leidensweg beschritten, ihre tiefste Konsequenz. Sein Weg führte ihn nun weg von Allstedt und endete tragisch in Frankenhausen. Er war tief enttäuscht von den ihren Eigennutz suchenden Aufständischen, wie er es im letzten Brief an die Mühlhäuser formulierte.[44]

Ein weiteres Zentrum reformatorischer Veränderung in Thüringen war in Orlamünde entstanden. Seit Mai 1523 wirkte hier Karlstadt. Wie Müntzer prägte auch er über lange Zeit das Denken in den Gemeinden in Thüringen, später vor allem das der Täufer. Seine Ausstrahlung griff aber viel weiter noch und reichte bis in die Schweiz.

Der Grund für Karlstadts Übersiedelung nach Orlamünde lag in den schweren Zerwürfnissen mit Luther nach dessen Rückkehr von der Wartburg 1522. Er wandte sich von den früheren Wittenberger Weggefährten ab. Im März 1523 trat sein Sinneswandel offen in Erscheinung. Karlstadt weigerte sich, seinen Doktor-Titel weiter zu führen, legte die Gelehrtentracht ab und kleidete sich wie ein Bauer, hinfort »Bruder Endres« genannt. All diesen Dingen stand Luther verständnislos gegenüber.[45]

Karlstadt ging nicht ohne Wissen und Erlaubnis der Obrigkeit nach Orlamünde, wohl aber ohne Zustimmung der Wittenberger Universität, die die Pfarrpfründe innehatte, freilich auch ohne die Empfehlung der Wittenberger Theologen. Er gewann rasch das Vertrauen seiner Hörer in Orlamünde und Umgebung. Nun wurden Bilder und Orgel aus der Kirche verbannt, das Abendmahl in beiderlei Gestalt gereicht und der Gottesdienst in deutscher Sprache gehalten. Wirkungsträchtig war die Abwendung von der Kindertaufe. Karlstadt forderte seine Hörer auf, auch als Laien das Wort Gottes weiterzutragen, denn man könne es ebenso von ihnen lernen. Die Orlamünder Entwicklungen und eine Bitte des Kurprinzen[46] brachten Luther dazu, nun nach Thüringen zu reisen. Am 22. August 1524 hielt er in Jena eine berühmt gewordene Predigt, die einen Wendepunkt und einen klaren Bruch in der kursächsischen Reformation markierte. Luther stellte Karlstadt, Müntzer und andere von seinen Vorstellungen abweichende Reformatoren als »Schwärmer«

---

[44] ThMA, Bd. 2, 491 Nr. 152, bes. 498; Bräuer/Vogler, Thomas Müntzer (s. Anm. 41), 374–377.

[45] Vgl. Barge, Karlstadt (s. Anm. 22), Bd. 2, 95–143.

[46] Vgl. WA.B 3, 309, (Nr. 754).

auf eine Stufe.[47] Damit war die Grundlage für ein gemeinsames reformatorisches Vorgehen im Kursächsischen endgültig zerstört.

3. Eisenach und die wirtschaftlich-sozialen Verhältnisse im ernestinischen Thüringen am Beginn der Reformation

Eisenach entwickelte sich zu einem weiteren Zentrum reformatorischer Umgestaltung. Die Stadt beherbergte zwar noch 3000 bis 4000 Einwohner[48] und war damit größer als Wittenberg, hatte aber mittlerweile ihre herausragende Stellung als Residenz und Zentrum der thüringischen Landgrafschaft durch die Verlagerung des Verwaltungszentrums an Weimar verloren.[49] Die Auswirkungen lassen sich einerseits am langsamen Verlust rechtlicher Vormacht (Eisenacher Stadtrecht, Schöffenstuhl) ausmachen.[50] Wie in anderen Regionen des Territoriums verstärken sich zudem die Problemlagen im wirtschaftlich-sozialen Bereich. Im Vergleich zur einzigen Großstadt in Thüringen, dem mainzischen Erfurt mit seinen fast 20.000 Einwohnern und einer prosperierenden Wirtschaft, blieb Eisenach nachgeordnet, wie alle der damals ca. 100 thüringischen Städte.[51]

---

47 Vgl. ebd.; Joestel, Ostthüringen und Karlstadt (s. Anm. 29), 74–111.

48 Neuere bevölkerungsgeschichtliche Untersuchungen fehlen, die Angaben beruhen auf Literaturangaben: Vgl. Gerd Bergmann, Eisenach in der frühbürgerlichen Revolution (= Eisenacher Schriften zur Heimatgeschichte 41), Eisenach 1989, 6; Hermann Helmbold, Geschichte der Stadt Eisenach mit einem volkskundlichen Anhang, Eisenach 1936, 45. Zur Bevölkerungsgeschichte des Eisenacher Gebiets vgl. auch Georg Bartholomäus, Die Bevölkerungsbewegung im Eisenacher Land seit dem 16. Jahrhundert. Eine bevölkerungsgeographische Untersuchung (= ZVThGAK, NF 20, Beiheft), Jena 1939, 51–73. Zu Eisenach vgl. auch: Carl Friedrich von Strenge/ Ernst Devrient (Hrsg.), Die Stadtrechte von Eisenach, Gotha und Waltershausen (= Thüringische Geschichtsquellen, NF 6, 1990), Jena 1909, 59–73. Vgl. Müller, Beitrag in diesem Band.

49 Vgl. Blaha, Beitrag in diesem Band.

50 Vgl. Gerd Bergmann, Die ältere Geschichte Eisenachs. Von den Anfängen bis zum Beginn des 19. Jahrhunderts, Eisenach 1994, 148–158, 173f., 177, 189. Vgl. Eisenacher Rechtsbuch, bearb. v. Peter Rondi, Weimar 1950; grundlegend auch Strenge/Devrient, Die Stadtrechte Eisenachs (s. Anm. 48). Zusammenfassend zu den sozialen und wirtschaftlichen Problemen Eisenachs im 14./15. Jahrhundert vgl. Bergmann, Die ältere Geschichte Eisenachs, 176–190.

51 Vgl. Wieland Held, Zwischen Marktplatz und Anger. Stadt-Land-Beziehungen

Die soziale Differenziertheit im städtischen Bereich war stark ausgeprägt. Wieland Held hat in einer repräsentativen Studie über Thüringen im 16. Jahrhundert herausgestellt, dass 23 Prozent der städtischen Bevölkerung in Armut lebten und etwa die Hälfte der Stadtbewohner über keinen bzw. nur geringen Besitz verfügte. Die Differenzierung spiegelte sich auch in der Handwerkerschaft und den Zünften wider.[52]

In Thüringen lebten ca. 70 Prozent der Bevölkerung auf dem Land.[53] Die Landschaft wird in der Forschung zur »mitteldeutschen Grundherrschaft« gerechnet. Den Bauern werden, im Unterschied zu anderen Territorien, ein guter Besitzstand und Erbrechte zugebilligt. Dies verhinderte jedoch nicht eine weit ausgebildete Vermögens- und Sozialdifferenzierung auf dem Lande.[54] Gleichfalls wird betont, dass das Erbzinsgut weit verbreitet war, es daneben auch freies Eigentum persönlich freier Besitzer, die lediglich der Gerichtsbarkeit des Territoriums unterstanden, gab. Im Falle der Mühlhäuser Dörfer dominierten offensichtlich Mischformen, in denen Zinsbauern auch kleine Anteile an Freigut besaßen. Demgegenüber wies die Forschung »Laßgut«, bei dem jederzeit das Nutzungsrecht widerrufen werden konnte, nur partiell nach. Wie Fallstudien über Mühlhäuser und Dörfer in Ostthüringen zeigen, verteilte es sich auf die Gruppe der sogenannten Zinsbauern.[55]

---

im 16. Jahrhundert in Thüringen, Weimar 1988; ders., Thüringen im 16. Jahrhundert, in: Jürgen John (Hrsg.), Kleinstaaten und Kultur in Thüringen vom 16. bis 20. Jahrhundert, Weimar/Köln/Wien 1994, 9–36, bes. 28f.

52 Vgl. Held, Zwischen Marktplatz und Anger (s. Anm. 51), 25–47 und 196, Tab. 1; ders., Thüringen im 16. Jahrhundert (s. Anm. 51), 28f.

53 Vgl. Vogler, Thüringens Wirtschaft und Sozialstruktur zur Bauernkriegszeit. Ein Überblick, in: Ders., Bauernkrieg zwischen Harz und Thüringer Wald (s. Anm. 30) 44; Held, Thüringen im 16. Jahrhundert (s. Anm. 51), 27f.

54 Vgl. Friedrich Lüdge, Die mitteldeutsche Grundherrschaft und ihre Auflösung, Stuttgart 1957, 92; Differenzierungen dazu vgl. Siegfried Hoyer, Wirtschaftliche und soziale Ursachen des deutschen Bauernkrieges. Das Beispiel Thüringen, in: ZfG, 29. Jg. (1981), H. 12, 1106–1120, hier 1112f.; Held, Thüringen im 16. Jahrhundert (s. Anm. 51), 9–36, hier 27f.; Vogler, Thüringens Wirtschaft und Sozialstruktur (s. Anm. 53), 43–64, hier 44f., 60–63.

55 Vgl. Hoyer, Wirtschaftliche und soziale Ursachen (s. Anm. 54), 1112f.; ausführlich zu Mühlhausen vgl. Dieter Lösche, Zur Lage der Bauern im Gebiet der ehemaligen freien Reichsstadt Mühlhausen in Thüringen zur Zeit des Bauernkrieges, in: Max Steinmetz/Ernst Werner (Hrsg.), Die frühbürgerliche Revolution in Deutschland, Berlin 1961, 64–72; Dieter Lösche, Vermögensverhältnisse thüringischer Bauern, in: Jahrbuch für Wirtschaftsgeschichte, 1964, H. 2/3, 122–142; Otto Michael, Grund-

Voranschreitende Realteilung führte in Thüringen nun insgesamt zu geringerer Besitzgröße und zur Zunahme des Kleinbesitzes. Besitzlose, so die bisherige Forschung, trifft man vor allem in den Städten an, wobei zugleich von einer intensiven Stadt-Land-Beziehung ausgegangen wird.[56]

Im ernestinischen Territorium zählte man nach dem Türkensteuerregister von 1542 465 landadlige Familien.[57] Ebenso wird in der Literatur auf eine große Zahl an Klöstern, Orden und geistlichen Einrichtungen, die in Thüringen ihren Sitz hatten, verwiesen. Schätzungen folgend, konnten die Geistlichen (Welt- und Ordensklerus) in Städten wie Erfurt und Eisenach zwischen 5 und 10 Prozent der Bevölkerung ausmachen.[58]

Ein wichtiger Faktor, der die gesamten gesellschaftlichen Verhältnisse prägte, war der Vormarsch der Ware-Geld-Beziehung und das Zurückdrängen der Naturalwirtschaft seit dem 15. Jahrhundert. Die wirtschaftlichen und sozialen Veränderungen gingen einher mit einem Kampf um die natürlichen Ressourcen, oftmals verschärft durch Missernten. Erhöhung von Fron- und Abgabeleistungen sowie Auseinandersetzungen um die Allmende bei gleichzeitiger wachsender Verschuldung waren das Resultat.[59] Zugleich trug die

---

zins und Erbzins der Bauern der Freien Reichsstadt Mühlhausen i. Thür., Mühlhausen 1959 (= Veröffentlichungen des Mühlhäuser Stadtarchivs, NF 2). Zur geringen Verbreitung des Laßgutes in Ostthüringen vgl. ELISABETH SCHWARZE, Soziale Struktur und Besitzverhältnisse der ländlichen Bevölkerung Ostthüringens im 16. Jahrhundert, Weimar 1975, 83.

[56] Vgl. HOYER, Wirtschaftliche und soziale Ursachen (s. Anm. 54), 1113–1115; WIELAND HELD, Die Tagelöhner in den thüringischen Dörfern im 15. und 16. Jahrhundert im Spiegel der Dorfordnungen und Weistümer, in: Jahrbuch für Wirtschaftsgeschichte 1978, H. 2, 93–105; DERS., Zwischen Marktplatz und Anger, a. a. O.; DERS., Geldwirtschaftliche und marktwirtschaftliche Aspekte der Stadt-Land-Beziehung in Thüringen im 16. Jahrhundert, in: Jahrbuch für Wirtschaftsgeschichte, 1983, H. 3, 107–122; DERS., Ländliches Gewerbe in Thüringen im 15. und 16. Jahrhundert, in: Sächsische Heimatblätter, H. 26 (1980), 223–227.

[57] Vgl. HELD, Thüringen im 16. Jahrhundert (s. Anm. 51), 26.

[58] Es fehlen neuere quellengestützte Untersuchungen zum Anteil der Geistlichen an der Gesamtbevölkerung in thüringischen Städten in der Reformationszeit. Vgl. immer noch RUDOLF HERRMANN, Die Kirchenvisitationen im Ernestinischen Thüringen vor 1528, in: BThKG 1 (1930), 299–314; VOGLER, Thüringens Wirtschaft und Sozialstruktur (s. Anm. 53), 44. Für Eisenach vgl. BERGMANN, Frühbürgerliche Revolution (s. Anm. 48), 6–17, zur Anzahl der Geistlichen 16 f.; DERS., Die ältere Geschichte Eisenachs (s. Anm. 50), 195–200; BARGE, Jakob Strauß (s. Anm. 24), 40 f.

[59] Vgl. HOYER, Wirtschaftliche und soziale Ursachen (s. Anm. 54), 1115–1120; VOGLER, Thüringens Wirtschaft und Sozialstruktur (s. Anm. 53), 43–64.

Verlegung von Handelswegen dazu bei, dass gewachsene Einnahmequellen aus Geleit und Märkten in manchen Städten schmerzlich zurückgingen.[60] Schließlich machten sich neue Tendenzen bemerkbar, die um 1500 auch in Thüringen Spuren hinterließen – Bergbau, Hüttenwesen, Metallverarbeitung und Schafzucht.[61]

Darunter, und vor allem unter der gewerblichen Konkurrenz im ländlichen Umfeld der Städte, litten die alteingesessenen Zünfte, auch in Eisenach. Allgemeine Teuerungen verschärften die Situation. Beschwerdeschreiben des Eisenacher Rats an den Landesherren zwischen 1466 und 1509 liefern eine augenscheinliche Schilderung des allgemeinen Abstiegs bzw. zunehmender Krise.[62] Es fehlte an Geld, um die in Verfall geratene Stadtbefestigung zu erneuern, die Zoll- und Geleitseinnahmen[63] seien durch den Verlust des Stapelrechts beeinträchtigt und die Jahrmärkte gingen zurück. Doch auch das übermäßige Prassen und Zechen der Eisenacher befördere den allgemeinen Verfall, wie in den Beschwerden zu lesen ist. Man beklagte zudem Handwerkerkonkurrenz in den Dörfern des Umlandes. Auch sei das Biermonopol in Verfall geraten, denn auf den Dörfern führte man ungehindert fremdes Bier ein. Der soziale Abstieg in der Stadt machte sich vor allem in der Abwanderung städtischer Bevölkerung in das Umland bemerkbar, verursacht durch viel zu hohe Erbzinsen, die auf den Häusern lasteten. Auch sei, so ist in den Klagen zu lesen, die Stadtflur zu gering und die fürstlichen Holzknechte machten der Stadt die Viehtrift streitig. Zur großen Verärgerung habe man bedürftigen Einwohnern der Stadt sogar das Recht abgesprochen, im umliegenden Wald Brennholz zu sammeln. Bemerkenswert ist vor allem der Hinweis, wonach die Saigerhütte der Fugger im nahegelegenen Hohenkirchen bei Georgenthal der Stadt die Nahrung nehme.

Die einsickernde und bis zur Jahrhundertmitte sich entfaltende Verhüttung von Erz fand nicht nur im erzgebirgischen und mansfeldischen Bergbau

---

60 Grundlegend vgl. Manfred Straube, Geleitswesen und Warenverkehr im thüringisch-sächsischen Raum zu Beginn der Frühen Neuzeit, Köln/Weimar/Wien 2015.

61 Vgl. Hoyer, Wirtschaftliche und soziale Ursachen (s. Anm. 54), a. a. O.; Vogler, Thüringens Wirtschaft und Sozialstruktur (s. Anm. 53), 63f.

62 Nachfolgend zu den Klagen, wenn nicht anders ausgewiesen, vgl. Bergmann, Frühbürgerliche Revolution (s. Anm. 48), 4–6; Helmbold, Geschichte Eisenachs (s. Anm. 48), 189f.; Strenge/Devrient, Stadtrechte (s. Anm. 48), 70 Nr. 34; 79 Nr. 40; 84 Nr. 42; 85 Nr. 43.

63 Zum Geleit vgl. Straube, Geleitswesen und Warenverkehr (s. Anm. 60), 177–179, 507–522.

eine Grundlage. In der hier im Klageschreiben benannten Saigerhütte in Hohenkirchen verhütteten die Fugger Erz (Rohkupfer) aus Neusohl,[64] da die Ausfuhr von Silber aus Ungarn untersagt war. Vom Bergbau, dem Handel mit Garkupfer und Silber und dem mit Letzterem verbundenen Wechselgeschäft der Saigerhändler profitierten nicht zuletzt die Leipziger und Naumburger Messen.[65] Worin sich konkret die beklagte Konkurrenz durch die Fuggergesellschaft, die 1495 mit einem Vertrag zwischen dem Georgenthaler Kloster und den Gebrüdern Fugger ihren Ausgang nahm,[66] niederschlug, lässt die Überlieferung offen. Jedenfalls wurden größere Mengen oberdeutschen Kapitals nun in Thüringen eingesetzt, wenngleich immer noch nicht ver-

---

[64] Vgl. VOGLER, Thüringer Wirtschaft und Sozialstruktur (s. Anm. 53), 51–54; ERNST KOCH, Das Hütten- und Hammerwerk der Fugger zu Hohenkirchen bei Georgenthal in Thüringen 1495–1549, in: ZVThG 26 (1926), 285–327, 27 (1927), 1–131; GERHARD SEIBOLD, Die Gräfenthaler Saigerhandelsgesellschaft, in: Scriptae Mercaturae 11 (1977), 25–55; MAX JANSEN, Jakob Fugger der Reiche. Studien und Quellen, Leipzig 1910; WERNER FISCHER, Bergbau und Hüttenwesen Thüringens im Zeichen des Frühkapitalismus (Von den siebziger Jahren des 15. Jahrhunderts bis zum Bauernkrieg 1525/26), Phil. Diss. Jena 1982 (MS); PETER LANGE, Die Beziehungen des Leipziger Patriziats zum Mansfelder Saigerhandel, in: Beiträge zur Geschichte von Technik und technischer Bildung. Folge 9, Leipzig 1994, 84–87. Für die spätere Zeit vgl. vor allem SIEGFRIED WÜNSCHER, Geschichte des Kupferschieferbergbaus und seines Hüttenwesens im Fürstentum Eisenach, Phil. Diss. Jena 1932, 4–7, 24 f.; RICHARD DIETRICH, Untersuchungen zum Frühkapitalismus im mitteldeutschen Erzbergbau und Metallhandel, Hildesheim / Zürich / New York 1991, bes. 147–153; EKKEHARD WESTERMANN, Die Nürnberger Welser und der mitteldeutsche Saigerhandel des 16. Jahrhunderts in seinen europäischen Verflechtungen, in: MARK HÄBERLEIN u. JOHANNES BURKHARDT (Hrsg.), Die Welser. Neue Forschungen zur Geschichte und Kultur des oberdeutschen Handelshauses, Berlin, 240–264; ADOLF LAUBE, Studien über den erzgebirgischen Silberbergbau von 1470 bis 1546, Berlin 1976; RICHARD EHRENBERG, Das Zeitalter der Fugger. Geldkapital und Kreditverkehr im 16. Jahrhundert, Bd. 1, Die Geldmächte des 16. Jahrhunderts, Jena 1896, bes. 89–96. Zur Situation im Bauernkrieg vgl. HELMUT WILSDORF, Der Verzicht der revolutionären Bauern auf die Zerstörung der Thüringer Saigerhütten Arnstadt und Hohenkirchen im Jahre 1525, in: Jahrbuch für Wirtschaftsgeschichte, 1980, H. II, 269–279.

[65] Vgl. u. a. NILS BRÜBACH, Die Reichsmessen von Frankfurt am Main, Leipzig und Braunschweig. Beiträge zur Wirtschafts- und Sozialgeschichte, Stuttgart 1994, 408–457.

[66] Vgl. JANSEN, Jakob Fugger der Reiche (s. Anm. 64), 367–373; FISCHER, Bergbau und Hüttenwesen (s. Anm. 64), 108; WILSDORF, Verzicht der revolutionären Bauern (s. Anm. 64), 265–279.

gleichbar mit dem Kapital, das in Tirol bereitstand. Durch den Ausbau der Fuggerhütte wurde in den Hammerwerken um Ohrdruf verstärkt Kupfer weiterverarbeitet, vor allem zur Herstellung von Haushaltsgegenständen wie Kupferkesseln, -pfannen und -krügen. Diese Gewerbeerweiterung könnte eine Ursache für die Konkurrenzklage der Eisenacher gewesen sein.[67] Sicher brachte die forcierte Kupferproduktion Veränderungen für den örtlichen Handel mit sich. Auch die Abwerbung von Arbeitskräften, vor allem für Fuhrdienste, Holzgewinnung und Köhlerei, wirkte sich auf die altüberkommenen Strukturen aus.[68] 1523 eskalierte die Situation, als die Fugger vom Kloster Georgenthal ein Waldgrundstück für die Hütte erwarben. Durch diese Aktion stieg ganz offensichtlich der Holzpreis in der Region, worunter die Bevölkerung zu leiden hatte.[69] Trotz der massiven Klagen der Eisenacher blieb die Georgenthaler Hütte der Fugger aber im Bauernkrieg unversehrt, da sich die dort aufmarschierten Aufständischen offensichtlich von Vertretern der Stadt Gotha und vom Prediger Friedrich Myconius beruhigen ließen.[70]

Weitere Faktoren beeinflussten die Situation in Eisenach. So wurde im Klageschreiben Bezug auf landesherrliche Bedienstete, die Holzknechte genommen. Eisenach war Teil des Amtes Wartburg, und das hatte Konsequenzen. Die Eisenacher Bürger mussten Zins auf Weizen, Korn, Hafer und Gerste sowie Abgaben aus dem städtischen Brauhaus zahlen bzw. leisten. Das Amt beanspruchte Zölle der Wochen- und Jahrmärkte, auch den Geleitszoll. Dazu kamen Einnahmen aus den Gerichten, Schaf- und Triftgelder.[71]

Die Stadt war auch verpflichtet, auf Geheiß des Kurfürsten ein militärisches Aufgebot zu stellen. Schließlich gingen auf direktem Wege jährlich 440 Gulden in zwei Ratenzahlungen aus der Stadt an den herzoglichen Rentmeister.[72]

Nicht unwesentlich ist der aus dem sogenannten Erbbuch Eisenachs aus dem Jahre 1510 zu ziehende Schluss, dass auch die Stadt Eisenach dem Gericht des Amtes unterlag. Der Schultheiß stand dem Gericht vor. Der Rat

---

67 Vgl. Fischer, Bergbau und Hüttenwesen (s. Anm. 64), 109f.

68 Mit einigen Hinweisen vgl. Fischer, Bergbau und Hüttenwesen (s. Anm. 64), 120–124, 205f.

69 Vgl. Koch, Hütten- und Hammerwerk (s. Anm. 64), Bd. 27, 15f.

70 Vgl. Wilsdorf, Verzicht der revolutionären Bauern (s. Anm. 64), 265–279.

71 Vgl. Erich Debes, Das Amt Wartburg im ersten Drittel des 16. Jahrhunderts, Phil. Diss. Jena 1926, 26–35, 61–68. Zum Verhältnis von Amt und Stadt vgl. Blaha, Beitrag in diesem Band.

72 Vgl. a. a. O., 38, 40f.; zu den Abgaben z. B. 1518 vgl. Strenge/Devrient, Stadtrechte (s. Anm. 48), 86 Nr. 46.

stellte Schöffen, durfte keine Gerichtsstrafen verhängen, es sei denn, es betraf Gerechtsame des Rats. Eisenach erhielt die Hälfte der bei Gerichtsverhandlungen in der Stadt verhängten Strafgelder, die jedoch der Rat einzutreiben und jährlich abzurechnen hatte.[73]

Die Stadt selbst besaß kaum Wald, hatte aber Holzbedarf. Doch achteten die Beamten des Kurfürsten genau auf die Einhaltung landesherrlicher Forstrechte, was immer wieder, wie oben betont, zu Klagen und Streit führte. So regelten 1525 und 1543 die Kurfürsten Johann und Johann Friedrich I. Konflikte gütlich, bei denen es in erster Linie um unentgeltliche Holzabgabe an bedürftige Einwohner ging. Die über Jahre immer wieder aufflammenden Konflikte weisen jedenfalls auf die soziale Bedeutung dieser Angelegenheit hin.[74]

Die Stellung Eisenachs als landgräfliche Residenz hatte einst dazu geführt, dass sich zahlreiche Orden und geistliche Einrichtungen im Eisenacher Gebiet ansiedelten, die nun seit dem 15. Jahrhundert ebenso in eine allgemeine wirtschaftliche Krise gezogen wurden und mit allen Mitteln um ihr Überleben kämpften. Hier soll deshalb ein kurzer Blick auf die kirchlichen Institutionen in Eisenach geworfen werden.[75] In der Literatur geht man von einer stattlichen Zahl an Klerikern, teils sogar von 200 aus.[76] Dem stehen,

---

[73] Vgl. Debes, Amt Wartburg (s. Anm. 71), 51, 55. Zur wechselhaften Rolle bzw. Macht des Schultheiß und seines Verhältnisses zur Stadt vgl. Bergmann, Die ältere Geschichte Eisenachs (s. Anm. 50), 178, 196–198.

[74] Vgl. a. a. O., 73–76; Strenge/Devrient, Stadtrechte (s. Anm. 48), 83 Nr. 40 (Abschnitt 6). Noch 1543 war das Holzsammeln wesentlicher Verhandlungsgrund, vgl. a. a. O., 88 Nr. 51 (Abschnitt 2).

[75] Grundlegend zu den kirchlichen Einrichtungen immer noch Johann Wilhelm Storch, Topographisch-historische Beschreibung der Stadt Eisenach so wie der sie umgebenden Berge und Lustschlösser […], Eisenach 1837, 28–90; Joseph Kremer, Beiträge zur Geschichte der klösterlichen Niederlassungen Eisenachs im Mittelalter (= Quellen und Abhandlungen zur Geschichte der Abtei und der Diözese Fulda II), Fulda 1905; Bergmann, Frühbürgerliche Revolution (s. Anm. 48), 4–19; Bergmann, Die ältere Geschichte Eisenachs (s. Anm. 50), bes. 189f., 195–204; Franziska Luther, Die Klöster und Kirchen Eisenachs (1500–1530). Prolog zur Reformation und wie die Geistlichkeit vermeynen die Zinse aus etzlichenn armenn zu kelterenn, in: Joachim Emig u. a. (Hrsg.), Vor- und Frühreformation (s. Anm. 31), 403–436. Vgl. Müller, Beitrag in diesem Band.

[76] Vgl. Barge, Jakob Strauß (s. Anm. 24), 45. Zu den kirchlichen Einrichtungen vgl. Joachim Rogge, Der Beitrag des Predigers Jakob Strauß zur frühen Reformationsgeschichte, Berlin 1957, 37–39; Bergmann, Frühbürgerliche Revolution (s. Anm. 48), 6–19; Luther, Klöster und Kirchen Eisenachs (s. Anm. 75), 403–436.

wie bereits erwähnt, geschätzte 3000–4000 Einwohner[77] gegenüber, was bei Rogge zum Schluss führte, dass die Konzentration der geistlichen Institutionen im Vergleich zu anderen thüringischen Städten sehr hoch gewesen sei und dies erhebliche Auswirkungen auf die Besitz- und Wirtschaftsverhältnisse in und um die Stadt gehabt habe.[78] Inwieweit es berechtigt ist, alten chronikalischen Überlieferungen Glauben zu schenken, wonach Eisenach ein wahres »Pfaffennest« gewesen sei, muss an dieser Stelle offen bleiben.[79] Auch hier fehlen neuere, vor allem vergleichende Untersuchungen. In und um die Stadt gab es jedenfalls zahlreiche Kirchen, Kapellen sowie das Nikolai-, das Katharinen-, das Prediger-, das Karthäuser- und das Johanniskloster.[80]

Das Nikolaikloster (Benediktinerinnen) war das älteste und mit Besitz und Einnahmen gut ausgestattet. Zum Kloster gehörte die Pfarrkirche St. Nikolai. Noch 1541/42 wurden 13 Nonnen aus den Einkünften versorgt. Die Gebäude waren zu diesem Zeitpunkt aber bereits für eine Fremdnutzung freigegeben. Das Kloster verfügte 1541/42 an Geldeinnahmen insgesamt über 48 Schock, 22 Groschen und 8 Pfennige, davon gut 22 Schock Erbzinsen von Gütern und gut 13 Schock an wiederkäuflichen Zinsen, teils auch aus Eisenach. Dem standen 20 Schock, 18 Groschen und 11 Pfennige an Geldausgaben, u. a. für erb- und wiederkäufliche Zinsen, Gebäudeerhaltung und Versorgung der Nonnen zu Buche. Erwähnenswert sind zudem Einnahmen aus Naturalabgaben und reichlich liegender Besitz, Wald, Wiesen, Äcker, Weinberge und Teiche.[81]

---

77 Vgl. Bergmann, Frühbürgerliche Revolution (s. Anm. 48), 9.

78 Vgl. Rogge, Strauß (s. Anm. 76), 39.

79 Als Zeuge wird oft Luther hinzugezogen, der Eisenach als »Pfaffennest und geistlichen Stapelort« bezeichnet habe. Darauf verweist u. a. Bergmann, Frühbürgerliche Revolution (s. Anm. 48), 19. Auch der Chronist Pfefferkorn griff dies im 17. Jahrhundert auf: »Es war diese Stadt im Pabstum ein rechtes Pfaffen-Nest / und hatte viel Klöster / welche bey Zeilero / aus des Rectoris Müllers Eisenachischer Beschreibung alle Nahmhaft gemecht werden.« Vgl. Georg Michael Pfefferkorn, Merkwürdige und Auserlesene Geschichte von der berühmten Landgrafschaft Thüringen […]. Frankfurt und Gotha 1685, 308; Fortschreibung des Urteils bei Storch, Beschreibung Eisenach (s. Anm. 75), 49 f.

80 Zum Klosterbesitz vgl. Storch, Beschreibung Eisenach (s. Anm. 75), 48–90. Die Besitzangaben stammen in der Regel aus den frühen 1540er Jahren. Vgl. ebenso Kremer, Beiträge zur Geschichte (s. Anm. 75), a. a. O.; Bergmann, Frühbürgerliche Revolution (s. Anm. 48), 6–16.

81 Vgl. Storch, Beschreibung Eisenach (s. Anm. 75), 45–58.

Anfang des 13. Jahrhunderts war das Katharinenkloster (Zisterzienserinnen) durch Landgraf Hermann I. gestiftet worden. Zum Kloster gehörte die Georgenkirche, in der Jakob Strauß später predigte. Die Zisterzienserinnen waren ebenfalls reichlich ausgestattet, verfügten u. a. über jährliche Erbzinsen von gut 41 Schock und über wiederkäufliche Zinsen von gut 37 Schock. Trift- und Wasserzins und etliche Naturalabgaben kamen hinzu. Ein Teil dieser Einnahmen stammte, wie bei allen anderen Klöstern, wieder aus Eisenach. Das Kloster besaß einen Schafhof und eine Ölmühle, die 1521 jedoch verkauft wurde. Die Einnahmen an Geld (Erbzins, wiederkäufliche Zinsen, Trift usw.) beliefen sich hier auf gut 95 Schock, die Ausgaben an Geld auf gut 81 Schock. Das Katharinenkloster verfügte zudem über Naturalabgaben, reichlich Landbesitz, Privilegien, Gerechtsame und gerichtliche Kompetenz.[82]

Das Predigerkloster der Dominikaner wurde im 13. Jahrhundert vom Landgrafen Heinrich Raspe errichtet. Es verfügte über lediglich gut 6 Schock an Geld- und einige Naturaleinnahmen, einen Teich sowie etwas Wald.[83]

Das Karthäuserkloster, gegründet Ende des 14. Jahrhunderts, konnte hingegen an Geldeinnahmen rund 210 Schock verbuchen. Es verfügte über Naturalabgaben und Grundbesitz. Die Geldausgaben beliefen sich auf gut 91 Schock. Im Register wird auch bemerkt, dass das Kloster »keines Orts Obrigkeit noch Botmäßigkeit, auch keine Pferde- und Handfrohnen« mehr habe.[84] Im Unterschied zu den Einrichtungen der Bettelmönche, wurden die Gebäude des Klosters während der Bauernkriegsereignisse bzw. des »Eisenacher Pfaffensturms« schwer beschädigt.[85]

Erwähnenswert ist noch das Johanniskloster (Zisterzienserorden), errichtet im 13. Jahrhundert und ebenfalls mit Wiesenbesitz und Privilegien ausgestattet. Es wurde ebenfalls im Bauernkrieg verwüstet[86] und frühzeitig vom Kurfürsten einer fremden Nutzung übergeben. 1531 verzeichnen die kurfürstlichen Sequestratoren 40 Gulden, also ca. 14 Schock an Geldzins, einige Naturaleinnahmen, Wiesen- und Waldbesitz.[87]

Der um 1540 verzeichnete Gesamtbesitz der großen Eisenacher Klöster (Nikolai-, Katharinen- und Karthäuserkloster) wird mit rund 855 Acker

---

82 Vgl. a. a. O., 60–69.

83 Vgl. a. a. O., 68–71.

84 Vgl. a. a. O., 73–77; Zitat 77.

85 Vgl. Bergmann, Frühbürgerliche Revolution (s. Anm. 48), 37.

86 Vgl. ebd.

87 Vgl. Storch, Beschreibung Eisenach (s. Anm. 75), 81–84.

Land, 325 Acker Wiese, 5 Acker Weinberge und 14 Acker Hopfenberge berechnet.[88]

Doch sollten auch Anzeichen des Niedergangs bzw. der Krise nicht ausgeblendet bleiben. Indizien dafür lassen sich z. B. am Verkauf von Grundbesitz, wie im Falle des Nikolaiklosters, und am maroden Erhaltungszustand einiger Klostergebäude festmachen. Das Marienstift schien offensichtlich schon um 1500 in eine Krise geraten zu sein.[89] Über den Wirkungsbereich von Strauß, die Georgenkirche, die seit 1515 Hauptkirche Eisenachs war, hatten die Zisterzienserinnen des Katharinenklosters als Patronatsinhaber zu bestimmen. An deren Wirtschaftsführung gab es bereits um 1500 Kritik.[90]

Die Situation in Eisenach war, soweit kann man trotz der unzureichenden Forschungslage gehen, ganz offensichtlich angespannt. Für sozialkritische Vorstellungen boten sich damit Ansatzpunkte.

4. Der Prediger Strauss im Kontext thüringisch-ernestinischer Frühreformation

In diesem Umfeld wirkte nun Jakob Strauß seit Januar 1523 als Prediger an der Georgenkirche. Auch er verfolgte ein eigenes reformatorisches Konzept, wird heute aber meist nur im Zusammenhang mit seiner massiven Kritik am Wucher erwähnt. Herzog Johann war er vermutlich schon während einer Disputation in Weimar im Dezember 1522 aufgefallen. Eine Vermittlung durch den Weimarer Hofprediger Stein, der eng mit Strauß verbunden war, ist denkbar.[91] Der Landesherr hielt jedenfalls schon wenig später regen Kontakt zu Strauß.[92] In den folgenden Jahren veröffentlichte der Eisenacher Prediger zahlreiche Schriften, die heftigste Kritik am überkommenen Kirchenwesen übten. So lehnte er noch vor Luther öffentlich das altkirchliche Verständnis von der Beichte ab. In seiner Schrift »Christlich Unterricht des Irrthumbs« 1523 widerlegte er dann die altkirchliche Auffassung von der Heiligenverehrung. Kurze Zeit später folgte der Sermon über die Pfaffenehe. Darin führte

88 Vgl. a. a. O., 84.

89 Vgl. u. a. Bergmann, Frühbürgerliche Revolution (s. Anm. 48), 11; Kremer, Beiträge zur Geschichte (s. Anm. 73), 67.

90 Vgl. Luther, Klöster und Kirchen Eisenachs (s. Anm. 75), 411 f.

91 Zusammenfassend zur Disputation vgl. Bauer, Weimarer Reformation (s. Anm. 35), 71–73.

92 Vgl. Blaha, Beitrag in diesem Band.

Strauß den Angriff gegen das uneheliche Zusammenleben der Geistlichen mit ihren Haushälterinnen und sprach sich für die Priesterehe aus, alles Themen, die auch Luther aufgriff und die in den späteren Visitationen in Kursachsen große Bedeutung erlangten.[93] Sein mit der reformatorischen Botschaft verbundenes, sozial-christliches Sendungsbewusstsein wurde in den von ihm 1523 in Eisenach gepredigten 51 Artikeln »wider den unchristlichen Wucher« besonders augenscheinlich.[94] Wesentlich unnachsichtiger als Luther brandmarkte Strauß die üblen Finanzpraktiken der geistlichen Einrichtungen, aus eigener Erfahrung wissend, welche Belastungen seine Gemeindemitglieder tagtäglich ertragen mussten. Auch hier lag er nah bei Luther, der schon 1519 und 1520 in den Sermonen vom Wucher[95] und in der vielgelesenen Schrift »An den christlichen Adel«[96] das Thema aufgegriffen hatte.

Wer war nun dieser Jakob Strauß? Im Vergleich zu Luther ist wesentlich weniger vom Leben des Eisenacher Predigers bekannt.[97] Geboren wurde Strauß nach eigener Aussage in Basel.[98] Das Geburtsjahr ist nicht genau belegt, die Forschung datiert auf etwa 1480/83. Damit war er Luthers Altersgenosse. 1495 verließ Strauß Basel, nach 1500 trat er wohl in den Dominikanerorden ein.[99]

Strauß war offensichtlich seit 1506 als Prediger tätig, eine Profilierung, die er mit zahlreichen Reformatoren teilt.[100] Er war also, soweit kann konstatiert werden, kein Unerfahrener, als er in Hall im Inntal seine Tätigkeit auf-

---

93 Über die theologischen Standpunkte und Schriften vgl. Barge, Jakob Strauß (s. Anm. 24), 43–60; Rogge, Strauß (s. Anm. 76), 41–71.

94 Vgl. Edition im Anhang dieses Bandes, 173–311.

95 Vgl. WA, Bd. 6, 1–8, 33–60.

96 Vgl. WA, Bd. 6, 380–469; Thomas Kaufmann, An den christlichen Adel deutscher Nation von des christlichen Standes Besserung, Tübingen 2014.

97 Schon einhundert Jahre nach den Ereignissen hatte das Vergessen um sich gegriffen und der Eisenacher Superintendent Nicolaus Rebhan wusste in seiner Eisenacher Kirchengeschichte aus dem Jahre 1621 kaum etwas zu berichten. Vgl. Nicolaus Rebhan, Historia Ecclesiastica Isenaccensis, Eisenach 1621. Vgl. Rogge, Strauß (s. Anm. 76), 12. Rogge benutzte die Quelle in der Carl-Alexander-Bibliothek in Eisenach.

98 Vgl. Brief Strauß an Ökolampad, 7. Oktober 1525, Abdruck Ernst Staehlin (Bearb.), Briefe und Akten zum Leben Oekolampads. Zum vierhundertjährigen Jubiläum der Basler Reformation, Bd. 1, 1927, 394; Barge, Jakob Strauß (s. Anm. 24), 1–4.

99 Vgl. Staehlin, Brief und Akten (s. Anm. 98) Bd. 1, 395; Barge, Jakob Strauß (s. Anm. 24) 2; Rogge, Strauß (s. Anm. 76), 12.

100 Vgl. Barge, Jakob Strauß (s. Anm. 24), 2.

nahm. Wie Luther auch, absolvierte er zuvor seine akademische Laufbahn. 1515 verzeichnet ihn die Freiburger Universitätsmatrikel, 1516 war er bereits Baccalaureus in der Artistenfakultät. In Hall führte er 1521 dann den höchsten Grad, den Doktor der Theologie.[101] Hier trat Strauß als populärer Prediger in Erscheinung und gewann auch als Reformator Profil. Interessant ist eine spätere Selbstreflexion, die Strauß nach dem Bauernkrieg lieferte. Er habe in seiner 19-jährigen Tätigkeit mit viel Verfolgung und harter Arbeit gelesen und gepredigt, habe aber dabei nie das Evangelium gefunden, das jedermann gerne hörte. Etliche wären sogar trotz Verkündung göttlichen Worts ärger und böser geworden.[102] In gleichem Zuge hebt Strauß ausdrücklich hervor, dass er sich nicht »lutherisch« nennen wolle, da ihm Luther das Evangelium nicht gelehrt habe. Auch Luther brauche wiederum seinen Schutz nicht, denn allen wahrhaft frommen Christen sei allein die göttliche Wahrheit mit dem lebendigen Wort Gottes und ohne allen menschlichen Zusatz vonnöten.[103] Das deutet auf einen selbstbewussten, reformfreudigen Gestaltungswillen hin, zugleich auf die Bereitschaft, auch gegen Widerstände anzugehen.[104]

Zwischen 1523 und 1527 veröffentlicht Strauß 18 Publikationen, mit Nachauflagen sind es insgesamt 43 Drucke. Der erste erschien in Wittenberg. 13 werden 1523/24 in Erfurt gedruckt, die letzten vier nach seinem Weggang aus Eisenach in Straßburg, Speyer und Augsburg verlegt. In zwei davon verteidigt er nach dem Bauernkrieg seine reformatorischen Leistungen, in den beiden anderen trug er sein Abendmahlsverständnis in Abgrenzung zu Zwingli vor.[105] Man kann also hervorheben, dass Strauß während seiner Eisenacher Zeit am produktivsten war.

Kehren wir aber noch einmal zurück nach Hall. Hier bestritt Strauß seinen Lebensunterhalt durch lateinische Lektionen über das Matthäusevangelium, gehalten vor ortsansässigen Priestern. Erste Predigten hielt er dann im Frauenkloster. Zeitgenössische Quellen bestätigen ihm einen großen Zulauf: »Dieser Doktor hat eine treffliche gute Aussprache gehabt und ist dem gemeinen

---

101 Vgl. a. a. O., 3; ROGGE, Strauß (s. Anm. 76), 13.

102 »gerne hoeret oder das etlich von dem wunderbarlichen wort Gottes nit aerger unn boeser weren worden.« JAKOB STRAUSS, Christlich vnd wolgerundet antwurt vnd hertzlich vermanug d. Jacobi Strauß [...]. 1526, Bl. E (IV).

103 Vgl. a. a. O., Cii.

104 Vgl. auch die Einschätzungen bei BARGE, Jakob Strauß (s. Anm. 24), 3.

105 Vgl. HERMANN BARGE, Die gedruckten Schriften des evangelischen Predigers Jakob Strauß, in: Archiv für Reformationsgeschichte, Jg. 32 (1935), 101–121; 249–252.

Mann fast annehmlich gewesen mit seiner Predigt.«[106] Der Andrang bewirkte, dass Strauß oft im Freien predigte, später auch in der Kirche zu St. Nicolai, wo er eine Vertretungsstelle übernahm. Dabei erregte er rasch den Widerspruch altgläubiger Geistlicher. Einerseits hatten Nachrichten über Luthers Auftreten auch in Tirol die Runde gemacht. Zugleich gab es starke antiklerikale Tendenzen, die sich später im Bauernkrieg entluden. Das Gebiet war wirtschaftlich attraktiv und oberdeutsche Kaufleute, vor allem die Fugger, bauten große Niederlassungen im Bergbau bzw. der Metallverhüttung auf. Auch das Gebiet um Hall zählte in Tirol zu den sozialen Brennpunkten.

Die Anzeigen der altgläubigen Kleriker gegen Strauß gingen jedenfalls dem Brixener Bischof zu. Die 1522 an Rat und Prediger ausgegangenen Ermahnungen und schließlich die Vorladung nach Brixen wurden ignoriert. Auch die Visitation durch einen Brixener Domherrn blieb ohne Wirkung. Gemeinde und Rat standen fest hinter Strauß und machten ihrem Unmut lautstark Luft. Schließlich sprachen Bürgermeister und Ratsherren selbst in Brixen vor. Jetzt wurde die Landesregierung in Innsbruck informiert. Ein vermittelndes Schreiben ging an den Bischof, der zu gleicher Zeit Schreiben an den Kaiser sowie Kardinal Lang in Salzburg abgesendet hatte. Die Sache eskalierte. In der Fastenzeit 1522 hielt Strauß 16 Predigten über die Beichte, in denen es auch um Sündenerlass und die Stellung des Papstes, der Priester und Bettelmönche ging.[107] Zeitgleich war auch Wittenberg in Aufruhr. Doch Luther predigte hier bereits gegen jene, die 1521/22 die Reformation in eigene Hände nahmen bzw. konsequent die alte Kirche reformatorisch umgestalten wollten. Luthers berühmter Kontrahent, der Ingolstädter Johann Eck, betrachtete 1523 jedenfalls den in Hall wirkenden Strauß als Anhänger Luthers.[108]

Nachdem auch die Innsbrucker Regierungsräte sich gegen den Verbleib des Predigers ausgesprochen hatten, verließ Strauß am 10. Mai 1522 Hall, sehr zum Bedauern des Rates und seiner Gemeinde.[109] Sein Weg führte ihn

---

[106] Zitiert nach BARGE, Jakob Strauß (s. Anm. 24), 8, der sich auf den Chronisten und Augenzeugen Franz Schweyger aus Hall beruft. Dieser begann seine Aufzeichnungen im Jahre 1522. Vgl. a. a. O., 5 f. Fn16. Wenn nicht anders gekennzeichnet vgl. im Folgenden zum Aufenthalt in Hall: BARGE, Jakob Strauß (s. Anm. 24), 5–30; ROGGE, Strauß (s. Anm. 76), 16–20.

[107] Vgl. BARGE, Jakob Strauß (s. Anm. 24), 9–22; ROGGE, Strauß (s. Anm. 76), 16–20.

[108] Vgl. WALTER FRIEDENSBURG, Dr. Joh. Ecks Denkschrift zur deutschen Kirchenreformation 1523, in: Beiträge zur bayrischen Kirchengeschichte, Bd. 2 (1895); ROGGE, Strauß (s. Anm. 76), 19.

[109] Vgl. BARGE, Jakob Strauß (s. Anm. 24), 22; ROGGE, Strauß (s. Anm. 76), 19 f. Zu

nun über Kemberg nach Wittenberg, wo er sich im Sommersemester an der Universität immatrikulieren ließ.[110] Inwieweit Strauß sich als »Lutheraner« zu profilieren suchte, ist in der Forschung umstritten. Manches spricht dafür, wenngleich dieses Vorhaben nicht lange andauern sollte. Er gab hier ein seiner alten Tiroler Gemeinde gewidmetes Manuskript der Gründonnerstagspredigt von 1521 in Druck[111] und bereits im September 1522 erhielt er, auf Luthers Empfehlung, eine Predigerstelle vom Grafen Georg von Wertheim zugesprochen.[112] Die Angelegenheit ging nicht gut aus. Sie wirft hingegen ein bezeichnendes Licht auf den Reformator Strauß und dessen eigenständige Vorstellungen. Georg von Wertheim war, wie Johann von Sachsen ebenso, gewillt, die reformatorische Umgestaltung in Angriff zu nehmen. Sein Plan ist gut nachvollziehbar: reformatorische Unterweisung in den Gemeinden einerseits, Vermeidung von Eingriffen in die kirchliche Organisation andererseits. Daran hielt sich Strauß freilich nicht. Er rief zur Beseitigung der widerstehenden kirchlichen Institutionen auf.[113] Das gefiel wiederum dem Grafen keinesfalls. Es kam zum Bruch und Strauß verließ Wertheim wieder. Georg von Wertheim schildert die Situation in einem Schreiben an seine Gattin:

> »Liebe hausfraw ich schreib hiebey erbern hunden[114], das er den pfarr wiederum hinweg fertigt wie er dan begert. Dann ich merk an seinem schreiben das er gern wolt das ich oder mein amtman gebut was man in der kirchen dun sollte. solchs ist mir vngelegen, zimt sich auch diesse zeit nit. ich kan mir denken, was sein fürnemen sey, dergestalten mit geboten zueielen / dan ich denk das er vileicht in im selb irrig vnd nieden bleiben kun / darum wollest fürdern damit er entlas gefertigt wird / ich will vmb ein andern besehn der mer ein lerer dan ein gebieter sey«[115].

---

den weiteren Ereignissen in Hall vgl. auch Maximilian Liebmann, Urbanus Rhegius und die Anfänge der Reformation, Münster 1980, 153–173.

110 »Jacobus Strauss, Basileus Doctor«, C[arolus]. E[duardus]. Foerstemann, Album academiae Vitebergensis, Lipsiae 1841, 111; Barge, Jakob Strauß (s. Anm. 24), 31.

111 Eyn verstendlich trostlich leer vber das wort Sanct Paulus. Der mensch sol sich selbst probiren etc., Wittenberg (Schirlentz) 1522; vgl. Barge, Schriften Jakob Strauß (s. Anm. 105), 101.

112 Vgl. WA Br 2, 596 Nr. 535; Bd. 3, 88 Nr. 623; Barge, Jakob Strauß (s. Anm. 24), 33–35.

113 Vgl. Barge, Jakob Strauß (s. Anm. 24), 34 f.

114 Amtmann Eberhard Hund.

115 Heinrich Neu, Geschichte der evangelischen Kirche in der Grafschaft Wertheim,

Strauß kehrte nach nur zweimonatiger Tätigkeit nach Wittenberg zurück. Luther war brüskiert und schrieb am 17. Juni 1523 an Graf Georg, dass Strauß seinen eigenen Kopf habe. Auch in Eisenach, wo er nun tätig sei, mache er, was er wolle, egal was man dagegen sage und schreibe.[116]

Wie Strauß nach Thüringen kam, bleibt bislang offen. Luther wird ihn sicherlich nicht vermittelt haben. Doch ein anderer angesehener Geistlicher scheint Strauß behilflich geworden zu sein – der Weimarer Hofprediger Wolfgang Stein. Ende November/Anfang Dezember 1522 hatte die oben bereits erwähnte Disputation in Weimar große Aufmerksamkeit erregt, bei der sich Strauß und Stein mit den ansässigen Franziskanermönchen über den Opfercharakter der Messe auseinandersetzten. Einigung konnte nicht erzielt werden, und Herzog Johann forderte die Kontrahenten auf, den Konflikt schriftlich auszutragen. Mit einem Vorwort von Strauß versehen, ging 1523 dazu eine Schrift in Erfurt in Druck.[117] Luther, der von Stein im Dezember um Unterstützung gebeten wurde, hatte seinen Kommentar geliefert. Doch Stein verwendete nur wenig davon und schickte am 20. Dezember 1522 dem Wittenberger seine eigene Stellungnahme zu, die er vielleicht sogar mit Strauß abgesprochen hatte. Luther würdigte sie zwar, sah jedoch für eine Veröffentlichung keinen Grund.[118] Nun kam ganz offensichtlich Strauß ins Spiel, der als »Quereinsteiger« nicht in die Hofhierarchien eingebunden war und weder auf Luther noch auf die Weimarer Verhältnisse Rücksicht nehmen musste. Er versicherte in seinem Vorwort, dass der Druck ohne Wissen Steins geschehen sei. Dieser möge ihn aber vor Herzog Johann für sein eigenmächtiges Vorgehen verteidigen. Das waren unter Umständen Zweckbehauptungen.[119]

Heidelberg 1903, 8, Zitat 93; mit einigen wenigen Abweichungen als Auszug bei BARGE, Jakob Strauß (s. Anm. 24), 35, FN 114.

[116] »Denn D straus hatt seynen kopff, vnd macht itzt zu Eysenach auch, wie er kann, vnd lesst vns sagen vnd schreyben.« WA Br 3, 88 Nr. 623.

[117] »Ob / d[a]z aller hochwirdigeste Sacrament / des leibs vnnd blutes / vnsers heilmachers Christi / anders benehet moge werden dan eyn getrew Testament […] Eine newe Disputacionn / geschrifftlich gehalten Zwiesschen den Barfuessern Zw Weimmar / vn[n] Magister Wolffgang Steyn […]«, Erfurt 1523 (VD16 O33); vgl. u. a. ERNST MÜLLER, Martin Luther und Weimar, Weimar 1983, 28; ROGGE, Strauß (s. Anm. 76), 34–36; BAUER, Weimarer Reformation (s. Anm. 35), 71–73.

[118] Vgl. WA Br 2, 619 Nr. 552; 638 Nr. 560; BARGE, Jakob Strauß (s. Anm. 24), 36–38.

[119] Vgl. Ob, dz aller hochwirdigsten Sacrament, des leibs vnnd blutes […] Zw Weimmar vnn Magister Steyn […], Erfurt 1523; BARGE, Jakob Strauß (s. Anm. 24), 37 f.

Folgt man der Literatur, kam noch ein »Alternativer« ins Spiel, denn möglicherweise nahm auch Thomas Müntzer an der Weimarer Disputation teil. 1525 sagte er aus, »das er doctor Strauß habe zu Weymar angeredt, do er uff schrifft hertzogk Johanns zu Sachsen etc. erschinen, dozumahel als Strauß mit den barfußern disputirt, habe er sich vornemen lassen zu den bruedern«. Die Lutherischen hätten aber nur versucht, die Mönche bloßzustellen, was Müntzer nicht genügt habe.[120] Hier werden Konkurrenzen, Ab- und Ausgrenzungen sowie Stigmatisierungen sichtbar, die sich zwischen den Reformatoren in der Folgezeit noch deutlicher ausprägen sollten.

Strauß war nun seit Anfang Januar 1523 Prediger an der Georgenkirche in Eisenach. Wer ihn vermittelt hat, ist ungewiss. Bei der Vermittlung dieser Stelle geht man nicht unberechtigt von einer Fürsprache des Weimarer Hofpredigers Stein bei Herzog Johann von Sachsen aus. Beide kannten sich wohl schon von Wittenberg her und ergänzten sich vielseitig. Es wird auch vermutet, dass Strauß von Steins Kenntnissen im kanonischen Recht profitierte.[121]

Strauß war nicht der erste Reformator in Eisenach. In der Literatur wird festgestellt, dass vor ihm der spätere Saalfelder Pfarrer Caspar Aquila und nach diesem Franz Lambert von Avignon, den Luther sehr favorisiert hatte, hier gewirkt hatten. Viel mehr ist jedoch nicht bekannt.[122] Jedenfalls fasste Strauß schnell Fuß und fand genügend Spielraum für seine reformatorischen Intentionen, wie die nun in Druck gehenden Schriften belegen. Wie wir aus zwei Lutherbriefen erfahren, war er jetzt verheiratet und hatte ein Kind.[123] Manches in Eisenach konnte ihn ein wenig an Hall erinnern, denkt man an das städtische Milieu oder aber das Vorhandensein von modernen Hüttenwerken im Umfeld der Stadt. Sein Biograph Hermann Barge betont aber, dass Strauß in Eisenach nun auf deutlich mehr Widerstand als in Tirol stieß. Wie oben bereits ausgeführt, gab es offensichtlich zahlreiche Konfliktfelder, die mit der Verschlechterung der sozialen und wirtschaftlichen Lage zu tun hatten.

---

120 ThMA 3, bearb. von Wieland Held / Siegfried Hoyer, Leipzig 2004, 267 (»Bekenntnis« Thomas Müntzers, 16. Mai 1525); vgl. auch Günter Vogler, Thomas Müntzer, Berlin 1989, 119f.

121 Vgl. Barge, Jakob Strauß (s. Anm. 24), 39f.; Rogge, Strauß (s. Anm. 76), 37. Zur Eisenacher Quellenlage vgl. Reinhold Jauernig, D. Jakob Strauß, Eisenachs erster evangelischer Geistlicher, und der Zinswucherstreit in Eisenach, in: Mitteilungen des Eisenacher Geschichtsvereins, 4 (1928), 30–47, bes. 30f.

122 WA Br 2, 630 Nr. 556; Barge, Jakob Strauß (s. Anm. 24), 42.

123 Die Information stammt aus WA Br 3, 178 Nr. 674; 275 Nr. 733.

Zweifelsfrei goss nun Strauß mit seinen Wucherschriften Öl ins Feuer. Er predigte, dass der Mensch kein totes Ding sei und niemand zu seinem Nachteil ausgenutzt werden dürfe. Man solle nicht Wucher nehmen und geben, denn dies sei wider das Evangelium Jesu Christi (These 24). Zins und Wucher rangierten gleichrangig (These 5) und nur ein Pfennig über den Wert der geliehenen Summe genommen, sei bereits Wucher (These 6).[124]

Die Artikel wurden rasch bis nach Niederdeutschland und in der Schweiz bekannt.[125] In Eisenach und Umgebung stellten Schuldner die Zahlungen ein, wie Klagen der Geistlichkeit gegenüber dem Weimarer Hof belegen.[126] Die Situation eskalierte und der Schultheiß Johann Oswald sowie der Eisenacher Rat Heinrich Weißensee reisten im Januar 1524 zur Berichterstattung nach Weimar.[127] Rogge geht davon aus, dass der Herzog von mehreren Seiten über die Vorgänge unterrichtet worden war und die Strauß'schen Positionen schon im Herbst 1523 von ihm selbst erfahren habe.[128] Das kann gut möglich sein, denn die Amtsrechnungen von Eisenach weisen unter dem 30. August 1523 aus: »19 gr 10 d uff m[einem]g[nädigsten]h[errn] hertzog Johannsen bevehl doctori Jacobo Straussen samt seinem geleitsman und fhuerman, als er gen Weimar gefaren, gegeben«. Strauß weilte offensichtlich vier Tage in Weimar.[129]

Der Eisenacher Prediger blieb bei seiner Meinung und Luthers und Melanchthons vermittelnde Versuche hinterließen bei ihm keine nachhaltige Wirkung.[130] Luther hatte dabei auf Bitte von Kanzler Brück, der im Auftrag

---

124 Vgl. Strauss, Hauptstücke, Abdruck im Anhang dieses Bandes; Barge, Jakob Strauß (s. Anm. 24), 61–79; Jauernig, D. Jakob Strauß (s. Anm. 121), 38f.

125 Vgl. Rogge, Strauß (s. Anm. 76), 73.

126 Zu den Eisenacher Verhältnissen und den Zahlungsverweigerungen bzw. Zinszahlungen vgl. LATh-HStA Weimar, EGA, Reg. Ii 126, Bl. 1r–4r; Blaha, Beitrag in diesem Band.

127 Vgl. LATh-HStA Weimar, EGA, Reg. Ii 126, Bl. 1r–4r; Blaha, Beitrag in diesem Band.

128 Vgl. Rogge, Strauß (s. Anm. 76), 75. Zur Aktenüberlieferung vgl. LATh-HStA Weimar, EGA, Reg. Ii 126 sowie Reg. Ll 195.

129 LA-Th, HStA Weimar, Rechnungen Nr. 3192 Bl. 101v; in den Hofhaltungsrechnungen LA-Th, EGA, Reg. Bb 5215 Bl. 208 unter dem 2. September 1523 »8 gulden 11 gr 4 d außlosung und zerung in der herberg doctor Straußen mit 3 pf[erden] und 6 perschon uff 7 nacht inclusis 2 fl 11 gr 4 d d[as] mitgelt uff 3 pferde hat vier tag hir still gelegen« und Georg Buchwald, Lutherana, Notizen aus Rechnungsbüchern des Thüringischen Staatsarchivs zu Weimar, in: ARG 25 (1928), 39.

130 Vgl. Barge, Jakob Strauß (s. Anm. 24), 80–83, 87–88.

Herzog Johanns handelte, Straußen's Hauptstücke begutachtet und seine Position zum Thema Wucher in einem Schreiben vom 18. Oktober 1523 vorgetragen. Zinskauf sei freilich unchristlich, und die Obrigkeit könnte ein edles Werk vollbringen, wenn sie ihn abschaffen würde. Doch sei die Argumentation des Eisenachers nicht gut genug, um dem »Stich [...] so es sollte von den Widersachern angefochten werden«, standzuhalten. Doch sei das Gefährlichste in Straußens Argumentation, dass er lehre, »der Zinsmann sei schuldig, die Zinse nicht zu reichen dem Wucherer; anders wurde er dem Wucherer verwilligen und mit ihm sündigen«. Es sei deshalb notwendig, »wo er solchs hätte gepredigt, wie sich's ansichet, daß m. gn. Herrn ihn darzu hielten, solchs dem Volk wieder auszureden«. Freilich würden sich echte Christen nicht daran orientieren. Aber der »gemein Pöbel« sei nun einmal frech und würde seines eigenen Vorteils halben die Strauß'sche Aufforderung gern hören und sich danach richten. Wie aber die Fürsten den Zinskauf abschaffen könnten, sei nicht so einfach zu erklären, denn »der Zinskauf ist also verwirret in ein Furstentumb vom andern, daß nicht so hineinzufahren sein will.« Vielmehr sollten die Leute zum christlichen Handeln aufgerufen werden und »solchen Schaden noch eine Zeit leiden und den Zins reichen, bis besser wird«. So sie sich mit Recht gegen diese Praktiken wehrten, »mag man sie zu Verhöre und Klag kommen lassen und darnach richten und Urteil gehen lassen, wie recht und dem Euangelio gemäß«. Mit einem Edikt allein sei der Sache nicht einfach beizukommen.[131] Auch an Strauß richtete Luther die Botschaft noch am gleichen Tage.[132] Diese klare Position, die wohl allen Beteiligten alltäglich bekannte Praktiken noch einmal vor Augen führte, kam beim Landesherrn an. Da der Konflikt eskalierte, setzte Herzog Johann eine Kommission ein, die in Eisenach mehr oder weniger schlichten konnte.[133] Strauß sah sich nun immer mehr den Angriffen des Eisenacher Klerus und dessen Anhängerschaft im Rat ausgesetzt. Aber der Prediger genoss ein hohes Ansehen in Weimar. Er war, neben dem Hofprediger Stein, nun ein wichtiger Berater des Weimarer Herzogs Johann, wenn es um die reformatorische Sache in Thüringen ging. Die überlieferten Hof- bzw. Amtsrechnungen weisen aus, dass Strauß 1523 und 1524 öfters auf herzogliche Kosten nach Weimar beordert wurde, so im Januar 1523, wo die Rechnungen »10 Groschen uff 14 tag Doctor Straußen

---

131 WA Br 3, 176 Nr. 673.

132 Vgl. a. a. O., 178 Nr. 674. Zudem die Hinweise Luthers gegenüber Spalatin, vgl. a. a. O., 179 Nr. 675 und von Spalatin, vgl. a. a. O., 180 Nr. 676.

133 Vgl. Barge, Jakob Strauß (s. Anm. 24), 89-92; Rogge, Strauß (s. Anm. 76), 75; Blaha, Beitrag in diesem Band.

herberge alhir« verzeichnen.[134] Die Reise war im Winter beschwerlich und keinesfalls billig, denn am 18. Januar 1523 können wir lesen: »3 gulden 9 groschen zu lon eynem furman mit 4 pferden«, der vier Tage den Doktor gen Eisenach gefahren habe.[135] Am 11. März schickte man einen Boten mit einem Brief des Herzogs zu Strauß.[136] Einen Monat später weilte der Hofprediger Stein im Auftrag des Herzogs beim Eisenacher Prediger.[137] Ende August/Anfang September 1523 war Strauß, wie oben bereits bemerkt, erneut für mehrere Tage nach Weimar gereist.[138] Was verhandelt wurde, erfahren wir leider nicht.

Ungeachtet dessen begannen sich die Konstellationen seit 1524 langsam zu verschieben. Wie erwähnt, hatte Luther am 18. Juni 1524[139] an den Kurprinzen Johann Friedrich geschrieben und auf dessen Bitte drei grundlegende Fragen beantwortet. Einerseits habe man die kaiserlichen Gesetze zu halten und nicht den Argumenten Steins hinsichtlich des mosaischen Gesetzes Folge zu leisten. Andererseits wiederholte Luther seine Argumentation hinsichtlich der Wucherkontroverse mit Strauß, riet jedoch auch, den Zinsfuß auf maximal 5 Prozent zu beschränken. Der dritte Fragepunkt bezog sich auf ein spezielles Eisenacher Problem, um den Anspruch, den die Vorsteher des Gemeinen Kastens auf ein geistliches Lehen erhoben, das den Eisenacher Stiftsherrn zustand. Es war vakant geworden, nachdem der Inhaber, Johann Pfister, aus dem geistlichen Stand ausgeschieden war. Schon am 25. April 1524 hatte Luther in dieser Sache an Kanzler Gregor Brück geschrieben, mit der lakonischen Eingangsformel »O Lieber, lasset den Pfaffen, was der Pfaffen ist«.[140] Jedenfalls sprach er sich gegen den Anspruch der Kastenvorsteher aus, da man »Gott nicht opfern [sollte, d. Verf.] vom Raube«.[141] Doch Luther ging noch weiter und formulierte schwerwiegende Vorwürfe gegen all jene, die nun eigene reformatorische Konzepte entwickelten oder die »Reformation« in die eigenen Hände nahmen. »Der Schwärmer halben mit dem Predigen« hoffe er, dass man die Sache in Orlamünde, da Karlstadt die Pfarre zurückgegeben habe, durch Einsetzung eines »rechtschaffnen«, mithin Wittenberg konformen

---

134 LATh-HStA Weimar, EGA, Reg. Bb 5213 Bl. 44v.

135 A. a. O., Bl. 54v.

136 Vgl. a. a. O., Bl. 145v.

137 Vgl. a. a. O., Bl. 241v.

138 Vgl. Anm. 129 oben.

139 Vgl. WA Br 3, 309 Nr. 754.

140 WA Br 3, 274 Nr. 732.

141 WA Br 3, 305 Nr. 753.

Geistlichen, wieder ins Lot bringen könne. »Aber der Satan zu Allstedt, wiewohl er sich erboten hat, zu uns zu kommen, läßt er's doch, und trotzt gleichwohl hoch in seinem Winkel.«[142] Während Stein und Strauß aus Luthers Sicht noch mit Argumenten mehr oder weniger wohlgesonnen zu begegnen sei und Karlstadt durch seinen Verzicht auf die Pfarre erst einmal aus diesem geistlichen Kontext ausschied, wurde Müntzer nun zum eigentlichen Widersacher erklärt. Er habe noch nicht alle seine Positionen offengelegt. Luther wolle noch abwarten: »Gefällt es E. F. G., möchte sie verschaffen, daß er allhier kommen müßte und sich verantworten der Sache, damit er unser Lehr tadelt und verdampt.« Müntzer profitiere von errungenen Siegen, ohne etwas dazu geleistet zu haben, »sitzen auf unser Misten und uns anbellen«[143]. Er sei ein schlechter Geist und solle erst einmal, wie Luther es bereits getan habe, außerhalb des Fürstentums vor anderen Fürsten seinen Geist beweisen.

Wie erwähnt, hatte der Kurprinz Luther am 24. Juni 1524 geantwortet und geklagt, dass es »leider der Schwärmer [...] allzu viel« gebe und Luther nach Thüringen kommen müsse.[144] Stein sei von seiner Position nicht abzubringen und habe Herzog Johann sogar soweit gebracht, »daß M.G.H. und Vater so hart darauf haltet, wenn der Kanzler oder ich dawider sind, daß seine Gnade uns für Widersteher göttlichs Worts halten will«[145]. Beim wiederkäuflichen Zins müsse man sich Mühe geben, dass man 4 oder 5 Prozent aufs Hundert erhalte. Darlehen seien zu diesem Zinsfuß leicht zu erlangen. Doch nach Erhalt versuchten die Zinsnehmer, sich leicht zu entziehen, »da läuft man hin und her, da muß dieser und jener Prediger vorgesetzt werden und helfen, daß sie nichts geben dürfen.«[146] Auch Strauß schreie, »daß der es gibet, als wohl sündigt, als der es nimmt«[147]. Deshalb danke der Kurprinz Luther für die gründliche Unterweisung. Er habe sich sehr darum bemüht, den Strauß auch nach Wittenberg zu schicken, damit er vor Luther und Melanchthon seine Auffassungen mit der Schrift belegen sollte. Es sollte aber nicht sein, denn Strauß habe sich mit schönen Worten herausgeredet.[148] Die Positionen gingen zur Jahresmitte 1524 weit auseinander, denn während sich Johann Friedrich eng an Luther anlehnte, scheint für seinen Vater die Entschei-

142 A. a. O., 307.
143 A. a. O., 308.
144 WA Br 3, 309 (Nr. 754).
145 WA Br 3, 309 (Nr. 754), Zitat 310.
146 A. a. O., 310.
147 WA Br 3, 309 (Nr. 754), Zitat 310.
148 Vgl. ebd.

dung, welcher der Reformatoren das wahre Evangelium verkünde, noch völlig offen gewesen zu sein.

Als Kurfürst Friedrich seinen Bruder Johann dann im August 1524 aufforderte, Müntzer und die Allstedter Obrigkeiten in Anbetracht der völlig eskalierenden Ereignisse befragen zu lassen und die Konflikte endlich zu klären, suchte Johann erneut bei Strauß in Eisenach um Rat nach.[149] Der Prediger sei deshalb zu ihm gekommen und habe »des Muntzers und seiner anhenger leer und der neuen geister halbenn, wie er sie genant, allerlei mit uns geredt.«[150] Da Karlstadt eine ähnliche Meinung wie Müntzer vertrete und auch noch in anderen Fragen mit Martin Luther uneins wäre, habe Strauß ihm geraten, Luther, Karlstadt, Melanchthon, Müntzer, auch ihn und andere nach Weimar zu erfordern, »sich von denselben und andern artickeln zu underredenn«[151]. Dem Herzog sei natürlich gegenwärtig, dass auch Strauß Aufsehen erregt habe, vor allem mit seinen Predigten gegen den Wucher.[152] Da nun auch Luther mit Strauß uneins wäre, Karlstadt zudem bereits sein Kommen angeboten habe, wolle Johann eine Zusammenkunft in Weimar ernsthaft anberaumen. Es ging also um ein Gespräch unter den Reformatoren, das für die ernestinische Herrschaft, vor allem für Herzog Johann, Klarheit in Glaubensfragen schaffen sollte. Wegen der Konflikte mit Müntzer müssten auch der Schosser, Schultheiß und Rat von Allstedt erscheinen. Müntzer nahm, wie schon oben angedeutet, eine Sonderstellung ein. Sein Erscheinen diene, so die Ausführungen des Herzogs, in erster Linie dazu, »domit der prediger zu Alstett nit zu sagen hab, so er geurlaubt«[153], er sei mit seiner Lehre nicht zu Gehör gekommen, obwohl er sich zur Disputation erboten habe. Denn so er gehört und für ungeschickt befunden werde, habe man eine tatsächliche Handhabe, ihn zu entlassen. Und so werde auch das arme Volk, das er verführt habe, »desto bas zu settigenn vnd stillen sein.«[154] Am Ende blieb alles nur ein Plan, denn die Flucht Müntzers aus Allstedt schuf neue Tatsachen.

---

149 Vgl. ThMA 3, 166 (Nr. 108), 168 (Nr. 109).

150 Reinschrift in LATh-HStA Weimar, EGA, Reg. N 821, Bl. 30r–30v; Edition in: ThMA 3, 173 (Nr. 112).

151 A. a. O., 174 (Nr. 112).

152 Ebd.

153 Ebd.

154 Ebd. Zur Flucht bzw. Entlassung Müntzers und Pfeiffers vgl. ThMA 3, 175 (Nr. 113), 178 (Nr. 115), 180 (Nr. 116), 182 (Nr. 117), 183 (Nr. 118), 189 (Nr. 122), 190 (Nr. 123).

Noch ein weiteres Mal setzte Herzog Johann auf seinen Eisenacher Prediger, als im Eisenacher Gebiet die erste reformatorische Visitation stattfand. Er beauftragte damit wieder Strauß unter Beiordnung des in Finanzsachen erfahrenen Amtmanns von Gotha, Burkhardt Hundt.[155] Im Vorfeld der Visitation weilte Strauß wieder am Weimarer Hof.[156] Erneut reagierten Luther und der Kurprinz irritiert, denn Strauß fehle für das Visitatorenamt das nötige Gespür.[157] Das hinderte Herzog Johann nicht, eigenständig einen Weg zu suchen. Johanns Entscheidung belegt noch einmal die etablierte Position, die Strauß einnahm und dies unterstreicht die Notwendigkeit, seinem Wirken bei der Darstellung landesherrlicher Reformation im ernestinischen Thüringen mehr Beachtung zu schenken.

Vier Fragen, die direkt auf den Charakter der Eisenacher Visitation zielen, müssen immer noch als umstritten gelten und können auch in vorliegender Skizze nicht hinreichend beantwortet werden:

1. Warum fand die erste Visitation in Eisenach statt?
2. Warum wurde als Visitator Strauß eingesetzt und der Gothaer Amtmann Hundt ihm als kursächsischer Beamter und nicht der zuständige Eisenacher Amtmann, Hans von Berlepsch, beigeordnet?
3. Woher kam das Konzept für die Visitationshandlungen?
4. Und geschah die Visitation im Einvernehmen mit den Wittenberger Theologen?

---

155 Vgl. LATh-HStA Weimar, EGA, Reg Ii 132, Bl. 133; Herrmann, Kirchenvisitationen im Ernestinischen Thüringen (s. Anm. 58), 167–179; Rogge, Strauß (s. Anm. 76), 86–90; Joachim Bauer, Reformation und ernestinischer Territorialstaat in Thüringen, in: John, Kleinstaaten und Kultur in Thüringen (s. Anm. 51), 37–73, hier: 48–52; Georg Witzel, Von der christlichen Kyrchen wider Jodukum Koch, der sich nennet Justum Jonam, Leipzig 1534; Georg Witzels historia, von glaubwirdigen, mir newlich inn den worten wie volget zugeschrieben, in: Georg Theodor Strobel, Beyträge zur Litteratur, besonders des sechszehnten Jahrhunderts, 2/1, Nürnberg 1786, 209–271.

156 Eintrag in den Eisenacher Amtsrechnungen vom 09.01.1525 »2 ß 12 gr an Jacob Strauß auf Befehl Johanns gegeben«, Eintrag vom 10.01.1525 »1 ßo 45 gr doctor Jacobo Straussen prediger zu Eysenach uff meyns g h hertzogen Johannsen zu Sachssen etc bevelh zu zcerung gegeben, als er mit Burckarthen Hundt hinwegk gereiset«, LATh-HStA Weimar, Rechnungen 3193 Bl. 97v .

157 Luther schrieb an Spalatin am 10.04.1525 über Strauß: »Valde vellem D. Straus sua quoque regna quaerenti per principes inhiberi. Non deest homini furor, sed locus et tempus«. Die Argumentation bestätigt nochmals die Eigenständigkeit von Strauß. Luther wünschte, dass Strauß an weiterer reformatorischer Tätigkeit durch die Herrschaft gehindert werde. Ihm mangele es nicht an Umtriebigkeit, wohl aber an einem

Seit Mai 1524 verdichteten sich die Befürchtungen der Herrschaft vor Aufruhr, vor allem unter dem Eindruck der ausgebrochenen Unruhen in Forchheim. Die ernestinischen Besitzungen in Franken waren unmittelbar betroffen.[158] Die Angst davor, dass der Aufstand auch Thüringen, vielleicht das Krisengebiet um Eisenach erfassen könnte, lag nahe. Betrachtet man vor diesem Hintergrund die zwischen dem 10. und 14. Januar 1525 durchgeführte Visitation, werden Herzog Johanns personelle Entscheidungen erklärbarer. Einerseits mangelte es offensichtlich an Vertrauen gegenüber den Eisenacher Obrigkeiten, die seit 1524 nicht mehr Herr der Lage wurden. Andererseits schien Strauß nach wie vor den Vertrauensbonus des Herzogs zu genießen. Um den Eisenacher Prediger bei seinem Vorgehen gegen die Missstände zu unterstützen, beauftragte Johann mit dem Gothaer Amtmann und Rentmeister Burkhardt Hundt zugleich einen sehr erfahrenen Beamten, der in diesem Gebiet aber keine Verwaltungsverantwortung trug. Dieses Prinzip, das schon 1518 bei der Behebung von Konflikten am Wittenberger Allerheiligenstift[159] (Georg Spalatin, Fabian Feilitzsch) zur Anwendung kam, sollte auch später noch Bestand haben. Was für Eisenach vom Landesherrn genau angeordnet wurde, ist nicht überliefert. Indirekte Schlüsse lässt jedoch ein Schreiben von Strauß zu, datiert auf den 15. Januar 1525 und direkt an den Herzog gerichtet. Johann habe ihm befohlen, »allein nach Vormugen des Wort Gottis, die christlichen Prediger und Versammlunge [...] samt er Burchardt Hundt [...]«[160], zu visitieren. Details über Probleme mit Adel und Amtleuten wollten beide Visitatoren selbst noch mündlich oder schriftlich vortragen. Auch erfahren wir,

---

passenden Ort und einer passenden Gelegenheit, herrschen zu können.Vgl. Rogge, Strauß (s. Anm. 76), 86–90; Herrmann, Kirchenvisitationen im Ernestinischen Thüringen (s. Anm. 58), 167–179; WA Br 3, 470 (Nr. 854).

158 Vgl. u.a. Walther Peter Fuchs (Hrsg.), Akten zur Geschichte des Bauernkriegs in Mitteldeutschland (AGBM 2), Jena 1942, 33f. (Nr. 1118 u. 1119); Günter Vogler, Bäuerliche und Städtische Aufstände zwischen Harz und Thüringer Wald, in: Ders. (Hrsg.), Bauernkrieg zwischen Harz und Thüringer Wald (s. Anm. 30), 65–90.

159 Vgl. dazu LATh-HStA Weimar, EGA, Reg. Gg 980b, Bl. 122–13.

160 Abdruck bei Herrmann, Kirchenvisitationen im Ernestinischen Thüringen (s. Anm. 58), 167 Nr. 1a, Zitat 167. Zu den Intentionen der ersten ernestinischen Visitationen u. a. Joachim Bauer, Bedeutung der kursächsischen Visitationen zwischen 1525 und 1531 für die Neuordnung des evangelischen Kirchenwesens, in: Dagmar Blaha / Christopher Spehr (Hrsg.), Reformation vor Ort. Zum Quellenwert von Visitationsprotokollen, Leipzig 2016, 57–72, 59–67; Annette Scherer, Verfahrensweise und Berichterstattung bei den frühen Visitationen im ernestinischen Gebiet, in: a. a. O., 73–89.

dass ein Schreiben des Kanzlers Gregor Brück Anweisungen hinsichtlich der Unterbrechung der Visitation um die Fastnachtszeit geliefert habe. Strauß klagt im Bericht über Konflikte mit dem Eisenacher Nicolaikloster, vor allem über die Äbtissin und ihren Vorsteher und bat um Unterstützung. Doch mache es keinen Sinn, damit den Eisenacher Amtmann Hans von Berlepsch zu beauftragen, »dan er und der Apt zu Regensporn [Reinhardsbrunn], die Eptissin, der Fursteher Trauterhans, ein Herz und Gemut sein«[161]. Gute Gründe also, sich mit dem Gothaer Amtmann Burkhardt von Hundt von außerhalb Unterstützung zu holen.

Schon für März 1525 sah der Herzog eine Fortsetzung der Visitation vor, wie aus einem Anschreiben, gerichtet an seinen Bruder Kurfürst Friedrich, sowie an Amtleute, Schultheißen, Bürgermeister, Heimbürgen der Dorfschaften und Prediger der Ämter Wartburg, Hausbreitenbach, Saltzungen, Kreutzburg und Gerstungen, hervorgeht. Sich erneut auf die Wiederverkündung des göttlichen Worts und Evangeliums berufend, monierte der Herzog nun, dass etliche falsche Prediger »neben den guten mit eindringen« und sich unterstehen, falsche Lehren dem Volke zu verkünden. Ob damit bereits »Radikalisierte« gemeint waren – hier verweist die Literatur meist auf Melchior Rink und Heinrich Fuchs[162], die aus Hersfeld ausgewiesen worden waren – bleibt offen. Das Heil der Untertanen im Blick behaltend und Frieden und Eintracht suchend, habe der Herzog deshalb Strauß befohlen, die Prediger »im Wort Gottes zu besuchen, visitiren« und zu unterweisen, gegebenenfalls zu tadeln und zu strafen. Die herzoglichen Beamten sollten Strauß unterstützen und schützen.[163] Ob die Visitation tatsächlich fortgeführt wurde, ist bislang nicht nachgewiesen.[164]

Der ebenfalls an der ersten Visitation beteiligte Georg Witzel berichtete später über Strauß, dass dieser die bereits reformatorisch gesinnten Untertanen in der Visitation aufgefordert habe, den noch im alten Glauben verbliebenen Pfarrern ihren Unterhalt zu geben. Vor allem sei er aber gegen allseits verbreitete Laster vorgegangen und seine Visitationspredigt sei so konsequent

---

[161] Herrmann, Kirchenvisitationen im Ernestinischen Thüringen (s. Anm. 58), 169.

[162] Vgl. a. a. O., 177 sowie der Bericht von Justus Menius aus dem Jahre 1532 über die Strauß'sche Visitation, 170d. Über beide vgl. Paul Wappler, Die Stellung Kursachsens und des Landgrafen Philipp von Hessen zur Täuferbewegung (= Reformatorische Studien und Texte 13 und 14), Münster 1910, 9–12.

[163] A. a. O., 169f. Nr. 1b.

[164] Vgl. a. a. O., 175.

gewesen, »das er bey dem poebel wenig dancks verdienet«[165]. Dieses Verhalten schien er auch im Bauernkrieg beibehalten zu haben.

Bereits im April 1525 hatte der Aufstand das Gebiet um Eisenach ergriffen und eine andere Situation geschaffen.[166] Tatsächlich entlud sich die Empörung vor allem im mittleren Werratal. Vacha, unweit von Eisenach gelegen, wurde am 20./21. April von den Unruhen ergriffen.[167] Der Eisenacher Amtmann Hans von Berlepsch und der Schultheiß Johann Oswald wandten sich am 24. April 1524 hilfesuchend an Herzog Johann, da der Aufstand nun Salzungen erreicht hatte und man einen Übergriff auf Eisenach befürchtete.[168] Strauß ist – jedenfalls nach vorliegendem Forschungsstand – nicht ursächlich an den Unruhen um Eisenach und Salzungen beteiligt gewesen. Wie Barge ausführt,[169] hatte er in Übereinstimmung mit dem Schultheiß Oswald den Prediger Georg Witzel aus Wenigenlupnitz dazu bestimmt, gemeinsam mit zwei Bürgern das Amtsgebiet zu besuchen und die Bewohner zu beschwichtigen. Witzels Selbstzeugnis bestätigt zwar seine eigenen Versuche, die Gemeinde zu beruhigen, wobei er sich offensichtlich auch gegen Müntzer und die Vorgänge in Mühlhausen aussprach.[170] Dass er aber einen Auftrag zum Eingreifen in den Amtsdörfern von Strauß und Oswald empfangen habe, stritt er ab: »Aber alles ist erstuncken nd erlogen / das mich D. Straus solt zun bauern haben ausschicken wöllen / sie yrer zwelff artikeln zuuertrösten«[171]. Doch gibt es einen Hinweis in den Quellen, wonach Strauß Prediger in Aufstandsgebiete schickte. So sagt Wolff Byenne aus, er habe den von Strauß nach Gerstungen verordneten Prediger »gehauset und geherbergt [...] und gemeint, das

---

165 Von der Christlichen Kyrchen: wider Jodocum Koch / der sich nennet / Justum Jonam. Durch Georgium Wicelium. MDXXXIIII, Leipzig, Bl. Qiij.

166 Nachfolgend zu den Ereignissen um Eisenach und um Strauß im Bauernkrieg vgl. Bergmann, Frühbürgerliche Revolution (s. Anm. 48), 38–55; Barge, Jakob Strauß (s. Anm. 24), 100–113; Rogge, Strauß (s. Anm. 76), 90–95.

167 Vgl. AGBM, Bd. 1/1, u. a. 161 Nr. 213; 189 Nr. 246; Siegfried Hoyer, Das Militärwesen im deutschen Bauernkrieg 1524–1526, Berlin 1975, 74 f.; Günter Vogler, Die Gewalt soll gegeben werden dem gemeinen Volk. Der deutsche Bauernkrieg 1525, Berlin 1983, 145–150; Manfred Bensing, Thomas Müntzer und der Thüringer Aufstand 1525, Berlin 1966, 102–107.

168 Vgl. AGBM, Bd. 2, 99 Nr. 1198; zu Salzungen vgl. auch Bd. 1/1, 208 Nr. 273.

169 Vgl. Barge, Jakob Strauß (s. Anm. 24), 102 f.

170 Darüber berichtet Georg Witzel in »Von der Christlichen Kyrchen« (s. Anm. 155), ebd.

171 Vgl. ebd., die Formulierung von 1534 bestätigt wohl nicht die Annahme von Barge.

er recht getan«.[172] Die Frage, welche Rolle Strauß nun tatsächlich spielte, kann an dieser Stelle nicht ausreichend beantwortet werden. Sie steht aber ganz offensichtlich mit den immer wieder ausgegangenen herzoglichen Aufträgen in Zusammenhang. Es ist mehrfach bezeugt, dass sich Strauß selbst vermittelnd eingeschaltet hatte. Der Amtmann Tham von Herda zu Kaltennordheim berichtete in einem Brief am 25. April 1525, dass verschiedene Personen versuchten, mit den Bauern in Verhandlungen zu kommen, was jedoch gefährlich sei, da die Aufständischen jeden in ihren Haufen zu zwingen suchten. Gottschlak vom Stein habe es gewagt und sei »zu seinen amptsvorwanten geriten, mit in zu handeln, wirt aber mins besorgs nit helfen werden«. Die Aufständischen bekämen das Geschütz aus den Städten, »musen edel, burn und birger mit in zigen; sagen, es sei gottes wiln«. Er könne nicht erfahren, ob Herzog Johann in Eisenach anzutreffen sei. Doktor Strauß verhandle auch, es sollte nicht helfen, man müsse anders mit den Aufständischen sprechen.[173] Strauß ist tatsächlich am 23. April nach Salzungen aufgebrochen und versuchte zu vermitteln, erfolglos, wie aus dem Schreiben des Tham von Herda zu schlussfolgern ist.[174] Die Reise von Strauß wird durch einen interessanten Hinweis in den Amtsrechnungen von Eisenach belegt: »1ß 24gr. uf Burkarten Hundts bevehl doctorn Straußen zu zerung geben, als er, als die pauerschaft fur Saltzungen gelegen, gein Saltzungen gefaren, sontags Quasimodogeniti«, also am 23. April. Weiter ist ausgeführt: »10 gr. 6 Pfennige uf genants Burckart Hundts bevehl etzlichen trabanten, so doctorn Straußen dazumal gleitet haben, zu zerung gegeben«[175]. Erneut lässt sich eine Verbindung zum Weimarer Hof herstellen, denn Hundt handelte diesmal in seiner Eigenschaft als Rentmeister Johanns bei der Anweisung von Reisegeldern.

Strauß musste auch in Eisenach erleben, dass zahlreiche Einwohner und die Landbevölkerung im Umland den Aufständischen folgten.[176] Am 23. April ereignete sich zudem in der Stadt ein Vorfall, der als »Pfaffensturm« in die

---

172 AGBM, Bd. 1/2, 648 Nr. 1046, Zitat 649.

173 »Docker Strus deding; will nit helf, man mus anders mit in dedingen«, AGBM, Bd. 1/1, 259 Nr. 340, Zitat 261.

174 Vgl. Barge, Jakob Strauß (s. Anm. 24), 102.

175 AGBM, Bd. 1/2, 384, Nr. 535. Die Forschung unterstellt, dass Strauß im Auftrag des Eisenacher Rats und des Schultheißen Oswald nach Salzungen gezogen sei. Da in der Quelle aber der Gothaer Amtmann, der zugleich Rentmeister war, als Auftraggeber der Auszahlungen genannt wird, ist von einem Auftrag des Landesherrn auszugeben.

176 Vgl. Barge, Jakob Strauß (s. Anm. 24), 102 f.; Bergmann, Frühbürgerliche Revolution (s. Anm. 48), 26–49.

Annalen eingegangen ist.[177] Der Bericht des Eisenacher Amtmanns und des Schultheißen an Herzog Johann vom 24. April 1525[178] sowie das Schreiben des Eisenacher Rats an den Landesherrn vom 1. Juni 1525[179] belegen die angespannte Situation.[180] Ganz offensichtlich war innerhalb der Eisenacher Ratseliten ein Umschwung eingetreten. Denn nun unterstellte der im Nachgang zu den Aufstandsereignissen verfasste Bericht des Rats, dass Strauß mit seinen »aufrurischen ungestumen predigten, so er widder die geistlichkeit und uberkeit getan, wie der arme gemeine man mit zinsen, diensten etc. so hoch beschwert«, maßgeblich den Aufruhr in Eisenach verursacht habe. Dadurch habe er »viehel des gemeinen haufens an sich geladen, daraus großer ungehorsam im volk erwachsen«. Strauß habe seine eigenen Räte gehabt und bezweckt, alles Regiment an sich zu reißen. Ganz offensichtlich richtet sich diese Denunziation gegen Teile des Rats bzw. der Stadteliten, die vorher und während der Ereignisse auf der Seite des Predigers standen. Strauß, so der Rat weiter, gab mit seinem Zug ins Lager der Aufständischen (Salzungen) nur vor, für Ruhe sorgen zu wollen. Was er tatsächlich bezweckte, sei dem Rat verborgen geblieben. Schließlich habe Strauß auch die Vertreibung der Klosterinsassen beim »Pfaffensturm« in Eisenach angeordnet, unter dem Vorwand, damit den Aufstand von der Stadt abwenden zu können. Der Prediger versprach sogar, so die weiteren Ausführungen des Rats, sich beim Herzog dafür einzusetzen, dass »alle und die beschwerunge« abgeschafft werden sollte, »das auch waßer, holz und Weide etc. frei sein sollen«. Auch der Amtmann und Schultheiß von Eisenach seien nicht frei von Schuld, denn alles, was mit den Aufständischen ausgehandelt worden war, geschah mit deren Wissen. Der Rat habe jedenfalls keine Mitverantwortung an den Vorgängen.[181] Einerseits ist nicht zu übersehen, dass sich Teile der Eisenacher Stadtobrigkeit aus der Verantwortung ziehen wollten. Andererseits bleibt festzuhalten, dass Strauß die seit Jahrzehnten aufgelaufenen Beschwerden der Eisenacher in dieser Krisensituation aufgriff, mit seinen programmatischen Vorstellungen

---

177 Zu den Vorgängen vgl. die Überlieferung in LATh-HStA Weimar, EGA, Reg. Kk 403. Hier findet sich der Schriftwechsel zwischen dem Kurfürsten Johann, den Amtmännern zu Wartburg und zu Creutzburg sowie dem Schultheiß zu Eisenach und den Stiftsherren des Eisenacher Kapitels aus den Jahren 1526/27.

178 Vgl. AGBM, Bd. 2, 99 Nr. 1198.

179 Vgl. a. a. O., Bd. 1/2, 537 Nr. 848.

180 Zusammenfassend vgl. Bergmann, Frühbürgerliche Revolution (s. Anm. 48), 33 f.; Barge, Jakob Strauß (s. Anm. 24), 102–105.

181 AGBM, Bd. 1/2, 537 Nr. 849.

verband und öffentlich vortrug. Das an die Gemeinde gerichtete Signal, wonach er persönlich und vermittelnd beim Herzog intervenieren werde, war nicht nur Teil seiner Verhandlungsstrategie, sondern vor allem Ausdruck seines Handlungswillens.

Nun wurde das Verhalten des Eisenacher Predigers weit über Eisenach und Thüringen hinaus reflektiert. Zuerst verwies Johannes Cochläus in seiner »Antwort auf Luthers Schrift ›wider die räuberischen und mörderischen Rotten der Bauern‹ Ein kurzer Begriff vom Aufruhr der Bauern«, gedruckt Juli/August 1525, auf die Vorgänge. Er erwähnt Eisenach und Strauß explizit: »Die fursten sein darnach aff Ysennach gezogen, haben d[a?] Doctor Jacob Strauß gefangen, welcher nicht allein da selbst sonder auch dar vor zu Hal im Yntal und zu Wertdheym am Meyn luterische und rumorische lere hat auß geprayt.«[182] Bei den angeordneten Strafmaßnahmen gegen den »Werrahaufen« waren in der Tat am 11. Mai der Hauptmann Hans Sippel und weitere Aufständische in Eisenach hingerichtet worden.[183] Vielleicht stellte ein zweiter wichtiger Vertreter aus dem katholischen Lager, Johann Eck, deshalb die Behauptung auf, dass Strauß zu den Enthaupteten gehört habe.[184] Selbst Luther hatte am 30. Mai 1525 an Johann Rühel geschrieben, dass man sagen höre, der Schösser zu Allstedt und der Eisenacher Prediger Strauß wären hingerichtet worden.[185] Auch Herzog Georg von Sachsen zählte Strauß in seiner Instruktion vom 23. November 1525 neben Müntzer, Pfeiffer und Karlstadt zu den Aufrührern.[186]

Unstrittig bleibt jedenfalls, dass Strauß schon durch sein reformatorisches Handeln in Hall in Tirol aufgefallen war. Zu seinem Bekanntheitsgrad trug sicher auch bei, dass man ihn in der am 7. März 1525 vom »Bauernparlament« in Memmingen angenommenen Bundesordnung in einem Atemzug mit Luther, Melanchthon, Andreas Osiander, Johannes Brenz, Ulrich Zwingli und anderen Reformatoren erwähnte. Sie wurden als »doctores, so anzeygt sein zu außprechung des götlichen rechten«, bezeichnet.[187]

---

182 ADOLF LAUBE / HANS WERNER SEIFERT (Hrsg.), Flugschriften der Bauernkriegszeit, Berlin 1975, 400.

183 Vgl. u. a. AGBM, Bd. 1/2, 385 (Nr. 535); BERGMANN, Frühbürgerliche Revolution (s. Anm. 48), 49–56.

184 Vgl. BARGE, Jakob Strauß (s. Anm. 24), 109.

185 Vgl. WA Br 4, 515 Nr. 877.

186 Vgl. FELICIAN GESS (Hrsg.), Akten und Briefe zur Kirchenpolitik Herzog Georgs von Sachsen, Bd. 2, Leipzig 1917, 433.

187 LAUBE/SEIFERT, Flugschriften der Bauernkriegszeit (s. Anm. 182), 33 f.

Auch wenn in der Literatur stets darauf verwiesen wird, dass Strauß nach Rückkehr seines Landesherrn vom Strafzug durch Thüringen nun nach Weimar beordert und dort inhaftiert worden sei, sind die konkreten Umstände immer noch nicht ausreichend geklärt.[188] Luther bezog sich in einem Brief an Kanzler Brück im Jahre 1528, als er um Rat im Umgang mit Karlstadt befragt wurde, auf die Vorgänge. Man solle Karlstadt nicht so einsperren, »wie der Strauß zu Weymar gehalten ward«[189]. Rogge, der sich auf Barge beruft, spricht von einer Art »Untersuchungshaft«.[190] Zum Weimarer Verhör und der angeblichen Inhaftierung liegt eine Stellungnahme von Strauß aus dem Jahre 1526 vor. In seiner gegen die Schmähungen des Cochläus gerichteten Schrift »Christliche und wohlgegründete Antwort« (1526) führt er aus: »Dann also schreibstu in deinen grundtloßen hystorien / Die Fürstl[ichen] nachdem sie Mühlhausen in Düringen / zum sturm geschossen haben / vnd also eingenomen / sind sie gen Eissinach zogen / haben daselbst D. Jacobum Straus gefencklich angenomen [...] Sag mir in welcher gefencknus bin ich zu Eisnach gelegen [v] ich weiß wol / das dir der Fürstl[ichen] keyner / gefencknis oder eynigs gewalts an mich gelegt / bestendig ist / darum dein vnbescheyden schenden niemans kann beschone.« Es sei aber wahr, dass er sich nicht nur in großer Lebensgefahr durch den Aufstand befunden habe, »sond auch vm gottes wort / vor nie sicher vor den tyrannen bin gewesen«[191]. Das von Heinrich Pfeiffer Ende Mai 1525 unter der Folter geleistete Geständnis bestätigt, dass Strauß keineswegs bei den Mühlhäuser Aufstandsführern als Gesinnungsgenosse galt: »Befragt, was sein und des Muntzers furnemen gewest. Zeigt an, nach vortilgung aller uberigkait hab er wollen, wie ers genant, ein christlich reformation machen. [...] Er sei mit Luther und Straußen nit eins, Carlstat hab er nit gesehen, aber seiner lehr sei er anhengig gewest.«[192]

Es ist bislang nicht zu klären, ob sich Strauß in Weimar nun im Zuge der Strafverfolgung nach dem Bauernkrieg zu verantworten hatte oder vielleicht von seinem Gönner, dem nun als Kurfürst handelnden Johann von Sachsen,

---

188 Vgl. BARGE, Jakob Strauß (s. Anm. 24), 108 f.; BERGMANN, Frühbürgerliche Revolution (s. Anm. 48), 50 f.

189 Vgl. WA Br 4, 568 Nr. 1328.

190 Vgl. ROGGE, Strauß (s. Anm. 76), 90-96, bes. 94; zusammenfassend zum Forschungsstand immer noch BARGE, Jakob Strauß (s. Anm. 24), 100–113.

191 Christlich vnd wolgegrundet antwurt vnd hertzlich vermanug D. Strauß / Auff das vngüttig schmachbüchlin D. Johannis Coclei von Wenndelsteyn / Betreffen die auffrur [...] , Worms 1526, Hiij (Vorder- und Rückseite).

192 AGBM, Bd. 2, 383 Nr. 1582.

in »Schutzhaft« gehalten wurde. Es bleibt aber festzuhalten, dass er noch während des Aufstandes in Südthüringen engen Kontakt zum Weimarer Hof gehalten hatte und im herrschaftlichen Sinne schlichtend einzugreifen suchte.

Wenngleich Strauß nach seiner Entlassung aus Weimar noch einmal nach Eisenach ins Predigeramt zurückkehrte, ging für ihn das Eisenacher Kapitel zu Ende.[193] In den Rechnungen finden sich Hinweise, die den Wechsel im Predigeramt genauer datierbar machen. Unter Freitag nach Assumptionis Mariae (18. August 1525) ist zu lesen, dass für den Prediger, der mit zwei Pferden nach Eisenach verordnet worden sei, 1 Gulden und 9 Pfennige für die Herberge in Weimar fällig geworden waren. Den gleichen Betrag erhielt der Fuhrmann, der ihn von Wittenberg nach Weimar gebracht hatte, dazu noch 15 Groschen Zehrung für die Rückfahrt. Schließlich verbuchte man 3 Gulden für die Zehrung des Predigers.[194]

Aus den Rechnungen ist zu schlussfolgern, dass der neue Prediger – es handelte sich offensichtlich um Thomas Neuenhagen –[195] im Auftrag des Weimarer Hofes nach Eisenach verordnet worden war. Doch wer ihn auswählte, bleibt im Dunkeln. Folgt man der gängigen Praxis, so u. a. im zeitgleich verlaufenden Besetzungsverfahren in Altenburg,[196] liegt es nahe, Luther damit in Verbindung zu bringen. Ein Brief Luthers an Neuenhagen vom 3. September, der in der Weimarer Lutherausgabe mit einiger Unsicherheit auf das Jahr 1526 datiert wurde, passt inhaltlich eigentlich eher zu den Vorgängen des Jahres 1525. Danach hatte der Eisenacher Pfarrer Georg Thomas den Brief dem neu ernannten Prediger Neuenhagen überbracht. Luther erteilt darin Hinweise für die Amtsführung und warnt zugleich vor den Positionen der Straußanhänger.[197] Am Rande sei vermerkt, dass auch Neuenhagen in seinem

---

193 Vgl. BARGE, Jakob Strauß (s. Anm. 24), 111 f.

194 LATh-HStA Weimar, EGA, Reg. Bb 5224, Bl. 151v.

195 Neuenhagen wurde in Wittenberg wegen seines Widerstandes gegen die Veröffentlichung der Bannandrohungsbulle sehr geachtet. Er stammte aus Nizschka im Amt Grimma und war vormals Konduktor (leitendender Verwaltungsbeamter) der Parochie Wurzen. Zu Neuenhagen vgl. die Hinweise bei RALF THOMAS, Stiftsland Wurzen. Sächsische Kirchenverfassung. Historische Kirchenkunde. Aufsätze zur sächsischen Kirchengeschichte (= Herbergen der Christenheit Sonderband 15), 75, 92, 94 f., 129, 233.

196 Vgl. dazu u. a. das Schreiben Luthers an Kurfürst Johann vom 20. Juli 1525, WA Br 3, 545 Nr. 904.

197 Vgl. WA Br 4, 115 Nr. 1036. Die Bearbeiter haben bereits die Datierung kritisch reflektiert. Das Original ist offensichtlich nicht erhalten. Die Vorlage für die WA geht auf eine Abschrift Georg Rörers zurück, überliefert in ThULB, Bos. Q 24^{n}, Bl. 179a.

Amt nicht den erhofften Erfolg hatte. Erst Justus Menius, der 1529 als Diakon und später als Superintendent wirkte, gelang es, Eisenach »lutherisch« auszurichten.[198]

Strauß aber hatte schon längst Eisenach verlassen. Sein Weg führte ihn nach Nürnberg, Schwäbisch-Hall und Baden-Baden. Er mischte sich nochmals in den Abendmahlsstreit ein.[199] Ab Oktober 1527 schweigen die Quellen und es wird vermutet, dass er in dieser Zeit verstarb.[200]

5. Jakob Strauss als Reformator – ein kurzes Fazit

Am Ende dieser groben Skizze steht die Frage, was nun von Jakob Strauß bleibt, das es rechtfertigt, an ihn als thüringischen Reformator dauerhaft zu erinnern. Holen wir uns bei jenen Rat, die ihn biographisch würdigten und dennoch an Luther maßen. Wie Hermann Barge konstatiert, blieb für Strauß, der schließlich als Schwärmer galt, kein Platz mehr in der Gemeinschaft der Wittenberger Theologen.[201] Joachim Rogge geht noch weiter. Insgesamt fehle ihm die theologische Tiefe, »aus denen Luthers religiöse Kraft erwuchs«[202]. Am Anfang sei er ein mahnender »Prediger des Reformkatholizismus« gewesen, in Wittenberg habe er »entscheidende Anregungen durch die Reformatoren bekommen« und das »Neue« in sich aufgenommen, ohne den reformatorischen Prozess selbst mit durchgemacht zu haben.[203] Auch die süddeutschen Reformatoren und Zwingli hatten Strauß im Abendmahlsstreit mit Spott und Hohn überzogen, wie Barge und Rogge berichten.[204] Einer der ihren und vor allem ein Wittenberger im lutherischen Sinne war Strauß also wahrlich nicht und er wollte es auch nicht sein.

---

198 Zu Neuenhagen und Menius in Eisenach vgl. Barge, Jakob Strauß (s. Anm. 24), 112f.; Rogge, Strauß (s. Anm. 76), 95; Bergmann, Frühbürgerliche Revolution (s. Anm. 48), 58.

199 Vgl. Barge, Jakob Strauß (s. Anm. 24), 114–162.

200 Vgl. ebd.; zum Tod von Strauß vgl. a. a. O., 164; Rogge, Strauß (s. Anm. 76), 146f. Beide stützen sich auf eine Aussage von Georg Witzel in: Contra Tres Pagellas Agri. Phagi, Georgii Witzel, quibus pene Lutheranismus prostratus et voratus esset, Responsio Witebergae, Rhaw; 1532, Bl. Biiij.

201 Vgl. Barge, Jakob Strauß (s. Anm. 24), 109.

202 Rogge, Strauß (s. Anm. 76), 149.

203 Ebd.

204 Vgl. u. a. Barge, Jakob Strauß (s. Anm. 24), 146f.; Rogge, Strauß (s. Anm. 76), 137f., 140–143.

Sein vormaliger Weggefährte Georg Witzel, der schon 1531 wieder in den Schoß der alten Kirche zurückgekehrt war, liefert nicht nur ein Gegenbild, sondern auch eine interessante zeitgenössische Deutung. An den Wittenberger Lutheraner Justus Jonas[205] gerichtet, der Witzel als »Straußanhänger« beschimpfte, fällte er 1533 folgendes Urteil über Strauß:

»Was soll ich von Doctor Strauß sagen, dessen Asche vor deiner Vortrefflichkeit keine Ruhe finden kann? Was bellst du die Verstorbenen so an? War es nicht genug, daß jener Mann, so lange er lebte, von euch gequält wurde, aus keinem anderen Grund, als weil er euch die Füße nicht küssen wollte? Ehe er vom Wucher schrieb und ehe er eure Sitten sowohl als die des evangelischen Volkes tadelte, hieltet ihr ihn für einen der vortrefflichsten Evangelisten, nachher aber wurde er verachtet wie keiner. [...] Er war ein eifriger Lutheraner, ein sehr heftiger Feind und Bestreiter der römischen Kirche, zu der er, wie es heißt, vor seinem Tode wieder zurückkehrte. Sonst habe ich wahrlich nichts Tadelnswertes an ihm wahrgenommen«. An die Lutheraner gerichtet ergeht noch die Mahnung: »Seht zu, daß es euch, wenn der Wind umschlägt, nicht ergeht wie Dr. Strauß, der seinerseits bei den Mächtigen fest im Sattel saß, so lange der Wind ihm günstig wehte«[206].

Jakob Strauß sollte also als ein Geistlicher und Theologe in unser Reformationsverständnis aufgenommen werden, der ein eigenes Profil hatte und der seine reformatorischen Gedanken stets in und mit seiner Gemeinde umsetzen wollte, sei es in Hall in Tirol oder in Eisenach im kursächsischen Thüringen. Es sollte als wertvoll erachtet werden, seinen Spuren weiter nachzugehen.

---

[205] Vgl. Wilch die rechte Kirche / Vnd dagegen wilch die falsche Kirch ist / Christlich antwort vnd trœstliche vnterricht / Widder das Pharisaisch gewesch Georgij Witzels. Justus Jonas. D. Wittemberg. 1534.

[206] Zitiert nach der Übersetzung bei Barge, Jakob Strauß (s. Anm. 24), 166f.

Die Diskussion um den Wucher in ihrer Bedeutung für die von Wittenberg ausgehende Reformation

Stefan Michel

»Dem soll man greyffen zu der hauben
Und yhm die zecken wol ab klauben
Und rupffen die fluck federn auß
Der hinder sich kaufft inn sein hauß
Als wein und korn im gantzen land
Und förchtet weder sünd noch schand
Damit ein arm man nichs nit find
Und hungers sterb mit weyb und kind [...]«[1]

So beginnt ein Flugblatt, das zwischen 1530 und 1540 wohl in Augsburg entstanden ist. Autor des Textes ist Sebastian Brant, der seinen Text erstmals 1494 in seinem Narrenschiff veröffentlicht hat. In deutlicher Weise thematisiert er die wirtschaftlichen Folgen des auf Gewinn ausgerichteten Umgangs mit Geld. Dieses Flugblatt illustriert, dass das Thema Wucher in der Reformationszeit präsent war. Trotzdem gehört dieses Problemfeld nicht zu den zentralen Themen der Reformationsgeschichtsschreibung. Wucher, oder allgemeiner der Umgang mit Geld und weltlichen Gütern, zählt eher in den Bereich der Ethik oder der Wirtschaftsgeschichte. Das hier zu behandelnde Problemfeld lässt sich etwa so umreißen: Das kanonische Recht lehnte den Wucher ab. In der scholastischen Theologiebildung begegnet einem die Diskussion über den Wucher häufig am Rande. Im Denken der Wittenberger Theologen, die die vorangegangene Diskussion aufnahmen, gehört der Wucher zu den Faktoren, die die gute Ordnung der Welt und damit den gesellschaftlichen Frieden gefährden. Insofern widmeten sie ihm eine gewisse Aufmerksamkeit. Der folgende Beitrag versucht die skizzierte Problematik in den kirchenpolitischen Kontext Kursachsens und die theologische Lehrbildung der Wittenberger Reformatoren einzuzeichnen. Zudem soll ein Blick

---

[1] Bernd Schäfer/Ulrike Eydinger/Matthias Rekow, Fliegende Blätter. Die Sammlung der Einblattholzschnitte des 15. und 16. Jahrhunderts der Stiftung Schloss Friedenstein Gotha, Bd. 2, Stuttgart 2016, 574, Nr. 533.

auf die zweite Hälfte des 16. Jahrhunderts geworfen werden, in dem in streng lutherischen Kreisen Luthers Auffassung über den Wucher zu erneuten Diskussionen führte.

1. Kirche und Gesellschaft in Kursachsen im wirtschaftlichen Konflikt vor der Reformation – vorläufige Beobachtungen

Keinesfalls kamen Kirche und Gesellschaft in Kursachsen vor der Reformation konfliktfrei miteinander aus. Vielmehr finden sich auch hier verschiedene Beispiele für Pfaffenhass oder Antiklerikalismus.[2] Maßnahmen, die vor allem Städte gegen einzelne Klöster – an ihnen entzündete sich meist der Unwille des Volkes – ergriffen, resultierten in der Regel aus wirtschaftlichen Beeinträchtigungen der Städte. Diese wurden häufig in Klageschriften als Beschwerungen gegenüber den Landesherren benannt. Den Hintergrund dieser Spannungen bildete das Streben der wachsenden Städte, ihre Rechte auszubauen. Zwar lebten um 1500 70 bis 80 Prozent der Menschen auf dem Land. Allerdings kam es gleichzeitig zu einem Anwachsen der Städte. Dieser Prozess der zunehmenden Verstädterung sorgte für einen wachsenden Bedarf an Lebensmitteln, die durch Spekulationen oder lokal auftretende Missernten häufig zusätzlich verknappt wurden.[3]

Ein herausragendes Beispiel für eine Stadt im Kurfürstentum Sachsen, die vor der Reformation in Auseinandersetzung mit dem dortigen Augustinereremitenkloster stand, ist Grimma. Am 14. September 1513 wurde durch die beiden Amtmänner von Grimma und Altenburg, Sebastian von Mistelbach und Sebastian von Kötteritz sowie durch den Bornaer Geleitsmann Michael von der Straßen die Flur der Stadt Grimma neu bestimmt.[4] Diese Verwaltungsmaßnahme war notwendig geworden, weil das Augustinereremitenkloster im Laufe der Zeit durch Stiftungen oder Käufe zu viele Liegenschaften um

---

2 Vgl. allgemein Hans-Jürgen Goertz, Pfaffenhaß und groß Geschrei. Die reformatorischen Bewegungen in Deutschland 1517–1529, München 1988; ders., Antiklerikalismus und Reformation. Sozialgeschichtliche Untersuchungen, Göttingen 1995.

3 Zu den Beziehungen zwischen Stadt und Land vgl. Wieland Held, Zwischen Marktplatz und Anger. Stadt-Land-Beziehungen im 16. Jahrhundert in Thüringen, Weimar 1988.

4 Vgl. Benjamin Gottfried Weinart, Neue sächsische historische Handbibliothek. Bd. 1, Dresden 1775, 287–297.

die Stadt herum in seinen Besitz gebracht hatte. Sogar die Obermühle, die einzige noch funktionierende Mühle der Stadt, gehörte den Mönchen.[5] Deshalb versuchten Sebastian von Mistelbach und Sebastian von Kötteritz im Jahr 1514 erneut zwischen der Stadt und den Mönchen zu vermitteln, da der Grimmaer Rat nach wie vor der Meinung war, dass die Augustinereremiten Äcker und andere Grundstücke zum Nachteil der Stadt an sich gebracht hätten. Schließlich gestanden die Mönche den Vertretern der Stadt zu, dass sie die angeblich unrechtmäßig angeeigneten Grundstücke in Klosterbesitz käuflich erwerben könnten. Dieses Ergebnis hörte sich zunächst vorteilhaft für die Stadt an. Jedoch kam es 1517 zu einem dokumentierten Zwischenfall. Ausgerechnet dem Bürgermeister gelang es nicht, ein Grundstück seines verstorbenen Schwagers in Besitz zu nehmen, weil dieser es an die Mönche verpfändet hatte. Offenbar sollte er zusätzlich zum Kaufpreis noch die Schulden seines Schwagers begleichen. Doch dann hätte das Grundstück für ihn einen zu hohen Preis gekostet, so dass es besser gewesen wäre, es nicht zu erwerben. Daraufhin mahnte Kurfürst Friedrich von Sachsen die Augustiner zweimal, sich an die Schlichtung von 1514 zu halten.[6]

Dieser Fall, der durch andere z. B. aus Weida oder Herzberg vermehrt werden könnte, belegt, dass das wirtschaftliche Agieren von Klöstern und Stiften, die meist von Steuern befreit waren, für viele Städte einen wirtschaftlichen Nachteil bedeuten konnte, weil ihre Entwicklungsmöglichkeiten durch die Konkurrenzsituation erheblich beeinträchtigt wurden. Jedoch ist bislang kein Konflikt dieser Art in Kursachsen bekannt, der nicht durch kursächsische Verwaltungseliten friedlich beigelegt werden konnte. Die Förderung der monastischen Observanzbewegung durch die Ernestiner ist letztlich auch durch die wirtschaftlichen Einsichten motiviert, dass sich die Mönche und Nonnen um ihre eigentlichen Aufgaben und nicht um ihren angewachsenen Besitz bemühen sollten, der zum Teil ihrem Armutsgelübde entgegenstand. Im Hinblick auf den Eisenacher Wucherstreit der Jahre 1523/24 kann vor dem Hintergrund der vielfach belegten fürstlichen Einflussnahme auf Streitigkeiten zwischen Klöstern und Städten im Spätmittelalter die Frage gestellt werden: Handelt es sich bei diesem Streit um einen Einzelfall oder hatten sich die gesellschaftlichen Verhältnisse durch die aufkommende Reformation

---

5 Vgl. Stadtarchiv Grimma, Sect. I, No. 15a = LUDWIG SCHMIDT (Hrsg.), Urkundenbuch der Stadt Grimma und des Klosters Nimbschen (Codex diplomaticus Saxoniae regiae II/15), Leipzig 1895, 143f., Nr. 225 (Schiedsspruch Kurfürst Friedrichs und Herzog Johanns von Sachsen vom 07. 02. 1514).

6 Vgl. LATh-HStA Weimar, EGA, Reg. Kk 537, Bl. 11rv.12rv.

so verändert, dass Herzog Johann von Sachsen als zuständiger Landesherr nicht eingreifen wollte?

Zugleich muss bedacht werden, dass durch das Aufkommen neuer wirtschaftlicher Mechanismen wie dem Verlagswesen oder dem Entstehen von Handelsgesellschaften nicht mehr nur die Sicherung des Lebensunterhalts des Einzelnen im Vordergrund stand, sondern die Produktion von Gütern, die einer Gewinnmaximierung dienen sollten. Preise konnten durch Monopolisierungen leichter in die Höhe getrieben werden. Durch Spezialisierungen kam es zur Ausbildung von Zentren für bestimmte Waren. Diesem Streben des Einzelnen nach Mehrung seines Besitzes stand das Interesse der Landesherrschaft entgegen, stabile Steuern einzunehmen, die für den Landesausbau dringend benötigt wurden.

Da sich die ländlichen Produktionsbedingungen durch verschiedene Faktoren – zu denken ist beispielsweise an Bevölkerungswachstum oder Verlust des Landes durch Überschuldung – verschlechterten, suchten viele landlose Menschen ihr Glück in den Städten. Allerdings hatten sie hier nur begrenzte Verdienstmöglichkeiten.[7] Dies war ein weiterer Faktor für soziale Unzufriedenheit, weil sozial schlechter gestellte Personen die zum Teil erhöhten Preise für Konsumgüter nicht mehr bezahlen konnten. Gerade in den Städten wirkte sich diese Preisrevolution verheerend aus: Hier waren die sozialen Unterschiede wohl am deutlichsten bemerkbar, weil beispielsweise auf der einen Seite reiche Handwerker zusätzlich mit ihren Gewinnen wirtschafteten, während Tagelöhner nur notdürftig ihren Lebensunterhalt sichern konnten.

Die Suche nach Schuldigen für den Preisverfall konnte dabei sehr unterschiedlich ausfallen. Der Regensburger Domprediger Balthasar Hubmaier wurde 1518 beispielsweise der Stadt verwiesen, weil er gegen die Juden gepredigt hatte, die ihr Geld zu Wucherzinsen verleihen würden.[8] In anderen Orten waren nicht die Juden Opfer sozialer Spannungen, sondern es bestand eine permanente Polemik gegen Klöster, die großen Grundbesitz besaßen oder für ihre Häuser keine Steuern bezahlten.[9]

---

7 Vgl. PHILIPP ROBINSON RÖSSNER, Deflation – Devaluation – Rebellion. Geld im Zeitalter der Reformation (VSWG-Beihefte 219), Stuttgart 2012.

8 Vgl. HANS-MARTIN KIRN, Das Bild vom Juden im Deutschland des frühen 16. Jahrhunderts. Dargestellt an den Schriften Johannes Pfefferkorns (Texts and studies in medieval and early modern Judaism 3), Tübingen 1989, 85.

9 Für Kursachsen könnte auf das Beispiel Herzberg verwiesen werden, wo um 1514 zwischen dem Stadtrat und dem Augustinereremitenkloster genau diese Frage

2. Martin Luthers Standpunkt zu Besitz und Wucher

Diese Entwicklungen blieben der Wittenberger Reformatorengruppe nicht verborgen: Luther zeigte sich in den Diskussionen vor allem als ein Theologe mit einem dezidierten Standpunkt, der auch Auswirkungen auf ökonomische Fragen hatte.[10] Beachtet man diese theologischen Prämissen nicht, könnte man allerdings den Eindruck gewinnen, wirtschaftliches Denken habe ihm ferngelegen. Dabei beurteilte er Geld nicht aus ökonomischer, sondern aus theologischer Perspektive. Für die gesteigerte Funktion des Geldes konnte er nicht die angemessene Würdigung aufbringen. Geld war für Luther negativ konnotiert, weil sein Besitz nicht fröhlich macht, sondern Sorgen bereitet.[11] Wegen des Geldes, das zu Geiz oder zu Wucher verführt, vergessen die Menschen ihre eigene Seligkeit, so sein Urteil.[12] Dabei stand ihm sicher fest: »Allein Gott nähret und erhält uns, nicht Geld und Gut.«[13] Aus theologischer Sicht gab es keinen Bereich, der nicht aus der Perspektive Gottes zu beurteilen war. Insofern musste sich auch der Bereich der Wirtschaft, der für den Einzelnen im persönlichen Besitz zu greifen war, einer theologischen Überprüfung stellen, weil er zu den Ordnungen der Welt gehörte.

Luthers Argumentation gegen den Wucher seit 1519 knüpfte konsequent an die bisherigen kirchlichen Positionen an,[14] indem er grundsätzlich ein Zinsverbot befürwortete. Seit dem Konzil von Nizäa im Jahr 325 war es Klerikern verboten, Zinsen zu nehmen. Karl der Große hatte dieses Verbot auch

---

umstritten war: Warum zahlte das Kloster auf Grundstücke und Liegenschaften keine Steuern? Vgl. dazu LATh-HStA Weimar, EGA, Reg. Kk 673.

10 Vgl. die unterschiedlichen Interpretationen von: Heinz Reymann, Glaube und Wirtschaft bei Luther, Gütersloh 1934; Peter Berns, Die Gesellschafts- und Wirtschaftsauffassung bei Martin Luther, Berlin/Wien/Zürich 1938; Hermann Barge, Luther und der Frühkapitalismus (SVRG 168/1), Gütersloh 1951; Günter Fabiunke, Martin Luther als Nationalökonom, Berlin 1963; Hans-Jürgen Prien, Luthers Wirtschaftsethik, Göttingen 1992; Ricardo W. Rieth, Luthers Antwort auf wirtschaftliche und soziale Herausforderungen seiner Zeit, in: LuJ 76 (2009), 137–158; Andreas Pawlas, Die lutherische Berufs- und Wirtschaftsethik. Eine Einführung, Neukirchen-Vluyn 2000.

11 Vgl. WA Tr 3, 190–192, Nr. 3145a–c.

12 Vgl. WA Tr 6, 50f., Nr. 6576.

13 WA Tr 3, 192, Z. 11.

14 Vgl. Jacques le Goff, Wucherzins und Höllenqualen. Ökonomie und Religion im Mittelalter, Stuttgart 1988; Hans-Jörg Gilomen, Wucher und Wirtschaft im Mittelalter, in: HZ 250 (1990), 265–301.

für Laien bindend gemacht. Nach einer Reihe von Diskussionen im Mittelalter, die zu vielfältigen Lockerungen oder Verschärfungen des Zinsverbots geführt hatten, verbot das Konzil von Wien unter Papst Clemens V. im Jahr 1319 jeden Wucher. Für die Argumentation konnte sich die Kirche auf die Bibel berufen. Im Wesentlichen wurden dafür immer wieder die gleichen Belegstellen herangezogen:

> 2. Mose 22,24
> *Wenn du Geld verleihst an einen aus meinem Volk, an einen Armen neben dir, so sollst du an ihm nicht wie ein Wucherer handeln; ihr sollt keinerlei Zinsen von ihm nehmen.*
>
> 3. Mose 25,35–37
> *Wenn dein Bruder neben dir verarmt und sich nicht mehr halten kann, so sollst du dich seiner annehmen wie eines Fremdlings oder Beisassen, dass er neben dir leben könne; und du sollst nicht Zinsen von ihm nehmen noch Aufschlag, sondern sollst dich vor deinem Gott fürchten, dass dein Bruder neben dir leben könne. Denn du sollst ihm dein Geld nicht auf Zinsen leihen noch Speise geben gegen Aufschlag.*
>
> Mt 5,40–42
> *Und wenn jemand mit dir rechten will und dir deinen Rock nehmen, dem lass auch den Mantel. Und wenn dich jemand eine Meile nötigt, so geh mit ihm zwei. Gib dem, der dich bittet, und wende dich nicht ab von dem, der etwas von dir borgen will.*
>
> Lk 6,35
> *Vielmehr liebt eure Feinde und tut Gutes und leiht, ohne etwas dafür zu erhoffen. So wird euer Lohn groß sein, und ihr werdet Kinder des Höchsten sein; denn er ist gütig gegen die Undankbaren und Bösen.*

Da Geld eingeführt worden war, um Waren leichter kaufen und verkaufen zu können, sollte es auch nur als Gegenwert für eine konkrete Ware dienen, so argumentierten viele mittelalterliche Theologen. Dass Geld sich vermehren könnte, ohne dass ein adäquater Gegenwert dahinterstand, war für viele antike oder mittelalterliche Denker nicht nachvollziehbar. Gleiches galt für einen Kredit: Das geliehene Geld sollte als Gegenwert für eine konkrete Ware stehen, die man sich damit kaufen konnte. Wurden Zinsen für den Kredit genommen, erhöhte sich tatsächlich die Kaufsumme für eine bestimmte Ware. Der Tübinger Theologe Gabriel Biel (1415–1495) hingegen hatte argumentiert, dass man für geliehenes Geld ebenfalls Geld zahlen müsse, weil der Kreditnehmer damit wirtschafte und daraus seinen Nutzen ziehe.[15]

Jedoch gab es durch kreative Rechtskonstruktionen verschiedene Möglichkeiten, das Zinsverbot zu umgehen. Das am häufigsten gewählte Mittel war wahrscheinlich der *Rentenkauf*.[16] Dabei verkaufte der Kreditnehmer dem Kreditgeber ein Grundstück, das er allerdings umgehend zur Nutzung zurückerhielt. Der Kreditgeber bekam im Gegenzug eine jährliche Rente in Form von Geld oder Naturalabgaben. Als Pfand für eine nicht gezahlte Rente bestand das Grundstück, auf das der Rentennehmer zugreifen konnte. Allerdings lohnte sich dieses Modell nur, wenn die ausgeliehene Summe rasch zurückgezahlt wurde, da die vereinbarte Rente unabhängig von der Laufzeit galt. Wurde die gesamte Summe nicht bald zurückgezahlt, konnte die jährlich zu zahlende Rente die wiederkäufliche Summe des Rentenkaufs bald übersteigen. Im Augsburger Reichstagsabschied von 1500 wurde zwar ausdrücklich der Wucher verboten, dafür aber der *Zinskauf* erlaubt, weil er »allenthalben in den Landen gemein« war.[17] Dabei wurde Geld für einen vorher festgelegten Zinssatz verliehen, den der Zinsnehmer zu zahlen hatte.

Für das oben erwähnte Beispiel des Grimmaer Bürgermeisters, der das Feld seines Schwagers nicht erben konnte, weil es überschuldet war, bedeutet dieser Hintergrund Folgendes: Wahrscheinlich hatte sein Schwager mit den Augustinereremiten einen Rentenkauf abgeschlossen und schon über Jahre jährliche Gelder gezahlt, ohne die Hauptsumme zurückzahlen zu können. Sein Land stellte nun den Gegenwert für das einmal getätigte Geschäft dar. Der Erbnehmer musste demzufolge entweder weiter jährliche Renten zahlen oder die Hauptsumme einmalig ablösen. Wie der Streit zwischen Bürgermeister und Augustinereremiten zu Grimma ausging, ist nicht bekannt. Möglicherweise begrüßte der Grimmaer Bürgermeister das Aufkommen der Reformation, weil er sich dadurch eine Veränderung der wirtschaftlichen Verhältnisse erhoffte.

---

15 Vgl. Berns, Die Gesellschafts- und Wirtschaftsauffassung (s. Anm. 10), 121.

16 Vgl. Hans-Jörg Gilomen, Rente, -nkauf, -nmarkt, in: LMA 7 (1995), 735–738.

17 Vgl. Heinrich Christian von Senckenberg/Johann Jacob Schmauss (Hrsg.), Neue und vollständigere Sammlung der Reichs-Abschiede, welche von den Zeiten Kayser Conrads des II. bis jetzo, auf den Teutschen Reichs-Taegen abgefasset worden / sammt den wichtigsten Reichs-Schlüssen, so auf dem noch fürwährenden Reichs-Tage zur Richtigkeit gekommen sind […]; Teil 2: Reichs-Abschiede von dem Jahr 1495. bis auf das Jahr 1551. inclusive, Franckfurt am Mayn 1747 (ND Osnabrück 1967), 81.

Mehrfach setzte sich Luther dezidiert mit der Frage nach dem Wucher – als Kaufwucher und Zinswucher – auseinander, wobei er seine Position immer wieder konkretisierte und den gegebenen Anfragen anpasste. Einen Unterschied zwischen Wucher und Zinsen machte Luther – wie übrigens auch der Eisenacher Prediger Jakob Strauß – nicht. Er entwickelte seine sozialethische Position aus seiner biblischen Exegese heraus. Allerdings stellten die ökonomischen Betrachtungen keinen Sonderpunkt seiner Ethik dar, sondern waren eingebettet in seine Obrigkeits- und Ständelehre sowie seine theologische Anthropologie, die mit der menschlichen Habsucht als entscheidendem Handlungsmotiv rechnete.[18] Zunächst publizierte er 1519 seinen »Sermon vom Wucher«,[19] der später als »Kleiner Sermon vom Wucher« bezeichnet wurde. Diese Predigt musste 1520 in einer erweiterten Neubearbeitung aufgelegt werden, weil es in Wittenberg Einwände gegen den Text gegeben hatte. Luther schärfte durch die Bearbeitung seine Argumentationslinie. Bald nannte man diese Ausgabe den »Großen Sermon vom Wucher«.[20]

Durch die rigorose Haltung des Eisenacher Predigers Jakob Strauß zum Zinsnehmen in der christlichen Gemeinde wurde Luther zu einer Auseinandersetzung mit dessen Argumenten herausgefordert. Im Oktober 1523 sollte der Wittenberger Reformator für Kanzler Gregor Brück eine Stellungnahme zu Strauß' Büchlein »Haubtstuck vnd artickel Christenlicher leer wider den vnchristlichen wuecher« abgeben, in dem dieser nahezu alle Bereiche der Geldwirtschaft als unchristlich angeprangert hatte.[21] Grundsätzlich stimmte Luther der theologischen Position zu, »daß der Zinskauf, wie er bisher im Schwang und ganghaftig gewest, unchristlich ist«[22]. Ein »Aber« markiert die Grenze, die Luther zu überschreiten nicht gewillt war:

---

18 Vgl. Ricardo Rieth, »Habsucht« bei Martin Luther. Ökonomisches und theologisches Denken, Tradition und soziale Wirklichkeit im Zeitalter der Reformation (AKThG 1), Weimar 1996.

19 WA 6, (1) 3–8. Offenbar wurde diese Schrift an vielen Orten stark beachtet. So schrieb Oswald Myconius am 10. Juni 1520 an Huldrych Zwingli, dass er Luthers Sermon vom Wucher zwar noch nicht gelesen habe, aber er noch darauf hoffe, dass diese Schrift auch nach Luzern gelangt; vgl. Oswald Myconius, Briefwechsel 1515–1552. Regesten bearbeitet von Rainer Henrich. Bd. 1, Zürich 2017, 144, Nr. 54.

20 WA 6, (33) 36–60.

21 Vgl. VD16 S 9481.

22 Vgl. WA Br 3, 176, 5f., Nr. 673.

> »Das Fährlichst aber in diesem Buchlin ist, daß er lehret, der Zinsmann sei schuldig, die Zinse nicht zu reichen dem Wucherer; anders wurde er dem Wucherer verwilligen und mit ihm sündigen. Das ist nicht recht. Dann der Zinsmann hat wohltan und ist entschuldigt, wann der dem Zinsherrn den Wucher ansagt und das Unrecht bekennet. Aber dennoch soll er sich selbst nicht rächen, sundern verwilligen, zu geben dem Ungerechten«[23].

Theologie ist nicht Politik. Beide Bereiche sind streng voneinander geschieden. So wie sich die Landesherrschaft nicht in die Theologie einmischen sollte, durfte umgekehrt auch kein Prediger zu so konkreten ökonomischen Handlungen, wie Strauß dies tat, aufrufen, die die bestehende Ordnung der Welt gefährdeten. Das Reich Gottes folgt anderen Regeln als das Reich der Welt. Wenn es also ungerechte wirtschaftliche Zustände gäbe, sollten diese der Obrigkeit gemeldet werden, die als christliche Obrigkeit die Aufgabe hat, für Ordnung und Frieden zu sorgen und jeglicher Tyrannei zu wehren, so die Argumentation des Reformators.[24]

Vor allem aufgrund des Auftretens von Jakob Strauß in Eisenach wurde Luther 1524 nochmals gezwungen, sich mit ökonomischen Fragen auseinanderzusetzen. Deshalb gab er seinem »Großen Sermon vom Wucher« einen neuen grundsätzlichen Vorspann und veröffentlichte den Text unter dem Titel: »Von Kaufhandlung und Wucher«.[25] Im neu verfassten ersten Teil der Schrift beurteilte er den Handel, bei dem es durch verschiedene Geschäftspraktiken oft zu überhöhten Preisen kam. Den zweiten Teil bildete sein »Sermon vom Wucher«. Darin hatte Luther drei Grundsätze für den Umgang mit weltlichen Gütern aufgestellt:

1. Ausgehend von der Bergpredigt Jesu (Mt 5,40–42) konstatierte Luther, dass ein Christ seinen Besitz demjenigen frei geben soll, der ihn von ihm einfordert. Ein Christ kann sich auch im Handel getrost täuschen lassen,

---

23 WA Br 3, 176,18–24.

24 Die Ansichten von Strauß wurden im frühen Täufertum rezipiert, wie ein Brief von Konrad Grebel, Andreas Kastelberg, Felix Mantz und anderen an Thomas Müntzer belegt, vgl. Thomas Müntzer, Briefwechsel, in: Helmar Junghans/Armin Kohnle (Hrsg.), Thomas-Müntzer-Ausgabe. Kritische Gesamtausgabe, Bd. 2, Leipzig 2010, 347–366, bes. 355 und 365; Andrea Strübind, Eifriger als Zwingli. Die frühe Täuferbewegung in der Schweiz, Berlin 2003, 232–236.559f.

25 Vgl. WA 15, (279) 293–313; vgl. Paul Althaus, Die Ethik Martin Luthers, Gütersloh 1965, 110f.

weil er einen Schatz im Himmel besitzt. Gleichwohl ist der Obrigkeit aufgetragen, den weltlichen Besitz zu schützen.

2. Ein Christ soll im Vertrauen auf Gottes Güte einem Bedürftigen umsonst und ohne Einschränkung geben. Darunter fällt auch, dass er sich um Arme kümmern soll. Manche geben aber nur Freunden, Feinde werden hingegen übergangen. Das Gebot zu helfen ist aber allgemein. Als völlig verfehlt verwirft Luther die Sitte, in Erwartung des Seelenheils nur Stiftungen an Klöster oder Kirchen oder für Messen zu errichten. Indem er das Stiftungswesen verwirft, führt er Maßstäbe für eine neue Frömmigkeit ein, die aus dem Evangelium gespeist wird. Geld kann im Bereich der Religion nicht helfen, sondern nur und ausschließlich der Glaube.
3. Im Anschluss an Mt 5,42 und Lk 6,34 soll ein Christ gern Dinge oder Geld verleihen, ohne dafür Zinsen zu nehmen. Er soll selbst auf die Bedingung verzichten, das Geld zurückzubekommen.

Als Anhang taucht 1524 der Gedanke auf, dass eine gerechtere Geldverteilung durch den Zehnten – statt durch Steuern – gewährleistet werden könnte. Würde jeder einen festgesetzten Teil seiner Einkünfte abgeben, gäbe es ein gerechtes Wirtschaftssystem in der Welt.[26]

Dass Luther sehr wohl zwischen Theologie und Ökonomie unterscheiden konnte, zeigte sich im Mai 1525 in seinem Gutachten für den Rat der Stadt Danzig.[27] Der Reformator stellte darin zuerst den Grundsatz auf, dass man nicht durch das Evangelium regieren könne. Alle Lehren des Evangeliums waren strikt vom weltlichen Regiment, das mit Gesetzen arbeitet, zu unterscheiden. Das Evangelium soll nur gepredigt werden:

> »Das evangelische Regiment soll der Prediger alleine mit dem Munde treiben und einem jeglichen seinen Willen allhier lassen«[28].

Nach Mt 5,42 ist der Zinskauf eine unevangelische Menschenerfindung. Dies darf man in den Predigten durchaus öffentlich sagen. Wer Geld gegen Zinsen verleiht, handelt also nicht nach dem Evangelium. Gleichwohl sind dem Zinsgeber die Zinsen zu zahlen, weil man ihnen vertraglich zugestimmt hat. Eine

---

26 Vgl. WA 15, 321; vgl. auch Luthers Predigt »Vom Zinsgroschen« aus dem Jahre 1535: WA 37, XLf. 583–604.

27 Vgl. WA Br 3, 484–486.

28 WA Br 3, 484,11–13.

Ausnahme stellten überzogene Zinsen dar: Zinsen sollten deshalb immer moderat gestaltet sein. Wenn sie zu hoch sind, kann der Zinsnehmer die Zahlung aber nicht einfach verweigern. Dies wäre ein Raub am Zinsgeber. Zinsen sind für Luther zulässig, wenn sie 5 Prozent nicht übersteigen und ein Pfand dahintersteht. Sollte der vereinbarte Ertrag nicht erreicht werden, so sollte auch der Zinsgeber das Risiko mittragen und weniger Zinsen einnehmen. Zinsen sind ebenfalls zulässig, wenn Arme davon leben. Luther plädiert also für eine Individuallösung, die darauf verweist, dass Ökonomie eine Kunst ist, die dem Leben dienen soll. Wie in seiner Abhandlung »Von Kaufhandlung und Wucher« spricht sich Luther für eine Regulierung der Zinshöhe durch die Obrigkeit, die die Hüterin der gesellschaftlichen Ordnung ist, aus.

Von dieser Argumentation aus beobachtete Luther sehr genau die wirtschaftlichen Entwicklungen in seinem Umfeld. Dass er sich an die Scheidung zwischen Theologie und Ökonomie hielt, beweist ein Vorgang von 1539. In Wittenberg verlangten Kaufleute für ihre Waren, insbesondere Lebensmittel, überhöhte Preise. Durch stillstehende Mühlen kam es zu einer Lebensmittelverknappung. Deshalb schrieb er am 9. April 1539 erbost an seinen Landesherrn, Kurfürst Johann Friedrich von Sachsen, um ihm den Fall zu schildern, damit er eingreifen könne:

> »Es ist hier zu Lande eine plötzliche Theurung und unversehener Hunger eingefallen, daß es Wucher ist, daß wir gezwungen werden, E.C.F.G. als Herren und Vater des Landes anruffen umb Hülff und Rath. Was vor Vorrath allhier zu Wittenberg sey, wissen E.C.F.G. ohne zweifel zu rechnen. Jetzo muß Wittenberg die Städtlein Kemberg und Schmiedeberg mit gebacknen Brodte speisen, daß der Rath mir saget, es gehe mehr Brods hinaus auffs Land, denn hier in der Stadt verspeiset wird. Noch halten etliche, daß solche Theurung nicht so gar aus Mangel als aus Geitz und Boßheit der reichen Junckern komme, und ist des Redens mancherley und seltzam, darein ich nichts sagen kann. Wol sagt man, daß N.N habe sich lassen hören, er wolle kein Körnlein verkauffen, biß ein Scheffel gelte 1. alt Schock oder 1. Gulden, dazu soll das Korn aus dem Lande geschafft und verführet seyn. Doch thut die Elbe auch hierzu viel, daß man nicht mahlen noch backen kan, weil die Schloßmühle muß vor Wasser stille stehen. Es ist eine kleine Anfechtung, die doch groß wird werden, wo E.C.F.G. nicht hierinnen Hülffe und Rath schaffet.«[29]

---

[29] Vgl. WA Br 8, 404 f., Nr. 3319.

Wenige Monate später erschien im Frühjahr 1540 Luthers Schrift »An die Pfarrherrn wider den Wucher zu predigen«.[30] Darin forderte er unter Rekurs auf seine Wucherschrift von 1524 die Pfarrer auf, von den Kanzeln herab die große Gefahr des Wuchers öffentlich zu machen: »Das Wucher sey keine Tugend, sondern grosse sunde und schande.«[31] Wucher schade der Gesellschaft, wie dies aus der Antike bereits bekannt sei. Deshalb sollten die Pfarrer zunächst gegen den Wucher predigen. Notorischen Wucherern sollten sie als Maßnahme der Kirchenzucht die Sakramente verweigern. Dies würde auch für Wucherer gelten, die im Sterben lägen, die wie Heiden zu behandeln seien. Wucher stellte eine Handlung gegen Gott und seine Ordnung dar, die zu strafen war.

Zinsen im kirchlichen Bereich beschäftigten die Visitatoren und Wittenberger Reformatoren seit 1527. Kurfürst Johann hatte in seiner Visitationsinstruktion befohlen, die Pfarrer vor Ort von diesen Problemen etwas zu entlasten und – mehr oder weniger Luthers Vorschlag folgend – die Verträge auf ihre Rechtmäßigkeit und Verhältnismäßigkeit hin prüfen:

> »Nach dem auch an etzlichen orten die widerkeuflichen zins, darauf die stiftungen bisanher gewidembt gewest, dermassen erkauft das etzliche prediger und pfarner der gewissen halben beschwert dieselben zuentpfahen, sollen unser verordente visitatores, so inen derwegen anzeigung beschicht nach gestalt der umbstende und circumstantien der widerkeuf und contracten einsehung thuen.«[32]

Unbedingt muss darauf hingewiesen werden, dass Luthers Position zum Wucher für die anderen Wittenberger Reformatoren wie Philipp Melanchthon richtungweisend war.[33] Keiner von den anderen Wittenberger Theologen hat sich so klar und intensiv mit diesem Thema auseinandergesetzt wie Luther. Melanchthon erinnerte bis an sein Lebensende, wenn er zum Thema Wucher

---

30 WA 51, (325) 331–424.

31 WA 51, 332,25.

32 EMIL SEHLING (Hrsg.), Die evangelischen Kirchenordnungen des 16. Jahrhunderts Bd. 1/1, Leipzig 1902 (ND Tübingen 1979), 145.

33 Vgl. Melanchthons Bauernkriegsgutachten (*Eyn schrifft Philippi Melanchthon widder die artickel der Bawrschafft*) für Kurfürst Ludwig von der Pfalz aus dem Jahr 1525, in: ROBERT STUPPERICH (Hrsg.), Melanchthons Werke in Auswahl. Bd. 1: Reformatorische Schriften, Gütersloh 1951, (190–214) 207f. (Von Zinß). Zu Bugenhagen vgl. TIM LORENTZEN, Johannes Bugenhagen als Reformator der öffentlichen Fürsorge (SMAHR 44), Tübingen 2008.

befragt wurde, stets an Luthers entschiedene Haltung.[34] Auch von ihm gibt es Gutachten zu dieser Frage, z.B. für den dänischen König Christian III. (1503–1559) von 1553,[35] die aber einen anderen Argumentationsansatz verfolgten[36] und nie eine solche Breitenwirkung erlangt haben wie Luthers Schriften. Mit ihnen war die Haltung der Wittenberger Reformation zu diesem Thema zunächst formuliert.

3. »Wider den Geiz« – Der Standpunkt des Luthertums

Luthers konsequente Schüler des 16. Jahrhunderts folgten ihrem Lehrer in seiner Haltung zum Wucher und lehnten alle überhöhten Zinsen grundsätzlich ab. Bereits 1552 und 1554 wurden in Magdeburg einzelne Abschnitte von Luthers Wucherschriften in einem Druck bei Michael Lotter zusammengefasst.[37] Offenbar sahen die sogenannten Gnesiolutheraner den Wucher als ein Zeichen der nahenden Endzeit an, die ihrer Meinung nach bald einsetzen würde.[38]

1564 brach im schwarzburgischen Rudolstadt ein Streit aus, der über ein Jahr währte, weil Pfarrer Bartholomäus Gernhard, der ebenfalls zu den Gnesiolutheranern zu zählen ist, die Ratschläge Luthers in seiner Gemeinde angewandt hatte.[39] Als Georg von Schönberg und Georg von Schönfeld zu ihm kamen, verweigerte er ihnen das gewünschte Abendmahl, weil beide Geld mit einem Zinssatz von 5 bis 6 Prozent verliehen hatten. Der Streit wurde über ein Jahr lang ausgetragen. Trotz mehrerer angeforderter Gutachten, da-

---

34 Vgl. MBW 1916, 2329, 2336, 3765, 7334, 7340, 7343, 8178 und 8870.

35 Vgl. MBW 6823 und 6824. Vgl. auch das Gutachten von 1555 unter MBW 7675. Der Text ist bislang nur zugänglich in: CR 16, 495–508.

36 Melanchthon argumentierte mehr vom Naturgesetz her, vgl. Isabelle Deflers, Lex und ordo. Eine rechtshistorische Untersuchung der Rechtsauffassung Melanchthons (Schriften zur Rechtsgeschichte 121), Berlin 2005.

37 Vgl. Martin Luther, Vom wucher vnd widerkeufflichen Zinsen, Magdeburg 1552 (VD16 L 3475) und 1554 (VD16 ZV 22804).

38 Vgl. Thomas Kaufmann, Das Ende der Reformation. Magdeburgs »Herrgotts Kanzlei« 1548–1551/2 (BHTh 123), Tübingen 2003, 223, 299, 386, 433.

39 Vgl. Bernhard Anemüller, M. Bartholomäus Gernhard und der Rudolstädter Wucherstreit im 16. Jahrhundert, Zugleich ein Beitrag zur Geschichte der Gräfin Katharina der Heldenmüthigen, nebst einiger bisher ungedruckten Briefe derselben, Rudolstadt 1861.

runter die der theologischen Fakultäten Wittenberg,[40] Leipzig und Tübingen konnte keine Einigung erzielt werden, weil sich die Gutachten widersprachen. So endete der Streit mit der Entlassung Gernhards.

Publizistisch wurde dieser Streit durch die gnesiolutherischen Pfarrer in der Grafschaft Mansfeld begleitet. Hier erschien 1565 die Schrift des aus Saalfeld stammenden Mansfelder Diakons Wolfgang Kaufmann († 1571) »Wider den verfluchten Wucher und alle desselben anhangende Geitzhendel«,[41] dem die Theologen Hieronymus Mencel und Cyriacus Spangenberg unterstützende Vorreden beigegeben hatten.[42] In Erfurt veröffentlichte Gernhard nach seiner Entlassung seine letzte Äußerung im Rudolstädter Wucherstreit, die Predigt »Wider den Geiz«,[43] in deren Vorrede er ausdrücklich auf die Zusammenstellung vieler Argumente durch Wolfgang Kaufmann hinwies. Eine Vorrede von Cyriacus Spangenberg sollte nicht nur Solidarität ausdrücken, sondern auch die Rechtmäßigkeit von Gernhards Standpunkt unterstreichen. Die Argumentation der streng lutherischen Theologen blieb nicht folgenlos: 1569 erließ Herzog Barnim XI. von Pommern in Stettin ein Mandat gegen den Wucher, das der Argumentation der Mansfelder Theologen folgte.[44]

Luthers sozialethische Ansichten zu Zins und Wucher wurden aber nicht nur im Luthertum in den Grenzen des Heiligen Römischen Reichs Deutscher Nation rezipiert. Sie wurden auch im europäischen Kontext ethischer Maßstab, wie die Wirkung auf Niels Hemmingsen (1513–1600) in Dänemark zeigt, der um 1560 in seiner Auslegung des Propheten Jona auf Luthers Posi-

---

[40] Das Wittenberger Gutachten ist abgedruckt in: Consilia theologica Witebergensia, Das ist / Wittenbergische Geistliche Rathschläge [...] In Vier Theilen / [...] Von Der Theologischen Facultät daselbsten, Frankfurt a. M. 1664, III 150.

[41] Vgl. Wolfgang Kaufmann, Wider den verfluchten Wucher. Vnd alle desselben anhangende Geitzhendel: Vmbschlege: vorteilige Wechsel: Einreittung / Leisten/ etc. Warhafftiger / bestendiger und in Göttlichen / Natürlichen / Keyserlichen/ weltlichen geschriebenen Rechten / wol gegründter Beicht vnd trewe Warnung / aus vieler Gelerten Buecher [...] zusamen gezogen Durch Wolffgangum Kauffman Sallueldensem. Zwo Vorreden. Eine M. Hieronymi Mencelij / Superintendentis / in der Graffschafft Mansfelt. Die Ander. M. Cyriaci Spangenbergij, Eisleben 1565 (VD16 K 555).

[42] Vgl. Lothar Berndorff, Die Prediger der Grafschaft Mansfeld. Eine Untersuchung zum geistlichen Sonderbewusstsein in der zweiten Hälfte des 16. Jahrhunderts, Potsdam 2010, 295.

[43] Vgl. Bartholomäus Gernhard, Wider den Geitz. Eine Predig: Zu Christlicher Warnunge gethan. Mit einer Vorrede M. Cyriaci Spangenberg, Erfurt 1566 (VD16 ZV 15319).

[44] Vgl. Berndorff, Die Prediger der Grafschaft Mansfeld, 286, (s. Anm. 42), 286.

tion zurückgriff.[45] Damit rechtfertigte er theologisch die wirtschaftspolitische Haltung seines Landesherrn, König Christian III.

Die Tendenz, dass mit dem theologischen Wucherverbot unterschiedlich umgegangen werden konnte, zeigte sich nicht nur im Rudolstädter Wucherstreit. Als es 1587 in Regensburg zu einem Wucherstreit kam,[46] standen sich ebenfalls verschiedene Argumentationslinien gegenüber. Zum Streit war es hier gekommen, weil eine Teuerung von den Predigern Michael Linsenbarth und Dietrich Rosinus theologisch angegriffen wurde. Mit Luthers Argumentation verwarfen sie jede Form von Wucher. Aufgrund persönlicher Beleidigungen zog sich der Streit über ein Jahr hin. Nach Disputationen, die von Jakob Andreae geleitet wurden, galten die Wucherprediger als widerlegt und mussten die Stadt verlassen.[47]

Zweifelsohne wirkte Luthers strikte Position auch auf das Luthertum des 17. Jahrhunderts, wie sich an Aussagen des Jenaer Theologen Johann Gerhard (1582–1637) zeigen ließe.[48] Doch diese Linie zu verfolgen, würde den Rahmen dieses Beitrags sprengen. Nur am Rande sei erwähnt, dass im Laufe des 17. Jahrhunderts ein Wandel im wirtschaftlichen Denken einsetzte, der sich im Reichstagsabschied von 1654 manifestierte, der einen größeren Rahmen für das Zinsnehmen gestattete.[49]

---

45 Den Hinweis verdanke ich Mattias Skat Sommer (Aarhus).

46 Vgl. FRIEDRICH LOY, Der Regensburger Wucherstreit. Ein Beitrag zum Kampf des Luthertum gegen den Kapitalismus, in: ZbKG 31 (1925), 3–28.

47 Vgl. JAKOB ANDREAE, Vier Christliche Predigten / Vber ettliche Euangelia im Aduent. Darinnen neben Summarischer Außlegung derselben / der eingefallene Streitt vom Wucher aus Gottes Wort entscheiden. Zu Regenspurg in der newen Pfarr, Regensburg 1588 (VD16 A 2712); DERS., Abfertigung Des Ungegruendten Gegenberichts der zu Regenspurg Anno 1587. geurlaubten Prediger. Sampt Eines Erb. Cammerer vnd Rahts daselbsten / angehenckten Bericht / Vnd Christlich Bedencken der Juristen Facultet zu Tuebingen / Vom Wucher. Allen frommen Christen / besonders den / durch des Papsts verdampte Lehr vom Wucher / verwirrten Gewissen / nutzlich zulesen, Tübingen 1589 (VD16 A 2480; VD16 R 544; VD16 T 2184); SABINE HOLTZ, Theologie und Alltag. Lehre und Leben in den Predigten der Tübinger Theologen 1550–1750, Tübingen 1993, 229–236.

48 JOHANN GERHARD, Schola Pietatis. Das ist: Christliche und Heilsame Unterrichtung, Was Für Ursachen einen jeden wahren Christen zur Gottseligkeit bewegen sollen / auch welcher Gestalt er sich an derselben üben soll [...], Nürnberg 1719, 1020 f.

49 Vgl. Neue und vollständigere Sammlung der Reichs-Abschiede [...]. Teil 3: Reichs-Abschiede von dem Jahr 1552. bis 1654. inclusive, Franckfurt am Mayn 1747, 672.

4. Resümee

Die vorliegende Skizze zeigt, dass mindestens Teile der Gesellschaft in Kursachsen am Vorabend der Reformation für ungerechte wirtschaftliche Strukturen sensibilisiert waren. Dieses Unzufriedenheitspotential entlud sich später teilweise im Bauernkrieg. Zu einer generellen Lösung in Bezug auf Klöster als Grundherren oder Zinsgeber, die die städtische Wirtschaft beeinflussten, kam es vor der Reformation jedoch nicht. Vielmehr schlichteten kursächsische Verwaltungseliten unterschiedliche Probleme in zahlreichen Einzelfällen. Offenbar förderten Friedrich und Johann von Sachsen die Klöster dadurch, dass sie sie der Observanz zuführten, was in der Regel eine strengere Befolgung der Ordensregeln zur Folge hatte. Sie sollten sich um das Himmelreich bemühen, während die Städte sich um die weltliche Ordnung und Wirtschaft kümmerten. In diesem Zusammenhang kam es auch punktuell zur Klärung der wirtschaftlichen Verhältnisse der Klöster, was zu einer Stärkung der städtischen Wirtschaft führen konnte.

Seit sich Luther im Jahr 1519 mit der Wucherproblematik auseinandergesetzt hatte, spielte dieses Thema eine Rolle im reformatorischen Diskurs bis hin zu den Forderungen der Bauern im Bauernkrieg. Ob es bereits zuvor öffentlich in diesem Maße diskutiert wurde, bleibt weiteren Untersuchungen vorbehalten. Luthers Publikationen und Gutachten zum Wucher waren eingebettet in sein theologisches Konzept. An seiner Auseinandersetzung mit den Wucherschriften des Eisenacher Predigers Jakob Strauß werden die Bruchlinien zu einem anderen theologischen Ansatz exemplarisch deutlich: Die Äußerungen von Strauß über den Wucher waren ebenfalls Teil seines theologischen Konzepts, das auf die Schaffung einer aus seiner Sicht evangeliumsgemäßen Gemeinde abhob. Ungerechte wirtschaftliche Strukturen standen demnach dem Evangelium entgegen und wurden deshalb von Strauß bekämpft. Während Luther auf die obrigkeitliche Regulierung des Wuchers rekurrierte, weil nur die weltliche Obrigkeit Frieden und Ordnung in der Welt durchsetzen konnte, plädierte Strauß für eine Verweigerung ungerechter Zinsen. Damit leitete er aus dem Evangelium eine unmittelbare Handlungsanweisung ab, ein Gesetz. Luther hingegen wollte Evangelium und weltliches Gesetz geschieden wissen. Zwar beriefen sich sowohl Strauß als auch Luther in ihren Argumentationen auf die gleichen biblischen Belegstellen, legten sie aber unterschiedlich aus. Die Exegese des Strauß war dabei ungleich kompromissloser und verstand die Texte wörtlich, während Luther im Hinblick auf eine Umsetzung wirtschaftsethischer Prinzipien in der Welt an bestehende Rechte auf der Grundlage des römischen Rechts und des Landrechts anknüpfte. Nach dem Bauernkrieg musste Strauß Eisenach verlassen, weil seine theologische Lehre nicht mehr geduldet wurde. Vielmehr setzte sich die Position der Wittenberger Reformatoren durch. Das Thema des Wuchers und einer gerechten Wirtschaftsordnung blieb innerhalb der Wittenberger Reformation und dem entstehenden Luthertum präsent, ohne jedoch zu einer festen Lehre ausgebaut zu werden. Die Argumentationen lutherischer Theologen änderten sich erst nach dem Dreißigjährigen Krieg.

Die Entwicklung des Wuchertopos zur antijüdischen Polemik

Fritz Backhaus

»Ich hass ihn, weil er [Antonio] von den Christen ist,
Doch mehr noch, weil er aus gemeiner
Einfalt umsonst Geld ausleiht, und hier in Venedig
Den Preis der Zinsen herunterbringt.
[…]
Er hasst mein heilig Volk und schilt, selbst da
Wo alle Kaufmannschaft zusammenkommt, mich,
Mein Geschäft und rechtlichen Gewinn,
Den er nur Wucher nennt. – Verflucht mein Stamm,
Wenn ich ihm je vergebe.«[1]

William Shakespeares Komödie »Der Kaufmann von Venedig« wurde 1605 in London aufgeführt. Mit der Figur des Shylock hat er die bis heute am stärksten wirkende Verkörperung des Stereotyps des »reichen Juden« bzw. des »Wucherjuden« geschaffen. Vielfach aufgeführt, sehr unterschiedlich interpretiert, vereint Shylock all das, was von christlicher Seite den Juden unterstellt wird.[2]

Die Figur des Shylock bildet eine Art Brücke zwischen den mittelalterlichen Vorstellungen und unserer Gegenwart. Gerade auf den deutschen Bühnen versuchten Regisseure und Schauspieler nach 1945 immer wieder von Neuem Shylock gerecht zu werden und dem Stück den Antisemitismus auszutreiben.[3]

Der »Wucher«, der Shylocks blutrünstige Macht begründet – die Gegenleistung für den nicht zurückgezahlten Kredit beträgt ein Pfund Fleisch vom

---

1 William Shakespeare, Der Kaufmann von Venedig, 1. Akt, 3. Szene.

2 Vgl. Johannes Heil / Bernd Waker (Hrsg.), Shylock? Zinsverbot und Geldverleih in jüdischer und christlicher Tradition, München 1997.

3 Hans-Peter Bayerdörfer, Shylock auf der deutschen Bühne nach der Schoah, in: a. a. O., 261–280; Anat Feinberg, Vom bösen Nathan und edlen Shylock. Überlegungen zur Konstruktion jüdischer Bühnenfiguren in Deutschland nach 1945, in: Zeno Ackermann / Sabine Schülting (Hrsg.), Literarischer Antisemitismus nach Auschwitz. Zur Geschichte einer deutschen Erinnerungsfigur, Berlin 2011, 41–46.

Körper des christlichen Kaufmanns Antonio – dieser Wucher ist ein zentrales Thema Luthers und anderer Vertreter der Reformation. Martin Luther selbst veröffentlichte 1519 und 1520 den sogenannten Kleinen und Großen Sermon vom Wucher.[4] 1523 erschien die Predigt des Eisenacher Reformators Jakob Strauß »hauptstuck unnd Artickel Christlicher leer wider den unchristlichen wucher / darumb etlich pfaffen zu Eysnach so gar unruewig und bemüet seind.«[5] Luther reagierte darauf ein Jahr später mit der Schrift »Von Kaufhandlung und Wucher«, die in ihrem zweiten Teil den »Großen Sermon von dem Wucher« wiederholte.[6]

Was ist Wucher? Nach Strauß' Definition, der auch Luther folgt: Jede Form von Zinsen für ausgeliehenes Kapital. Warum sind Zinsen so verderblich? Sie verstoßen gegen das göttliche Gebot, dem Nächsten zu helfen und nicht von seiner Not zu profitieren. Wucher ist daher eine Todsünde und führt zur ewigen Verdammnis.

Die Position von Jakob Strauß war jedoch radikaler: Er drohte mit ewiger Verdammnis nicht nur denjenigen, die Zinsen forderten, sondern auch denjenigen, die bereit waren, die Zinsen zu zahlen. In der Konsequenz forderte er zu einem Zinsstreik auf. Martin Luther teilte zwar das grundsätzliche Zinsverbot, sah aber durch einen Zinsstreik die weltliche Ordnung in Gefahr und wies diese Forderung daher entschieden zurück.

Man würde erwarten, dass sich die Predigt von Jakob Strauß auch explizit gegen jüdische Geldverleiher richten würde. Das ist jedoch nicht der Fall. In den 51 Artikeln von 1523 werden nur an zwei Stellen Juden erwähnt:

Art. 11: »Hie hat sich der Wucher einträgen / das sich die Juden unter den Christen nit meer neren mögen.«[7]

---

[4] (Kleiner) Sermon von dem Wucher 1519, in: D. Martin Luthers Werke. WA 6, 1–8 und (Großer) Sermon von dem Wucher 1520, in: a. a. O., 33–60.

[5] Ein Faksimile-Abdruck der Predigt bei Joachim Rogge, Der Beitrag des Predigers Jakob Strauss zur frühen Reformationsgeschichte (Theologische Arbeiten 6), Berlin 1957, 167–172. Siehe den Abdruck und die Übertragung in heutiges Deutsch in diesem Band, 190–202.

[6] Von Kaufhandlung und Wucher, in: WA 15, Weimar 1899, 279–322; über das Verhältnis zu Jakob Strauß und seiner Schrift über den Wucher von 1523, a. a. O., 279 f.

[7] Rogge, Beitrag des Predigers Jakob Strauss, (s. Anm. 5), 169. In diesem Band, 194.

Art. 42 und 43: »Es haben etwan die Christilichen Fürsten / landßherrn und commun den wucher bey den juden abgelegt. … Yetzt handthabt man auch priester und Münch / auch Kirchen beym wucher.«[8]

Juden dienen offensichtlich nur als negative Folie, die die Verwerflichkeit der wuchernden Christen in besonderem Maße kennzeichnet. Um ihr Seelenheil geht es. Schlimmer als die Juden zu sein oder sich wie ein Jude zu verhalten, ist daher der ultimative Vorwurf im innerchristlichen Streit und zeigt die Verwerflichkeit der kritisierten Handlungen und Haltungen, insbesondere von Priestern, Mönchen und kirchlichen Institutionen, die von Zinsen leben.

Auch in Luthers Schriften gegen den Wucher kommen Juden nicht vor. Nur an einer Stelle bezeichnet er den Zins als »Juddische stucklein und tucklein«. Bemerkenswert ist aber, dass in seiner Schrift von 1519 über den Wucher das Titelblatt einen jüdischen Geldverleiher zeigt.[9] Offensichtlich verkörperte die Figur des Juden besonders drastisch das, was verboten werden soll und abgelehnt wird, nämlich die Zinsnahme.

Warum die Juden so selbstverständlich als negativer Maßstab dienen konnten, beantwortet beispielhaft die Serie antijüdischer Schriften Luthers, die in den 1530er Jahre einsetzte.[10] Am berüchtigtsten ist darunter die 1543 veröffentlichte Schrift »Von den Juden und ihren Lügen«[11], aus der folgende Passage stammt:

> »Und möcht ein Mensch, der den Teufel nicht kennt, sich wol verwundern, worumb sie (die Juden) den Christen fur andern so feind sind, da sie doch nicht ursachen zu haben, Denn wir inen alles gutes thun. Sie leben bey uns zu Hause, unter unserm Schutz und Schirm, brauchen Land und Strassen, Marckt und Gassen, Dazu sitzen die Fürsten und Oberkeit, schnarcken und haben das Maul offen, Lassen die Juden aus ihrem offenem Beutel und Kasten nemen, stehlen und rauben, was sie wollen, das ist: sie lassen sich selbs und ir Unterthanen durch der

[8] In diesem Band, 198 f.

[9] Die drei Varianten des Titelblattes von 1519/1520 abgebildet bei: Achim Detmers, Reformation und Judentum. Israel-Lehren und Einstellungen zum Judentum von Luther bis zum frühen Calvin (Judentum und Christentum 7), Stuttgart 2001, 74 f.

[10] Vgl. Thomas Kaufmann, Luthers Juden, Stuttgart 2014, 106 ff.; Heiko A. Oberman, Wurzeln des Antisemitismus. Christenangst und Judenplage im Zeitalter von Humanismus und Reformation, Berlin 1981, 150 ff.

[11] Von den Juden und ihren Lügen, in: D. Martin Luthers Werke. WA 53, 412–552.

> Juden Wucher schinden und aussaugen, und mit irem eigen Gelde sich zu Bettler machen. Denn die Juden, als in Elende (= Fremdlinge), sollten ja gewislich nichts haben, Und was sie haben, das mus gewislich unser sein. So arbeiten sie nicht, verdienen uns nichts abe, So schenken oder geben wirs inen nicht, Noch haben sie unser Geld und Gut, und sind damit unser Herrn in unserm eigen Lande und in irem Elende. Wenn ein Dieb zehen Gulden stilet, so mus er hencken, Raubet er auff der Strassen, so ist der Kopff verloren. Aber ein Jude, wenn er zehen tunne goldes stilet und raubet durch seinen Wucher, so ist er lieber, denn Gott selbs. Und zu warzeichen rhumen sie es getrost und stercken iren Glauben und gifftigen grol wider uns, sprechen unternander: Halt fest, Sihe, wie Gott mit uns ist, und sein Volck auch im Elend nicht verlesst. Wir erbeiten nicht, haben gute faule tage, die verfluchten Gojim müssen uns fur arbeiten, Wir aber kriegen ir Geld, damit sind wir ire Herren, Sie aber unsere Knechte.«[12]

Als Konsequenz verlangte Luther für die Juden »scharfe Barmherzigkeit«: Ihre Synagogen sollten zerstört, die hebräischen Bücher fortgenommen, der Geldverleih verboten werden. An Luthers Äußerungen, denen zahlreichere weitere aus den Schriften anderer Reformatoren an die Seite gestellt werden könnten, knüpfen sich Fragen, denen ich im Folgenden nachgehen möchte:

Was sind die Wurzeln für diesen Hass und für diese Vorstellungen über die Juden? Wie hängen das Wucherverbot und die realen Kreditgeschäfte jüdischer Bankiers und Pfandleiher zusammen? Warum wirken diese Vorstellungen bis heute nach?

Beginnen wir aber mit einem Blick auf die Situation der Juden zur Zeit der Reformation. Eigentlich gab es zu Beginn des 16. Jahrhunderts kaum noch größere jüdische Gemeinden im Reich.[13] Seit Ende des 14. Jahrhunderts waren die Juden aus fast allen großen Städten und vielen Territorien vertrieben worden. Die letzten großen Vertreibungen fanden 1510 in der Mark Brandenburg und 1519 in Regensburg statt. Die alten Zentren des aschkenasischen Judentums Speyer, Mainz, Köln, Nürnberg, Erfurt, Magdeburg, Breslau und Halle waren schon zuvor ausgelöscht worden. Frankfurt bildete die große Aus-

---

[12] A. a. O., 482 f.

[13] Zum Folgenden vgl. Friedhelm Burghard / Alfred Haverkamp / Gerd Mentgen (Hrsg.), Judenvertreibungen in Mittelalter und früher Neuzeit (Forschungen zur Geschichte der Juden Abt. A Bd. 9), Hannover 1999; Michael Toch, Die Verfolgungen des Spätmittelalters (1350–1550), in: Arye Maimon s. A. / Mordechai Breuer / Yacov Guggenheim (Hrsg.), Germania Judaica Bd. 3.3, Tübingen 2003, 2298–2327; J. Friedrich Battenberg, Die Juden in Deutschland vom 16. bis zum Ende des 18. Jahrhunderts (Enzyklopädie deutscher Geschichte 60), München 2001, 10 ff.

nahme und war die einzige Großstadt, die ihre jüdische Gemeinde nicht ausgewiesen hatte bzw. mit ihrem Versuch erst kurz zuvor 1515/16 am Widerstand des Kaisers gescheitert war.[14]

Die Vertreibungen des Spätmittelalters waren ein gesamteuropäisches Phänomen. Aus England waren die Juden bereits Ende des 13. Jahrhunderts ausgewiesen worden, aus Frankreich im 14. Jahrhundert, aus Spanien 1492 und aus Portugal 1506. Im deutschen Bereich verlagerte sich der Schwerpunkt der jüdischen Siedlungen auf das Land. Insbesondere in bestimmten Regionen wie Hessen, Franken und im Elsass gab es weiter kleinere Gemeinden oder verstreut lebende einzelne Familien, die in Dörfern und Kleinstädten dieser Regionen ein eher bescheidenes Auskommen fanden.[15] Aber auch dort blieb ihre Lage gefährdet und von Vertreibungen bedroht. Der Reformator Martin Bucer plädierte 1538 in einem Gutachten für Landgraf Philipp den Großmütigen von Hessen z. B. für eine Duldung nur unter härtesten Bedingungen.[16] Geldverleih und Handel sollten verboten, der Bau von Synagogen untersagt, die Juden zu Zwangspredigten verpflichtet und weitere harte Einschränkungen ihrer Lebensbedingungen angeordnet werden. Vorrangiges Ziel war es, ihren Übertritt zum Christentum zu erzwingen.

Juden waren aus dem Bild fast aller Städte und vieler Territorien verschwunden, so dass viele Zeitgenossen der Reformation und auch Luther kaum noch persönlich Juden treffen konnten.[17] Dennoch blieben die Vorstellungen über sie auf erstaunliche Weise präsent, insbesondere dass sie mit ihrem Geld über sehr große und verderbliche Macht verfügten. Zu erinnern ist: Auch als Shakespeare die Figur des Shylock erfand, lebten seit 300 Jahren keine Juden mehr in England.

Die Vorstellungen der Reformation über Wucher und über Juden knüpften aber an einen zu diesem Zeitpunkt bereits über 1000jährigen Diskurs an,

---

14 Fritz Backhaus, »Daß die Begünstigung der Juden und Bluthunde so groß sei […]«. Juden und Patrizier im alten Frankfurt, in: Archiv für Frankfurts Geschichte und Kunst 68, 2002, 125–150.

15 Vgl. Battenberg, Die Juden in Deutschland (s. Anm. 13).

16 Detmers, Reformation und Judentum (s. Anm. 9), 90 ff.; Friedrich Battenberg, Judenordnungen der frühen Neuzeit in Hessen, in: Neunhundert Jahre Geschichte der Juden in Hessen. Beiträge zum politischen, wirtschaftlichen und kulturellen Leben (Schriften der Kommission für die Geschichte der Juden in Hessen 6), Wiesbaden 1983, 83–122, hier 90 ff.

17 Zu den wenigen persönlichen Begegnungen Luthers mit Juden vgl. Kaufmann, Luthers Juden (s. Anm. 10), 7, 32 ff.

der mit den Kirchenvätern der Spätantike einsetzte. Nach Kirchenrecht war eigentlich jede Form des Geldverleihs gegen Zins, also Kredite, Warentermingeschäfte oder Ähnliches Christen untersagt.[18] Es beruht auf den mehrfach wiederholten Bestimmungen des Alten und Neuen Testaments, so in Exodus 22,24: »Wenn du Silber [Geld] leihst einem aus meinem Volk, dem Armen neben dir, sei gegen ihn nicht wie ein Schuldherr, leg ihm nicht Zins auf.« Oder in Lukas 6,34 f.: »Wenn ihr nur denen etwas leiht, von denen ihr es zurückzubekommen erhofft, welchen Dank erwartet ihr dafür? Auch Sünder leihen Sündern in der Hoffnung, alles zurückzubekommen. Ihr aber [...] sollt leihen, auch wo ihr nichts dafür erhoffen könnt.«

Wucher verstieß damit gegen göttliche Gebote und war mit einer ganzen Reihe von Todsünden verbunden: Habgier, Trägheit, Geiz, die alle mit der ewigen Verdammnis in der Hölle bedroht waren. Thomas von Aquin sah in der Zinsnahme einen Diebstahl, da etwas verkauft wird, nämlich die Zeit, die ausschließlich Gott gehört. Solcher Gewinn war widernatürlich, da nach Aristoteles Geld kein Geld zeugen kann und der Profit ohne Arbeit erzielt wurde – ein Verstoß gegen Gottes Gebot, im Schweiße seines Angesichts seinen Lebensunterhalt zu verdienen. Die für den Wucher angedrohten Höllenstrafen wurden in Predigten und in bildlichen Darstellungen drastisch und grausam vor Augen geführt. Bußprediger insbesondere der Bettelorden riefen durch ihre Predigten immer wieder zu Umkehr und zur Abwendung vom Wucher auf.

Es gab nur ein Problem in dem erbitterten Kampf gegen den Wucher – je komplexer und arbeitsteiliger die Wirtschaft seit dem Hohen Mittelalter insbesondere in den neu entstehenden Städten wurde, desto weniger konnte man auf Kredite und das heißt auf Zinsen verzichten. Auch wenn die Quellen sehr lückenhaft sind, so finden sich zahlreiche Zeugnisse, die deutlich machen, dass Kredite als selbstverständlicher Teil des wirtschaftlichen Alltags angesehen wurden.[19]

Kaufleute und Bankiers lebten in den Städten des Mittelalters dadurch aber auch in einem dauerhaften und eigentlich kaum auflösbaren Dilemma: Das, was sie täglich im Diesseits machten und was Reichtum und Wohlstand versprach, das konnte zur ewigen Verdammnis mit schauerlich ausgemalten

---

18 Matthias Theodor Kloft, Das christliche Zinsverbot in der Entwicklung von der Alten Kirche zum Barock. Eine Skizze, in: Johannes Heil/ Bernd Waker, Shylock? (s. Anm. 2), 21–34.

19 Vgl. Hans-Jörg Gilomen, Wucher und Wirtschaft im Mittelalter, in: Historische Zeitschrift 250, 1990, 256–301; Jacques Le Goff, Geld im Mittelalter, Stuttgart 2011.

Strafen führen. Jaques Le Goff hat die These entwickelt, dass aus diesem Dilemma heraus ein dritter Ort zwischen Himmel und Hölle entstand: das Fegefeuer.[20] Auch hier erwarteten den Sünder schreckliche Strafen, aber er erhielt die Chance, durch rechtzeitige Reue, Rückgabe des unrecht erworbenen Gutes oder die Fürbitten von Heiligen die Zeit der »Reinigung« zu verkürzen. Am Ende stand aber im Fegefeuer die Gewissheit: beim Jüngsten Gericht werden die Seelen aus dem Fegefeuer befreit und an Christi Seite stehen.

Wo blieben die Juden in diesem Szenario? Seit dem 10. Jahrhundert waren im deutschen Bereich zahlreiche jüdische Gemeinden entstanden. Als Kaufleute mit weitreichenden Verbindungen leisteten sie einen wichtigen Beitrag zur Entwicklung der entstehenden Städte. Charakteristisch ist das Privileg, das der Bischof Rüdiger von Speyer 1084 den neu angesiedelten Juden verlieh und in der Einleitung festhielt: »Nachdem ich aus dem Dorf Speyer eine Stadt gemacht hatte, glaubte ich, dass das Ansehen unseres Ortes tausendfach vermehrt werde, wenn ich auch Juden herbeiholte.«[21] Im Unterschied zu dem Bild, das die Forschung des 19. Jahrhunderts geprägt hat und das z. B. in Schulbüchern noch sehr präsent ist, spielte das Kreditgeschäft für die Gemeinden des Hohen Mittelalters eher eine marginale Rolle. Bis ins 13. Jahrhundert waren Juden im deutschen Bereich vor allem im Handel tätig.[22]

Im 13. Jahrhundert vollzog sich jedoch ein allmählicher Wandel. Juden wurden zunehmend und schließlich hauptsächlich als Geldverleiher tätig. Dieser Wandel hatte verschiedene Gründe: Die Verdrängung aus Berufen, die über christliche Gilden und Zünfte organisiert waren, spielte dabei eine Rolle, hauptsächlich aber die wachsende Nachfrage nach Krediten, die große wirtschaftliche Chancen eröffnete. Kreditgeschäft und Pfandleihe waren jedoch auch im Spätmittelalter nicht die ausschließliche Tätigkeit. Es werden eine ganze Reihe weiterer Berufe genannt: Ärzte, Rabbiner, Metzger, Bäcker, Gemeindeangestellte wie Rabbiner, Vorsänger etc., und auch manche Handwerker wie Glaser, Kürschner, Textil-, Silber- und Goldschmiede sind bezeugt.[23] Die Gewährung von Schutz und Privilegien war aber in der Regel an den

---

20 Jacques Le Goff, Wucherzins und Höllenqualen. Ökonomie und Religion im Mittelalter, Stuttgart 2008.

21 Julius Aronius, Regesten zur Geschichte der Juden im fränkischen und deutschen Reich bis zum Jahre 1273, Berlin 1902 (Ndr. 1970), Nr. 168.

22 Vgl. Michael Toch (Hrsg.), Economic Activities of German Jews in the Middle Ages, in: Wirtschaftsgeschichte der mittelalterlichen Juden. Fragen und Einschätzungen (Schriften des Historischen Kollegs; Kolloquien 71), München 2008, 181–210.

23 Toch, Economic Activities (s. Anm. 22), 39 ff.

Geldverleih gekoppelt, mit dem für Fürsten und Städte erhebliche Steuereinnahmen und Kreditmöglichkeiten verbunden waren.[24]

Bis weit ins 14. Jahrhundert hinein sind vor allem große Kredite für geistliche und weltliche Fürsten, für Adelige und Bürger sichtbar.[25] Hier vollzog sich jedoch im Spätmittelalter ein gewisser Verdrängungsprozess. Insbesondere die großen Judenschuldentilgungsaktionen unter König Wenzel 1385 und 1390/91 zerstörten die Kapitalbasis vieler jüdischer Bankiers.[26] Am Beispiel Frankfurts kann man zeigen, dass der Familienverband, der bis 1390 die meisten Kredite vergeben hatte und dem in diesem Jahr durch die Schuldentilgung König Wenzels große Verluste zugefügt worden waren, in der Folgezeit nach und nach seinen Schwerpunkt nach Norditalien verlegte und sich im Umfeld von Venedig niederließ.[27] Was gar nicht so selten war: An der Spitze dieses Familienverbandes stand mit Zorline eine Frau, die zwischen 1370 und 1390 ca. 60 Prozent der in Frankfurt dokumentierten Kredite vergeben hatte. Der Umzug nach Italien war eine Reaktion auf den wachsenden Druck, eine andere war die Emigration nach Polen, wo die rechtliche Situation der Juden sehr viel besser als im deutschen Bereich war.

Ein wesentliches Feld des Kreditgeschäfts war neben den Krediten gegen eine Schuldverschreibung oder die Verpfändung von Einnahmen vor allem die Pfandleihe. Schmuck, Kleidung und zahlreiche Gegenstände des Alltags konnten bei den Juden versetzt werden und stellten eine wichtige Kreditmöglichkeit für die städtischen Unter- und Mittelschichten dar.[28] In Frankfurt war die Pfandleihe sogar ein wichtiger Teil des Messehandels. Waren, die auswärtige Kaufleute nicht verkauft hatten, transportierten sie nicht zurück, sondern versetzten sie häufig bei den Juden, um sie ein halbes Jahr später bei der nächsten Messe wieder auszulösen. Große Aufmerksamkeit fanden

---

24 A. a. O., 195 f.

25 A. a. O., 47 f.

26 EBERHARD ISENMANN, Steuern und Abgaben, in: Germania Judaica Bd. 3.3 (s. Anm. 13), 2209–2281, hier 2267 f.

27 ALFRED HAVERKAMP, Juden in Deutschland und Italien während des späten Mittelalters. Bewegungen in kabbalistischen Zusammenhängen, in: FRITZ BACKHAUS/ GISELA ENGEL / GUNDULA GREBNER / ROBERT LIBERLES (Hrsg.), Frühneuzeitliche Ghettos in Europa im Vergleich (Frankfurter Kulturwissenschaftliche Beiträge 15), Berlin 2012, 81–148, bes. 115 ff.

28 MARTHA KEIL, Unentbehrlich und verachtet. Jüdische Geldleihe im Mittelalter, in: FRITZ BACKHAUS / RAPHAEL GROSS / LILIANE WEISSBERG (Hrsg.), Juden. Geld. Eine Vorstellung, Frankfurt a. M. u. a. 2013, 38–50.

die hohen Zinssätze, die auf das Jahr umgerechnet 50 bis 100 Prozent und mehr umfassen konnten. Diese Zinssätze galten aber wohl für Kredite mit kurzer Laufzeit, für Kredite mit hohem Risiko oder als Verzugszinsen.[29] In der Regel ist es sehr schwer nachzuvollziehen, ob der Kreditbedarf aus einer Notlage heraus, zur Überbrückung einer Liquiditätslücke oder als Investitionskredit entstand. Insgesamt ist die Quellenlage sehr lückenhaft, so dass wir im Mittelalter nur einzelne Aspekte des Kreditgeschäfts erkennen können – bei großen regionalen, sozialen und zeitlichen Unterschieden.

Was sicher ist: Jüdische Geldverleiher hatten kein Monopol. Die sogenannten Lombarden oder Kawertschen waren in vielen Teilen Europas christliche Konkurrenten. Dabei handelte es sich um Geldverleiher aus der Lombardei und der Toskana oder aus dem südfranzösischen Cahors, die in halb Europa tätig waren.[30] Neben diesen beiden Gruppen gab es in der Regel lokale christliche Anbieter von Krediten. Ihre Zinssätze unterschieden sich nicht von denen der jüdischen Geldverleiher. Offensichtlich bestimmten ausschließlich Angebot und Nachfrage sowie die umlaufende Geldmenge die Zinssätze. Seit dem Hochmittelalter hatte darüber die christliche Gesellschaft eine Reihe von Instrumentarien entwickelt, das kirchliche Zinsverbot zu umgehen.[31] Das wichtigste Mittel war der Rentenkauf, bei dem Geld nicht als Kredit vergeben, sondern gegen eine bestimmte unbefristete Rentenzahlung »verkauft« wurde. Er war durch Papst Martin V. seit 1425 auch kirchenrechtlich erlaubt, der dabei einen jährlichen Zinssatz von 5 Prozent zugestand.[32] Gegen diese Rentenzahlungen, die an die Eisenacher Klöster und Kirchen geleistet werden mussten, richtete sich Jakob Strauß in seiner Wucherschrift hauptsächlich und sah sie als verbotenen, unchristlichen Wucher an. Auch Luther sah den Rentenkauf kritisch, insbesondere da die fließenden Übergänge zum Wucher leicht zur Missachtung des göttlichen Gebotes führen konnten, dem Nächsten ohne Gegenleistung zu helfen.

Je verbreiteter und unverzichtbarer das Kreditwesen wurde, desto intensiver beschäftigten sich jedoch Theologen, Kirchenrechtler und Prediger mit

---

29 Toch, Economic Activities (s. Anm. 22), 158f.

30 Franz Irsigler, Juden und Lombarden am Niederrhein im 14. Jahrhundert, in: Zur Geschichte der Juden im Deutschland des späten Mittelalters und der frühen Neuzeit (Monographien zur Geschichte des Mittelalters 24), Stuttgart 1981, 122–139; Gilomen, Wucher und Wirtschaft im Mittelalter (s. Anm. 19), 283ff.

31 Vgl. Gilomen, Wucher und Wirtschaft im Mittelalter (s. Anm. 19), 286ff.

32 Vgl. Gilomen, Rente, -nkauf, -nmarkt, in: Lexikon des Mittelalters, Bd. 7, München 2002, Sp. 735–738.

dem Verbot des Wuchers. Insbesondere die Bettelorden und die verschiedenen kirchlichen Reformbewegungen des Mittelalters kämpften in der Regel auch gegen den Wucher und sahen in ihm eine große Gefahr für das Seelenheil derjenigen, die mit ihm in Berührung kamen.[33]

Ein Beispiel hierfür im deutschen Raum waren die Kampagnen, die Nikolaus von Kues und Johannes von Capestrano Mitte des 15. Jahrhunderts unternahmen. Kardinal Cusanus führte als Legat des Papstes eine Reihe von Regionalsynoden zur Reform der Kirche durch, bei der das Wucherverbot eingeschärft wurde.[34] Der Franziskanermönch Johannes Capestrano hielt auf seiner Reise durch Deutschland aufsehenerregende Predigten vor Tausenden von Menschen zur Bekämpfung von Luxus und Wucher, animierte spektakuläre »Verbrennungen der Eitelkeiten« und brachte Wucherer dazu, zu bereuen.[35] Beide beschäftigten sich auch intensiv mit den Juden. Cusanus erinnerte an das Gebot, dass Juden durch Kennzeichen auf ihrer Kleidung unterscheidbar sein müssten – ein Gebot, das zwar bereits auf dem vierten Laterankonzil 1215 verkündet worden war, in Frankfurt aber z. B. erst durch das Drängen von Cusanus verwirklicht wurde. Capestrano war unmittelbar an der Verfolgung und Ermordung der Breslauer Juden beteiligt.

Das kirchliche Wucherverbot galt zwar im Prinzip auch für Juden, durch weltliche Privilegien wurden jüdische Geldverleiher jedoch davon ausgenommen.[36] Insbesondere die im 13. Jahrhundert gegründeten Bettelorden der Dominikaner und Franziskaner versuchten, auch den Juden die Kreditvergabe gegen Zinsen zu verbieten und hetzten in ihren Predigten zunehmend gegen sie. Es ging dabei jedoch um mehr als um wirtschaftliche Fragen!

---

33 Vgl. Jeremy Cohen, The Friars and the Jews, The Evolution of Medieval Antijudaism, Ithaka and London 1982; Peter Moraw, Die Kirche und die Juden, in: Germania Judaica Bd. 3, 2282–2297; Gilomen, Wucher und Wirtschaft im Mittelalter (s. Anm. 19), 296 ff.

34 Vgl. Erich Meuthen, Die deutsche Legationsreise des Nikolaus von Kues 1451/52, in: Hartmut Boockmann/Bernd Moeller/Karl Stackmann (Hrsg.), Lebenslehren und Weltentwürfe im Übergang vom Mittelalter zur Neuzeit. Politik – Bildung – Naturkunde – Theologie (Abhandlungen der Akademie der Wissenschaften in Göttingen. Phil.-Hist. Klasse III/179), Göttingen 1989, 477 ff.; Backhaus, Judenfeindschaft und Judenvertreibungen im Mittelalter. Zur Ausweisung der Juden aus dem Mittelelbraum im 15. Jahrhundert, in: Jahrbuch für die Geschichte Mittel- und Ostdeutschlands 36, 1987, 275–332, hier 294 ff.

35 Johannes Hofer: Johannes Capestrano. Ein Leben im Kampf um die Reform der Kirche, Innsbruck/Wien/München 1936 (2. Aufl. 1964).

36 Gilomen, Wucher und Wirtschaft im Mittelalter (s. Anm. 19), 279 f.

Die Zerstreuung über die Welt, das Leben in Elend und Knechtschaft sollte nach christlichem Verständnis Strafe und Zeugnis dafür sein, dass die Juden gegenüber der christlichen Botschaft verstockt blieben und sie Jesus Christus gekreuzigt hätten. Stattdessen, argumentierten die christlichen Antijudaisten, beherrschten und versklavten sie mit ihrem Geld die Christen. Mehr noch: Sie strebten danach, die Christenheit zu verderben und sich mit deren Feinden zu verbünden.[37] In jedem Jahrhundert erschien ein neuer furchterregender Feind, mit dem die Juden angeblich paktierten. Im 13. Jahrhundert wurde ihnen unterstellt, dass sie die Mongolen unterstützen. Im 14. Jahrhundert sollen sie die Brunnen vergiftet haben und damit verantwortlich für die große Pestwelle zwischen 1347 und 1350 mit Millionen von Toten sein. Anfang des 15. Jahrhunderts tauchten Anschuldigungen auf, dass sie auf Seiten der Hussiten bei deren Heereszügen durch Deutschland ständen. Schließlich wurden sie beschuldigt, mit den Türken im Bunde zu sein, die im 16. Jahrhundert weit nach Europa vorgedrungen waren. Immer wieder bestätigten Prozesse über Hostienschändungen und Ritualmorde scheinbar die Vorwürfe, dass sie heimlich nach Christenblut dürsteten und den Mord an Christus zwanghaft wiederholen wollten.[38] Immerhin 180 solcher Prozesse sind bis zum 16. Jahrhundert im Deutschen Reich überliefert. Kurz vor der Reformation hatten noch 1492 in Mecklenburg und 1510 in Brandenburg aufsehenerregende Hostienschändungsprozesse stattgefunden.[39] Über das neue Medium gedruckter Flugschriften wurden diese Geschichten in ganz Deutschland rasch verbreitet. Aus lokalen Ereignissen wurden so Nachrichten, deren scheinbare Wahrhaftigkeit das neue Medium bestärkte.[40]

---

37 Zum Folgenden vgl. JOHANNES HEIL, »Gottesfeinde«– »Menschenfeinde«. Die Vorstellung von jüdischer Weltverschwörung (13. bis 16. Jahrhundert) (Antisemitismus: Geschichte und Strukturen 3), Essen 2006.

38 MICHAEL TOCH, Die Juden im mittelalterlichen Reich (Enzyklopädie deutscher Geschichte 44), München 1998, 113 f.; STEFAN ROHRBACHER/ MICHAEL SCHMIDT, Judenbilder. Kulturgeschichte antijüdischer Mythen und antisemitischer Vorurteile, Reinbek bei Hamburg 1991, 269 ff.

39 BACKHAUS, Die Hostienschändungsprozesse von Sternberg (1492) und Berlin (1510) und die Ausweisung der Juden aus Mecklenburg und der Mark Brandenburg, in: Jahrbuch für brandenburgische Landesgeschichte 39, 1988, 7–26.

40 Vgl. vor allem die Verbreitung des angeblichen Ritualmordes an Simon von Trient. Vgl. WOLFGANG TREUE, Der Trienter Judenprozeß. Voraussetzungen – Abläufe – Auswirkungen (1475–1588) (Forschungen zur Geschichte der Juden A 4), Hannover 1996, 285 ff.

All die Ängste bündelten sich in den seit dem Hochmittelalter immer wieder mit großer Intensität diskutierten Erwartungen einer nahen Endzeit, bei der den Juden eine zentrale Rolle zugewiesen war.[41] Aus ihrer Mitte käme schon bald der Antichrist und würde in Jerusalem den Tempel wiederaufrichten. Die Juden wären seine ersten Anhänger und würden eine fürchterliche Terrorherrschaft über die Christen errichten, bevor dann Christus wiederkehren, den Antichrist besiegen würde und die Juden die christliche Wahrheit endlich erkennen würden. Juden waren daher nicht nur einfach eine Minderheit, sondern eine Gruppe, die trotz ihrer geringen Zahl – selten mehr als 2 Prozent der städtischen Bevölkerung – in der Gegenwart und in der in naher Zukunft erwarteten Endzeit die Christenheit verfolgte und zu verderben suchte.

Der Kampf gegen den Wucher in der Reformationszeit hat so eine lange Vorgeschichte, die sich seit dem Hochmittelalter mit zunehmender Intensität gegen die Juden richtete. Shakespeares Shylock und Luthers Schriften zeigen, dass die damit verbundene Vorstellungswelt auch ohne reale Juden auskam. Der Jude blieb der paradigmatische Menschenfeind, der Weltverschwörer, der mit dem Teufel im Bund war und mit seinem Geld am Untergang des Christentums arbeitete.

Warum verschwanden diese antijüdischen Vorstellungen nicht mit Aufklärung und Säkularisierung? Andere imaginierte Feinde der Christenheit, wie der Hexenwahn sie produziert hatte, fanden z. B. keine Fortsetzung in der Moderne. Auch Hostienschändungen, Ritualmorde und der Teufelspakt der Juden verschwanden weitgehend aus der Vorstellungswelt. Dennoch blieb der Antisemitismus bis heute lebendig und virulent.

Es hat hierzu zahllose und auch widersprüchliche Erklärungsversuche gegeben. Ist der Antisemitismus ein reines Fantasieprodukt oder hat er doch etwas mit den realen Juden und ihrem Verhalten zu tun? Ist er einfach eine säkularisierte Fortsetzung des christlichen Antijudaismus, also eigentlich nur ein Etikettenwechsel, der dem alten Judenhass ein modernes wissenschaftliches Gesicht gibt? Geht es dabei um mehr als die Juden? Geht es in erster Linie nicht um eine umfassende Weltdeutung, welche die Ursache alles Bösen erklärt? Aber warum sind dann in der Moderne immer noch die Juden die Ursache des Bösen und nicht die Radfahrer, wie eine berühmte ironische Frage von Hannah Arendt lautete?

---

[41] Heil, »Gottesfeinde«– »Menschenfeinde« (s. Anm. 37), 455 ff.; Hans-Martin Kirn, Das Bild vom Juden im Deutschland des frühen 16. Jahrhunderts (Texts and Studies in Medieval and Early Modern Judaism 3), Tübingen 1989, 58 ff.

Was Mittelalter und Moderne in ihrem Judenhass verbindet, ist die Identifikation der Juden mit dem Geld, gesehen vor allem als Grundlage illegitimer böser Macht. Der dämonische Feind der Christen, der mit seinem Wucher die Christen aussaugt, wird zum Kapitalisten, der mit seinem Geld die Welt beherrscht. An zwei Beispielen soll dies zum Abschluss deutlich gemacht werden: Die Wahrnehmung der Rothschilds und die Diskussion, die um 1900 über die Wurzeln des Kapitalismus geführt wurde.

Der Aufstieg der Familie Rothschild aus der Frankfurter Judengasse zur wichtigsten europäischen Bank in der ersten Hälfte des 19. Jahrhunderts wurde in antisemitischer Sicht zum Beleg für die »jüdische Weltherrschaft« und bot den Anlass, lange tradierte antijüdische Stereotypen in modernem Gewand zu präsentieren.[42] Die Rothschilds werden nicht einfach als erfolgreiche Bankiers wahrgenommen, sondern in Karikaturen, Pamphleten und Zeitungsartikeln erscheinen sie als die Herren des »neuen Tempels«, der Börse, an der Staatsanleihen und Aktien fallen und steigen, Vermögen entstehen und wieder verschwinden – vermeintlich undurchschaubar und daher nur durch manipulative Mächte erklärbar. Ihre Macht ist nicht von Gottes Gnaden wie die der Fürsten oder vom Volk legitimiert. Ihre Macht beruhte auf dem Geld und der Manipulation der Märkte. Alle anderen hängen an ihren Fäden. Ein Bild, das bis heute weite Verbreitung in Verschwörungstheorien findet.[43]

Das Gegenstück zur Wahrnehmung der Rothschilds bildet um 1900 die wissenschaftliche Debatte um die Wurzeln des Kapitalismus, die große Resonanz mit zahlreichen Publikationen und Zeitungsartikeln fand.[44] Max Webers These, dass die protestantische Ethik dabei eine wesentliche Rolle gespielt hätte, setzte Werner Sombart die populäre und weit rezipierte These entgegen, die Juden mit ihren sogenannten »Stammeseigenschaften«, rechenhaft und wurzellos zu sein, hätten den Kapitalismus erfunden. Damit machte er sie auch für alle negativen Folgen des Kapitalismus verantwortlich, die Antisemiten in Schlagworten wie »Zinsknechtschaft« oder

---

42 Vgl. Backhaus, Mythos Rothschild, in: Juden. Geld (s. Anm. 28), 108–128; Niall Ferguson, Die Geschichte der Rothschilds. Propheten des Geldes, 2 Bde., München/Stuttgart 2002.

43 Es reicht, das Stichwort »Rothschild« bei Google einzugeben, um auf zahlreiche Seiten mit Verschwörungstheorien zu kommen.

44 Nicolas Berg (Hrsg.), Kapitalismusdebatten um 1900 – Über antisemitisierende Semantiken des Jüdischen (Leipziger Beiträge zur jüdischen Geschichte und Kultur 6), Leipzig 2011.

»raffender und schaffender Kapitalismus« propagandistisch wirksam zusammenfassten.

Die Vorstellung über die auf Geld beruhende illegitime Macht der Juden, der Luther in seinen antijüdischen Schriften weite Verbreitung sicherte, ist so die Klammer, die Mittelalter und Moderne miteinander verbindet.

Vom Wucherstreit zur aktuellen Krise der globalen Finanzwirtschaft

Maximilian Kalus

1. Einleitung

Die Zeit Jakob Strauß' fällt in eine Zeit des Wandels: Auf politischer Ebene ist die Territorialisierung abgeschlossen, die sich formierenden Staaten bilden zunehmend eine nach heutigen Maßstäben professionelle Administration aus.[1] Dieser stehen selbstbewusste Stände entgegen, die auf religiöse und politische Mitgestaltung pochen. Nicht zuletzt aufgrund der Fundamentalkrise der Pest um 1350 erlebt die Volksfrömmigkeit ihren Höhepunkt im 15. Jahrhundert. Zur selben Zeit verändern sich bestimmte Aspekte des Wirtschaftslebens, an denen die Reformatoren immer wieder Anstoß nehmen: Die »kommerzielle Revolution«[2] des Spätmittelalters ist abgeschlossen, sie verdichtet sich zunehmend zu einem Wirtschaftssystem, dem man später den Namen »Frühkapitalismus« geben wird. Gleichzeitig zeichnet die Entdeckung der transatlantischen Seewege eine Verlagerung traditioneller Handelswege vor, zumal jene Routen durch das aufstrebende Osmanische Reich am Anfang des 16. Jahrhunderts unterbrochen wurden und diese Situation neuen Marktteilnehmern (zunächst Spanien und Portugal) ungeahnte Möglichkeiten eröffnete. Betrachtet man die Summe dieses Wandels, ist es wenig überraschend, dass die Reformatoren nicht nur religiöse Themen aufgreifen, sondern sich als Menschen ihrer Zeit sonstigen aktuellen Fragen widmen. Speziell setzen sie sich mit den sozialen, politischen und religiösen Verwerfungen auseinan-

---

1 Hagen Schulze, Staat und Nation in der europäischen Geschichte, München 1999, 19–43.

2 Robert Sabatino Lopez, The Commercial Revolution of the Middle Ages, 950–1350, Cambridge 2005 (Nachdruck von 1976), 56–147.

der, welche zwangsläufig mit diesen Änderungen einhergehen. Ihre Thesen können sie dank des Papierdrucks mit beweglichen Lettern schnell und kostengünstig verbreiten – ohne diese mediale Revolution wäre die Reformation kaum denkbar gewesen.

Im Rahmen des Reformationsjubiläums bleibt es nicht aus, dass Parallelen zwischen damals und heute bemüht – manchmal sogar strapaziert – werden. Auch das junge 21. Jahrhundert ist eine Zeit im raschen Umbruch. Die Folgen der Digitalisierung sind kaum abzuschätzen. Sicher ist, dass sie die Gesellschaft tiefgreifend verändert und zukünftig noch verändern wird. Die Globalisierung rüttelt an den Festen des Nationalstaats und sorgt für einen stark beschleunigten Strukturwandel, der Chancen wie Risiken birgt, Gewinner und Verlierer hervorbringt. Wirtschaftliche Krisen besitzen durch die Globalisierung einen weltweiten Effekt. Zeitgleich suchen die Menschen nach Antworten angesichts einer ungewissen Zukunft. Die heutigen Gegenbewegungen haben je nach Heilsvorstellung unserem Konsumverhalten, der Globalisierung oder – im Falle des Rechtspopulismus – der liberalen Gesellschaft den Kampf angesagt. Neue Reformatoren im Sinne des 16. Jahrhunderts sind dabei bis dato noch nicht in Sicht. Das mag aus der Retrospektive vielleicht einmal anders bewertet werden.

Es ist nicht leicht, von den Thesen Jakob Strauß' einen Bogen zu heutigen gesellschaftlichen Problemen zu schlagen, beispielsweise der Finanzkrise von 2008, die den Grundstein für eine fundamentale Hinterfragung unseres Wirtschafts- und Finanzsystems gelegt zu haben scheint. Auf den nächsten Seiten sollen einige Schlaglichter auf mögliche Verbindungen zwischen damals und heute geworfen werden, in der Hoffnung, am Ende die Frage beantworten zu können, was wir letztlich in wirtschaftlicher Hinsicht aus der Reformation lernen könnten.

Im Folgenden wird einleitend der Begriff »Wucher« genauer untersucht und mit dem der »Krise« in Zusammenhang gebracht. Danach folgt eine kurze Zusammenfassung der Geschichte des Zinsverbots vom Altertum bis heute. Diese beiden ersten Kapitel, »Wucher« und Krise sowie die Geschichte des Zinsverbots, sind die Grundlage des dritten Abschnitts: Hier wird aus wirtschaftshistorischer Sicht die Zeit der Reformatoren beleuchtet und diskutiert, an welchen wirtschaftlichen Defiziten sich ihre Kritik entzündete. Parallelen zur heutigen Zeit werden an dieser Stelle erkennbar. Das letzte Kapitel behandelt das Für und Wider des Zinsnehmens, bevor im Fazit versucht wird, einige Lehren aus dem Bogen zwischen damals und heute zu ziehen.

2. »Wucher« und Krise

Jakob Strauß und seine Zeitgenossen reihen sich in eine lange Reihe von Personen ein, die sich gegen »Wucher« aussprachen. Aus diesem Grund ist es zunächst einmal notwendig, »Wucher« als Begriff präziser zu fassen. Zu vermerken ist dabei, dass »Wucher« im Lauf der letzten Jahrhunderte einer stetigen Bedeutungsveränderung unterworfen war, was eine gewisse Unschärfe mit sich bringt. Im engeren Sinn bezieht sich Wucher auf den juristischen Begriff der »usura«, also das Nehmen von Zinsen auf geliehenes Geld oder Gut, wie es sich im Altertum bereits entwickelt hat.[3] In der mittelalterlichen Welt besitzt die »usura« eine negative Konnotation als »turpe lucrum« (schädlicher Gewinn), die vor allem mit übertriebener Gewinnsucht und dem schädlichen Ausnutzen der Notlage eines Schuldners durch einen Gläubiger verknüpft ist. Diese Einstellung ist nicht auf den christlich geprägten Raum begrenzt, sondern findet sich ebenfalls in der islamischen und jüdischen Welt. Der Begriff weitet sich auf eine ganze Reihe wirtschaftlicher Tätigkeiten aus: »Wucher waren jedes Überschreiten des gerechten Preises, Vorkauf, Monopolgewinne, letztlich jeder übermäßige Gebrauch des Kapitals im alltäglichen Verkehr.«[4] Der »Judenwucher«, auf den bereits ein anderer Beitrag in diesem Band eingeht, spielt in der Reformationszeit allerdings keine relevante Rolle mehr, wenngleich sich das Bild des wuchernden Juden bis in die heutige Zeit tradiert hat.[5] Andere, d. h. christliche Gruppen haben im 16. Jahrhundert längst die Aufgabe der Juden im Geld- und Kreditgeschäft übernommen. Dennoch bleibt »Wucher« ein ideologisch aufgeladener Begriff. Er wird beispielsweise in der Kipper- und Wipperzeit des 17. Jahrhunderts auf kriminelle Geldpräger angewendet. Im 18. und 19. Jahrhundert wird er in der Pauperismusdebatte benutzt, um Armuts- und Überschuldungsprobleme insbesondere der Landbevölkerung zu erklären.[6]

---

3 Andrej Zgur, The economy of the Roman Empire in the first two centuries A.D. An examination of market capitalism in the Roman economy, Aarhus 2007, URL: http://pure.au.dk/portal-asb-student/files/2448/Economy_of_Roman_Empire.pdf (Stand: 26. 02. 2017), 250–255.

4 Eberhard Isenmann, Die deutsche Stadt im Spätmittelalter. 1250–1500. Stadtgestalt, Recht, Stadtregiment, Kirche, Gesellschaft, Wirtschaft, Stuttgart 1988, 391.

5 A. a. O., 101.

6 Ernst Schubert, Wucher und Kredit in Bayern vom 18. bis zur Mitte des 19. Jahrhunderts, in: Zeitschrift für bayerische Sparkassengeschichte 8 (1994), 21–44, hier: 21–24.

Die Industrialisierung mit ihrer Pauperismusdebatte weist dabei gewisse Parallelen zur Reformationszeit auf: Die durch den Strukturwandel hervorgerufene Vermögensumschichtung kennt zunächst viele Verlierer. In der Industrialisierung sind dies insbesondere Handwerker, die mit den Industrieprodukten nicht mehr konkurrieren können. Langfristig erweist sich die Industrialisierung dennoch als segensreich für die Bevölkerung. Die zweite Industrialisierungswelle in Deutschland führt – zumindest nach der Krise Ende der 1870er Jahre – zu einer deutlichen Reallohnsteigerung. Bis 1913 stiegen die realen Einkommen im Vergleich zu 1880 um fast 80 Prozent.[7] Aus ökonomischer Sicht kann man folglich durchaus behaupten, dass der Wandel zur Industriegesellschaft am Ende die Lebensumstände der Gesamtbevölkerung deutlich verbessert hat. Die Krisen waren, ganz im Sinne von Schumpeters These der »kreativen Zerstörung«, notwendiges Übel, um zu einer neuen Wirtschaftsordnung zu finden, von der viele profitierten. Dass dies mit viel Leid erkauft wurde, wird oftmals vergessen.

Auch heute spielt der Begriff »Wucher« noch eine gewisse Rolle: Am Mietwucher reiben sich Politik und Gesellschaft. Auch die vermeintlich gewissenlose Gewinnsucht von Hedgefonds, Großbanken und Spekulanten beschwört jenes negative Bild des geldgierigen Wucherers herauf, das zur Zeit der Reformation auf Juden und Kaufleute projiziert wurde. Im Kern ist die Leitfrage in Bezug auf den Wucher nämlich folgende: Wann handelt ein wirtschaftliches Subjekt moralisch korrekt? Ein Wucherer ist jemand, der im Wirtschaftsleben moralisch falsch handelt und damit anderen Marktteilnehmern schadet.

In Zeiten von Krisen, seien sie politischer, wirtschaftlicher oder gesellschaftlicher Natur, wird ein Wucherer schnell zum Sündenbock gestempelt. Echten oder vermeintlichen Verursachern einer Krise wird ein moralisches Versagen unterstellt, das der Gesellschaft Schaden zufügt. Auch wenn dies eine monokausale Verkürzung darstellt, ist der Vorwurf nicht immer ganz ungerechtfertigt, verschärfen bestimmte Praktiken des »Wucherns« letzten Endes durchaus bestimmte Krisenphänomene. Diese werden von den Beobachtern der Krise wahrgenommen und auf die Verursacher projiziert, unabhängig davon, ob sie gerechtfertigt sind oder nicht.

Dieser Mechanismus lässt sich an der Bankenkrise des Sommers 1931 nachvollziehen. Unmittelbarer Auslöser war die Insolvenz der österrei-

---

7 Reiner Gömmel, Realeinkommen in Deutschland: ein internationaler Vergleich (1810–1914), Nürnberg 1979.

chischen Credit-Anstalt, der größten mitteleuropäischen Bank.[8] Verstärkende Faktoren der Bankenkrise waren Gewinnwarnungen von Karstadt, der norddeutschen Kammgarnspinnerei »Nordwolle« und anderen Unternehmen, die letztlich die deutschen Großbanken als Kapitalgeber in Bedrängnis brachten. Die Ursachen für die Krise lagen hingegen woanders. Die Weltwirtschaftskrise von 1929 und der Aufstieg der Nationalsozialisten zur zweitstärksten politischen Macht 1930 veranlassten ausländische Anleger, Kapital vom deutschen Markt abzuziehen. Dies verringerte die öffentlichen und privaten Ausgaben und schwächte so das Bankensystem; die Konjunktur war einem Deflationsdruck ausgesetzt. Auf die Bankenkrise konterte die Regierung Brünings mit Sparmaßnahmen und Notverordnungen, um einem drohenden Staatsbankrott zu entgehen, die Amerikaner verkündeten ein Moratorium der Reparationszahlungen (Hoover-Moratorium), es folgten Rettungspakete und Verstaatlichungen von Banken, ähnlich wie die Ereignisse seit 2008. Die Krise damals beschleunigte letztlich den Aufstieg der Nationalsozialisten, welche sie zu nutzen wussten. Sündenböcke in ihren Augen waren das »jüdische Großkapital« – ein Rückgriff auf Vorurteile, die bereits im Mittelalter in ähnlicher Form existierten.

Die typischen Abfolgen solcher Krisen sind vom Wirtschaftshistoriker WERNER ABELSHAUSER untersucht worden. 2009 stellte er in einem Vortrag bei der Heinrich-Böll-Stiftung einige Thesen auf.[9] Darin bezieht er sich auf Ergebnisse seiner Forschung zu Finanzkrisen seit ca. 1870, also der letzten 150 Jahre. Er leitet einige Muster ab, die seiner Meinung nach auch auf die Krise von 2008 und der nachfolgenden Jahre anwendbar sind:

- Ausgangspunkt bzw. erstes Indiz der Krise ist jene der Banken, die sich auf mangelndes Vertrauen in das Finanzsystem zurückführen lässt. Der Nationalstaat sieht sich in dieser Situation genötigt zu intervenieren und an den Banken zu beteiligen (z. B. Verstaatlichung), um seine Interessen (und jene der Bevölkerung) zu wahren.
- Zweites Indiz ist eine Krise des Weltmarkts, also der Rückgang des Waren- und Dienstleistungsaustauschs. Politisch verschärfen Staaten das Dilemma

---

8 Detailliert dazu: DIETER STIEFEL, Finanzdiplomatie und Weltwirtschaftskrise. Die Krise der Credit-Anstalt für Handel und Gewerbe 1931 (Schriftenreihe des Instituts für bankhistorische Forschung e.V., Bd. 12), Frankfurt a. M. 1989.

9 Die Finanzkrise und ihre Steuerung im historischen Vergleich, https://www.boell.de/de/navigation/akademie-7342.html (Stand: 03. 03. 2017).

zusätzlich, indem sie versuchen, die eigenen Märkte durch Abschottung zu schützen. Abelshauser bezeichnet dies als »Protektionismuskarussel«.

- Die Folge ist die Depression, die sich durch das Schulden- und Geldmengenproblem selbst verschärft. Gemeint ist damit, dass durch steigende Arbeitslosigkeit und Firmeninsolvenzen, die mit einer Depression normalerweise einhergehen, Reallöhne und Konsumausgaben sinken. Gleichzeitig sinkt der Anreiz zur Verschuldung. Die Geldmenge verringert sich und die Kreditvergabe kommt ins Stocken. Dies erschwert die Problemlösung zusätzlich, da keine Investitionen getätigt werden können, um die Krise zu beseitigen. Erschwerend kommt hinzu, dass sinkende Steuereinnahmen die Handlungsfähigkeit des Staats empfindlich schwächen können, wie das Beispiel Deutschlands um 1930 zeigt.
- Politisch besteht die Gefahr der Radikalisierung, da der Staat die sozialen Asymmetrien nicht mehr korrigieren, also für ausreichend Gerechtigkeit sorgen kann. Diese Radikalisierung kann in einer Veränderung der Machtstrukturen münden, die letztlich zu internationalen Konflikten führt, wenn die neuen Machthaber danach trachten, die sozialen Probleme nach außen zu lenken.

Der 2009 gehaltene Vortrag mag dem Leser heute durchaus wegweisend für die letzten Jahre erscheinen. Dennoch weist Abelshauser deutlich auf Folgendes hin: »Wirtschaftshistorische Forschung ist keine Garküche, die das Menu gegenwärtiger Krisenstrategien aus historisch bewährten Fertigrezepten liefern könnte.«[10] Die Muster der vergangenen Krisen zeigen zwar Parallelen zur heutigen auf, konkrete Lösungsansätze sind daraus aber nur schwer abzuleiten, da die zu lösenden Herausforderungen im Detail dann doch zu unterschiedlich sind.

Was hat die Krise 2008 nun mit der Wucherkritik der Reformatoren gemeinsam? Auf den ersten Blick nicht viel. Die Zeit der Reformation als Krisenzeit zu bezeichnen, geht manchen Historikern zu weit, auch wenn beispielsweise Philipp Rössner die Zeit zwischen 1470 und 1540 als »dezidiert unentschiedene Zeit«[11] bezeichnet, die von inneren Spannungen geprägt war: »Einige wirtschaftliche Indikatoren wiesen bereits auf Expansion und Inflation hin, andere wiederum wiesen noch auf die (Agrar-)Depression des Spät-

---

10 Ebd.

11 Philipp Robinson Rössner, Deflation – Devaluation – Rebellion. Geld im Zeitalter der Reformation, Stuttgart 2012, 59.

mittelalters (1350–1470).«[12] Die daraus resultierende gesellschaftliche Spannung war durchaus krisenhafter Natur. Dass die Reformatoren darauf reagierten, ja sogar reagieren mussten, um ernst genommen zu werden, liegt auf der Hand. Man mag an dieser Stelle sogar so weit gehen, die von Abelshauser genannte Gefahr der Radikalisierung in Teilen der Reformation zu sehen. Thomas Müntzer, die Bauernkriege, die Thesen der Täufer, aber auch die Unruhen in der Schweiz zeigen sich als radikalere Strömungen ihrer Zeit, deren Popularität sich sicher zu einem Teil aus den damaligen Problemen speiste.

Der Wittenberger Kreis dagegen zeigt sich deutlich mehr realpolitisch verwurzelt, auch wenn dies zu inneren Reibungen führte. Strauß' Kritik entzündet sich an einer konkreten, teilweise dysfunktionalen Praxis, dem Rentenmarkt in Eisenach. Luther auf der anderen Seite kritisiert unter anderem die Monopolisten, vor allem die oberdeutschen Großkaufleute, mit ihren ökonomischen Praktiken. Auch später wird dieses Muster wiederholt: Großkaufleute, die Preise hochtreiben, Bauern, die schlechte Ernten zur Preissteigerung nutzen, Juden, die vermeintlich die Weltwirtschaft kontrollieren und somit jedermann (und ganz besonders die Deutschen) in die Armut treiben, Hedgefonds, Termingeschäfte auf Lebensmittel, das Ausland, der Kapitalismus, die Globalisierung, allen wird Gier und Wucher vorgeworfen, manchmal zu Recht, oft zu Unrecht. Zurück zu den Reformatoren: Worauf beruft sich Strauß mit seiner fundamentalen Zinskritik? Dazu ist ein Blick auf die Entwicklung des Zinsnehmens und des Zinsverbots notwendig.

3. Eine kurze Geschichte des Zinsverbots

3.1 Das kanonische Zinsverbot bis zum Vorabend der Reformation

Der Wucher ist eng mit dem Geldverleih verbunden und mit ihm die Frage der Regulierung von Zinsen. Bereits im Altertum ist bargeldloser Zahlungsverkehr weit verbreitet.[13] Dies begünstigt bankähnliche Geschäfte und damit das Zinsnehmen. Die meisten Staatsgebilde des Altertums scheinen keine grundsätzlichen Vorbehalte gegen Zinsen gehabt zu haben. Das übermäßige Zinsnehmen, der Wucher, gilt aber bereits damals als verwerfliche Tat. Antike

---

12 Ebd.

13 Vgl. dazu z. B. Fußnote 39 in: Hans Jürgen Prien, Luthers Wirtschaftsethik, Göttingen 1992, 42.

Staaten definieren daher zumeist einen Maximalzinssatz, um das geschäftliche und zivile Leben in geordnete Bahnen zu lenken. Die späte römische Republik begrenzt den Zinssatz beispielsweise auf 12 Prozent per annum (mit der Ausnahme von See- und Saatgutkrediten, die keiner Beschränkung unterliegen).[14] Der Staat der Israeliten verbietet das Nehmen von Zinsen zwischen Juden, erlaubt es gleichzeitig aber zwischen Juden und Nicht-Juden.[15] Die Anhänger Christi übernehmen diese eher ablehnende Haltung gegen das Zinsnehmen. Mehrere Bibelstellen erörtern dies, insbesondere Lk 6,35, in der es heißt »leiht, ohne etwas dafür zu erhoffen«. Zinsloser Geldverleih ist folglich erlaubt. Die Interpretation des frühen Mittelalters leitet umgekehrt daraus ein allgemeines Zinsverbot ab, das zum einen vom Konzil von Nicäa 325 und in einer später viel zitierten Dekretale Papst Leos I. aus dem Jahr 443 konkretisiert wird.[16]

Die kirchlichen Vertreter beharren dabei nicht nur auf einem biblisch begründeten absoluten und damit letztlich markt- und weltfremden Zinsverbot, sondern orientieren sich jeweils an realen Gegebenheiten. Im byzantinisch geprägten Bereich spielt das Zinsverbot aufgrund der Orientierung am römischen Recht (insb. Decretum Gratiani) eine untergeordnete Rolle, während das kanonische Zinsverbot im karolingisch geprägten Europa von der weltlichen Gerichtsbarkeit übernommen wird.[17] Da Geld in Nordwesteuropa zunächst eine deutlich geringere Rolle spielt als im oströmischen Einflussgebiet, ist dies offenbar im Alltag kein größeres Problem.

Seit der Jahrtausendwende erneuern mindestens sechs Konzilien das Wucherverbot auf die eine oder andere Weise.[18] »Im lateinischen Westen gewinnt die Zins- bzw. Wucherproblematik seit dem 11. Jahrhundert an Bedeutung, was sicher mit dem Anwachsen der städtischen Wirtschaft und des Geldhandels in Zusammenhang steht.«[19] Die Verbote sind demnach als Reaktion auf einen strukturellen Wandel von Wirtschaft und Gesellschaft zu verstehen. Die Problematik zeigt den schwierigen Umgang der Theologen mit dem Ge-

---

[14] Andrej Zgur, The economy of the Roman Empire (s. Anm. 3), 307 ff.; Hans-Jürgen Becker, Das Zinsverbot im lateinischen Mittelalter, in: Michael North (Hrsg.), Kredit im spätmittelalterlichen und frühneuzeitlichen Europa, Köln 1991, 16.

[15] Begründet u. a. auf Dtn 23,19 f. Hier wird ein allgemeines Zinsverbot ausgesprochen mit Ausnahme von Ausländern.

[16] Becker, Zinsverbot (s. Anm. 14), 16.

[17] A. a. O., 19 f.

[18] Prien, Luthers Wirtschaftsethik (s. Anm. 13), 56.

[19] Becker, Zinsverbot (s. Anm. 14), 20.

genstand Geld. Einerseits notwendig, so ist Geld doch mit einem moralischen Makel behaftet. Jegliche Art von Gewinn kann als Zinseinnahme und damit als Wucher ausgelegt werden. Der Kaufmann, der Waren nicht herstellt, sondern nur teurer weiterverkauft, ist bereits hochsuspekt. Jemand, der sich ausschließlich mit Geld beschäftigt, beispielsweise ein Geldverleiher, ist ausdrücklich ein Wucherer, der nicht auf kirchlichen Beistand hoffen kann und von vornherein verdammt ist.[20]

Die lateinisch-christliche Ablehnung des Zinses greift dabei allerdings nicht allein auf kanonisches Recht zurück, sondern orientiert sich auch an der philosophischen Interpretation des Altertums. Auch dort lässt sich stellenweise eine Ablehnung des Materiellen ablesen, was gut mit der christlichen Lehre vereinbar ist. Zum Thema Wucher sei insbesondere auf die aristotelische Lehre der Unfruchtbarkeit des Geldes verwiesen: Geld ist von Natur aus steril und besitzt keine eigene Produktivität. Folglich kann Geld kein neues Geld schaffen.[21] Aus dieser Logik ergibt sich zwangsweise, dass eine Person, die ausschließlich mit Geld arbeitet, ebenfalls unproduktiv und damit letztlich eine Last der Gesellschaft ist. Tatsächlich leben solche Ansichten noch bis ins 18. Jahrhundert fort, beispielsweise in der Physiokratie. Händler und Handwerker gehörten laut dieser französischen Wirtschaftslehre zur *classe stérile*, erzeugten also keinen eigenen wirtschaftlichen Mehrwert, sondern erhöhten den Wert ihrer Produktion lediglich um Lohn- und Kapitalkosten.[22] Auch außerhalb Europas sind solche Interpretationen von »Zwischenhändlern« als unproduktive Subjekte der Gesellschaft nicht unbekannt.[23]

Gleichwohl setzt im Spätmittelalter auch im lateinisch geprägten Abendland ein Wandel ein. Zeitgenossen relativieren teilweise die aristotelische Definition von Geld. Thomas von Aquin gesteht Geld durchaus eine eigene Produktivität zu, nämlich dann, wenn der Zuwachs auf menschliche Arbeit zurückzuführen ist. Geldgenerierung aus Geldgeschäften widerspricht aber auch seinen Prinzipien.[24] Autoren wie Rufinus von Bologna (ca. 1130–1192) oder Johannes Teutonicus (gest. 1245) hinterfragen das kanonische Zinsverbot und definieren, unter welchen Umständen Zinsen kein Wucher sein könnten.

---

20 A. a. O., 21 f.

21 Prien, Luthers Wirtschaftsethik (s. Anm. 13), 59, insbesondere Fußnote 95.

22 Rolf Walter, Wirtschaftsgeschichte. Vom Merkantilismus bis zur Gegenwart, Köln ^{4}2003, 35 ff.

23 Parallelen finden sich in der Wirtschaftsgeschichte beispielsweise in Japan und China.

24 Becker, Zinsverbot (s. Anm. 14), 25 f.

Dessen ungeachtet höhlen die realen ökonomischen Entwicklungen das kirchliche Zinsverbot aus. Der im 12. Jahrhundert aufkommende Wechsel ist nicht nur eine Methode, Kapital bargeldlos über große Entfernungen zu transportieren, sondern erlaubt auch die Umgehung des kirchlichen Zinsverbotes durch Erhebung einer Wechselgebühr oder einen entsprechenden Verlust beim Umtausch zurück in Münzen. Ab dem 13. Jahrhundert treten christliche Kreditgeber in Konkurrenz zu den bis dahin allein auf dem Markt agierenden Juden. Verzinsliche Darlehensgeschäfte werden Lombarden und Carwenzen[25] (Kaufleute aus dem südfranzösischen Cahors) innerhalb eines konzessionierten Rahmens erlaubt.[26] Sowohl das Wechselgeschäft als auch die Tätigkeiten der Lombarden und Carwenzen sind Anzeichen eines tiefgreifenden Wandels in der Geldwirtschaft des Spätmittelalters. Die Konzilien von Lyon (1274) und Vienne (1311/12) stehen daher mit ihren erneuten Zinsverboten und angedrohten Strafen immer mehr im Gegensatz zur Realität, in der Zinsgeschäfte unverzichtbar geworden sind. Auch das Konzil von Konstanz (1414–18) beschäftigt sich eingehend mit dem Thema. Hier geht es bereits um Lösungsansätze, um insbesondere das Rentengeschäft zu legitimieren. 1425 wird der Rentenkauf in einer Bulle Papst Martins V. explizit erlaubt.[27] In der Folge werden weitere Finanzgeschäfte auf ihre mögliche Rechtmäßigkeit durchleuchtet und nach und nach legitimiert. Ein Beispiel dafür sind die Diskussionen des späten 15. und beginnenden 16. Jahrhunderts um die kirchlichen Pfandkassen, die *monti dei pieta*, die vor allem in Italien zu finden sind und eine soziale Komponente besitzen (ähnlich wie heute Mikrokredite).[28] Kalixt III. erlaubt 1455 in deutschen Landen ein Zinsmaximum von 10 Prozent, Pius V. bekräftigt 1569 dieses Maximum noch einmal.[29] Die Bullen fordern entsprechende Sicherheitsmechanismen, z. B. die Anwesenheit eines Notars beim Zinskauf, aber das generelle kanonische Zinsverbot wird damit immer mehr untergraben. Die katholische Kirche arrangiert sich schließlich damit, indem sie das Problem mehr oder weniger ignoriert.[30]

---

[25] Natalie Fryde, Die Kaufleute aus Cahors im England des 13. Jahrhunderts, in: Michael North (Hrsg.), Kredit im spätmittelalterlichen und frühneuzeitlichen Europa, Köln 1991, 37.

[26] Isenmann, Die deutsche Stadt im Spätmittelalter (s. Anm. 4), 382.

[27] Becker, Zinsverbot (s. Anm. 14), 28.

[28] Ausführlich dazu Guiseppe Felloni, Kredit und Banken in Italien, 15.–17. Jahrhundert, in: Michael North (Hrsg.), Kredit im spätmittelalterlichen und frühneuzeitlichen Europa, Köln 1991, 9–23.

[29] Prien, Luthers Wirtschaftsethik (s. Anm. 13), 61f.

3.2 Die Auflösung des absoluten Zinsverbots ab dem 16. Jahrhundert

Damit sind wir wieder bei Jakob Strauß. Die oben beschriebenen Entwicklungen verdeutlichen, dass sich die deutschen Lande zur Zeit der Reformation juristisch und real in einer Zwickmühle befinden: Das Zinsnehmen ist grundsätzlich verboten, es gibt jedoch bestimmte Ausnahmen, die erlaubt oder zumindest geduldet werden, insbesondere der Rentenkauf und der Wechselbrief. Beteiligungen an geschäftlichen Unternehmungen (insbesondere *commendas*, Vorläufer der heutigen Kommanditgesellschaften) und das Investieren von Risikokapital in Geschäfte dürfen verzinst werden. Dadurch sind Kreditgeschäfte zumindest zwischen Kaufleuten juristisch größtenteils unkritisch, solange der Zins bei etwa 5 Prozent liegt. Diese Zahl wird in der Folge immer wieder aufgegriffen und als moralisch unbedenklich eingestuft. Grund dafür mag gewesen sein, dass der durchschnittliche jährliche Ertrag aus landwirtschaftlichen Gütern im 16. Jahrhundert bei etwa 5 Prozent liegt.[31] Die 5 Prozent begegnen uns auch bei einem weiteren Geschäft, dem *contractus trinus*, auch dreifacher Vertrag oder Fünf-Prozent-Vertrag genannt. Dabei werden drei Verträge, die jeweils für sich gesehen mit dem kanonischen Zinsverbot vereinbar sind, zu einem Kontrakt verschmolzen:

> »Der grundlegende erste Vertrag bestand aus einer Beteiligung eines Kapitalgebers an einer Gesellschaft […] auf Gewinn und Verlust […]. Die beiden anderen Verträge sind Versicherungsverträge. Der zweite Vertrag […] garantiert dem Geldgeber den Erhalt seiner Geldanlage, wobei dieser auf einen Teil seines Gewinnes verzichtet. Der dritte Vertrag […] ist eine Übertragung des zu erwartenden, aber ungewissen […] Gewinnanteils des Kapitalgebers […]. Dafür verspricht der Unternehmer als Gegenleistung die jährliche Zahlung eines festen Gewinnanteils von in der Regel 5 Prozent.«[32]

Juristisch und theologisch wird dieser sehr beliebte Vertrag heftig diskutiert. Die Tübinger Schule, die sich wohl als erste mit einer Geldwerttheorie ausein-

---

30 Becker, Zinsverbot (s. Anm. 14), 44 f.

31 Reinhard Hildebrandt, Der Niedergang der Augsburger Welser-Firma (1560–1614), in: Mark Häberlein / Johannes Burkhardt (Hrsg.), Die Welser. Forschungen zur Geschichte und Kultur des oberdeutschen Handelshauses, Berlin 2002, 279, berechnet die Rendite des Grundbesitzes der Fugger auf 5,5 Prozent.

32 Becker, Zinsverbot (s. Anm. 14), 38 f.

andersetzte, bemüht sich Anfang des 16. Jahrhunderts um eine juristische Rechtfertigung der Fünf-Prozent-Regel. Unterstützt werden die Gelehrten dabei wenig überraschend von den führenden oberdeutschen Kaufmannsfamilien wie den Augsburger Welsern und Fuggern.[33]

Luther spricht sich zunächst gegen das Zinsnehmen aus, sein Streit mit Jakob Strauß 1524 (»Von Kauffshandlung und Wucher«) und die politischen Maßnahmen in der Folge lassen ihn jedoch einlenken und einen Zinssatz bei Rentenkäufen von 5 Prozent akzeptieren.[34] Dabei ist Luther nicht grundsätzlich zinsfreundlich eingestellt, wie beispielsweise seine Schrift »An die Pfarrherrn, Wider den Wucher zu predigen, Vermahnung« von 1539/40 zeigt. Dort wendet er sich gegen Geldanlagen ohne Gewinn- und Verlustwagnis und übermäßige Zinsen gerade von Seiten der Monopolisten.[35] Doch scheint er sich der Realität zu beugen.

Johannes Calvin, mit dem die Wittenberger in Oberdeutschland um Deutungshoheit konkurrieren, hat keine grundsätzlichen Vorbehalte gegen das Bankgeschäft. Zinslose Darlehen sind nur bei der Kreditvergabe an arme Leute eine zwingende Bedingung.[36] Calvins Thesen kommen im oberdeutschen Bürgertum deutlich besser an als jene Luthers, auch wenn viele süddeutsche Kaufleute, beispielsweise die Nürnberger, der lutherischen Lehre deutlich näherstehen als jener des Schweizers. Dennoch kann sich eine liberale Haltung gegenüber Zinsen in den reformierten Gebieten durchsetzen, besonders in stark urbanisierten Regionen wie den Niederlanden, die über eine potente Kaufmannschaft verfügen. Langfristig definiert das Bürgertum den ethischen Rahmen, in dem die Zinswirtschaft agieren kann. Und im Unterschied zu den Reformatoren sieht es Geldgeschäfte weniger kritisch.

Zwar fällt das kanonische Zinsverbot im 16. Jahrhundert noch nicht gänzlich, aber seine Grundfesten sind erschüttert. Die Reichspolizeiordnung von 1530 verbietet »wucherliche Kontrakte«, erlaubt jedoch explizit: »So soll hinfürther von dem hundert nit mer dann fünff / wie gebreuchlich gegeben vnnd genommen werden.«[37] In der Folge übernehmen Landesordnungen Zinssätze in ähnlicher Höhe.

---

33 A. a. O., 39; PRIEN, Luthers Wirtschaftsethik (s. Anm. 13), 64 f.

34 PRIEN, Luthers Wirtschaftsethik (s. Anm. 13), 73–76.

35 A. a. O., 80 f.

36 BECKER, Zinsverbot (s. Anm. 14), 40.

37 R. K. Maj. Ordnung und Reformation guter Policei in H. Röm. Reich anno 1530 zu Augspurg uffgericht Mentz 1531, VD16 D 1056, fol. 22.

3.3 Entwicklung des Wuchers bis heute

Die Maximalgrenze von 5 Prozent gerät mit der »Verbürgerlichung der Rente« ab dem 17. Jahrhundert zunehmend unter Druck. Es sind nicht mehr nur die Kaufleute, die mit Geld wirtschaften, sondern auch das reiche Bürgertum, die Handwerker, der Adel und die wohlhabenden Bauern. Bankgeschäfte, auch riskante, sind gewissermaßen en vogue.[38] Nicht umsonst fallen in diese Zeit erste große Börsenkrisen, wie jene der Tulpenmanie in den Niederlanden 1637, die bereits durchaus vergleichbare Züge mit heutigen Krisen trägt: Ein Gegenstand (hier Tulpenzwiebeln) wird Spekulationsgut, dies heizt den Handel mit diesem Gut an. In der Folge entkoppelt sich sein Wert zunehmend vom Realmarkt, es kommt zu einem Boom, der in einer Blase zerplatzt, als die Nachfrage nach dem Spekulationsgut nachgibt und der Markt zusammenbricht.

Mit der wachsenden Rolle der Finanzmärkte spielen Zinsverbote immer weniger eine Rolle, auch wenn die effektiven Zinsen sich meist tatsächlich um die 5 Prozent bewegt zu haben scheinen.[39] Dabei versucht die Obrigkeit zunehmend, das Kreditwesen selbst zu kontrollieren. Hypotheken- und Kreditbanken waren zwar im Vergleich zu den Großbanken des 19. Jahrhunderts vergleichsweise klein, wurden aber für Kreditvergabe von der Bevölkerung durchaus genutzt.[40] Die Obrigkeit verfolgte hier normalerweise eine moderate Zinspolitik, das Hauptaugenmerk lag schließlich in der positiven wirtschaftlichen Entwicklung der eigenen Herrschaft. Endgültig fallen die Maximalgrenzen für Zinsen durch die Freihandelsbewegung des 19. Jahrhunderts. Das Begrenzen von Zinsen ist nach dieser Lehre eine abzulehnende Regulierung des freien Marktes. Die modernen, säkularen Staaten des 19. Jahrhunderts verabschieden sich nach und nach von Zinsgrenzen. Der Wucher im engeren Sinn bleibt heute lediglich als Delikt im Bürgerlichen Gesetzbuch (§138 BGB) bestehen und beschreibt sittenwidrige Zinsen. Als solche werden in der Regel jene verstanden, die 50 Prozent über den marktüblichen Zinssätzen liegen. Der weiter gefasste Begriff des Wuchers dagegen wird im Verlauf bis heute auf eine Vielzahl von Vorgängen angewendet: In der Kipper- und Wipperzeit zwischen 1620 und 1623 taucht der Begriff »Wucherer« immer wieder auf,

---

38 So entstehen auch in ländlich geprägten Räumen schon im 17. Jahrhundert Depositenkassen, die auch Kredite vergeben: Willi A. Boelke, Der Agrarkredit in deutschen Territorialstaaten vom Mittelalter bis Anfang des 18. Jahrhunderts, in: Michael North (Hrsg.), Kredit im spätmittelalterlichen und frühneuzeitlichen Europa, Köln 1991, 197.

39 Ebd.

40 Ernst Schubert, Wucher und Kredit in Bayern (s. Anm. 6), 23.

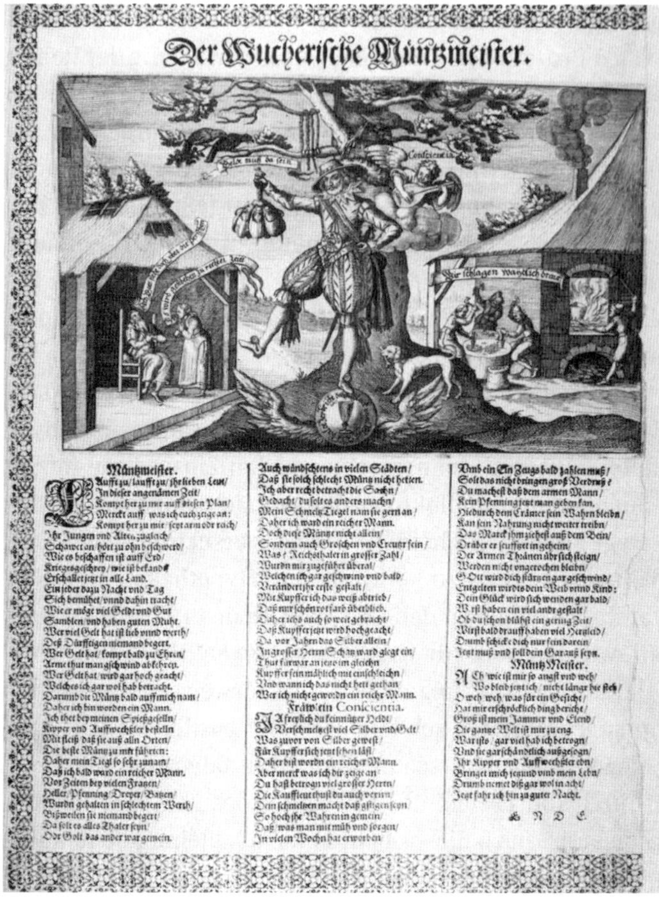

Abbildung 1: Der Wucherische Müntzmeister, 1621

beispielsweise in Einblattdrucken wie jenem auf der *Abbildung 1* mit dem Titel »Der wucherische Müntzmeister«.[41] Weitere Einblattdrucke existierten mit ähnlichen Themen, beispielsweise mit dem Titel »Christiliche Trewhertzige Warnung An die Gottes- und Gwissenlose Weltwucherer: daß Sie doch ihrer Seelen Ewig Seeligkeit in acht nemmen wöllen«[42]. Bezug nehmen diese Drucke auf die krisenhafte Münzverschlechterung gegen Ende des Dreißig-

---

41 Der Wucherische Müntzmeister, Einblattdruck 1621, Digitalisat VD17 23:244808W, Herzog August Bibliothek Wolfenbüttel, Sig.IE 189, auch unter Wikimedia erhältlich: https://commons.wikimedia.org/wiki/File:VD17_23_244808W.jpg (Stand: 17.03.2017).

42 Fälschlicherweise unter dem Titel »Deutscher Meister des 17. Jahrhunderts:

jährigen Krieges, als der Silbergehalt im Umlaufgeld zum Teil massiv verringert wird, während der Nominalwert gleich bleibt. Den Ausgabestellen für Münzen, den Münzmeistern, aber auch den Geldwechslern wird in diesem Zusammenhang Wucher vorgeworfen.

Vermutlich fußt diese Ausweitung des Begriffs in der Kipper- und Wipperzeit auf einem weiteren »Wucher«, nämlich jenem des Getreidewuchers, insbesondere im Zusammenhang mit dem sogenannten Fürkauf, auf den weiter unten noch eingegangen wird. Auch hier trifft die Preistreiberei die einfache Bevölkerung besonders hart. Ein Dankesgebet mit dem Namen »Der beschämte Wucher bey Gelegenheit des heurigen Ernd-Festes mit lebendigen Farben abgeschildert«[43] verdeutlicht dies: Nach einer Hungersnot in den Jahren 1770/71 ist das Kornhaus wieder gefüllt, des »Wuchers Trotz gelähm«[44], und man kann nun wieder in die Zukunft schauen. Derlei Getreidewucher treten im Rahmen des Fürkaufs nicht nur 1770/71 auf, sondern ebenso bei der letzten großen Hungersnot 1817/18.[45]

Abbildung 2: Wuchermedaille von Friedrich Wilhelm Hörnlein 1923

Ernste christliche Mahnung und Warnung gegen Wucherer« gespeichert, http://www.zeno.org/nid/20003983501 (Stand: 17.03.2017).

43 Der beschämte Wucher bey Gelegenheit des heurigen Ernd-Festes mit lebendigen Farben abgeschildert, Druck 1772, Bayerische Staatsbibliothek 1174862 Res/4 P.o.germ. 232,29 1174862 Res/4 P.o.germ. 232,29, Digitale Bibliothek: http://www.mdz-nbn-resolving.de/urn/resolver.pl?urn=urn:nbn:de:bvb:12-bsb10907322-4 (Stand: 17.03.2017).

44 A. a. O., fol. 5.

45 Schubert, Wucher und Kredit in Bayern (s. Anm. 6), 24.

Dass im oben genannten Gebet auch gegen Juden gewettert wird, liegt daran, dass im ländlichen Bereich durchaus noch jüdische Geldverleiher auftreten, was alte Vorurteile neu belebt.[46] Das negative Bild des jüdischen Wucherers tradiert sich letztlich bis in die jüngere Vergangenheit, wie beispielsweise auf einer bekannten Wuchermedaille des Jahres 1923 zu sehen ist (vgl. *Abbildung 2*).[47] Dort ist zu lesen: »Ob Jud ob Christ ein Schuft der Wucherer ist«.

Zusammenfassend lässt sich feststellen, dass sich im Verlauf der Neuzeit »Wucher« weg vom rein juristischen Konzept des Zinswuchers zu einem breiteren Begriff entwickelt hat. »Wucher« in der heutigen Lesart umfasst im allgemeinen Preistreiberei, beispielsweise »Benzinpreis-« oder »Mietwucher«. Wucherzinsen spielen heute nur noch eine sehr untergeordnete Rolle.

4. Der Wucher und seine Nachbarn als Reizthemen der Reformatoren

»Wucher« ist demzufolge ein eher unscharfer Begriff und als solchen verwendeten ihn offenbar hier und da bereits die Zeitgenossen der Reformatoren. Das kanonische Zinsverbot, das anfangs beleuchtet wurde, spielt damals noch eine Rolle, wird aber bereits vielfach umgangen. Unter anderem an solchen Praktiken entzündet sich die Kritik von Strauß. Warum dies zu einer gesellschaftlichen Auseinandersetzung zwischen den letztlich an sich reaktionär (d. h. auf den Wortlaut der Bibel) ausgerichteten Theologen und den eher real orientierten Kaufleuten, den ihnen nahestehenden Predigern und Humanisten führt, ist zunächst im spätmittelalterlichen Geldwesen selbst zu suchen.

Wirtschaftshistoriker haben das ausgehende Mittelalter und die Frühe Neuzeit wiederholt ganz explizit als Zeitalter der Kreditwirtschaft bezeichnet.[48] Der einfache Grund dafür liegt im relativen Mangel an Kurrentgeld, also Umlaufmünzen. Die Ausweitung wirtschaftlicher Aktivitäten im Zuge der bereits erwähnten »kommerziellen Revolution« zwingt Kaufleute dazu,

---

46 A. a. O., 32.

47 Wuchermedaille von Friedrich Wilhelm Hörnlein 1932, am oberen Rand signiert: F. H. 1923, geprägt in der Münzstätte Muldenhütten, Abbildung veröffentlicht unter CC BY-SA auf https://commons.wikimedia.org/wiki/File:Wuchermedaille_1923.jpg (Stand: 17. 03. 217).

48 Eine kurze Zusammenfassung in: Isenmann, Die deutsche Stadt im Spätmittelalter (s. Anm. 4), 380.

virtuelle Zahlungsmittel zu erfinden. Der Kredit fungiert als Ersatzstoff für knappes Münzgeld, also als »Kapitalsurrogat«[49]. Er ist ein ganz wesentlicher Bestandteil der spätmittelalterlichen Wirtschaft und begegnet uns zur Zeit der Reformation daher bereits im ganz Alltäglichen, beispielsweise in Form des sprichwörtlichen Kerbholzes. Dieses diente durch Einritzungen zum Anschreiben von Warenkäufen. Wer viel (oder zumindest etwas) auf dem Kerbholz hatte, war verschuldet. Weitere Kreditformen in dieser Zeit sind das zeitliche Aufteilen und auch das Verzögern von Zahlungen: Der Warenkredit ist im Mittelalter bereits üblich, größere Zahlungen werden oftmals tranchiert, Personal nur an bestimmten Tagen des Jahres ausgezahlt oder überhaupt erst, wenn es den Dienst nach Jahren quittiert. Das Hantieren mit größeren Kreditsummen ist im Fernhandel oder im Verlagswesen[50] üblich, wo nur ausnahmsweise mit größeren Bargeldmengen hantiert wird (z. B. im Osthandel der Hanse). Buchgeld spielt eine wichtige Rolle im Handel. Dabei handelt es sich um rein virtuelles Kapital, das in Büchern oder in Form von Zahlungsversprechen (als Wechsel) niedergeschrieben ist. Der Sprung zur Banktätigkeit ist für Kaufleute im Fernhandel dadurch kurz. Als Kaufmann-Bankiers finanzieren sie nicht nur den Handel, sondern auch über die Hochfinanz Herrscher und Staaten. Zu Anfang des 16. Jahrhunderts spielen in diesem Geschäft – neben nord- und mittelitalienischen Firmen – im Besonderen die Oberdeutschen eine führende Rolle, also Kaufleute aus Nürnberg, Augsburg, Memmingen, Ulm und anderen Reichsstädten.

Festzuhalten ist, dass der Kredit eine alltägliche Erscheinung in der Frühen Neuzeit ist. Ein weiteres Phänomen, das auch die Reformatoren beobachten und reflektieren, ist die zunehmende Professionalisierung des Kreditgeschäfts seit Ende des Mittelalters, zumindest in den deutschen Landen.[51] Das Ideal, das kanonische Zinsverbot, und die Wirklichkeit klafften dabei eklatant auseinander. Im Folgenden werden einige Kreditformen vorgestellt, an denen sich die Reformatoren besonders rieben. Besonders interessant ist dabei der Vergleich zu wirtschaftlichen Asymmetrien heute.

---

49 Ebd.

50 Gemeint ist hier die Produktionsform des Verlagswesens, bei dem überwiegend im ländlichen Nebenerwerb dezentral z. B. Textilien hergestellt wurden. Der Verleger stellte dabei Kapital und Rohstoffe zur Verfügung und nahm den Produzenten die fertigen Waren zum Weiterverkauf ab.

51 Die Entwicklung setzt in anderen Teilen Europas zum Teil früher ein. Ein Grund dafür ist vermutlich, dass der umfangreiche Edelmetallbergbau in Mitteleuropa die Einführung von Buchgeld erst später notwendig machte.

4.1 Der Rentenmarkt

Jakob Strauß hat sich in seinem »Haubtstuck vnd Artyckel Christenlicher leer widder den vnchrystenlychen wuecher darumb etlich Pfaffen tzu Eyssenach so gar vnruwig vnd bemuehet synt«[52] explizit gegen jegliches Zinsnehmen ausgesprochen: »Wuecher ist yn seyner natur als widder die lieb des nechsten und das verpot gottes eyn schwer wichtig und offenbar todtsundt.«[53] Damit stellt er sich fundamental gegen die liberalere Haltung der lateinischen Kirche, die – wie oben bereits dargelegt – einen Zinsfuß von 5 Prozent für akzeptabel hält. Dies erklärt er in seiner Schrift und spricht sich gegen die Beschlüsse der Konzilien aus. Wucher hat sich seiner Ansicht nach in allen Gesellschaftsschichten verbreitet, im Adel, im Bürgertum und vor allem auch im Klerus, obwohl dies den Christen laut der Bibel verboten sei. Ja sogar das Bezahlen von Zinsen ist nach der Auffassung von Strauß Sünde (»Wuecher nemen vnnd geben yst offenbar widder das Evangelium Jhesu Christi.«[54]). Lediglich die Juden dürften Geld gegen Zinsen verleihen.[55]

Stein des Anstoßes für den Prediger Jakob Strauß war der Rentenkauf. Im speziellen Fall scheint diese Praxis in Eisenach besondere Blüten getrieben und zu sozialen Konflikten innerhalb der Stadt geführt zu haben. Der Begriff benötigt Erläuterung: Unter Rentengeschäften versteht man eine Kapitalanlage (für den Gläubiger) bzw. einen Kredit (für den Schuldner) auf Immobilien. Der Gläubiger tritt dabei als Käufer der Rente auf und überlässt dem Verkäufer, also dem Schuldner, Geldkapital. Jährlich fällt eine feste Rente an, die der Schuldner zu zahlen hat. Wird sie nicht gezahlt, fällt die als Sicherheit gegebene Immobilie an den Gläubiger.[56] Obwohl dies eigentlich gegen das Zinsverbot verstieß, waren Rentenkäufe weit verbreitet und auch in der Geistlichkeit nicht unüblich.[57] Im Gegenteil: Innerkirchliche Rentenkäufe, solche

---

52 Jakob Strauss, Haubtstuck vnd Artyckel Christenlicher leer widder den vnchrystenlychen wuecher darumb etlich Pfaffen tzu Eyssenach so gar vnruwig vnd bemuehet synt, Erfurt 1523, ULB Sachsen-Anhalt VD16 S 9482, Digitalisat: urn:nbn:de:gbv:3:1-472537. Transkription und Übersetzung in modernes Deutsch in diesem Band, 190–202.

53 A. a. O., Artikel 6.

54 A. a. O., Artikel 24.

55 A. a. O., Artikel 42.

56 Isenmann, Die deutsche Stadt im Spätmittelalter (s. Anm. 4), 383.

57 Hans-Joachim Wenner, Handelskonjunkturen und Rentenmarkt am Beispiel der Stadt Hamburg um die Mitte des 14. Jahrhunderts, Hamburg 1972, 55, ermittelte im 14. Jahrhundert beispielsweise 68 Personen geistlichen Standes, die am Rentengeschäft teilnahmen.

zwischen kirchlichen Institutionen, existierten bereits während des Übergangs von der Natural- zur Geldwirtschaft.[58] Die von Strauß kritisierten Konzilien beschäftigten sich mit der Legitimierung des Rentengeschäfts. Zentrales Element der oben genannten Lockerung des kanonischen Zinsverbots gegen Ende des Mittelalters war der Rentenkauf.

Verwerfungen entstanden im System durch den Weiterverkauf von Renten. Rentenkäufer, also die Gläubiger, konnten in bestimmten Fällen Rentenbriefe weitergeben: »Rentenbriefe wurden vererbt, der Kirche gestiftet, als Mitgift übertragen, versetzt, gerichtlich versteigert, zur Entrichtung der Steuerschuld genommen [...] oder [...] verkauft.«[59] Eine schlechte Dokumentation der Vorgänge konnte im Lauf der Zeit dazu führen, dass die Höhe der Forderungen stieg oder andere Asymmetrien auftreten konnten, welche wiederum zu Konflikten führten. Dies scheint in Eisenach der Fall gewesen zu sein, zumal die Renten hier deutlich über dem am Ende des Mittelalters üblichen 3 bis 5 Prozent Zinsfuß für Renten lagen.[60]

Strauß trifft mit seiner radikalen Forderung einen Nerv der Zeit. Der Rentenkauf war eines der ersten Zinsgeschäfte, die von kirchlicher Seite legitimiert wurden. Außerdem waren viele an diesem Geschäft beteiligt, sei es als Rentenkäufer oder -verkäufer. Die Schieflage des Rentenmarkts in Eisenach mit Zinsfüßen von teilweise über 10 Prozent barg ein nicht unerhebliches Potential an sozialem Sprengstoff. Besonders pikant für die Bürgerschaft war, dass viele der Rentenkäufer (der Kapitalgeber) aus dem kirchlichen Umfeld stammten.

Ähnlich wie bei anderen Kreditformen schlummerte das Übel damit nicht im Rentenmarkt selbst, sondern in seiner exzesshaften Nutzung. Eine wachsende Verschuldung der Bevölkerung am Ende des 15. und am Anfang des 16. Jahrhunderts führte zu deflationären Tendenzen im Agrarsektor, die letztlich auch die (klein-)städtische Bevölkerung trafen.[61] Der Erfolg der Reformation beruht zum Teil auf den Forderungen nach größerer sozialer Gerechtigkeit, die in einer solchen krisenhaften Zeit auf fruchtbaren Boden fielen.

Ähnliche Themen finden sich auch in heutiger Zeit wieder: Die Kreditinstrumente selbst sind oftmals nicht das Problem, sondern deren Anwendung. Der Auslöser der Krise von 2008 war die Vergabe von Immobilienkrediten an

---

[58] Isenmann, Die deutsche Stadt im Spätmittelalter (s. Anm. 4), 384.

[59] Ebd.

[60] Bei Leibrenten konnte der Zinsfuß etwa doppelt so hoch sein. Diese waren zumeist Altersanlagen. A. a. O., 385.

[61] Rössner, Deflation – Devaluation – Rebellion (s. Anm. 11), 245.

Menschen, die im Normalfall eine solche Schuld nie hätten tilgen können, den sogenannten Sub-Prime-Krediten. In der Annahme steigender Immobilienpreise, die eine Rückzahlung der geliehenen Summe möglich gemacht hätten, wurden diese Kredite dennoch gewährt. Kaschiert wurde das Geschäft durch Credit Default Swaps (CDS), die Kredite zu Paketen zusammenschnürten und über mehrere Stufen zu neuen Produkten verschmolzen und aufteilten. Als die Immobilienblase platzte, brach das riskante Geschäft zusammen, es gab eine regelrechte Kettenreaktion. Leidtragende waren vor allem die Schuldner, welche oftmals ihre Immobilien nicht halten konnten. Der Erschütterung darüber folgten Forderungen nach Marktregulierung und sozialem Ausgleich. Und wie in der Reformation wurden zwar entsprechende Schritte eingeleitet, die Exzesse konnten aber nicht nachhaltig unterbunden werden.

4.2 Der Fürkauf

Ein weiteres Reizthema, das auch die Reformatoren aufnehmen, ist der sogenannte »Fürkauf« oder auch Vorkauf. Ähnlich wie im Rentenmarkt existieren eine Vielzahl Varianten und Ausprägungen,[62] aber im Wesentlichen versteht man darunter den Kauf von Produkten vor ihrer eigentlichen Herstellung oder Ernte. Besonders verbreitet war der Vorkauf für agrarische Produkte und andere Nahrungsmittel wie Fisch. Städte trachteten in der Regel durch Verbote danach, spekulative Geschäfte mit Nahrungsmitteln zu unterbinden, um ihre Bevölkerung vor preisgetriebenen Hungersnöten zu schützen.[63] Der Vorkauf ist zunächst ein Kredit auf künftig zu liefernde Waren. Hersteller, manchmal auch ganze Gemeinden, können sich so mit Geldkapital versorgen. Im Gegenzug liefern sie für eine gewisse Zeit ihre Güter an den Kreditgeber, der diese dann weiterverkaufen kann. Zunächst ist dies kein verwerfliches Geschäft, denn auch der Gläubiger muss ein nicht unerhebliches Risiko tragen (z. B. bei Missernten), während der Schuldner für seine Waren einen sicheren Abnehmer besitzt. Wie oben allerdings bereits angedeutet, verleitete das Geschäft bereits im Spätmittelalter zur Spekulation. Es lag naturgemäß im Interesse des Gläubigers, seinen Gewinn durch eine möglichst hohe Spanne zwischen Kreditsumme und Umsatz zu maximieren. Besonders brisant konnte die Angelegenheit werden, wenn der Vorkäufer beispielsweise einen erheblichen Teil der Ernte einer Stadt zurückhalten konnte, um so die Preise durch Verknappung in die Höhe zu treiben.

---

[62] Eine kurze Zusammenfassung bei Prien, Luthers Wirtschaftsethik (s. Anm. 13), 62f.

[63] Isenmann, Die deutsche Stadt im Spätmittelalter (s. Anm. 4), 393.

In solchen Fällen wurde der Fürkauf als Wucher angesehen, wie das bekannte Gedicht aus Sebastian Brants »Narrenschiff« mit dem Namen »Wucher und Furkouff« aus dem Jahre 1499 zeigt.[64] Fürkauf wurde von Großkaufleuten als Mittel zur Marktkonzentration verwendet und hat daher auch Bezüge zum Monopolismus. Deshalb ist es nicht verwunderlich, dass »Fürkauf«, »Wucher« und »Monopolismus« als Begriffe auf den Reichstagen 1529 und 1530 genannt werden, wenn es um die Durchsetzung der Forderungen der Antimonopolbewegung geht. Deren Scheitern zeitigt auch, dass keine nachhaltigen Maßnahmen gegen den Fürkauf getroffen werden, so dass er im weiteren Verlauf der Frühen Neuzeit immer wieder eine gewisse Rolle in sozioökonomischen Auseinandersetzungen spielt. Auch heute noch spielt das Konzept des Fürkaufs eine Rolle, wenngleich er seinen Fokus stärker auf den Kapitalmarkt verschoben hat: Termingeschäfte auf Lebensmittel haben in den vergangenen Jahren immer wieder zu einer Preissteigerung von Grundnahrungsmitteln geführt, was vor allem drastische Auswirkungen auf die ärmsten Länder der Welt hatte.

4.3 Die Monopolisten

Die Antimonopolisten waren während der frühen Reformationsphase eine einflussreiche Bewegung. Sie richteten sich primär gegen die großen Augsburger Handelsgesellschaften wie jene der Fugger, Welser, Höchstetter oder Bimmel. Monopolisten, später oft Frühkapitalisten genannt, kamen auch aus Nürnberg, Leipzig und einigen anderen Reichsstädten. Unterstützer der Antimonopolisten waren unter anderem kleinere Kaufleute, Adelige, die niedere Geistlichkeit, Bauern und Handwerker, zumeist jene, die sich durch die großen Kapitalgesellschaften geschädigt fühlten.[65] Der Vorwurf gegen sie lautete, durch Marktkonzentration die Preise in vielen Bereichen drastisch gesteigert zu haben. Dies betraf, wie am Beispiel des Fürkaufs bereits gezeigt wurde, besonders den Lebensmittelmarkt. Ansonsten waren zumindest zeitweise Gewürze, Metall (insbesondere das für den Alltag wichtige Kupfer) und Textilien betroffen. Die Antimonopolbewegung forderte eine Regulierung des Markts und eine Zerschlagung der Großhandelsgesellschaften – ähnliche Ängste und Forderungen gibt es auch heute immer wieder in Bezug auf multinationale Konzerne.

---

64 Eine Transkription beispielsweise auf https://www.hs-augsburg.de/~harsch/germanica/Chronologie/15Jh/Brant/bra_n093.html (Stand 22. 03. 2017).

65 Prien, Luthers Wirtschaftsethik (s. Anm. 13), 77.

Die Antimonopolbewegung scheiterte letztlich, was bei vielen Reformatoren für Verdruss sorgte. Dabei sollte man den realwirtschaftlichen Einfluss der Fugger, der Höchstätter oder anderer Handelsgesellschaften nicht überbewerten, wie das die ältere Literatur gerne gemacht hat.[66] Die oberdeutschen Firmen konnten zwar in bestimmten Bereichen über längere Zeiten Oligopole aufbauen, gesamtökonomisch war dies im zu 80 bis 90 Prozent agrarisch geprägten Europa aber kein zu großer Faktor. Schätzungen gehen davon aus, dass der Anteil des Handels am Bruttoweltprodukt zwischen 0,5 Prozent und etwas über 2 Prozent gelegen haben dürfte.[67] Eine Zerschlagung der Unternehmen hätte die eigentlichen Probleme vermutlich kaum beseitigt, auch wenn bestimmte Missbrauchsformen erschwert worden wären.

Für viele der Probleme der Zeit sind die Monopolisten letztlich nicht ursächlich verantwortlich, wenngleich sie als ökonomische Opportunisten nicht unbedingt zur Entschärfung der Situation beitragen. Die Preissteigerungen und viele soziale Probleme sind vielschichtiger. Eines der Themen sind das Geld bzw. die Preise. »Es kam in Mitteleuropa im Zeitraum von 1450 und 1540 zu einer Verfünffachung der Silberproduktion. Seit den zwanziger Jahren des 16. Jh. strömten zusätzlich erhebliche Edelmetallmengen aus Amerika ein, was die Preisrevolution in dem Maße mit anheizte, wie die Steigerung der Edelmetallmenge den Anstieg von Produktivität und Handel überstieg. Zwischen 1480 und 1590 verfünf- und versechsfachten sich die Preise.«[68] Dies betrifft zwar die frühe Phase des 16. Jahrhunderts noch nicht ganz so stark wie die spätere Zeit, dennoch klagen Zeitgenossen über die allgemeine Teuerung.

Ein virulentes Problem der Preissteigerung ist offenbar, dass viele Kreditnehmer zunehmend überschuldet sind, da neue Kredite nur für exorbitante Zinsen zu bekommen sind, gleichzeitig aber bestimmte Güter weniger stark von der Preissteigerung betroffen sind als andere. Rössner verweist auf wenig erforschte Quellen im Nürnberger Stadtarchiv, die Hinweise darauf geben, dass die Verschuldung der Bauernschaft um 1530 relativ hoch gewesen sein dürfte, da selbst kleine Summen nur mit Mühe zurückgezahlt werden konnten.[69] Die Missernten der Jahre 1490/94, 1500/4 und 1515/19 zwangen zahl-

---

[66] Dieser Linie folgt bspw. PRIEN, a. a. O., 42 f.

[67] ANTONI ESTAVADEORDAL / BRIAN FRANTZ / ALAN M. TAYLOR, The Rise and Fall of World Trade, 1870–1939, in: Quarterly Journal of Economics 118/2 (2003), 359–407.

[68] PRIEN, Luthers Wirtschaftsethik (s. Anm. 13), 46.

[69] RÖSSNER, Deflation – Devaluation – Rebellion (s. Anm. 11), 201.

reiche Bauern sicherlich dazu, Kredite aufzunehmen, die in der Folge durch sinkende Getreidepreise nicht oder nur schwer beglichen werden konnten.[70] Auch im Bauernkrieg ist das Thema der Entschuldung eine nicht unbedeutende Forderung.[71] Zu bemerken ist dabei, dass weder die Reformation noch der Bauernkrieg eine nachhaltige Lösung für das Problem der Agrarverschuldung bieten konnten – auch im 17. Jahrhundert bleibt der Bauernstand im Schnitt relativ hoch verschuldet.[72]

Rössner vermutet hinter den steigenden Zinsen einen allgemeinen Liquiditätsengpass, da im ersten Drittel des 16. Jahrhunderts auch eine ganze Reihe von größeren Gesellschaften (z. B. die Augsburger Höchstetter) bankrott gingen. Das System war auf kurzfristige Kredite getrimmt. »Somit waren, so darf man spekulieren, kurzfristige Liquiditätsketten geschaffen worden, deren Angelpunkte häufig auf die allgemeinen Zahlungscluster der agrarisch dominierten Wirtschaft (Walpurgis, Michaelis etc.) kalibriert waren. Wann immer das Kreditvolumen kontrahierte und einzelne Glieder in der Kette fallierten, geriet das gesamte System des Zahlungsausgleichs ins Wanken.«[73] Inwieweit dies tatsächlich der Fall war, muss die zukünftige Forschung noch erarbeiten. Dennoch drängen sich auch hier vorsichtige Vergleiche mit der Gegenwart auf: In der Bankenkrise von 2008 führte mangelndes Vertrauen zu Liquiditätsengpässen bei Banken und Firmen, da das Verleihen von Geld über Nacht ein (vermeintliches) Risiko geworden war.

Gerade hier wird ersichtlich, dass die Reformation in einer Zeit der Umbruchsphase stattfand. Umgekehrt befeuerte die Krisenhaftigkeit der Zeit den Wunsch nach Wandel, auch im Religiösen. Die Forderungen Jakob Strauß' müssen in diesem Zusammenhang entsprechend interpretiert werden.

5. Zinsen zwischen Wachstum und Sozialproblemen

Warum setzt sich das Zinsnehmen letzten Endes gegen die vielen Widerstände vor allem von kirchlicher Seite durch? Sind Zinsen – und damit letztlich Wachstum – überhaupt notwendig für eine zufriedene Gesellschaft? Letztere Frage ist in den vergangenen Jahren von Wachstumskritikern immer wieder

---

70 A. a. O., 72.

71 A. a. O., 165 f.

72 Boelke, Agrarkredit (s. Anm. 38), 205.

73 Rössner, Deflation – Devaluation – Rebellion (s. Anm. 11), 200 f.

gestellt worden, beispielsweise von Tomaš Sedláček.[74] Wachstum, Zinsen und Krisen sind dabei miteinander verbunden. Wachstum ist letzten Endes die Dividende des technischen Fortschritts, zumindest in langfristiger Perspektive. Dabei ist zu beachten, dass es starke zeitliche und geographische Schwankungen im Wachstum gibt und es kurzzeitig auch zu Kontraktionen kommen kann.[75] Die treibenden Kräfte hinter diesem Wachstum sind vielschichtig: Die menschliche Neugier spielt eine Rolle, ebenso wie starke Wettbewerbssituationen.[76] Auch Krisen wie Kriege, Hungersnöte oder Naturkatastrophen können zu gesteigerter Innovationstätigkeit führen, die in der langen Perspektive zu Wachstum führt. Am Ende bedeutet dies, dass Wachstum kaum aufzuhalten ist, denn jede nicht-statische Gesellschaft neigt zu Kreativität, Innovation und Optimierung, also »Fortschritt« im weitesten Sinn. Kritische Köpfe wie Sedláček fordern daher auch eher eine Verlangsamung statt Stillstand (Stichwort »Sabbatökonomie«[77]).

Wie hängt dies nun mit den Zinsen, also dem Wucher zusammen? Zum einen führt Innovation zur Optimierung menschlicher Arbeit, insbesondere zu einer stärkeren Arbeitsteilung. Diese wiederum erfordert die Möglichkeit, den Wert der Arbeit bewertbar zu machen, da die Menschen nun angehalten sind, Waren und Dienstleistungen mit anderen zu tauschen. Umgekehrt führt diese spezialisierte Arbeit auf Tauschbasis auch zu Begehrlichkeiten: Arbeite ich besser, schneller oder einfach mehr, kann ich gegebenenfalls mehr Waren und Dienstleistungen eintauschen, bin also reicher. Umso reicher jeder ist, umso mehr wächst das System und umso mehr muss optimiert werden. Dass diese Spirale nicht zu glücklicheren Menschen führt, ist bereits im Altertum erkannt worden. Dennoch scheint es der Menschheit schwerzufallen, aus diesem Kreislauf auszubrechen.

Der Wucher wiederum fußt auf dem Kredit, also dem Leihen von Kapital. Dabei ist es wichtig zu verstehen, dass dieses Kapital in der Regel als Investition auf *künftige* Arbeit oder Waren gegeben wird. Der Kredit kann folglich als Vorschuss auf die Zukunft gewertet werden. Er ist damit ein wesentliches Element, um große, riskante oder innovative Vorhaben überhaupt erst umzusetzen. Die Liquidität einer Wirtschaft hängt stark von ihrem Kreditwesen

---

[74] Tomaš Sedláček, Die Ökonomie von Gut und Böse, München 2009, 287–292.

[75] Angus Maddison, The World Economy. A Millennial Perspective, o. O. 2001, 28, 42.

[76] Gutes Beispiel hierfür ist Europa, das in der Frühen Neuzeit einen wirtschaftlichen Take Off durch starken nationalen Wettbewerb erlebt.

[77] Sedláček, Die Ökonomie von Gut und Böse (s. Anm. 74), 305–310.

ab und damit ihrer Fähigkeit, sich neuen Gegebenheiten anzupassen (oder auch durch Investitionen zu wachsen). Ohne Kredite ist der Bau von Kathedralen, das Ausrüsten von Schiffsflotten, die Ausbeutung von Bergwerken oder das Führen von Kriegen in den letzten Jahrhunderten kaum denkbar. Mit der Ausweitung eines solchen Kredit- und Geldwesens kommt es zur Spezialisierung, also zur Genese von Banken, Wechslern oder auch Wucherern, die ihren Lebensunterhalt durch das reine Geldgeschäft bestreiten.

Es ist hier wichtig, den Kern des Bankgeschäfts zu verstehen. Ein konkretes Beispiel: Ein Einleger gibt einem Kaufmann 100 Gulden gegen das Versprechen, dafür jährlich 5 Prozent Zinsen zu bekommen. Der als Bank agierende Kaufmann ver*bucht* diesen Betrag im wahrsten Sinne des Wortes und investiert ihn sehr wahrscheinlich in Gewinn versprechende Geschäfte. Durch diesen Vorgang hat der Kaufmann Buchgeld, also virtuelles Geld, geschaffen, denn der Einleger geht ja davon aus, dass er nach wie vor über sein Geld verfügen kann. Damit hat sich das Kapital, zumindest auf dem Papier, verdoppelt. Der Kaufmann kann mit dem Kapital Handel treiben und somit sehr wahrscheinlich nicht nur die jährlichen Zinsen auszahlen, sondern für sich selbst noch einen stattlichen Gewinn erwirtschaften. Solange der Geldgeber sein Geld nicht real zurückfordert – worauf der Kaufmann bzw. die Bank selbstredend spekulieren – funktioniert das System hervorragend. Wenn das Vertrauen in die Bank nicht mehr gegeben ist und alle Einleger zur selben Zeit ihre Einlagen abziehen wollen, bricht das System in sich zusammen. In der Geschichte kommen solche *Runs* auf Banken bereits im Mittelalter vor – der Begriff *banca rotta*, zerbrochene Bank, deutet darauf hin, was wütende Gläubiger mit dem Arbeitsplatz des Geldverleihers machen, wenn sie von dessen Zahlungsunfähigkeit erfahren.[78] Die für Deutschland wohl folgenreichste Bankenkrise war jene des Sommers 1931 (s. o.). Einlagesicherungssysteme, beispielsweise die Vorgabe, einen bestimmten Prozentsatz des Geldes als Eigenkapital vorzuhalten, mindern solche Risiken.

Dessen ungeachtet schlummert das Risiko bereits im Kern des Bankenwesens. Es ist daher Segen und Fluch zugleich. Zum einen ermöglichen Banken Investitionen, indem Projekte sofort realisiert werden können, die Bezahlung dagegen in die Zukunft verlagert wird. Dies verspricht Wohlstand und Wachstum weit über das subsistenzwirtschaftliche Maß hinaus. Risiken können durch Kredite auch gesenkt werden, beispielsweise in der Landwirt-

78 G. P. Massetto, Bankrott, in: Lexikon des Mittelalters, Bd. 1, München 1980, Sp. 1409 f.

schaft. Einem Bauern ermöglicht der Kredit, neues Saatgut zu kaufen und somit die Zukunft zu sichern. Im Kontrast dazu besitzt das Bankenwesen aber auch zwei Problemstellen: Der Verlust des Vertrauens führt zu einer systemischen Krise, die schwere Folgen haben kann. Im Mikroökonomischen setzt es Anreize zum Eingehen von womöglich hohen Risiken und zu »unmoralischem« Handeln, dem Ziehen von Gewinn durch mögliche Schädigung anderer Personen. Insbesondere an letztem Punkt entzündet sich die Kritik der Reformatoren, aber auch die moderner Kritiker, welche im egoistischen Handeln den Motivator für die Krise von 2008 bis heute sehen: Die menschliche Gier ist nach dieser Lesart der Kern des Wuchers. Damit ist der Kreis zum Anfang des Artikels geschlossen.

6. Fazit: Was bleibt vom Geist der Reformation?

Das Fazit mag vordergründig ernüchternd sein: Von den eigentlichen Forderungen Strauß' ist heute wenig übrig geblieben. Das Zinsnehmen ist nicht nur nicht verboten worden, es ist sogar explizit erlaubt. Und besonders die protestantisch und anglikanisch geprägten Länder wie die Niederlande, England oder die USA waren hier Vorreiter oder sind es immer noch: Die Geldwirtschaft ist dort ein wichtiger Baustein des Bruttoinlandsprodukts, Banker sehen sich als »Masters of the Universe«. Was bleibt also vom Geist der Reformation?

Die letzten Kapitel haben gezeigt, dass die Kritik von Strauß und anderen Reformatoren an den Problemen ihrer Zeit entbrannte. Jenseits dieser konkreten Missstände ist die Forderung nach einer gerechteren Gesellschaft zeitlos. Parallelen zu heute lassen sich damit sehr wohl finden. Die heutigen Gefahren liegen nach Meinung des Autors dabei weniger im klassischen »Wucher«, sondern in Dysfunktionen des heutigen Marktes. Einige Elemente erscheinen hier besonders brisant: Der automatisierte Hochfrequenzhandel beschleunigt den Geldmarkt enorm. Algorithmen können in Sekundenbruchteilen gigantische Transaktionen durchführen. Fehler können gravierende Folgen haben: 2013 veröffentlichte ein Forscherteam die Ergebnisse einer Untersuchung, nach der zwischen den Jahren 2006 und 2013 ungefähr 18.000 »ultraschnelle Ereignisse« stattfanden, also nur durch den Computer sichtbare Börseneinbrüche und -spitzen, die als Fehler interpretiert werden können.[79]

---

79 »Das systemische Risiko der Dummheit«, FAZ 15. 10. 2013, http://www.faz.net/

Vergrößert wird die Gefahr durch eine gigantische Geldmenge, die losgelöst vom Realmarkt auf Finanzmärkten täglich um die Welt geschickt wird. Das Risiko, dass diese Blase eines Tages platzt, existiert. Die Folgen sind kaum abzuschätzen. Auch heute zeigt sich, dass die Auswirkungen solcher Exzesse Volkswirtschaften gefährden und die weltweite Ungleichheit keineswegs verringern, sondern noch verstärken. Die politische Radikalisierung derjenigen, die sich als Verlierer fühlen, ist im Aufschwung des Populismus in den letzten Jahren durchaus ersichtlich, auch wenn sicherlich weitere Gründe für diesen zu nennen sind.

Wucher kann letztlich als Defizit des Marktmechanismus verstanden werden, und zwar unabhängig von der modernen Marktwirtschaft: Wucher tritt dort auf, wo Marktteilnehmer das Bedürfnis anderer ausnutzen. Zugespitzt formuliert nährt sich der Wucher aus der Notlage anderer. Grund dafür ist meistens eine hohe Nachfrage bei gleichzeitig niedrigem Angebot, es können aber auch Marktregularien eine Rolle spielen, beispielsweise das kanonische Zinsverbot. Denn Ursache für den Wucher ist das individuelle Handeln, das letzten Endes nie selbstlos ist, sich im Regelfall nicht primär nach moralischen Normen richtet, sondern auch nach dem individuellen Nutzen. Das Einführen entsprechender Regularien kann als normierender Faktor Exzesse verhindern, zu starke Einschränkungen führen dabei aber immer zu Umgehungsstrategien, beispielsweise der Entwicklung eines Grau- oder Schwarzmarkts, oder die Nutzung juristischer Schlupflöcher. Solche Tendenzen werden sich nie ganz verhindern lassen. Man kann schlussendlich nur an die Moral des Einzelnen appellieren, eine Aufgabe, die unter anderem den Kirchen zukommt.

Kern der Wucherkritik ist die Forderung nach moralisch korrektem Handeln. Hier ist die Wirtschaftsethik gefragt – auch hier kann man durchaus aus der Geschichte lernen, wie der Jenaer Wirtschaftswissenschaftler Reinhard Haupt in seinem Plädoyer für den »Ehrbaren Kaufmann« verdeutlicht hat.[80] Die Höchstetter und Fugger waren in ihrer Zeit durch die Reformatoren nicht gut gelitten, dennoch folgten sie einem moralischen Leitbild der Ehr-

aktuell/feuilleton/risiken-des-hochfrequenzhandels-das-systemische-risiko-der-dummheit-12619019-p2.html (Stand 29.03.2017).

80 Reinhard Haupt: Der »Ehrbare Kaufmann«. Erinnerungen in der Unternehmensethik an vergessene Wirtschaftstraditionen, in: Jeanette Granda / Jürgen Schreiber (Hrsg.), Perspektiven durch Retrospektiven. Wirtschaftsgeschichtliche Beiträge. Festschrift für Rolf Walter zum 60. Geburtstag, Köln 2013, 47–59.

barkeit (z. B. durch soziale Stiftungen), das spätestens im Laufe des 20. Jahrhunderts verloren gegangen ist. Erst in jüngerer Zeit lassen sich Gegentrends erkennen: Corporate Governance, faire Unternehmen und insbesondere die Erkenntnis, dass sich nachhaltiges Handeln auch wirtschaftlich lohnen kann. Die Ideen der Reformatoren scheinen in anderer Form neu erwacht zu sein – der Geist der Reformation lebt vielleicht ein Stück in diesen Entwicklungen weiter. Dies macht Hoffnung auf die Zukunft, denn es lässt erkennen, dass nicht alle negativen Trends unumkehrbar sind – eine »Reformation« kann hier als wichtiges Korrektiv für zukünftige Entwicklungen dienen.

Wucher – Eine biblische Erinnerung an Lk 6,27–35

Rainer Kessler

Ihrem eigenen Anspruch nach verlangen die verschiedenen Vertreter der Reformation des 16. Jahrhunderts, dass man ihre Worte und Taten an der heiligen Schrift misst. Im Fall der Wucherthematik, die Jakob Strauß vor fast 500 Jahren in Eisenach aufgegriffen hat, legt sich ein Text nahe, auf den er sich immer wieder bezogen hat. Er steht im Lukas-Evangelium im 6. Kapitel, V. 27–35. Er folgt hier in der Übersetzung der Lutherbibel von 2017:

27 Aber ich sage euch, die ihr zuhört: Liebt eure Feinde; tut wohl denen, die euch hassen;
28 segnet, die euch verfluchen; bittet für die, die euch beleidigen.
29 Und wer dich auf die eine Backe schlägt, dem biete die andere auch dar; und wer dir den Mantel nimmt, dem verweigere auch den Rock nicht.
30 Wer dich bittet, dem gib; und wer dir das Deine nimmt, von dem fordere es nicht zurück.
31 Und wie ihr wollt, dass euch die Leute tun sollen, so tut ihnen auch!
32 Und wenn ihr liebt, die euch lieben, welchen Dank habt ihr davon? Denn auch die Sünder lieben, die ihnen Liebe erweisen.
33 Und wenn ihr euren Wohltätern wohltut, welchen Dank habt ihr davon? Das tun die Sünder auch.
34 Und wenn ihr denen leiht, von denen ihr etwas zu bekommen hofft, welchen Dank habt ihr davon? Auch Sünder leihen Sündern, damit sie das Gleiche zurückbekommen.
35 Vielmehr liebt eure Feinde und tut Gutes und leiht, ohne etwas dafür zu erhoffen. So wird euer Lohn groß sein, und ihr werdet Kinder des Höchsten sein; denn er ist gütig gegen die Undankbaren und Bösen.

Beim Evangelisten Lukas ist dieser Abschnitt Teil einer Rede Jesu, die dieser auf einem offenen Feld hält und die deshalb, im Unterschied zur Bergpredigt bei Matthäus, Feldrede oder Feldpredigt heißt. Der von Jakob Strauß, aber auch von Martin Luther zitierte Satz steht im letzten Vers des Abschnitts: »[…] tut Gutes und leiht, ohne etwas dafür zu erhoffen.« Bei Matthäus wird das Wort in anderer Form überliefert, meint aber dasselbe. Da sagt Jesus: »Gib dem, der dich bittet, und wende dich nicht ab von dem, der etwas von dir borgen will« (Mt 5,42). Jakob Strauß schreibt dazu: »Das Gebot Gotts Deute[ronomium] am 15. und Luce am 6., dass ein jeglicher seinem Nächsten in der Not frei und willig soll leihen, ohn[e] allen Besüch, ist allen Christen bei ewiger Verdammnüs not zu halten.«[1] Martin Luther entnimmt aus Mt 5,42 die Aufforderung an die Christenmenschen, »daß man willig und gerne leiht oder borgt ohne jeden Zins«[2].

Das Wort der Evangelienüberlieferung hat einen konkreten zeitgeschichtlichen Bezug. Zur Zeit Jesu tobte unter jüdischen Gelehrten ein heftiger Streit, wie die Bestimmung der Tora, die sich im 15. Kapitel des Buches Deuteronomium findet, angewendet werden sollte.[3] Dort wird ein regelmäßiger Schuldenerlass alle sieben Jahre verfügt. Soweit wir wissen, wurde dieses Erlassjahr in jener Zeit auch tatsächlich praktiziert. Damit verbunden war aber ein Problem, das in der Torabestimmung selbst schon angesprochen wird. Je näher nämlich das Erlassjahr kam, desto schwieriger war es, überhaupt noch einen Kredit zu bekommen. Kleine Bauern- oder Pächterfamilien, die nichts mehr zu essen und kein Saatgut für die nächste Aussaat hatten, bekamen nichts, weil die Darlehensgeber befürchteten, angesichts des bevorstehenden Erlassjahres das Darlehen gleich abschreiben zu können. Einer der Gelehrten

---

1 JAKOB STRAUSS, Hauptstück und Artikel christlicher Lehr[e] wider den unchristlichen Wucher, darumb etlich Pfaffen zu Eysnach so gar unrühig und bemüht sind, 1523, in diesem Band, 193; vgl. ebd. 201: DERS. »Es wird weder Doktor noch all[e] Gelehrten der Welt das 15. Kap. Deuteronomii, auch des 6. Luce mit erdichte[te]n Glossen verdempffen.«

2 MARTIN LUTHER, Ein Sermon von dem Wucher, 1519, in: KARIN BORNKAMM / GERHARD EBELING (Hrsg.), Ausgewählte Schriften, 6 Bde., 2. Aufl., Frankfurt a. M. 1983, Bd. 4, 9–18, hier: 10, Bezug auf Lk 6,30–35, hier: 12.

3 Zur Auslegung von Dtn 15,1–11 vgl. RAINER KESSLER, Das Erlassjahrgesetz Dtn 15,1–11. Ein Gebot und seine Umsetzung, in: Theologie und Glaube 100 (2010), 15–30 = RAINER KESSLER, Das Erlassjahrgesetz. Ein Gebot und seine Umsetzung, in: BERNHARD EMUNDS / WOLF-GERO REICHERT (Hrsg.), Den Geldschleier lüften! Perspektiven auf die monetäre Ordnung in der Krise (Die Wirtschaft der Gesellschaft, Jahrbuch 1), Marburg 2013, 267–287.

des 1. Jahrhunderts n. Chr., Rabbi Hillel, schlug deshalb eine Möglichkeit vor, den Schuldenerlass zu umgehen, den sogenannten Prosbul. Dabei wurde der Schuldtitel vor dem Erlassjahr bei einem öffentlichen Gericht hinterlegt, so dass – fiktiv – die Schuld während des Erlassjahres nicht bestand. Nach dem Erlassjahr allerdings lebte der Schuldtitel wieder auf. Hillels Konstruktion entstand aus dem einfachen Motiv heraus, dass die Leute nicht verhungerten, sondern weiter leben und anbauen konnten.[4]

Jesus und seine Bewegung vertraten dagegen eine wörtliche und radikale Auslegung der Tora: »Gib dem, der dich bittet, und wende dich nicht ab von dem, der etwas von dir borgen will«, und zwar auch, wenn du damit rechnen musst, dass dein Darlehen verloren ist. Wir haben mit den unterschiedlichen Positionen des Rabbi Hillel und des Rabbi Jesus eine für das Judentum typische Auseinandersetzung um die rechte Anwendung der Tora, um die so genannte Halacha – den rechten Weg –, vor uns.

Lukas allerdings schreibt nicht nur für jüdische Leserinnen und Leser, sondern auch für Jesusanhänger mit einem hellenistisch-römischen Hintergrund. Er formuliert deshalb etwas offener. Er lässt Jesus sagen: »[…] tut Gutes und leiht, ohne etwas dafür zu erhoffen.« Das kann, wie im Fall der strikten Anwendung der Tora, heißen, dass man sein Darlehen nicht zurückbekommt. Es kann aber auch heißen, dass man für das Ausgeliehene keine Gegenleistungen anderer Art erhoffen soll, wie es im römischen Klientelwesen der Fall war. Da konnte der Darlehensgeber erwarten, dass die von ihm Begünstigten ihn in jeder Hinsicht unterstützten. Das konnten materielle Dienste sein. Es konnte aber vor allem Unterstützung und Hilfestellung sein, wenn der Patron nach politischen Ämtern strebte oder in Gerichtssachen verwickelt war. »[…] ohne etwas dafür zu erhoffen« kann schließlich auch bedeuten, dass man für sein Darlehen auf keine Zinsen hoffen soll. So hat man Jesu Aussage im christlichen Mittelalter verstanden, und so zitieren ihn in der Reformationszeit Jakob Strauß und Martin Luther.[5]

---

4 Zum Prosbul vgl. FRANK CRÜSEMANN, »… wie wir vergeben unseren Schuldigern«. Schulden und Schuld in der biblischen Tradition, in: MARLENE CRÜSEMANN/WILLY SCHOTTROFF (Hrsg.), Schuld und Schulden. Biblische Traditionen in gegenwärtigen Konflikten (KT 121), München 1992, 90–103, hier: 101. – Dass »[e]ntgegen der Intention« der Prosbul »zum Instrument der Sicherung der Kredite im Sinne der Kreditgeber« wurde, betonen CARSTEN JOCHUM-BORTFELD/RAINER KESSLER, Art. Wirtschaftsrecht, in: Sozialgeschichtliches Wörterbuch zur Bibel, Gütersloh 2009, 658–662, hier: 661.

5 EDUARD SCHWEIZER, Das Evangelium nach Lukas (ATD 3), Göttingen 1982, 81

Wie immer der konkrete Kontext aussieht – ob Kleinkredite an verarmte Bauern im antiken Juda, ob römisches Klientelwesen oder der Zinskauf des Mittelalters und der Frühen Neuzeit –, Jesu Wort lässt sich darauf beziehen. Aber wie die verschiedenen möglichen Anwendungsfälle zeigen, ist Jesu Lehre kein Rezeptbuch, in dem man nur die entsprechende Seite aufschlagen muss, um auf seine Fragen eine Antwort zu bekommen. Wie Jesu Lehre anzuwenden ist, muss jeweils der Situation entsprechend entschieden werden. Allerdings gibt der Text dafür Kriterien an die Hand. Auf diese, nicht auf die Rezepte, kommt es an. Lukas stellt das Wort Jesu: »[…] tut Gutes und leiht, ohne etwas dafür zu erhoffen«, in den Kontext der Feindesliebe.[6] Der ganze Abschnitt fängt so an: »Liebt eure Feinde; tut wohl denen, die euch hassen; segnet, die euch verfluchen; bittet für die, die euch beleidigen.« Und der Abschnitt endet wiederum mit diesem Gebot: »[…] liebt eure Feinde und tut Gutes und leiht, ohne etwas dafür zu erhoffen.« Nach der Darstellung des Lukas wendet Jesus das Gebot der Feindesliebe auf das Feld der Finanzgeschäfte an. Doch wie hat das zu geschehen?

Jesus entwickelt in der Feldrede zwei Kriterien, die er für unverzichtbar hält. Als Erstes entfaltet er das Gebot der Feindesliebe in provokanten Formulierungen: »Und wer dich auf die eine Backe schlägt, dem biete die andere auch dar; und wer dir den Mantel nimmt, dem verweigere auch den Rock nicht. Wer dich bittet, dem gib; und wer dir das Deine nimmt, von dem fordere es nicht zurück.« Viele Politiker werden mit den Worten zitiert, mit der Bergpredigt könne man keine Politik machen. Sie meinen dann solche Aussprüche.

---

scheint die verschiedenen Verstehensmöglichkeiten als Alternativen anzusehen: »V 35 ruft zu großzügigem Leihen auf, auch wo man nicht auf Gegendienste hoffen kann. Oder ist an Zins oder Rückerstattung gedacht?« Nach meiner Auffassung ist der Text so offen formuliert, dass alle drei Verständnisse möglich sind. – Heinrich Julius Holtzmann, Die Synoptiker (Hand-Commentar zum Neuen Testament I.I), Tübingen/Leipzig [3]1901, 341 macht auf einen nicht unerheblichen Nebeneffekt des mittelalterlichen Verständnisses aufmerksam, wenn er darauf hinweist, dass »die mittelalterliche Kirche auf Grund unserer Stelle den Christen das Zinsnehmen verbot und damit die financielle Intervention der Juden unumgänglich machte«.

6 Entsprechend behandelt Vincenzo Petracca, Gott oder das Geld. Die Besitzethik des Lukas (TANZ 39), Tübingen/Basel 2003, 87 f. die Stelle unter der Überschrift »Das Liebesgebot« und resümiert: »Lk hat das Liebesgebot in der Feldrede auf *finanzwirtschaftliche Fragen* zugespitzt« (Auszeichnung i. O.).

Aber meint Jesus wirklich, seine Anhänger sollten wie dressierte Äffchen reagieren, sie sollten, wenn sie auf die eine Backe geschlagen werden, reflexartig die andere hinhalten? Jesus will keine Gesellschaft von Schlägern und Dieben etablieren. Im Gegenteil, er kritisiert sie. Und so sagt er seiner Anhängerschaft, sie solle sich von solcher Mentalität nicht anstecken lassen. Wenn die, die ihm nachfolgen, mit dem Bösen konfrontiert werden, in Gestalt von Menschen, die andere schlagen und ausrauben wollen, sollen sie sich von diesem Bösen nicht anstecken lassen. Paulus fasst das in die Worte: »Lass dich nicht vom Bösen überwinden, sondern überwinde das Böse mit Gutem« (Röm 12,21).

Jesus will eine Gesellschaft überwinden, in der das Gesetz der Wildnis herrscht und in der der Mensch dem Menschen zum Wolf wird. Seine Vorstellung ist nicht, dass alle Menschen mit allen anderen in Konkurrenz stehen. Sein Ideal ist es nicht, dass die Stärksten und Fittesten und am Ende die Brutalsten und Skrupellosesten nach oben kommen. Deshalb ermahnt er seine Anhängerschaft, sich nicht auf diese Machtspiele einzulassen. Wer zurückschlägt, wenn er geschlagen wird, wer sich verweigert, wenn er um etwas gebeten wird, und wer zurückfordert, was er hergegeben hat, handelt bereits nach dem Gesetz der Wildnis.

Dies gilt Jesu Worten zufolge ausdrücklich auch für das Wirtschafts- und Finanzleben. Auch in ihm soll nicht das Gesetz der Wildnis herrschen. Dafür, wie Jesu Mahnung unter den Bedingungen des modernen Finanzkapitalismus umgesetzt werden kann, gibt es sicher verschiedene Möglichkeiten. Ein Kriterium aber ist deutlich: Die Gesetze des Raubtierkapitalismus müssen überwunden werden. Das ist das erste Kriterium.

Danach behandelt Jesus ein anderes Feld. Er zählt eine ganze Reihe von Verhaltensweisen auf, die an sich gar nicht falsch sind, die aber gewissermaßen nicht über die natürliche Solidarität innerhalb einer geschlossenen Gruppe hinausgehen: »[…] wenn ihr liebt, die euch lieben, welchen Dank habt ihr davon? […] Und wenn ihr euren Wohltätern wohltut, welchen Dank habt ihr davon? […] Und wenn ihr denen leiht, von denen ihr etwas zu bekommen hofft, welchen Dank habt ihr davon? […]« Innerhalb der Familie hilft man sich gegenseitig, auch finanziell. Im Deutschen gibt es die schöne Redewendung: »Eine Hand wäscht die andere.« Auf dieser Basis lassen sich leicht Geschäfte machen. Neudeutsch spricht man von Win-Win-Situationen. Wenn alle nur gewinnen können, ist man sich schnell einig.

Nach den in den Evangelien überlieferten Worten Jesu ist das zu wenig. Er sagt: »Das tun die Sünder auch.« Gruppenegoismus und Gruppensolidarität, diese Mentalität, dass gefälligst eine Hand die andere zu waschen hat, das ständige Schielen auf den eigenen Gewinn – das, sagt Jesus, macht noch keine guten Menschen. Das tun die Sünder auch. Wirklich gut und lebensförderlich handeln wir erst, wenn wir diese Grenzen sprengen: wenn wir die lieben, die uns unfreundlich bis feindlich gegenüberstehen; wenn wir denen Gutes tun, die nicht daran denken, auch uns Wohltaten zu erweisen; wenn wir denen leihen, von denen wir nichts zu erhoffen haben.

Wie das konkret umzusetzen ist, kann Jesus nicht sagen, weil es von der Situation abhängt. Von den Kleinkrediten judäischer Bauernfamilien über das römische Klientelwesen und den Zinskauf der Reformationszeit bis hin zum modernen Finanzkapitalismus ist es ein weiter Weg. Da können die konkreten Lösungen nicht alle gleich aussehen.

Aber die zwei Kriterien, die Jesus aufstellt, bleiben gültig. Wie immer die Lösungen aussehen, die für aktuelle Fragen der Finanz- und Wirtschaftspolitik vorgeschlagen werden, sie müssen die Raubtiermentalität und den Gruppenegoismus im Wirtschaftsleben überwinden. Diese Kriterien sind zu beherzigen, und zugleich sind Verstand und Vernunft aufzuwenden, um nach Lösungen für unsere Zeit und unsere Verhältnisse zu suchen. Das muss schließlich nicht einsam und allein geschehen, sondern dazu gibt es das gemeinsame Gespräch. Was in den Schriften der Tradition überliefert ist, hat seine Autorität nicht daher, dass es da steht. Vielmehr bekommt es seine Autorität erst, wenn und indem es in der Auslegungsgemeinschaft ausgelegt und angeeignet wird. Auf diesem Weg besteht berechtigte Hoffnung, dass auch heute lebensdienliche Lösungen gefunden werden.

Streitschriften gegen den Wucher, 1523 und 1524

Aus dem Frühneuhochdeutschen übertragen und kommentiert von Carlies Maria Raddatz-Breidbach

Jakob Strauß

1 Einleitung

Diese Ausgabe bietet die beiden Streitschriften des von 1523 bis 1525 in Eisenach wirkenden Reformators Dr. Jakob Strauß[1] in Reprints im ursprünglichen frühneuhochdeutschen Wortlaut und in einer dem heutigen Deutsch angenäherten und kommentierten Übertragung, die jedoch die ursprüngliche Diktion Strauß' weitestmöglich erkennen lässt.

1.1 Zur Entstehungsgeschichte der Streitschriften

Bauern und Stadtbürger in Mitteldeutschland befanden sich in den 1520er Jahren nach einer Häufung von Missernten und angesichts eines enormen Anstiegs der Lebensmittelpreise, bei unveränderten Zinsforderungen geistlicher Korporationen, in einer sehr schwierigen wirtschaftlichen Lage.[2] Eisenach befand sich seit der zweiten Hälfte des 15. Jahrhunderts in einer Phase des Niedergangs, die auch auf den Verlust der fürstlichen Residenz zurückging. Jakob Strauß, ein aus Basel stammender ehemaliger Dominikaner, fand eine spannungsreiche Situation vor, als er am 1. Januar 1523[3] als Prediger an

---

1 Zu Jakob Strauß (1480–1533) s. Joachim Rogge, Der Beitrag des Predigers Jakob Strauß zur frühen Reformationsgeschichte (ThA 6), Berlin 1957; Hermann Barge, Jakob Strauß. Ein Kämpfer für das Evangelium in Tirol. Thüringen und Süddeutschland (SVRG 162), Leipzig 1937.

2 S. Hans-Jürgen Prien, Luthers Wirtschaftsethik, Göttingen 1992, 72.

3 Franziska Luther, Die Klöster und Kirchen Eisenachs (1500–1530). Prologe zur Reformation *und wie die Geistlichkeit vrmeynen die Zinse aus etzlichenn armenn zu kelterenn*, in: Joachim Emig u. a. (Hrsg.), Vor- und Frühreformation in thüringischen Städten

die Eisenacher Hauptkirche St. Georgen kam, wahrscheinlich von Herzog Johann selbst entsandt.[4] Fast aller als Acker nutzbarer Grundbesitz in der Stadt und ihrem Umland war Eigentum der geistlichen Stiftungen.[5] Ihnen mussten sehr viele Bürger von ihren Häusern oder Grundstücken Erbzinsen und andere Abgaben zahlen, deren Höhe oft deren tatsächlichen Erträgen nicht entsprach. Hinzu kamen häufig Rentenzahlungen, die auf Rentenkäufe zurückgingen.

Der Rentenkauf, der sich im 12. Jahrhundert entwickelt hatte, war im Spätmittelalter für diejenigen, die »über belastbare Immobilien verfügten« »das bedeutendste Kreditinstitut«, das aber nach mittelalterlicher Rechtslehre zu den Verkaufsgeschäften, nicht zu den Darlehen zählte. »Der Rentenkäufer gab nicht […] eine Summe als Darlehen und liess sie sich durch die Rente verzinsen, sondern er kaufte um eine bestimmte Summe ein in seiner Höhe bestimmtes Rentenbezugsrecht. Einleuchtend wird diese Analyse durch das Fehlen eines Rückzahlungsversprechens des Rentenschuldners bzw. eines Rückforderungsrechtes des Rentenkäufers für die bezahlte Kaufsumme. Bei einem Rentenkauf lieh man sich Kapital, indem man dem Gläubiger eine Rente von der zu beleihenden Liegenschaft verkaufte.«[6] Nach Missernten und Pest hatten Belastungen mit Rentenzahlungen bereits im 15. Jahrhundert zu Überschuldungen von Städtern wie Bauern geführt.

Auch in Eisenach waren Bürger in Zahlungsverzug und in Not geraten. Deshalb predigte Strauß, dem aus seiner Heimatstadt Basel das Problem eines sehr hohen Anteils kirchlichen Immobilienbesitzes am Gesamtvolumen der in der Stadt verfügbaren Immobilien vertraut gewesen sein wird,[7] die unbe-

---

(1470–1525/30) (Quellen und Forschungen zu Thüringen im Zeitalter der Reformation 1), Köln 2013, 403–435, 423.

4 Zu Strauß' Stellung zum Weimarer Hof s. Dagmar Blaha und Joachim Bauer in diesem Band.

5 Rogge, Strauß, (s. Anm. 1), 39. Zu den geistlichen Einrichtungen s. F. Luther, Klöster (s. Anm. 3), 410–420.

6 Hans-Jörg Gilomen, Das Motiv der bäuerlichen Verschuldung in den Bauernunruhen an der Wende zur Neuzeit, in: Susanna Burghartz u. a. (Hrsg.), Spannungen und Widersprüche. Gedenkschrift für Frantisek Graus, Sigmaringen 1992, 173–189, 4–6.

7 Zur Situation in Basel im Spätmittelalter s. Hans-Jörg Gilomen, Der Reichtum der Kirche und die Auseinandersetzung um ihren Beitrag zum Gemeinwohl. Das Beispiel eidgenössischer Städte im Spätmittelalter, in: Petra Schulte / Peter Hesse (Hrsg.), Reichtum im späten Mittelalter. Politische Theorie – Ethische Norm – Soziale Akzeptanz (VSWG Beihefte 232), Stuttgart 2015, 203–238, 232–237.

dingte Beachtung des Zinsverbots. Auch den Rentenkauf lehnte er als wucherisch ab.

Das Zinsverbot war bereits in der Alten Kirche unter Berufung auf das biblische Zinsverbot[8] gefordert worden, allerdings vorrangig für Kleriker.[9] In der Hebräischen Bibel bezieht sich das Zinsverbot auf Notkredite für Volksgenossen, nicht auf Handelskredite.[10] In der Alten Kirche galt jeder über die ausgeliehene Hauptsumme hinaus zur Rückzahlung geforderte Betrag als Wucher. Diese Tradition wurde auch in der kanonistischen Diskussion vertreten. Das Zinsverbot bezog sich auch hier eigentlich auf den Darlehenszins. Diese Form des Zinsverbots entsprach nicht mehr den Gegebenheiten in Handel und Kreditwirtschaft, die sich im Verlauf des Mittelalters ausgebildet hatten. Kanonisten und weltliche Juristen erörterten intensiv, ob die etablierten Geschäftspraktiken dem Zinsverbot zuwiderliefen.[11] Seit dem Ende des 13. Jahrhunderts wurde auch der Rentenkauf als letztlich dem Zinsverbot zuwiderlaufend kritisiert.

In Oberdeutschland wurden seit Beginn des 16. Jahrhunderts heftige Auseinandersetzungen um die modernen Kredit- und Wirtschaftspraktiken geführt. Sie werden Strauß, der bis zu seinem Eintreffen in Wittenberg 1522 in Tirol und Süddeutschland gewirkt hatte, in groben Zügen bekannt gewesen sein. 1513 hatte der Lehener Bundschuh, 1514 die Bewegung des Armen Konrad in Bühl gefordert, »alle jene Rentenverträge, aus denen die Gläubiger bereits Renten in Höhe des ursprünglichen Rentenkaufpreises bezogen hätten, sollten ohne weiteres aufgehoben sein und die Urkunden den Schuldnern zurückgegeben werden. Auch jene Rentenschulden, die bisher zu einem höheren Satz als zu 5% jährlich verzinst worden waren, sollten für erloschen erklärt werden.«[12] Die erste Forderung findet sich so auch bei Strauß. Anders als Strauß lehnten die aufständischen Bauern den Rentenkauf als solchen allerdings nicht ab.

---

[8] Zum Zinsverbot in biblischer Zeit s. KLAUS WERNER, Das israelitische Zinsverbot. Seine Grundlagen in Torah, Mischnah und Talmud, in: JOHANNES HEIL/BERND WACKER (Hrsg.), Shylock? Zinsverbot und Geldverleih in jüdischer und christlicher Tradition, München 1997, 11–20, 11–16.

[9] S. HARALD SIEMS, Handel und Wucher im Spiegel frühmittelalterlicher Rechtsquellen (SMGH 35), Hannover 1992, 543f.

[10] RAINER KESSLER, Art. Zins/Zinsverbot, Lexikon Bibelwissenschaft.de, 2009 https://www.bibelwissenschaft.de/stichwort/35406 (Stand: 21.11.2016).

[11] S. HANS-JÖRG GILOMEN, Art. Wucher, in: LMA 9 (1998), 341–345.

[12] GILOMEN, Motiv (s. Anm. 6), 14.

Ein grundsätzlicher theologischer Streit, der für Martin Luthers wie Strauß' wirtschaftsethische Argumentationen wichtig wurde, hatte sich um die Gepflogenheiten italienischer und oberdeutscher Kaufleute entzündet. Die Handelsgesellschaften und die Kaufleute waren in Verruf geraten, als die Auswirkungen des Fernhandels im beginnenden Frühkapitalismus breiten Bevölkerungsschichten spürbar wurden.[13] Die »redemptores, institores, foeneratores, proxenetae« nannte Erasmus von Rotterdam, vor den verderblichen Auswirkungen des Müßiggangs auf ein Staatswesen warnend, noch vor den Kupplern als Müßiggänger und potentielle Verderber des Staates.[14] Während sich Reichstage mit den Möglichkeiten einer Monopolgesetzgebung beschäftigten, entstand um 1512 aus einem Anlass, der heute nicht mehr aufzuklären ist, der oberdeutsche Zinsstreit um »das Problem der depositorischen Gesellschaftseinlage zu 5%.«[15] Anfang 1514 bat Jakob Fugger den Ingolstädter Theologieprofessor Johannes Eck[16] um ein Gutachten über den Depositenvertrag, den die Fugger wie andere oberdeutsche Handelsgesellschaften aus Italien übernommen hatten und seit Langem zur Kapitalaufnahme nutzten.[17] Eck kam in sehr komplexen Untersuchungen zu dem Ergebnis, dass es sich bei dem Vertrag nicht um Wucher handele, wenn bestimmte Voraussetzungen beachtet würden.[18] Seine Thesen stießen bei seinem Bischof und Universitätskanzler Gabriel von Eyb, den theologischen Fakultäten Mainz und Tübingen und in Humanistenkreisen auf Ablehnung. Sein Ziel, diesen von ihm modellhaft entwickelten Tractatus trinus Papst Leo X. und dem 5. Laterankonzil zur Kenntnis zu bringen, erreichte Eck nicht,[19] jedoch konnte er über ihn am 12. Juli 1515 an der Universität Bologna disputieren. Wenngleich keine Universität den Tractatus trinus vorbehaltlos für unbedenklich erklärte und Eck sich seinetwegen noch 1523 in satirischen Schriften verunglimpft sah, galt der 5%-Vertrag nun den oberdeutschen Kaufleuten doch als rechtmäßig.[20]

---

13 Zu den wirtschaftshistorischen Entwicklungen s. Maximilian Kalus in diesem Band.

14 »Unternehmer, Krämer, Kapitalisten, Makler« Erasmus, Institutio Principis Christiani, 6, übers. u. eingel. von Gertraut Christian (Ausgewählte Schriften, hg. v. Werner Welzig, 5), Darmstadt 1995, 292/93.

15 Johann Peter Wurm, Johannes Eck und der oberdeutsche Zinsstreit 1513–1515 (RGST 137), Münster 1997, 6–72.

16 Johannes Eck (1486–1543) aus Egg/Günz, eigentlich Johannes Maier.

17 Wurm, Eck (s. Anm. 15), 92.

18 Zum Inhalt Ecks Großen Zinstraktats s. Wurm, Eck (s. Anm. 15), 111–127.

19 Wurm, Eck (s. Anm. 15), 169.

20 Wurm, Eck (s. Anm. 15,) 214.

Martin Luther hatte sich 1519 im »Kleinen Sermon vom Wucher«[21] an dieser wirtschaftsethischen Auseinandersetzung beteiligt[22] und 1520 im »Großen Sermon vom Wucher«[23] dargelegt, dass es sich auch beim Zinskauf, wie er mit einem verbreiteten zeitgenössischen Begriff den Rentenkauf nannte, der Sache nach um wucherische Geldleihe handele, sofern sich der Zins nicht auf vier bis sechs Prozent beschränkte.[24] In seiner Schrift »An den christlichen Adel deutscher Nation. Von des christlichen Standes Besserung« hatte Luther 1520 überdies den Rentenkauf als das größte Unglück der deutschen Nation bezeichnet und die Fugger direkt angegriffen.[25]

Strauß konzentrierte sich in Eisenach wie Luther in dessen Sermones auf die Situation der in Not geratenen Zinsschuldner. Zu ihren Gunsten verlangte er einen Bruch mit den geltenden Regelungen und Gepflogenheiten. Bereits im Frühjahr 1523[26] fasste er die Argumentation seiner Predigten in 51 Artikeln zusammen: »Haubtstuck unnd Artickel Christlicher leer wider den unchristlichen wuecher / darumb etlich pfaffen zu Eysnach so gar unruewig und bemuet sind.« Seine in Erfurt, Augsburg und Straßburg gedruckten Thesen erregten Aufsehen, zumal Strauß durch seine im Vorjahr veröffentlichte Abendmahlsschrift »Eyn verstendig trostlich leer uber das Wort, Sanct Paulus, Der mensch sol sich selbs probieren, Und also von dem brot essen und von dem kelch trincken« bereits »einem breiten Publikum bekannt«[27] war. Schon im Juli kommentierte der Zürcher Täufer Konrad Grebel die Artikel gegen den Wucher als »articuli evangelissimi.«[28] Strauß' Attacken gegen das

---

[21] MARTIN LUTHER, WA 6, 1–8.

[22] S. PRIEN, Wirtschaftsethik (s. Anm. 2), 71–73.

[23] LUTHER, WA 6, 33–60.

[24] LUTHER, WA 6, 52–60.

[25] LUTHER, WA 6, 465 ff.

[26] BARGE, Jakob Strauß (s. Anm. 1), 65.

[27] THOMAS HOHENBERGER, Lutherische Rechtfertigungslehre in den reformatorischen Flugschriften der Jahre 1521–1522 (SuR NR 6), Tübingen 1996, 311. – Bernd Moeller betrachtet diese Schrift, die auf Strauß' Gründonnerstagspredigt vom 17. April 1522 in seiner damaligen Gemeinde Hall in Tirol zurückging, als ältestes bekanntes Predigtsummarium, MOELLER, Was wurde in der Frühzeit der Reformatio in den deutschen Städten gepredigt?, in: DERS., Luther-Rezeption. Kirchenhistorische Aufsätze zur Reformationsgeschichte, hg. v. JOHANNES SCHILLING, Göttingen 2001, 91–107, 94.

[28] ROGGE, Strauß (s. Anm. 1), 113. Strauß' Thesen zum evangelischen Predigerstand vom Juni 1523, in denen er die Amtsbezeichnung Pfarrer durch »diener der [Ver]sammlung« ersetzen wollte, machte ihn den Zürcher Täufern um Konrad Grebel sympathisch. (So ANDREA STRÜBIND, Eifriger als Zwingli. Die frühe Täuferbewegung in der Schweiz, Berlin

Zinsnehmen, in denen er die Bibelstellen Dtn 15,7–1 und Lk 6,34f. als von wirklich gläubigen Christen unbedingt einzuhaltende Gesetze einschärfte, wurden in Eisenach, aber auch von Luther als Gutachter so verstanden, dass auch das Zahlen von Zinsen gegen Gottes Willen sei. Viele Zinsschuldner stellten daraufhin sogar die Zahlungen ihrer Erbzinsen ein. Dies führte zu heftigen Auseinandersetzungen in Eisenach.

Luther kritisierte Strauß' Argumentation und Vorgehen am 18. Oktober 1523 in einem von Kurprinz Johann Friedrich erbetenen Gutachten an den kursächsischen Kanzler Gregor Brück[29] und in einem Schreiben an Strauß.[30] Er bat über Brück den Herzog, Strauß zum Widerruf seiner Verurteilung auch der Wucherzinsen Zahlenden zu veranlassen, und teilte auch Strauß selbst mit, seine Sicht entspreche in diesem Punkt nicht dem Evangelium.[31] Eisenacher Beschwerdeführer sprachen am Hof in Weimar vor.[32] Noch im Herbst rechtfertigte Strauß sich persönlich am Weimarer Hof.[33]

Der Herzog wies die für das Amt Wartburg zuständigen kurfürstlichen Beamten, den Amtmann auf der Wartburg und den Schultheiß in Eisenach,[34] sowie den Eisenacher Stadtrat an, den Geistlichen zu ihren Zinsen zu

---

2003, 234f.) Doch stand sein Verhalten im Widerspruch zu diesem Memorandum für den Kurprinzen Johann Friedrich »An den durchleuchtigistenn hochgebornn Fürstn und herrn herrn Johanßen Friderichen hertzogen zu Sachssen [...] Das nit herren aber diener eyner yedenn Christlichen versamlung zugestelt werdenn / beschlußreden vnd haupt artikel / wen gelüstet / mag sich dar gegen hören lassen / wirt im sunder zweyfel auff Euangelischer leer Christlich und brüderlich gut bescheyd vnnd bewerung widerfaren [...] D. Jacobus Straus Ecclesiastes.« Erfurt, Johann Loersfeld 1523. (Textabdruck bei Rogge, Strauß [s. Anm. 1], 157–166). Denn wenige Wochen nach dem Erscheinen dieser Schrift verhängte Strauß den Kirchenbann über einen Eisenacher Ratsherrn, der ihn beleidigt und den Gottesdienst gestört hatte – aus der Amtsvollmacht, die er sich selbst zumaß, ohne jegliche Abstimmung oder Beratung.

29 Luther, WA Br 3, 176–178.

30 Luther, WA Br 3, 178f.

31 Luther, WA Br 3, 179.

32 Zum Verlauf der Auseinandersetzung s. Barge, Strauß (s. Anm. 1), 83–88.

33 Landesarchiv Thüringen – Hauptstaatsarchiv Weimar, Ernestinisches Gesamtarchiv, Reg. Ii 126, Schriften betr. die den Geistlichen zu Eisenach vorenthaltenen Zinsen und die religiösen Zustände überhaupt in Eisenach bei dem Verhalten des Predigers Dr. Strauss, 1524, (LATh-HStAW, EGA 126), Bl. 8b.

34 Zu Amtmann und Schultheiß des Amtes Wartburg, das vom 14. bis zum 16. Jahrhundert bestand, s. Erich Debes, Das Amt zu Wartburg im ersten Drittel des 16. Jahrhunderts (Schriften des Vereins Freunde der Wartburg 1), 1926, 13–19 und Dagmar Blaha in diesem Band.

verhelfen.[35] Der Schultheiß Johann Oswalt und der Ratsherr Heinrich Weißensee bemühten sich um die Umsetzung der Anweisung, ließen einige säumige Zahler in den Schuldturm werfen, schilderten aber in ihrem Bericht an die Herzöge Johann und Johann Friedrich und deren beisitzende Räte vom 14. Januar 1524 auch die Notlage der Zinsleute wegen der schlechten Erträge der Eisenacher Zinsgüter sowie die Weigerung des Marienstifts und einiger Weltgeistlicher, den armen Zinsschuldnern entgegenzukommen, die oft »nicht wissen weme oder wohin«[36] sie die Zinsen zahlen sollten. Den Zinsleuten wären Ursprung und Zusammensetzung ihrer drückenden Lasten häufig nicht bekannt, was sich unredliche Grundherren zunutze machten, so auch geistliche Einrichtungen. Sie führten Beispiele für widerrechtliches Vorgehen des Stifts auf, das letztlich dazu führte, dass Zinsgüter wüst lägen. So entstünde der Stadt wie dem Landesherren Schaden.[37] Strauß erwähnten sie in ihrem Bericht nicht, baten aber um die Beauftragung des Amtmanns oder einer Kommission mit einer Untersuchung vor Ort, die der »notdurfft« der Armen. die »vonn denn geistlichen beschweret« wurden, abhelfen sollte.[38]

Daraufhin entsandte der Herzog in der Fastenzeit, also im Februar/März 1524, eine Kommission nach Eisenach, die bei den Gläubigern einige Zugeständnisse erwirkte. Dies löste eine Beschwerde der altgläubigen Ratsmitglieder über Strauß und die evangelische Mehrheit des Stadtrates im März oder April aus.[39] Luther und Melanchthon bemühten sich ebenso wie Herzog Johann und Kurprinz Johann Friedrich um eine Beilegung der Eisenacher Auseinandersetzungen. Philipp Melanchthon führte am 22. April 1524 in Eisenach ein Gespräch mit Strauß über das Problem der Zinszahlungen. Luther fragte am 25. April 1524 noch einmal bei Strauß zu dessen Forderungen an den Zinsschuldner nach.[40]

Herzog Johann entsandte Ende April/Anfang Mai 1524[41] eine zweite Kommission nach Eisenach, die gemäß ihrer schriftlichen Instruktion »die

---

35 LATh-HStAW, EGA 126, Bl. 1a.

36 LATh-HStAW, EGA 126, Bl. 1b.

37 Barge, Strauß (s. Anm. 1), 84 f. referiert den Bericht ausführlich.

38 LATh-HStAW, EGA 126, Bl. 3b/4a.

39 Zur Datierung der Ereignisse s. Barge, Jakob Strauß (s. Anm. 1), 86.

40 Luther, WA Br 3, 278.

41 So Reinhold Jauernig, D. Jakob Strauß, Eisenachs erster evangelischer Geistlicher, und der Zinswucherstreit in Eisenach, in: Mitteilungen des Eisenacher Geschichtsvereins 4 (1928), 30–48, 44.

sachen zwischen dem rat und dem doctor, auch denen, so dieser sachen verwanntt zu verhoren«[42] hatte. Die Instruktion lässt durchaus Wertschätzung Jakob Strauß' seitens des Herzogs erkennen, obwohl die Räte Strauß ausdrücklich die Enttäuschung des Herzogs über die fortgesetzten Auseinandersetzungen in Eisenach übermitteln sollten: Angesichts der wiederholten Beschwerden über Strauß habe der Herzog ihm die Gelegenheit zu persönlicher Rechtfertigung in Weimar gegeben, ihn über die Beschwerden unterrichtet und auch deshalb keine Maßnahmen gegen ihn eingeleitet, weil »sein f[ürstlichen] g[enaden] die gnedige Zuversicht gehapt, Er werde sich als ein prediger dermassen mit seinen wortten und predigten erzeigen, damit allein die ehre gottes und die lieb des nechsten« Richtschnur wäre. Nun hätte aber der Rat nach den Maßnahmen der Herzogs neuerlich Anlass zu massiven Beschwerden gehabt, obwohl »ir f.g. befunden und vermarckt, das den geistlichen bis anher wenig oder gar kein Zins uberreicht«[43] und »Rat und gemain« sich an die auf den Bericht der Fastenkommission hin ergangenen Anweisungen des Herzogs zur Zinsminderung gehalten hätten. Deshalb sollten die Räte Strauß mitteilen, dass er von polemischen Äußerungen ablassen und nichts anderes predigen solle, als das »götliche wortt lautter und rein … daran erzeigte er unserm genedigen herrn zu genedigem gefallen.«[44]

Auch die Geistlichen sollten auf die im Bericht Oswalts und Weißensees geschilderten »mengel« ihres Umgangs mit den Zinsleuten angesprochen und aufgefordert werden, auch Möglichkeiten zur Ablösung der Zinsen einzuräumen.[45] Die jetzt vom Herzog festzulegende maximale Höhe der Zinssätze sei zu beachten. Sollte Strauß seinerseits erklären, dass er von seiner Kritik an Zinsforderungen »aus drangsal seins gewissens nicht« ablassen könne, so sollten ihm die Räte eine schriftliche »antwortt und entschuldigung« an den Fürsten auftragen.[46]

Diese Rechtfertigungsschrift verfasste Strauß im Mai 1524: »*Das wucher zu nemen und geben / unserm Christlichen Glauben. und/ bruederlicher lieb (alß zu ewiger verdamnys reich/ent) entgegen yst unuberwintlich leer unnd geschrifft In dem auch die gemolete Euange-/listen erkennet werden. / Auch wo dz gemein geschzey auffrur, auffrur, außgehet … / am ende mit kurtzem guttem*

---

42 LATh-HStAW, EGA 126, Bl. 7a.

43 LATh-HStAW, EGA 126, Bl. 9a.

44 LATh-HStAW, EGA 126, Bl. 9b.

45 LATh-HStAW, EGA 126, Bl. 10b, 11a.

46 LATh-HStAW, EGA 126, Bl. 10a.

vnterscheidt angezeigt [...]«. Ihr Stil entspricht eher dem eines an eine breitere Öffentlichkeit gerichteten Predigtsummariums, weniger dem eines an den Landesherrn gerichteten Berichts. Die Vorrede weist sie als Mahnpredigt aus: »derwegen was du hie[r] zu deinem Ungefallen lesen würdest, da beschuldig niemands dann dein eigen[es] glaublos Herz und Herten.« Strauß begründete seine Kritik an Geldleihe und Rentenkauf ausführlicher als in den Artikeln im Vorjahr – wohl wissend, dass er »in der ganzen Christenheit«[47] etablierte Verfahrensweisen angriff. Ihre Ablehnung war für ihn eine Frage des Bekenntnisses zu Christus. Er widersprach allerdings denjenigen, die auf seine Predigten hin auch die Zahlung der Erbzinsen verweigerten, und verwarf jedwedes gewaltsame Vorgehen. Doch hielt er daran fest, dass auch derjenige, der den geforderten »Wucher« ohne Gegenvorstellungen zahle, sein Seelenheil durch die »Todsünde« des Wuchers gefährde.

Die negativen sozialen, wirtschaftlichen und politischen Konsequenzen der verschiedenen Formen des »Wuchers« stellte er nun wesentlich umfassender dar als in den Artikeln. Allerdings fehlt auch in dieser Schrift eine auch nur ansatzweise Analyse der konkreten Situation in Eisenach. Ob die Rentenzahlungen, die sich nun als unerträgliche Lasten darstellten, sämtlich auf aus Not getätigte Rentenkäufe zurückgingen, bedachte Strauß nicht. Ihm ging es um die grundsätzliche Abschaffung des Zinsnehmens, das aus seiner Sicht in der Heiligen Schrift untersagt und Christen somit unbedingt verboten war. Das Zinsnehmen verstieß nach seinem Schriftverständnis gegen das Nächstenliebesgebot. Mehr noch: auch wer meine, Zinsen zahlen zu müssen, beweise so mangelndes Vertrauen in die Fürsorge Gottes, der seinen eingeborenen Sohn für die Menschen hingegeben habe und für »Mittel und Notdurft unsers Lebens« sorge. »Darum muss hier ein zu nichtiger Glaub sein, dass der Mensch, den Gott allen seinen Kreaturen fursetzt, und ob ihn allen geliebt hat, Gottes Fursichtigkeit so schmal und eng achtet, so ihm Gott zusagt, ihn zu speisen und zu nähren, und des dennoch einigen Zweifel trägt. Darum Christus solche furwitzigen, sorgfältigen und trostlosen Menschen den Heiden gleichnet, die wider Glauben noch Vertrauen zu Gott haben, und also beschleußt der Herr, dass die selbigen sorgfältigen Leut nit Christen seien.«[48] Die Verheißungen aus der Bergpredigt Mt 6,26–30 werden in der Auslegung Strauß' zum Gesetz, dessen Nichtbefolgung von Christus trennt.

---

47 S. Erläuterung zu Bl. 331b der Rechtfertigungsschrift Strauß'.

48 S. Erläuterung zu Bl. 321b der Rechtfertigungsschrift Strauß'.

Seine Hauptgegner sah er in der Geistlichkeit der »römischen« Kirche, besonders in den Kanonisten. Aber auch seinen Ärger über Luther und Melanchthon, »die gemoleten Evangelisten«[49] ließ er spüren. Luthers Funktion als theologischer Berater der Herzöge und Begutachter seines Eisenacher Wirkens hielt Strauß entgegen, in der Auslegung des Evangeliums wolle er »keiner Kreaturen, sie sei himmelisch oder irdisch, unterstehn. Es werde dann an mich gelanget durch göttlich Wort und Geschrift.«[50]

Ihm war bewusst, dass er in Gefahr war, als Volksaufwiegler zur Rechenschaft gezogen zu werden. Die Nähe mancher seiner Forderungen zu denen der aufständischen Bauern in Oberdeutschland und seine Unterstützung der Müntzer-Anhänger Melchior Rinck und Heinrich Fuchs, denen er, nachdem Landgraf Philipp von Hessen sie 1524 des Landes verwiesen hatte,[51] im selben Jahr zu Pfarrstellen in Eckardtshausen und Marksuhl verholfen haben soll,[52] begünstigten die Anklagen seiner Gegner. Trotz seiner ausdrücklichen Bereitschaft, für das Evangelium Verfolgung zu erleiden, suchte er nun, das Einverständnis seiner Landesherren zu erreichen und aufzuweisen, dass seine Kritik dem Wohl des Landes diene und die Landesherren vor Verführung durch Irrlehrer schützen solle. Seine Warnungen vor Verpfändungen richtete er explizit an »junge angehende regierende Herren«[53], vorrangig wohl an den Kurprinzen Johann Friedrich. Wahrscheinlich hatte er als Prediger in den Tiroler Bergstädten Schwaz und Hall 1520 bis 1522[54] die negativen Auswirkungen der Verpfändung von »bis zu 75 Prozent der Schwazer Silber- und Kupferproduktion«[55] an die Fugger zwischen 1487 und 1522 erlebt.

Die hermeneutischen Defizite Strauß' in der Bibelauslegung gegenüber Luther, die Rogge exemplarisch an seinem »Sermon über das Evangelium Lu-

---

49 S. Anm. 8 zu Bl. 322a der Rechtfertigungsschrift Strauß'.

50 S. Erläuterung zu Bl. 345a der Rechtfertigungsschrift Strauß'.

51 Zu den Vorgängen in Hersfeld, die zur Ausweisung Rincks (1483–nach 1553) und Fuchs' (um 1486–1525) führten, s. Wolfgang Breul-Kunkel, Herrschaftskrise und Reformation. Die Reichsabteien Fulda und Hersfeld ca. 1500 bis 1525 (QFRG 71), Gütersloh 2000, 164–208.

52 So Paul Wappler, Die Täuferbewegung in Thüringen von 1526–1584 (Beiträge zur neueren Geschichte Thüringens 2), Jena 1913, 51.

53 S. Erläuterung zu Bl. 335b der Rechtfertigungsschrift Strauß'.

54 Rogge, Strauß (s. Anm. 1), 14, 20.

55 Franz-Heinrich v. Hye, Stadt und Bergbau in Tirol unter besonderer Berücksichtigung der Städte Hall und Schwaz, in: Karl Heinrich Kaufhold / Wilfried Reininghaus (Hrsg.), Stadt und Bergbau (Städteforschung A 64), Köln 2004, 313–330, 323.

cae am 19. als Jesus die Stadt Jerusalem ansah« aufwies,[56] zeigen sich auch in seinen Wucherschriften. (Allerdings ist zu bedenken, dass Strauß kein Schüler Luthers war und Luthers Autorität auch nicht als Maßstab akzeptierte.) Die Bibelzitate, die Strauß anführte, gliederte er ohne kontextbezogene Interpretation unmittelbar seinen strikten ethischen Forderungen ein. So verzeichnete er die Löserinstitution in den Bestimmungen zum Erlassjahr in Lev 25[57] bis zur Unkenntlichkeit, weil er den Begriff des Lösers, der ein naher Verwandter sein musste, durch den unbestimmteren Begriff des Freundes ersetzte. Die Einlösung, die auf den Erhalt der Sippe und ihres Besitzes zielte, nicht auf den des Individuums,[58] bezeichnete er als Wiederkauf. Beim spätmittelalterlichen Wiederkauf handelte es sich um den Rückkauf der Rente durch den Rentenverkäufer. Mit den wirtschafts- und sozialhistorischen Gegebenheiten Israels war er nicht vereinbar, um so weniger, als Strauß »Wiederkauf« polemisch und im Gleichklang mit »Wucher« verwendete. Wegen dieses Austauschs unvereinbarer Begriffe hatte Strauß' Bemühen, aus Lev 25 ein Verbot des Rentenkaufs herzuleiten, nicht den Charakter eines Schriftbeweises.

Möglicherweise hatten Strauß derartige Konstruktionen den unzutreffenden Vorwurf seiner Eisenacher Kritiker eingebracht, er wolle das mosaische Gesetz wieder einführen. Wenngleich Strauß das Erlassjahr als Modell zur Lösung der gegenwärtigen Schwierigkeiten vorstellte, verurteilte er doch in den Wucherschriften die Juden als Gegner des Evangeliums. Zugleich warnte er aber auch vor dem bevorstehenden Gericht Gottes über die Christenheit: »So doch unser Undankbarkeit viel größer und schwerer sich erzeigt dann der Juden.«[59]

Strauß' Rechtfertigungschrift, die in Erfurt und Straßburg gedruckt wurde, erhielt Herzog Johann Friedrich am 24. Juni 1524, wie er Luther an diesem Tag schrieb[60] – offenbar nicht als persönlichen Bericht Strauß' an seinen Landesherrn, sondern als bereits veröffentlichte Flugschrift. Der Kurprinz war mit dem »Geschrei« Strauß' angesichts der Mühen, die die (mit Lu-

---

56 Rogge, Strauß, (s. Anm. 1), 67–71.

57 Zum biblischen Erlassjahr s. u. Anm. 367.

58 Rainer Kessler, Zur israelitischen Löserinstitution, in: Marlene Crüsemann / Willy Schottroff (Hrsg.), Schuld und Schulden. Biblische Traditionen in gegenwärtigen Konflikten, München 1992, 40–53, 48 f.

59 S. Erläuterung zu Bl. 339b der Rechtfertigungsschrift Strauß'.

60 Luther, WA Br 3, 309 f.

ther abgestimmte) Festsetzung des »wiederkäuflichen Zins« in Eisenach auf fünf oder vier Prozent ihm machte, nicht zufrieden, auch ärgerte er sich, dass Strauß sich geweigert hatte, nach Wittenberg zu reisen, um seine Thesen dort gegenüber Luther und Melanchthon zu verteidigen.[61] Luther seinerseits schrieb um den 27. Juni an Georg Spalatin, Straußens »sermo« gefalle ihm besser als dessen vorige Schrift, weil er sich immerhin in der Frage der Zinszahlung mäßige.[62] Die Eisenacher Dispute veranlassten Luther jedoch, »zwischen Juli und September 1524«[63] in einer überarbeiteten und erweiterten Fassung seines großen »Sermon vom Wucher« unter dem Titel »Von Kaufhandlung und Wucher« seine weitaus differenziertere Sicht zu Handels- und Kreditgeschäften darzulegen.[64]

Die grundsätzliche Auseinandersetzung in Eisenach war allerdings abgeschlossen. Strauß hatte sich mit seiner Sicht nicht durchgesetzt, aber eine Besserung der Situation erreicht. Er wurde nicht seines Amtes enthoben, wie seine Gegner gefordert hatten, sondern am 17. März 1525 von Herzog Johann als Visitator der Ämter Wartburg, Hausbreitenbach, Salzungen, Creuzburg und Gerstungen eingesetzt[65] – allerdings gegen die Bedenken Luthers und des Kurprinzen Johann Friedrich.[66] Das Eisenacher Gebiet hatte er bereits im Januar 1525 visitiert.

1.2 Die Überlieferung

Strauß' Streitschriften gegen den Wucher, namentlich die 51 Artikel, erregten weithin Aufsehen. Exemplare beider Schriften sind z. B. in der Bodleian Library in Oxford vorhanden. Ihre Manuskripte sind nicht erhalten. Hermann Barge erfasste 1935 die Drucke:

---

61 Luther, WA Br 3, 310.

62 Luther, WA Br 3, 313.

63 Martin Brecht, Martin Luther. Bd. 2: Ordnung und Abgrenzung der Reformation 1521–1523, Stuttgart 1986, 145f.

64 Zu Luthers Sicht s. Stefan Michel in diesem Band.

65 Annette Scherer, Herzog Johann von Sachsen ordnet in seinen Ämtern Wartburg, Hausbreitenbach, Salzungen, Creuzburg und Gerstungen eine Kirchenvisitation an und setzt als Visitator den Eisenacher Prediger Dr. Jakob Strauß ein in: Digitales Archiv der Reformation, http://www.reformationsportal.de/visitationsakten/detailviews-und-pdf-export/detail/stat_showcase_00000016.html (Stand: 20. 11. 2016).

66 Joachim Bauer, Die »Weimarer Reformation« unter Johann dem Beständigen und ihre Bedeutung für die reformatorische und gesellschaftliche Neuordnung in Kursachsen, in: Christopher Spehr u. a. (Hrsg.), Weimar und die Reformation. Luthers Obrigkeitslehre und ihre Wirkungen, Leipzig 2016, 59–82, 77f.

»Haubtstuck unnd Artickel Christlicher leer wider den unchristlichen wuecher« wurde 1523 von vier Druckern gedruckt: von Ludwig Trutebul und Wolfgang Stürmer in Erfurt, Wolfgang Köpffel in Straßburg und Heinrich Steiner in Augsburg.[67]

Diese Drucke werden heute im »Verzeichnis der im deutschen Sprachbereich erschienenen Drucke des 16.Jahrhunderts« (VD 16) nachgewiesen als:

VD16 S 9482 und S 9485 Erfurt, Johann Loersfeld;[68] 1523, S 9482: Universitäts- und Landesbibliothek Sachsen-Anhalt Halle, urn:nbn:de:gbv:3:1-189410, S 9485 Herzog August Bibliothek Wolfenbüttel als: Houetstucke vnd | | Artikele Christliker | | lere/ wedd den vnchristlik Wo= | | ker/ darvme etlyke Prestere | | to Jsenack/ ock anderß= | | wor/ so gar vnro= | | wich vñ bem#e= | | yet sint. | | ... D. Jacobus Strueß. | | to Jsenack Ecclesiastes. | |;

VD16 S 9483 Erfurt, Wolfgang Stürmer, 1523, Staatsbibliothek zu Berlin Preußischer Kulturbesitz, http://digital.staatsbibliothek-berlin.de/metsresolver/PPN79895115; ediert in: Adolf Laube / Sigrid Looß, *Flugschriften der frühen Reformationsbewegung* (1518–1524), Bd. 2, Vaduz 1983, 1073– 1077;

VD1: S 9484 Straßburg, Reinhard Beck d. Ä. (Erben), 1523, Universitäts- und Landesbibliothek Sachsen-Anhalt Halle, urn:nbn:de:gbv:3:1-189410; Reprint bei Rogge, Strauß (s. Anm. 1 oben), 167–172;

VD16 S 9481 Augsburg, Heinrich v. Steiner, 1523, Bayerische Staatsbibliothek München, http://www.mdz-nbn-resolving.de/urn/resolver.pl?urn= urn:nbn:de:bvb:12-bsb10161802-0;

»Das wucher zu nemen und geben / unserm Christlichen Glauben [...] *entgegen yst«* wurde nach Barge 1524 von Trutebul in Erfurt und einem nicht identifizierten Straßburger Drucker verlegt.[69]

VD16 weist diese Drucke jetzt nach als:

VD16 S 9478 [Erfurt], [Loersfeld], 1524, Bayerische Staatsbibliothek München, urn:nbn:de:bvb:12-bsb00023074-8;

---

[67] Hermann Barge, Die gedruckten Schriften des evangelischen Pfarrers Jakob Strauß, in: ARG 32 (1935), 100–121, 248-252, 248 f.

[68] Ludwig Trutebuls Druckerei war an Johann Loersfeld übergegangen, s. Helmut Liersch, Buchschließen als Quelle für die Goslarer und die Halberstädter Reformationsgeschichte. Neue Erkenntnisse in der Marktkirchen-Bibliothek Goslar, JGNKG 111 (2013), 29–73.

[69] Barge, Schriften (s. Anm. 67), 249 f.

VD16 S 9479 Straßburg, Johann Schwan, 1524, Staatsbibliothek zu Berlin Preußischer Kulturbesitz, http://resolver.staatsbibliothek-berlin.de/SBB000173D800000000.

Mit Barge ist davon auszugehen, dass es sich bei den Erfurter Drucken um die jeweiligen Erstdrucke handelt.[70] Die Druckgeschichte bedarf noch einer genaueren Untersuchung.

1.3 Textvorlagen und Kriterien der Übertragung

Die Erfurter und die oberdeutschen Drucke von »*Haubtstuck unnd Artickel Christlicher leer*« unterscheiden sich in den Artikeln 10 und 49 wesentlich. Artikel 10 lautet in der oberdeutschen (hier normalisierten) Fassung: »Das Concilium zu Costnitz hat Hieronymum und Johannem Huß verbrannt; wären etlich des brennenden Feuers würdig gewesen.« Ein ganz anderer Akzent findet sich in den Erfurter Drucken. Dort steht statt »etlich«: »alle besitzer der synagogen Sathane.«[71] Ebenso wird auch in Artikel 49 in den oberdeutschen Drucken der Angriff Strauß' abgemildert: »Es wird weder Doktor noch all[e] Gelehrten der Welt das 15. Kap. Deuteronomii, auch des 6. Luce mit erdichte[te]n Glossen verdempffen. In den Erfurter Drucken wird der Gegner benannt: »Es wirt weder Doctor Eck nach al gelerten […]«[72]. Untersuchungen zur Rezeptionsgeschichte der Artikel Strauß' liegen noch nicht vor. Es ist anzunehmen, dass in Oberdeutschland, namentlich in Augsburg, dem Sitz der Fugger, Strauß' Angriffe gegen Eck und die Juden bewusst abgeschwächt wurden.

Angesichts des vorrangigen Ziels der hier vorgelegten Handreichung, Tagungsteilnehmenden, die mit dem Frühneuhochdeutschen nicht vertraut sind, ein schnelles Textverständnis zu ermöglichen, wurde für »*Haubtstuck unnd Artickel Christlicher leer*« der Druck VD16 S 9484 ausgewählt, der dem heutigen Deutsch näher ist als die beiden Erfurter Drucke. Er war auch Joachim Rogges Biographie beigegeben. Der Bibliotheksstempel auf dem (nicht zeitgenössischen) Vorsatzblatt weist aus, dass das Exemplar ursprünglich aus der Bibliothek des sächsischen Geheimen Kriegsrats Johann August von Ponickau stammte. Er hatte sie 1789 der Universität Wittenberg vermacht. Zwischen 1817 und 1823 gelangte dieser Teilbestand der Universitätsbibliothek

---

[70] Barge, Schriften (s. Anm. 67), 103.

[71] S. Anm. zu Artikel 10 der »*Haubtstuck*«.

[72] S. Anm. zu Artikel 49 der »*Haubtstuck*«.

Wittenberg an die Universitätsbibliothek Halle.[73] Der Holzschnitt auf dem Titelblatt zeigt Teufel und verschiedene Fabelwesen, die sich um die Verführung der Seelen der Gerechten bemühen.

Die Rechtfertigungsschrift »*Das Wucher zu nehmen* [...]« wird nach dem Erfurter Druck als dem mutmaßlichen Erstdruck wiedergegeben. Wesentliche sprachliche Unterschiede zwischen dem Erfurter und dem Straßburger Druck bestehen nicht. Die Erfurter Ausgabe weist einige Druckfehler auf, die jedoch nur die Schreibweisen betreffen; sie werden im Apparat ausgewiesen. Im Inhalt stimmen die Erfurter und die Straßburger Ausgabe überein.

Das Titelblatt des Erfurter Drucks ist schlicht gehalten und nur durch Auszeichnungsschriften gestaltet. Hingegen werden die Vorrede und der Beginn des Haupttextes jeweils durch eine 6-zeilige szenische Figureninitiale[74] illustriert. Wichtige Gedankengänge werden durch Paragraphzeichen abgesetzt.

Der Druck des hier abgebildeten Exemplars der Bayerischen Staatsbibliothek München wurde von einem Vorbesitzer mit einer Blattzählung versehen; offenbar war er zu diesem Zeitpunkt Teil eines umfangreichen Konvoluts, denn die Blattzählung beginnt mit Blatt 318. Diese Blattzählung wird für die Übertragung übernommen.

Die Grundlage der wissenschaftlichen Auseinandersetzung mit Strauß' Streitschriften sind die Reprints der Drucke. Deshalb folgt die zeilengetreue Übertragung in moderneres Deutsch um der leichteren Lesbarkeit willen nicht streng den »Empfehlungen zur Edition frühneuzeitlicher Texte« des Arbeitskreises Editionsprobleme der Frühen Neuzeit der Arbeitsgemeinschaft außeruniversitärer historischer Forschungseinrichtungen.[75] Zusätze der Bearbeiterin werden stets in eckige Klammern [ ] gesetzt. Eigennamen werden entsprechend der Vorlage wiedergegeben. Die Groß- und Kleinschreibung und die Interpunktion folgen modernem Gebrauch. Allerdings wurden durch Großschreibung am Satzanfang gekennzeichnete Satzgliederungen mitunter auch entgegen heutiger Grammatik beibehalten, weil sie den Sprachrhythmus

---

73 Handbuch der historischen Buchbestände in Deutschland, Österreich und Europa, Hg. v. Bernhard Fabian. Digitalisiert v. Günter Kükenshöner, Hildesheim: Olms Neue Medien 2003, zu Universitäts- und Landesbibliothek Sachsen-Anhalt, 1.9.: http://fabian.sub.uni-goettingen.de/fabian?Universitaets-_Und_Landesbibliothek_Sachsen-Anhalt (Stand: 18.11.2016).

74 Christine Jakobi-Mirwald, Buchmalerei. Ihre Terminologie in der Kunstgeschichte, Berlin 1997, 60.

75 Veröffentlicht u.a. in: ARG 72 (1981), 299–315. – Als Vorbild dieses Vorgehens diente: Joachim Bauer, Martin Luther, Seine letzte Reise, Rudolstadt 1996.

Strauß' »hörbar« werden lassen. Die Satzgliederung wurde nur dort normalisiert, wo der Text heutigen Lesern sonst unverständlich geworden wäre. Die Getrennt- und Zusammenschreibung folgt um des besseren Verständnisses willen heutiger Rechtschreibung. Diakritische Zeichen werden entsprechend ihrem Lautwert aufgelöst. e wird nach modernem Lautwert wiedergegeben. i, j, u, v und w werden entsprechend dem Lautwert wiedergegeben. uu und vu, die für w stehen, werden mit w wiedergegeben. s, ss, ß werden gemäß moderner Rechtschreibung wiedergegeben. Überflüssige Konsonantenverdoppelungen werden stillschweigend vereinfacht. tz im Wortanlaut wird als z wiedergegeben. Im Text durch Kürzungszeichen bezeichnete Abkürzungen werden stillschweigend aufgelöst. Römische Zahlzeichen werden zur Erleichterung des Verständnisses mit arabischen wiedergegeben.

Heute nicht mehr verständliche Worte werden im Apparat durch moderne Begriffe erläutert. Wo Strauß' Gedankenführung zu sperrig erscheint, wird der Text im Apparat paraphrasiert.

Für die Übertragung wurden folgende Wörterbücher über die Online-Ausgaben im Wörterbuchnetz[76] herangezogen:

Matthias Lexer, *Mittelhochdeutsches Handwörterbuch*, 3 Bde., Leipzig 1872–1878.

Johann Christoph Adelung, *Grammatisch-kritisches Wörterbuch der Hochdeutschen Mundart mit beständiger Vergleichung der übrigen Mundarten, besonders aber der oberdeutschen. Zweyte, vermehrte und verbesserte Ausgabe*, Leipzig 1793–1801.

Deutsches Wörterbuch von Jacob und Wilhelm Grimm, 16 Bde. in 32 Teilbänden, Leipzig 1854–1961 Quellenverzeichnis Leipzig 1971 (DWB).

Deutsches Rechtswörterbuch. Wörterbuch der älteren deutschen Rechtssprache, seit 1914 (DRW).

Schweizerisches Idiotikon digital. Schweizerdeutsches Wörterbuch, seit 1881.

76 http://woerterbuchnetz.de

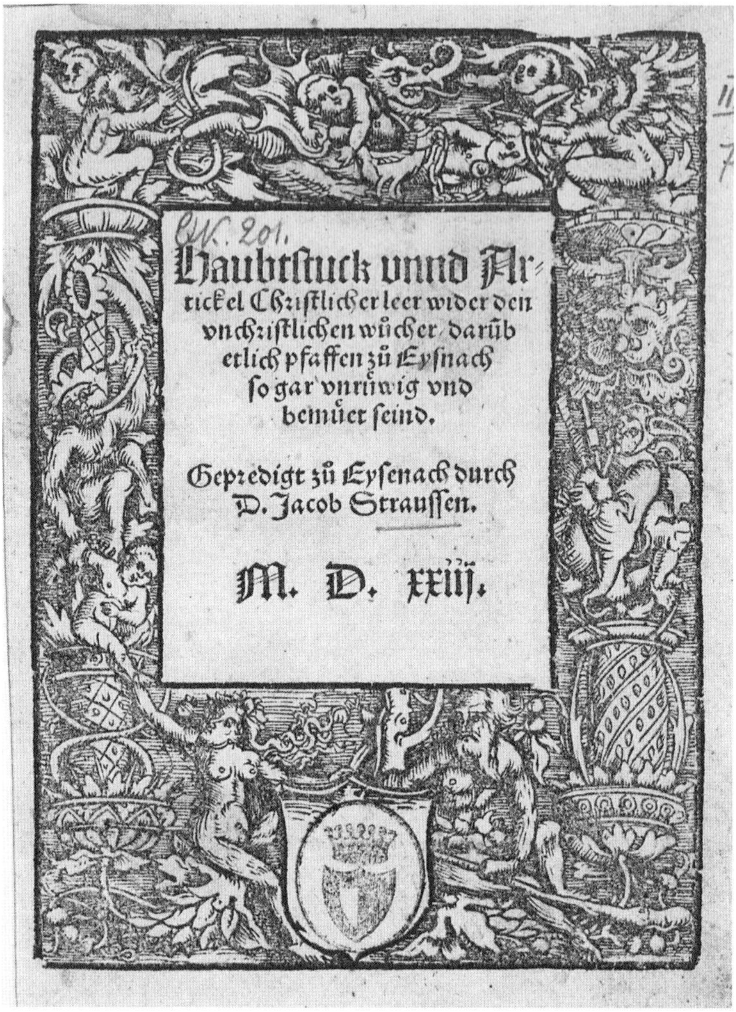

Haubtſtuck vnnd Ar-
tickel Chriſtlicher leer wider den
vnchriſtlichen wůcher/ darūb
etlich pfaffen zů Eyſnach
ſo gar vnrůwig vnd
bemůet ſeind.

Gepredigt zů Eyſenach durch
D. Jacob Strauſſen.

M. D. xxiij.

Hauptstück und Artikel christlicher Lehr wider den unchristlichen Wucher, darumb[1] etlich Pfaffen zu Eysnach so gar[2] unrühig und bemüht sind.

Gepredigt zu Eysenach
Durch D. Jacob Straussen

1523

1 um dessentwillen.
2 sehr.

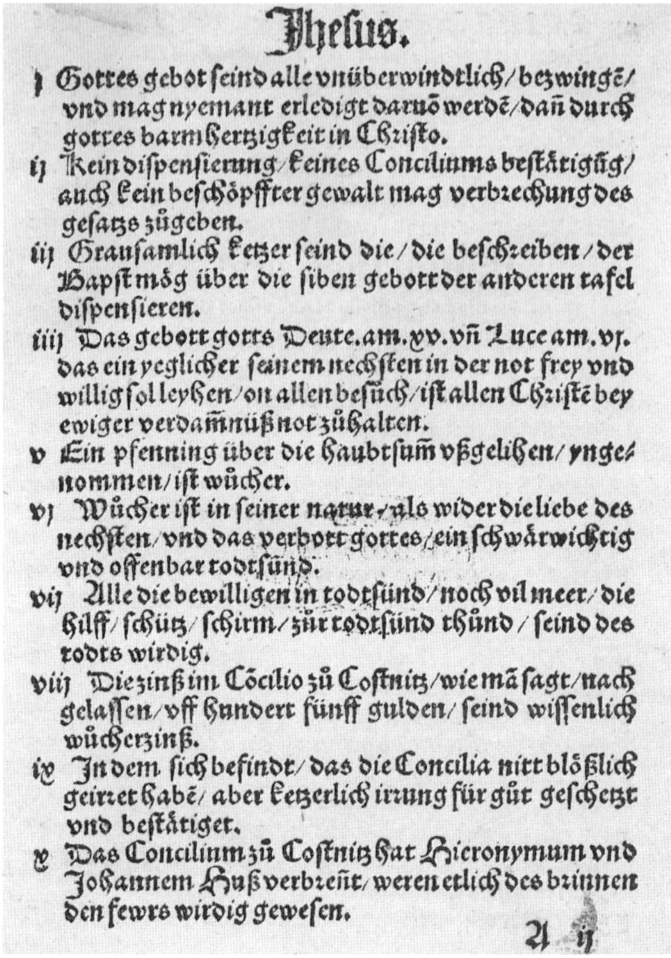

Jhesus.

j Gottes gebot seind alle vnüberwindtlich/ bezwingē/ vnd mag nyemant erledigt darvō werdē/ dañ durch gottes barmhertzigkeit in Christo.

ij Kein dispensierung/ keines Conciliums bestätigūg/ auch kein beschöpffter gewalt mag verbrechung des gesatzs zůgeben.

iij Grausamlich ketzer seind die/ die beschreiben/ der Bapst mög über die siben gebott der anderen tafel dispensieren.

iiij Das gebott gotts Deute. am. xv. vñ Luce am. vj. das ein yeglicher seinem nechsten in der not frey vnd willig sol leyhen/ on allen besůch/ ist allen Christē bey ewiger verdamnüß not zůhalten.

v Ein pfenning über die haubtsum̄ vßgelihen/ yngenommen/ ist wůcher.

vj Wůcher ist in seiner natur/ als wider die liebe des nechsten/ vnd das verbott gottes/ ein schwärwichtig vnd offenbar todtsünd.

vij Alle die bewilligen in todtsünd/ noch vil meer/ die hilff/ schütz/ schirm/ zůr todtsünd thůnd/ seind des todts wirdig.

viij Die zinß im Cōcilio zů Costnitz/ wie mā sagt/ nach gelassen/ vff hundert fünff gulden/ seind wissenlich wůcherzinß.

ix In dem sich befindt/ das die Concilia nitt bloßlich geirret habē/ aber ketzerlich irrung für gůt geschetzt vnd bestätiget.

x Das Concilium zů Costnitz hat Hieronymum vnd Johannem Huß verbrēnt/ weren etlich des brinnenden fewrs wirdig gewesen.

A ij

---

1 […] überwältigen, und niemand kann von ihnen befreit werden als allein durch Gottes Barmherzigkeit in Christus.

2 keine erschaffene Gewalt kann ein Durchbrechen des Gesetzes erlauben.

3 […] der Papst könne über die sieben Gebote der zweiten Tafel [des Dekalogs] Dispens erteilen. – Strauß bezieht sich hier auf scholastische Diskussionen. So argumentierte z. B. Johannes Duns Scotus (1265/66–1308), dass die Gebote der zweiten Tafel des Dekalogs, die die Pflichten gegenüber dem Nächsten bestimmen, anders als die der ersten Tafel »keine notwendigen Gebote im strengen Sinne« wären, weil sie »nicht ausreichen, um eine Handlung in einer konkreten Situation zu beurteilen.« Oswald Schlemmer, Art. Duns Scotus, Johannes, in: EPhW 1 (1995, ND 2004), 509–514, hier: 512.

4 Dtn 15,7–11; Lk 6,34 f. Auch Luther hatte mit Dtn 15 und Lk 6,30 ff. für das Wucherverbot argumentiert: WA 6, 4–6 und 41–51.

5 Zins.

6 […] einzuhalten ist für alle Christen nötig, wenn sie nicht der ewigen Verdammnis verfallen wollen.

7 Bereits ein Pfennig, der über die ausgeliehene Hauptsumme hinaus eingenommen wird, ist Wucher.

8 Wucher ist seinem Wesen nach eine schwerwiegende und offenkundige Todsünde, weil wider die Liebe zum Nächsten und Gottes Verbot. -- Wucher galt seit dem 9./10. Jahrhundert als Todsünde, s. Matthias Theodor Kloft, Das christliche Zinsverbot in der Entwicklung von der Alten Kirche zum Barock. Eine Skizze, in: Shylock? (s. Anm. 8), 21–37, 26 f.

JESUS

1. Gottes Gebote sind alle unüberwindlich, bezwingen, und mag niemand erledigt darvon werden, dann durch Gottes Barmherzigkeit in Christo.[1]
2. Kein Dispensierung, keines Conciliums Bestätigung, auch kein beschöpffter Gewalt mag Verbrechung des Gesatzs zugeben.[2]
3. Grausamlich Ketzer sind die, die beschreiben, der Papst möge über die sieben Gebot der anderen Tafel dispensieren.[3]
4. Das Gebot Gotts Deute[eronomium] am 15. und Luce am 6., dass ein jeglicher seinem Nächsten in der Not frei und willig soll leihen,[4] ohn allen Besüch,[5] ist allen Christen bei ewiger Verdammnüs not zu halten.[6]
5. Ein Pfennig über die Hauptsumme ußgeliehen eingenommen, ist Wucher.[7]
6. Wucher ist in seiner Natur, als wider die Liebe des Nächsten und das Verbot Gottes, ein schwärwichtig und offenbar Todsünd.[8]
7. Alle, die bewilligen in Todsünde, noch viel mehr, die Hilf, Schutz, Schirm zur Todsünde thund, sind des Tods würdig.[9]
8. Die Zins im Concilio zu Costnitz, wie man sagt, nach gelassen, uff hundertfünf Gulden, sind wissentlich Wucherzins.[10]
9. In dem sich befindt, dass die Concilia ni[ch]t blößlich geirret haben,[11] aber ketzerlich Irrung für gut geschätzt und bestätigt.[12]
10. Das Concilium zu Costnitz hat Hieronymum[13] und Johannem Huß verbrannt; wären etlich des brennenden Feuers würdig gewesen.[14]

---

[9] Alle, die die Todsünde zulassen, noch viel mehr aber die, die der Todsünde Hilfe, Schutz und Schirm gewähren, sind des Todes schuldig. – »Hilfe, Schutz und Schirm« bezieht sich auf die Schutzprivilegien, die Könige und Landesherren Kaufleuten und Juden ausstellten.

[10] Strauß' Behauptung, das Konzil zu Konstanz (1414–1418) habe bewusst Wucherzinsen für rechtmäßig erklärt, spielt auf eine Diskussion über die Rückkaufsklausel beim Rentenkauf auf dem Konzil an, die jedoch ohne verbindliche Entscheidung ausging, s. WURM, Eck, (s. Anm. 15), 30.

[11] Strauß bezieht sich hier auf Luthers Kritik am Konstanzer Konzil, vgl. CHRISTOPHER SPEHR, Luther und das Konzil: zur Entwicklung eines zentralen Themas in der Reformationszeit (BhTh 153), Tübingen 2010.

[12] So ergibt sich, dass die Konzilien sich nicht nur geirrt haben, sondern eine ketzerische Irrlehre für richtig gehalten und bestätigt haben. – Strauß übergeht hier das strikte Wucherverbot des 5. Laterankonzils 1515, vgl. PRIEN, Wirtschaftsethik, 57, Anm. 86.

[13] Hieronymus von Prag (um 1380–1516), ein weit gereister Gelehrter, war, obwohl er selbst als Schüler John Wyclifs verfolgt wurde, nach Konstanz gekommen, um Hus zu unterstützen. Er wurde 1516 verbrannt, s. PETER HILSCH, Art. Hieronymus von Prag, in: RGG[4] 3 (2000), 1730.

[14] Hier besteht eine gravierende Differenz zwischen den oberdeutschen und den beiden Erfurter Drucken, VD 16 S 9482, Johann Loersfeld, und S 9483, Wolfgang Stürmer. In diesen steht statt »etlich«:»alle besitzer der synagogen Sathane«, Lesart Loersfeld, Stürmer: »Beysitzer«).

xj Hie hat ſich der wůcher eintrügẽ/das ſich die Judẽ vnder den Chriſten nit meer neren mögen.

xij Der wůcher iſt ein ſtarcker grūdt des vnerſettlichẽ geitzs der pfaffen vnd München.

xiij Er iſt auch der recht muſterherꝛ über den gemaltẽ erkaufften Adel der ritterſpil hinderm ofen/den armen gemeynen man zůuerderben in gebꝛauch hat.

xiiij Der geboꝛn Adel/vnd die gemeyn burgerſchafft habenn auch im wůcherzinß ires můſſiggons vom Bapſt ein vergwiſſung.

xv Es volgt leichtlich der ley dẽ Antichꝛiſt im wůcher nach/dañ die ſtrick der reichtūm wöllen verblůmbt ſein.

xvj Der herꝛ Chꝛiſtus hat alle reichtūm vnrechtfertig genennet/můſſz von nöten der Chꝛiſten güter vß dẽ wůcher herflieſſen/geroubt/geſtolẽ/vnd aller vneer gemåß erkant werden.

xvij Vnſelig/vñ des glaubens gar entſetzt iſt der/der in ſeiner armůt wůcher zůreychen bewilliget.

xviij Es ſoll ein yeder frõmer Chꝛiſt den zůſagenden wortẽ Chꝛiſti ſunder zweyfel anhangẽ/wirt im nicht abgeen an ſeiner narung.

xix Wie ein yeder glaubt vnd hoffet in gott/alſo hat er auch hilff von gott.

xx Gott ſpeiſet die vögel in lüfftẽ/die viſch im waſſer/vnd bekleydet die blůmlin vff der heyde.

xxj Wer gott nit getrawet/můſſz mit wůcher vnd anderer gefar geångſtiget ſein.

xxij Ein yeder Chꝛiſt ſol hunger/durſt/marter/tod/hell/vnd alles übel ee erleiden/dañ er Chꝛiſtum vnd ſeines woꝛts verleügne.

xxiij Wer wiſſentlich wider das Euangelium zůthůn

11. Hie[r] hat sich der Wucher eintrüge[n],[1] dass sich die Juden unter den Christen ni[ch]t mehr nähren mögen.[2]
12. Der Wucher ist ein starker Grund des unersättlichen Geizes[3] der Pfaffen und München.[4]
13. Er ist auch der recht Musterherr[5] über den gemalten,[6] erkauften Adel, der Ritterspiel hinterm Ofen, den armen gemeinen Mann zu verderben, in Gebrauch hat.[7]
14. Der gebor[e]n[e] Adel und die gemein[e] Bürgerschaft haben auch im Wucherzins ihres Müßiggons[8] vom Papst ein Vergwissung.[9]
15. Es folgt leichtlich derlei dem Antichrist im Wucher nach; dann die Strick der Reichtümer[10] wöllen verblümbt sein.
16. Der Herr Christus hat alle Reichtüm[er] unrechtfertig genennet;[11] müssen von Nöten der Christen Güter uß dem Wucher herfließen, geraubt, gestohlen und aller Unehr[e] gemäß erkannt werden.
17. Unselig, und des Glaubens gar entsetzt ist der, der in seiner Armut Wucher zu reichen bewilliget.[12]
18. Es soll ein jeder frommer Christ den zusagenden Worten Christi sunder Zweifel anhangen, wird ihm nicht abgehen an seiner Nahrung. [13]
19. Wie ein jeder glaubt und hoffet in Gott, also hat er auch Hilf von Gott.
20. Gott speiset die Vögel in Lüften, die Fisch im Wasser und bekleidet die Blümlin uff der Heide.[14]
21. Wer Gott ni[ch]t getrauet, muss mit Wucher und anderer Gefahr geängstiget sein.
22. Ein jeder Christ soll Hunger, Durst, Marter, Tod, Hell[15] und alles Übel e[h]e[r] erleiden, dann[16] er Christum und seines Worts verleugne.
23. Wer wissentlich wider das Evangelium zu tun

---

1 eingedrängt.
2 können.
3 Habgier.
4 Mönche.
5 Einem Musterherrn oblag die Musterung und Bezahlung angeworbener Landsknechte, s. Art. Musterherr, in: Deutsches Rechtswörterbuch (DRW) 9, 1066f.
6 nachgemachten.
7 Strauß ziele hier auf »das städtische Geldpatriziat«, BARGE, Jakob Strauß, 65, Anm. 187.
8 Müßiggangs.
9 Rechtfertigung.
10 Vgl. 1Tim 6,9.
11 Lk 6,24.
12 Unselig und des Glaubens ganz beraubt ist der, der in seiner Armut einwilligt, Wucher zu zahlen.
13 Jeder fromme Christ soll ohne Zweifel an den Verheißungen Christi hängen, an Nahrung wird ihm nichts mangeln. – Auch LUTHER forderte so Gottvertrauen, WA 6, 41.
14 Strauß beruft sich hier auf Mt 6,26–31.
15 Hölle.
16 wenn.

ſich verpflicht/verleügnet Chriſtum/vnd ſein lebendiges wort.

xxiiij Wůcher nemen vn̄ geben iſt offenbar wider das Euangelium Jeſu Chriſti.

xxv Alle geding/eyd/gelübt/verheyſſung/verſprechē geſchrifftlich/oder mündtlich/beſchehen wider gottes gebott/reychen mit gotßleſterung gott vnd ſein wort zů verleügnen.

xxvj Die verſchreibung wůcher zů bezalen/lauten in der warheit alſo.

xxvij Ich verſprich vnd gelob zů bezalen järlich den wůcher wider gott vnd ſein gebott als ein verzagter an gottes hilff/ich wil auch in armůt mit gott nit für gůt haben.

xxviij All wůcher handlūg verwürfft gantz gröblich das creütz vn̄ das leben vnſers herren Chriſti.

xxix Der arm einfeltig vnwiſſend des Euangeliums von des Antichriſts/vn̄ aller widerchriſten/pfaffen Doctoren/vn̄ München exempel vn̄ leer verfürt/ſo er yetz der warheit erkātnüß gewin̄t/ſol er vmb kein gebott noch gewalt den wůcher bezalen.

xxx Hie můſſz man gott meer gehorſam ſein dan̄ den menſchen.

xxxj Hie ſoll auch dein glaub im Euangelio bewert werden.

xxxij So mit gewalt ď wůcher vßtrungen wirt vō dir laß faren auch den mantel dē der dir den rock zucket.

xxxiij Du můſt leib/gůt/ſeel/vnd eer verlieren/das du Chriſtum mit ſeinem wort erhalten mögeſt.

xxxiiij Der gewalt dir vffgeladen wider gottes wort beſteet nit lang/můſſz mit den erſten Tyrañen wider Chriſtum mit dem geiſt ſeines munds erlegt werden.

sich verpflicht, verleugnet Christum und sein lebendiges Wort.

24. Wucher nehmen und geben ist offenbar wider das Evangelium Jesu Christi.
25. Alle Geding,[1] Eid, Gelübd, Verheißung, Versprechen geschrifftlich oder mündlich, beschehen[2] wider Gottes Gebot, reichen mit Gott[e]slästerung Gott und sein Wort zu verleugnen.
26. Die Verschreibung[en][3] Wucher zu bezahlen, lauten in der Wahrheit also:
27. Ich versprich und gelob den Wucher zu bezahlen, jährlich den Wucher wider Gott und sein Gebot als ein verzagter an Gottes Hilf: ich will auch in Armut mit Gott ni[ch]t für gut haben.[4]
28. All Wucher-Handlung verwirft ganz gröblich das Kreuz und das Leben unsers Herren Christi.
29. Der Arm, Einfältig, Unwissend des Evangeliums, von des Antichrists und aller Widerchristen, Pfaffen, Doktoren und Mönchen Exempel und Lehr verführt, so er jetz[t] der Wahrheit Erkenntnis gewinnt, soll er umb kein Gebot noch Gewalt den Wucher bezahlen.
30. Hie[r] muss man Gott mehr gehorsam sein dann den Menschen.[5]
31. Hie[r] soll auch dein Glaub im Evangelio bewährt werden.
32. So mit Gewalt der Wucher ußtrungen[6] wird von dir, lass fahren auch den Mantel dem, der dir den Rock zucket.[7]
33. Du musst Leib, Gut, Seel und Ehr verlieren, dass du Christum mit seinem Wort erhalten mögest.
34. Der Gewalt, dir uffgeladen gegen Gottes Wort besteht ni[ch]t lang, muss mit den ersten Tyrannen wider Christum mit dem Geist seines Munds erlegt werden.[8]

---

1 Verträge.

2 geschehen.

3 Verpflichtungen.

4 nicht als Gut haben.

5 Apg 5,29.

6 herausgedrängt, abgepresst.

7 Nach Mt 5,40: Lass auch den Mantel fahren, wenn dir jemand schnell den Rock wegzieht. – Auch LUTHER bezog sich in der Frage der Wucherforderungen auf diese Stelle: WA 6, 5 und 36–41.

8 2Thess 2,8: Satan »wird der Herr Jesus umbringen mit dem Hauch seines Mundes.«

xxxv Hůt dich frõmer Chriſt/ das du nit gedenckeſt gewalt mit gewalt zůuerdempffen.

xxxvj Du haſt hie kein wör dañ gots wort mit gedult

xxxvij Es ſol billich all Chriſtenlich Künig/ Fürſten vñ herren/ auch ir hochlöblichen Rhät im wort gottes behertzigen/ das ſye ire vnderthonẽ zů dẽ wůcher nit zwingen/ beſchützen/ oder handthaben/ ſye wöllen dañ offenbar (da gott vor ſey) tyrannẽ wider den glauben vnd gottes wort erfunden werden.

xxxviij Die Juriſten die vß dem beſchribnẽ Rechten wůcher zů betzalen leren vñ radtẽ/ verſteend jr grob vnchriſtenlich hirn nit/ wiſſen auch nit was ir eygen facultet iſt.

xxxix Jn vnzymlichen verheyſſen vnd gelübdten ſoll nyemant glauben halten.

xl Du haſt dich gott gelobt vñ ſeinem wort/ mag kein verſchreibung deiner eltern/ oder von dir beſchehen/ den wůcher zů bezalen/ dich bezwingen.

xlj Aller gewalt/ alle rechtſprecher/ die den wůcher gezwang vff den gemeynen man dringen/ mögẽ gotts reich nit beſitzẽ/ ſye erſtatten dañ gnůgſam den ſchaden jrem nechſten vffgeladen.

xlij Es haben etwan die Chriſtlichen Fürſten/ landßherrn vñ cõmun den wůcher bey den Judẽ abgelegt.

xliij Yetzt handthabt man auch prieſter vnd Münch/ auch kirchen beym wůcher.

xliiij Wir ſagẽ all vil vom Euangelio/ aber die haubtſtuck wider das göttlich Euangeliũ darff nyemant angreiffen.

xlv Es iſt aller wůcherer vnd der ſelbẽ handthaber gemeyne ſtym̃/ wer wider wůcher predigt/ d' iſt vffrůrig.

xlvj Das Euangelium geduldet kein fridẽ oder einig-

---

1 ersticken.

2 keine Wehr als.

3 Strauß wird sich hier an die herzoglichen Räte wenden.

4 Alle christlichen Könige, Fürsten und Herren – auch Ihr hochlöblichen Räte im Wort Gottes – sollen recht beherzigen, dass sie ihre Untertanen zu dem Wucher nicht zwingen, stoßen oder anhalten – wenn sie sich nicht offen (da sei Gott vor) als Tyrannen wider den Glauben und Gottes Wort erweisen wollen.

5 aus.

6 Nach Barges Ansicht kritisiere Strauß hier Juristen, die »sich statt nach römischen, bzw. nach kaiserlichem Rechte nach dem kanonischem Recht richten,« BARGE, Jakob Strauß, 66, Anm. 189. Allerdings war das weltliche Recht hinsichtlich des Zinsverbots so widersprüchlich wie das kirchliche, s. HANS-JÖRG GILOMEN, Wucher und Wirtschaft im Mittelalter, in: HZ 250 (1990), 264–301. Doch sieht Strauß hier möglicherweise einen Gegensatz zwischen dem geschriebenen, d.h. menschlichen, Recht, und der Verkündigung des Evangeliums durch die Prediger, die er als der Jurisprudenz übergeordnet versteht.

7 Unzulässigen Versprechen und Gelübden soll niemand treu bleiben. – Dies entspricht der heutigen Auffassung von der Nichtigkeit sittenwidriger Vertragsbestimmungen.

35. Hüt dich frommer Christ, dass du ni[ch]t gedenkest
Gewalt mit Gewalt zu verdempfen.[1]
36. Du hast hie[r] kein Wör, dann[2] Gotts Wort mit Geduld.
37. Es sol[len] billich all christenlich Künig, Fürsten
und Herren – auch ihr hochlöblichen Rhät[e] im Wort Gottes[3] – beherzigen, dass sie ihre Underthonen zu dem Wucher ni[ch]t zwingen, beschützen, oder handhaben, sie wollen dann offenbar (da Gott vor sei) Tyrannen wider den Glauben und Gottes Wort erfunden werden.[4]
38. Die Juristen, die uß[5] dem beschriebnen Rechten Wucher zu bezahlen lehren und raten, verstehen ihr grob unchristenlich Hirn ni[ch]t, wissen auch ni[ch]t, was ihr eigen Fakultät ist.[6]
39. In unziemlichen Verheißen und Gelübden soll niemand Glauben halten.[7]
40. Du hast dich Gott gelobt und seinem Wort. Mag kein Verschreibung deiner Eltern, oder von dir beschehen, den Wucher zu bezahlen, dich bezwingen.[8]
41. Aller Gewalt, alle Rechtsprecher, die den Wucher [-] Gezwang uff den gemeinen Mann dringen, mögen Gotts Reich ni[ch]t besitzen, sie erstatten dann g[e]nugsam den Schaden ihrem Nächsten uffgeladen.[9]
42. Es haben etwan[10] die christlichen Fürsten , Landsherrn und Kommun[en] den Wucher bei den Juden abgelegt.
43. Jetzt handthabt[11] man auch Priester und Mönch, auch Kirchen beim Wucher.
44. Wir sagen all viel vom Evangelio, aber die Hauptstuck[e] wider das göttlich Evangelium darf niemand angreifen.[12]
45. Es ist aller Wucherer und der selben Handhaber gemeine Stimme, wer wider den Wucher predigt, der ist uffrürig.[13]
46. Das Evangelium geduldet kein Frieden oder Einig-

[8] So kann keine Verpflichtung deiner Eltern, Wucher zu zahlen, oder eine, die du selbst eingegangen bist, dich überwältigen.

[9] Alle Mächtigen, alle Richter, die den Wucherzwang dem gemeinen Mann aufdrängen, können nicht in das Reich Gottes eingehen; es sei denn, sie erstatten vollständig den Schaden, den sie ihrem Nächsten aufluden. – Da Wucher in der Kanonistik als Raub galt, war der Wucherer zum Schadensersatz verpflichtet, s. GILOMEN, Art. Wuche,r in: LMA 9 (1998), 341–345, 344.

[10] einst.

[11] Jetzt beschützt man auch […].

[12] Wir reden alle viel vom Evangelium, doch darf niemand die wichtigsten Stücke, die dem Evangelium zuwiderlaufen, angreifen.

[13] Die gemeinsame Rede aller Wucherer und [ihrer] Beschützer ist: wer gegen den Wucher predigt, ist aufrührerisch.

keit wider gott vnd sein gebott/ dañ Christus den sel
ben fridē nit gesädt hat in die welt/ aber ein schwert.

xlvij Dasselbig schwert schlecht nit leiblich wunden/
aber trēnet vnd scheydet alles was vō gott abwēdet.

xlviij Wem dise haubtartickel wider den wůcher nitt
gefallē/ der zeyg mir an ein besser Euangeliū/ möcht
den selben vnder augen gern ansehen.

xlix Es wirt weder Doctor noch all gelerten der welt/
das. xv. cap. Deuteronomij/ auch dz. vj. Luce mit er
dychten glosen verdempffen.

l Gott hat ein mal geredt/ vnd gesteet des ewigklich.

lj Jr solt eynander leyhen/ vnnd nichts dargegen ver-
hoffen.

keit wider Gott und sein Gebot, dann Christus den selben Frieden ni[ch]t gesandt hat in die Welt, aber ein Schwert.[1]

47. Dasselbig Schwert schlägt ni[ch]t leiblich[2] Wunden, aber trennet und scheidet alles, was von Gott abwendet.
48. Wem diese Hauptartikel wider den Wucher ni[ch]t gefallen, der zeig[e] mir an ein besser Evangelium, möcht denselben under Augen gern ansehen.
49. Es wird weder Doktor noch all Gelehrten der Welt das 15. Kap. Deuteronomii, auch des 6. Luce mit erdichte[te]n Glossen verdempffen.[3]
50. Gott hat einmal geredt, und gestehet[4] des ewiglich.
51. Ihr sollt einander leihen, und nichts dargegen verhoffen.

---

1 Mt 10,34.

2 Beide Erfurter Drucke bieten hier die Variante »lieblich«.

3 Es werden kein Doktor noch alle Gelehrten der Welt das 15. Kapitel des Buchs Deuteronomium, noch das 6. des Lukasevangeliums mit erdichteten Glossen ersticken. – Die Erfurter Drucke bieten hier eine zugespitztere Formulierung als die beiden süddeutschen: VD 16 S 9483 »Es wirt weder Doctor Eck nach al gelerten […].« VD 16 S S9482: »es wirt widder doctor Eck noch all gelerten […]«.

4 und dies besteht ewiglich.

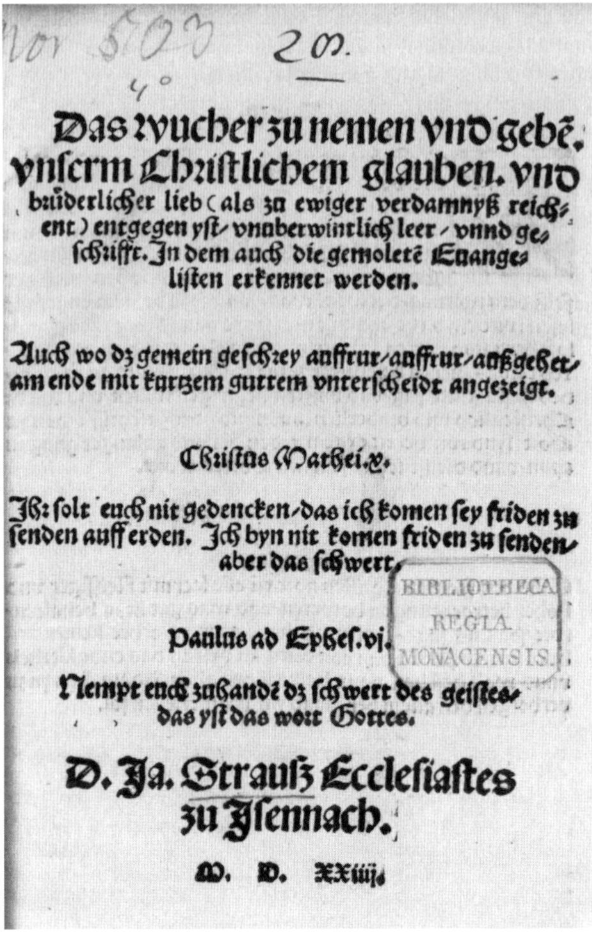

Das wucher zu nemen vnd gebē. vnserm Christlichem glauben. vnd brüderlicher lieb (als zu ewiger verdamnyß reichēt) entgegen yst/ vnuberwintlich leer/ vnnd geschrifft. Jn dem auch die gemoletē Euangelisten erkennet werden.

Auch wo dz gemein geschrey auffrur/auffrur/außgehet/ am ende mit kurtzem guttem vnterscheidt angezeigt.

Christus Mathei.x.

Jhr solt euch nit gedencken/das ich komen sey friden zu senden auff erden. Jch byn nit komen friden zu senden/ aber das schwert.

Paulus ad Ephes.vj.

Nempt euch zuhandē dz schwert des geistes/ das yst das wort Gottes.

D. Ja. Strauß Ecclesiastes zu Jsennach.

M. D. XXiiij.

[Bl. 318a]

Dass Wucher zu nehmen und geben unserm Christlichem Glauben und

brüderlicher Lieb (als zu ewiger Verdammnis reichent) entgegen ist, unüberwindlich[e] Lehr[e] und Ge schrift. In dem auch die gemoleten Evangelisten erkennet werden.[1]

Auch wo das gemein Geschrei »Auffruhr, Auffruhr« ausgehet, am Ende mit kurzem gutem Unterscheidt[2] angezeigt.

Christus Mathei 10:

Ihr sollt euch ni[ch]t gedenken, dass ich kommen sei Frieden zu senden auf Erden. Ich bin ni[ch]t kommen Frieden zu senden, aber das Schwert.

Paulus ad Ephes 6:

Nehmt euch zuhanden das Schwert des Geistes, das ist das Wort Gottes.

D. Ja[cob] Strauß Ecclesiastes[3] zu Isenach

1524

[1] Unüberwindliche Lehre und Schrift, dass es unserem christlichen Glauben und brüderlicher Liebe zuwiderläuft, Wucher zu nehmen und zu geben (weil es zu ewiger Verdammnis ausreicht). Dabei werden auch die nachgemachten Evangelisten erkannt.

[2] Erklärung.

[3] Prediger.

Vorred.

DJs yst Gottes wortt eygenschafft vnnd natur/ das die vngehorsamen noch gotloßer dar von werden/vnd die gutwilligen gebessert. Als dañ Christus das vnbeschepffte wort komen ist/zum fal vnd aufferstehung vil menschen ynn Jsrael/ Luce.ij. vnd als der stein des anstosses/auch der felß der ergernus/derwegẽ was / du hie zu deinem vngefallẽ lesen wirdest/da beschuldig niemants dann dein eygen glaub/loß hertz vnd herten syñ/vermuetestu aber mit dem wort gottes etwas hieryn beschrieben/ zukrenckenn vnnd zu straffen/ des hastu gutte fug/vnd vnßern begirigen willen/vnd thu dz Christenlich vnd bruderlich mit mund oder geschrifft/dan yn Gott synd wir bereit eynem yeden der vns anlanget gnug zu thun/vnnd dienstlich zu sein mit Gottes wortt.

Jsennach.

Argument.

¶ So den fromen Christen nott yst alle leer mit fleissiger vnd höher betrachtung zu beweren/vnd was gut ist zu behalten/ wie Paulus sagt / dem nach liebe oder verachte keiner dyß buchlein/er hab es dan von oben an byß an das ende klerlich vnnd woll besehen/dann hart yst den alten Adam hyeryn zu verbergen deñ allein der glaub ym wort erlegen sol.

Vorred[e]

[Bl. 318b]

Es ist Gottes Wort Eigenschaft und Natur,
dass die Ungehorsamen noch gottloser dar von
werden, und die Gutwilligen gebessert. Als dann
Christus, das unbeschepfte[1] Wort kommen ist, zum
Fall und Auferstehung viel[er] Menschen in Israel,
Luce 2,[2] und als der Stein des Anstoßes, auch der
Fels der Ärgernus,[3] derwegen was du hie[r] zu deinem Ungefallen
lesen würdest, da beschuldig niemands dann dein eigen[es] glaub-
los Herz und Herten[4] sin[d]; vermuetest [d]u aber mit dem Wort Got-
tes etwas hierin beschrieben zu kränken und zu strafen,[5]
des hast [d]u gute Fug,[6] und unseren begierigen Willen, und tu das
christenlich und brüderlich mit Mund oder Geschrifft, dann in
Gott sind wir bereit einem jeden, der uns anlaget,[7] g[e]nug zu
tun und dienstlich zu sein mit Gottes Wort.

Isennach

Argument

So den frommen Christen not ist alle Lehr mit fleißiger und
hoher Betrachtung zu beweren[8] und, was gut ist, zu behalten,
wie Paulus sagt,[9] demnach liebe oder verachte keiner dieses
Büchlein, er hab[e] es dann von oben an bis an das Ende klärlich
und wohl besehen. Dann hart ist den alten Adam hierin zu
verbergen, den allein der Glaub im Wort erlegen soll.[10]

---

1 unerschaffene.

2 Lk 2,34.

3 Jes 8,14; 1Petr 2,8.

4 Halsstarrigkeit.

5 […] hast du aber mit dem Wort Gottes vor, etwas darin Geschriebenes zu beschädigen oder zu schelten […].

6 Geschicklichkeit.

7 der sich mit uns anlegt.

8 prüfen.

9 1Thess 5,21.

10 LUTHER, Vorrede an die Epistel S. Pauli an die Römer, 1522, WA B 7, 6–9: »Aber glawb ist eyn gotlich werck ynn vns, das vns wandelt vnd new gepirt aus Gott, Johan. 1. vnd todtet den allten Adam, macht vns gantz ander menschen von hertz, mut, synn, vnd allen krefften, vnd bringet den heyligen geyst mit sich […]«.

Jhesus.

In allen dem (wie vor augen) das hie vō
mir gelert yst worden mag allein erkēt wer-
den/die warhafft Christenlich freyheit/ ym
glawben mit hertzlicher begirdt/vnd vnge-
zweiffeltem vertrawen zu Gott/vñ vnserm
nechsten menschen nach götlicher lieb/ ge-
trewlich mit dem hochsten fleiß hulfflich-
vnd als vns selbst dienstlich zu sein. Ja also begirlich/wie ein
itzlicher seiner eygene seele vnnd hertzen guttes gunnet. Vnd
also mag die Christēlich freyheit yn eygenem nutz/vnd fleisch
lichen mutwillen nit gezogen werden. Man hat sölchs yn al-
len predigen klerlichen vernomen/vnd ytzt besonderlich so dy
haubtstuck Christenlicher freiheit entgegen/mit vnuberwint-
licher schrifft vom newen an repetiert vnnd erinnert werdē/
menschen leer/vnd menschen gesetz zuuerschlahen/ dan alleyn
menschen leere/vnnd menschen gesetz das heile liecht vnsers
glaubens verfynstert/vnd bruderlich lieb zurissen hatt. Vñ so
wir dann yn gelubten/auch yn der pfaffheit/Muncherey vnd
Nunnerey/der gleichen fasten vnd feyren/von menschen leer
vnd gesetz/zu gross… verderben der seelen/vom Bapst vnd al-
len seinen widderchristen eingefurt/ ym glawben gar erlegt
haben!/dann yn den selben menschen leeren vnd gesetzen/ ge-
lupten vnd secten/vnuberwintlichen das grosse vbell folget/
das der mensch Christum/nit last Christum sein. In dem wir
dann allein geseliget werden/vnd seiner leere vnd gebott/vns
behelffen/vnd benugē sollen lassen. Aber sölche selbst erdich-
te menschliche gesetz/vnd leer/auch secten vnnd eygensynnig-
keit/erheben ym menschen eyn falsch vermutung der eygnen
gutten wercken/vnd das der mensch sych selbst sucht/ als be-
sonders grosses verdienstes bey Got/vñ also richtet er zu bey
yhm selbst/ein scharffe wichtige abgötterey vnd dem nach be
schlußlichen/Got von yhm enteeret vnd gelestert wirt.

¶ Nun yst noch meer eyn grausam hellische gesetz durch
A ij

---

[1] In all dem (wie vor Augen), das von mir gelehrt worden ist, soll allein erkannt werden: die wahrhaftige christliche Freiheit im Glauben mit herzlicher Begierde – und zweifelsfreiem Vertrauen zu Gott – unserem Nächsten gemäß göttlicher Liebe treu mit dem höchsten Fleiß hilfreich und wie uns selbst dienstbar zu sein. – Strauß nimmt hier die Forderung des Herzogs auf, er solle »allein die ehre gottes und die lieb des nechsten« predigen, LaTH-HStAW EGA 126, Bl. 9a.

[2] Eifrig.

[3] jeder.

[4] gönnet.

[5] verzogen (im Sinne von verzerrt).

[6] deutlich.

[7] einschlagen, mit Nägeln verschließen. Schweizerisches Idiotikon digital 9, 431–447.

[8] zerrissen.

[9] Man hat derartiges in allen Predigten deutlich vernommen – besonders jetzt, wo dagegen die Hauptstücke christlicher Freiheit mit unwiderlegbarer Schrift von Neuem wiederholt und erinnert werden – um

Jesus [Bl. 319a]

IN allen dem (wie vor Augen), das hie[r] von mir gelehrt ist worden, mag allein erkennt werden die wa[h]rhafft[e] christenlich Freiheit im Glauben, mit herzlicher Begierd und ungezweiffeltem Vertrauen zu Gott und unserm nächsten Menschen nach göttlicher Lieb, getreulich mit dem höchsten Fleiß hulfflich und als uns selbst dienstlich zu sein.[1] Ja, also begirlich,[2] wie ein itzlicher[3] seiner eigene[n] Seele und Herzen Gutes gunnet.[4] Und also mag die christenlich Freiheit in eigenem Nutz[en] und fleischlichem Mutwillen ni[ch]t gezogen[5] werden. Man hat solchs in allen Predig[t]en klerlichen[6] vernommen und jetzt besonderlich, so die Hauptstück christenlicher Freiheit entgegen mit unüberwindlicher Schrift vom Neuen an repetiert und erinnert werden, Menschen Lehr und Menschen Gesetz zu verschlahen;[7] dann allein Menschen Lehre und Menschen Gesetz das helle Licht unsers Glaubens verfinstert und brüderlich Lieb zurissen[8] hat.[9] Und so wir dann in Gelübden, auch in der Pfaffheit,[10] Muncherey und Nunnerey[11] der gleichen Fasten und Feyren[12] von Menschen Lehr und Gesetz, zu großem Verderben der Seelen vom Papst und allen seinen Widerchristen eingeführt, im Glauben gar erlegt haben, dann in den selben Menschen Lehren und Menschen Gesetzen, Gelübden und Sekten unuberwindlichen das große Übel folget, dass der Mensch Christum ni[ch]t lasst Christum sein.[13] In dem wir dann allein geseliget werden und seiner Lehre und Gebot uns behelfen und benugen sollen lassen.[14] Aber solche selbst erdichte[n] menschliche[n] Gesetz und Lehr, auch Sekten und Eigensinnigkeit, erheben im Menschen ein falsch Vermutung der eignen guten Werken, und dass der Mensch sich selbst sucht, als besonders großes Verdienstes bei Gott; und also richtet er zu bei ihm selbst ein scharfe wichtige Abgötterei, und dem nach beschlusslichen[15] Gott von ihm entehret und gelästert wird.

Nun ist noch mehr ein grausam[es] höllische[s] Gesetz durch

Menschenlehre und Menschengesetz einzuhämmern; denn nur Menschenlehre und Menschengesetz haben das helle Licht unsres Glaubens verfinstert und die brüderliche Liebe zerrissen. – Strauß beklagt, dass der Verkündigung des Evangeliums mit der Einpeitschung von Irrlehren begegnet werde, die den egoistischen Eigennutz rechtfertigen.

10 Pfaffentum.

11 abschätzig für: Mönchtum und Nonnenstand.

12 Feiern.

13 Und da wir nun in Gelübden, im Pfaffentum, Mönchstum und Nonnentum solche Fasten und Feiern nach Menschenlehre und Menschengesetz, die zum großen Verderben der Seelen vom Papst und allen seinen Antichristen eingeführt wurden, sogar im Glauben auferlegt haben, so folgt aus denselben Menschenlehren, Gelübden und Sekten, unvermeidlich das große Übel, dass der Mensch Christus nicht Christus sein lässt.

14 In dem wir doch allein selig werden und uns an seiner Lehre und Geboten helfen und genügen lassen sollen.

15 schließlich.

menſchen leere vnd beſtetung/vnder vns Chꝛiſten / von dem yꝛ voꝛmals auch yn etlichen pꝛedigen mit guttem vnterſcheid geleert/vnd voꝛmanet ſeyt/es ſynd auch die hauptſtuck vñ artickel ſölcher lere ym truck außgangē/wil ich daſſelbig yꜩt mit weiterer verklerung ernewern/vnd baß auß geteilt ewer lieb voꝛhalten.

¶ Vnd yſt erſtlich mir vnd euch wol zu bedencken/dz ynn ſölcher pꝛedig ſych vil geferlicher verfolgūg vñ widerſpꝛechē erheben wirt. Dañ hie wollē wir reden von dez vnchꝛiſtlichē Tyꝛāniſchē wucher/mit dez nit allein pfaffen vñ munch/aber auch kunig/furſtē/Lanꜩhern/Edelleut/kauffleut/Stedt/Cōmun/vñ burger/ vberal vñ an allē endē beſchweret/vñ wid ď ſelen heil geēgſtiget werdē/nun mag es nicht anders geſein/ wollē wir das heilig ewig woꝛt gotes/yn ď warheit vnd vn gefelſchet leerē vnd hōꝛē/ſo mus man yhm ſein krafft nienert bꝛechē/byegen/oder verhaltē / dan das euangeliſche ſchwert/ durchdꝛingt alle heimligkeit/winckel vñ öꝛter/vnd wz yn des menſchen begird/herꜩen/vñ mut furgenomē iſt/ vñ gedacht. Es iſt ye dz Euangeliū ein furen den geiſt gottes/der alle ding erfoꝛſchet auch die tieffe der gotheit. i. ad Coꝛint. ij. Iſt hyꝛūb nichtes nachleſſigs/oď zuuerhaltē yn euāgeliſcher ler/ es mus alles herfur vnd ſtrefflich angezeigt/auch außgerutet werdē/ was dem glauben vnd der lieb entgegē yſt/alſo wöln wirs hie nicht achtē/das die offene feind der götlicher warheit/ noch byſſiger/vnd die heymlichen auch herfur kriechen werden/ſo man den wucher ym Euangelio antaſtet.

¶ Das wir aber mit dem vnuberwintlichen götlichē woꝛt dem wucher al ſein krefften außreiſſen/vnd mit dem bodem vñ ganꜩer ſubſtanꜩ konnē hynwerffen/ſo wöllē wir dyſen beſtendigē grund ſeꜩē/wider die auch aller creaturn macht. Ja auch die poꝛten der hellen nicht vberhand mogen gewinnen.

¶ Anfangs Got ď almechtig hat vns vnuberwintlich des vertroſt vñ voꝛgewiſſet dz wir ym glaubē allerding mechtig ſynd/ durch vnſern herrn Chꝛm̄ vñ nichts ſo groß ynn hymel noch auff erdē/vnſer heil betreffen/erfundē mag werdē/das

---

1 Bestätigung.

2 Erklärung.

3 ermahnt.

4 Erklärung.

5 Denn.

6 Mönche.

7 König, Fürsten, Landesherren.

8 nirgends.

9 »Nun kann es nicht anders sein: wenn wir das ewige, heilige Wort Gottes in der Wahrheit und unverfälscht lehren und hören wollen, so darf man ihm seine Kraft niemals brechen, biegen oder verschweigen, denn […]«.

10 Strauß stellt Eph 6,17 als Motto seiner Schrift voran. Die reformatorische Verkündigung versteht er als das »Schwert des Geistes«, das alle Widerstände gegen Gottes wahren Willen beseitigt.

11 herbeiführen.

Menschen Lehre und Bestetung[1] unter uns Christen. von dem [Bl. 319b]
i[h]r vormals auch in etlichen Predig[t]en mit gutem Unterscheid[2] gelehrt und vormanet[3] seid; es sind auch die Hauptstück und Artikel solcher Lehre im Druck aus[ge]gangen, will ich dasselbig jetzt mit weiterer Verklerung[4] erneuern und, was ausgeteilt, euer Lieb vorhalten.

Und ist erstlich mir und euch wohl zu bedenken, dass in solcher Predig[t] sich viel gefährlicher Verfolgung und Widersprechen erheben wird. Dann[5] hie[r] wollen wir reden von dem unchristlichen tyrannischem Wucher, mit dem ni[ch]t allein Pfaffen und Munch,[6] aber auch Kunig, Fursten, Lantzherrn,[7] Edelleut, Kaufleut, Städt, Commun und Burger, uberall und an allen Enden beschweret; und wird der Seelen Heil geängstiget werden; nun mag es nicht anders gesein, wollen wir das heilig ewig Wort Gottes in der Wahrheit und ungefälschet lehren und hören, so muss man ihm sein Kraft nienert[8] brechen, biegen oder verhalten, dann[9] das evangelische Schwert[10] durchdringt alle Heimlichkeit, Winkel und Örter und was in des Menschen Begierd, Herzen und Mut furgenomen ist und gedacht. Es ist je das Evangelium einfuren[11] den Geist Gottes, der alle Ding[e] erforschet, auch die Tiefe der Gottheit, 1. ad Corint. 2.[12] Ist hyrumb[13] nichtes Nachlässigs oder zu verhalten evangelischer Lehr, es muss alles herfur[14] und sträflich angezeigt, auch außgerutet[15] werden, was dem Glauben und der Lieb entgegen ist; also wollen wirs hie[r] nicht achten, dass die offene[n] Feind der göttlicher [sic] Wahrheit noch bissiger und die Heimlichen[16] auch herfur kriechen werden, so man den Wucher im Evangelio antastet.[17]

Dass wir aber mit dem unuberwindlichen göttlich[en] Wort dem Wucher all sein Kräften ausreißen und mit dem Bodem und ganzer Substanz konnen hinwerfen, so wollen wir diesen beständigen Grund setzen wider die [sic] auch aller Kreaturn Macht,[18] ja, auch die Porten der Höllen nicht uberhand mogen gewinnen.[19]

Anfangs Gott der Allmächtig hat uns unuberwindlich des vertrost und vorgewisset, dass wir im Glauben allerding mächtig sind[20] durch unsern Herrn Christum und nichts so groß in Himmel noch auf Erden unser Heil betreffen[d] erfunden mag werden, das

---

12 1Kor 2,10.

13 hierum.

14 hervor.

15 ausgerottet.

16 Aufpasser.

17 Darum kann man nichts vernachlässigen oder zurückhalten an der evangelischen Lehre; es muss alles hervor und zur Strafe angezeigt, auch ausgerottet werden, was dem Glauben und der Liebe zuwider ist. Also wollen wir auch nichts darauf geben, dass die Feinde der göttlichen Wahrheit noch bissiger und die Aufpasser hervorkriechen werden, wenn man den Wucher im Evangelium antastet.

18 Vgl. Röm 8,38f.

19 Mt 16,18. – Damit wir aber dem Wucher mit dem unüberwindlichen göttlichen Wort alle seine Kräfte ausreißen und [ihn] mit dem Boden und ganzer Substanz hinwerfen können, so wollen wir diesen beständigen Grund legen, gegen den auch aller Kreaturen Macht, ja, auch die Pforten der Hölle nicht überhand gewinnen können.

20 Vgl. Mk 11,23.

vns durch Chriſtū vō got nicht zugeeygnet ſey/ wir ſynd auch
Got dem almechtigen ſo lieb/das er ſein eingebornē ſon vns
geben hat/das ein yeder der yn yhn glewbt nit verlorn wirt/
aber das er habe das ewige leben/ wie Chrūs ſagt Johā. iij.

¶ Hatt vns deñ Gott ſein eingebornē ſon gebē/wie kan er
vns dañ nit auch alle ding mit yhm gebē habē/wie got durch
ſant Paulū ſagt ad Roma. viij. Aus diſem folget auch vnge-
zweifelt vñ feſtigklich ym glawben/dz wir ym glaubē d̄ hoch
ſten liebhabūg gottes gewirdiget ſynd/vñ alſo reich gemacht
yn dē groſtē hymliſchē vñ vbernaturlichē guttern. Wie d̄ hey-
lige Petrus ſagt. ij. Epiſt. ca. iij. das wir berufft ſynd durch die
herligkeit vñ krafft gottes/durch welches vns die tewrē vnd
aller gróſſeſten verheiſchūgē gebē ſynd/nemlichē dz wir durch
daſſelb mitgenoſſen werdē der gótlichē naturen/ſo wir fliehē
die vorgenckliche, luſt der wellt. Jſt hyrumb kein ſorg noch
zweiffel an Got zu habē/dieweil er vns ſo lieb hat/das er ſein
eingebornē ſon vns geben hat/ynn dem dann alle hymeliſche
vnd ewige gutter volkomēliche behalten ſynd.

¶ Nun hat er ſein ſon vns nit zugeſtelt als ein ſtraffenden
rechlichē oder tyranniſchē richter/aber das wir geſeliget ſollē
werdē durch yhn/wie an der oben angezeigtē ſtadt Johan. iij.
volget. So habē wir ym glaubē zu aller zeit vnſers lebēs ver-
gebūg d̄ ſunde/ernewerung der liebe/vñ vnzerſtórlich krafft d̄
gewiſſen hoffnūg zu got/vñ werdē alſo gerecht gemacht/das
wir kind̄ gotes genēt werdē/vñ gewiſſe miterbē vnſers herrn
¶ Es iſt warlich hoch mit freudē zu be- (Jheſu Chriſti.
dēckē/dz got ſeiner almechtigē liebhabūg vns alſo vertroſtet/
dañ wañ gleich ytzt angezeigte geſchrifftē nit weitter geleſen
wurden/ſo hettē wir doch gleich gnug daran / dz got furgibt
wir ſeien yhm lieb vñ an dez aller hóchſtē der liebe bewerūg
furzeigt/deñ wz het vns got hóhers mogē gebē/dañ ſein ſon/
warē got vñ mēſchē/als vnſern lerer/vorgeher/erlóſer vñ ſelig

¶ Wir wiſſen auch dz ſich ſelbſt Chrūs zu vnſerm (macher
guttē gantz ergebē hat/vnd yſt ym glaubē vnſer eigē/wir ſynd
ym auch dermaſſen beuolē/dz vns niemāts nichts ſchadē mag
dan er bleibt vnabtringlich durch dē glaubē bey vns/ es mag

1 an.
2 Joh 3,16.
3 Röm 8,32.
4 zweifellos.
5 gewürdigt.
6 an.
7 berufen.
8 Herrlichkeit.
9 Verheißungen.
10 vergängliche.
11 2Petr 1,3f.

uns durch Christum von Gott nicht zugeeignet sei; wir sind auch [Bl. 320a]
Gott dem Allmächtigen so lieb, dass er sein eingebornen Sohn uns [ge]geben hat, dass ein jeder der yn[1] ihn glaubt, ni[ch]t verlorn wird, aber dass er habe das ewige Leben, wie Christus sagt Johannes 3.[2]

Hatt uns denn Gott sein eingebornen Sohn [ge]geben, wie kann er uns dann ni[ch]t auch alle Ding mit ihm [ge]geben haben, wie Gott durch Sant Pauli sagt ad Roma[nos] 8.[3] Aus diesem folget auch ungezweifelt[4] und festiglich im Glauben, dass wir im Glauben der höchsten Liebhabung Gottes gewirdiget[5] sind und also reich gemacht in[6] den großen himmlischen und übernatürlichen Gütern. Wie der heilige Petrus sagt 2. Epist[el] Ka[pitel] 3, dass wir beruft[7] sind durch die Herligkeit[8] und Kraft Gottes, durch welches uns die teuere und aller grössesten Verheischungen[9] [sic] [ge]geben sind, nämlichen, dass wir durch dasselb Mitgenossen werden der göttlichen Naturen, so wir fliehen die vorgenckliche[10] Lust der Welt.[11] Ist hierumb[12] kein Sorg noch Zweifel an Gott zu haben, dieweil er uns so lieb hat, dass er sein eingebornen Sohn uns [ge]geben hat, in dem dann alle himmlische und ewige Güter vollkommenichen behalten sind.[13]

Nun hat er sein[en] Sohn uns ni[ch]t zugestellt als ein[en] strafenden, rechlichen[14] oder tyrannischen Richter, aber dass wir geseliget sollen werden durch ihn, wie an der oben angezeigten Stadt[15] Johan. 3 folget. So haben wir im Glauben zu aller Zeit unsers Lebens Vergebung der Sünde, Erneuerung der Liebe und unzerstörlich Kraft der gewissen Hoffnung zu Gott und werden also gerecht gemacht, dass wir Kinder Gottes genennt werden und gewisse Miterben[16] unsers Herrn Jesu Christi.

Es ist wahrlich hoch mit Freuden zu bedenken, dass Gott seiner allmächtigen Liebhabung uns also vertrostet, dann wann gleich jetzt angezeigte Geschrifften ni[ch]t weiter gelesen würden, so herten[17] wir doch gleich gnug daran, dass Gott furgibt,[18] wir seien ihm lieb, und an der aller höchsten der Liebe Bewehrung furzeigt, denn was hätte uns Gott höhers mögen geben dann sein[en] Sohn, wahren Gott und Menschen, als unsern Lehrer, Vorgeher, Erlöser und Seligmacher.

Wir wissen auch, dass sich selbst Christus zu unserm Guten ganz ergeben hat und ist im Glauben unser eigen; wir sind ihm auch dermaßen befohlen, dass uns niemands nichts schaden mag, dann er bleibt unabtringlich[19] durch den Glauben bei uns; es mag

---

12 hierum.

13 Man kann somit keine Sorge oder Zweifel an Gott haben, der uns doch so lieb hat, dass er uns seinen eingeborenen Sohn gegeben hat, in dem dann alle himmlischen und ewigen Güter vollkommen bewahrt werden.

14 rächenden.

15 Stelle.

16 Röm 8,17.

17 hörten.

18 vorlegt.

19 nicht abdrängbar.

vns auch niemants von yhm zucken / wie er selbert sagt Jo-
hãnis am. x. die mir mein vatter gebē hat/mag niemants zuckē
aus meiner handt.

¶ Aus wylchem allem schleust sych vnuberwintlich/wie
gar vnchristlich/rauwe/seelloß/die menschen sych selbst erzei-
gen/die yn eusserlichen/zeitlichē/vergencklichē/dingē/sorgfel-
tig vnd geengstiget synd/dieweil wir doch so gar gewiß vnd
sycher gottes almechtiger fursehung yn den aller grostē sachē
vngezweiffelt vertröst syndt / wie mag doch ein Christenlich
hertz geachtet werden/das yn den allen geringsten kleinesten
dingen Gottes beystandt/vnd zusagung nit vertrawet.

¶ Zum andern yst mit grossem ernst vns nodt zubedenckē/
das vnser Gott den kleinen glaubē/ auch bey vns Christen so
mechtiglich sterckt hat/als Christus wolbedacht vnd tieff be-
grundet die heylos zenichtig fursorg/vmb das zeitlich/außge
schlagen hat/vnnd vns hyrzyn auff Got gedeutet/ den wir ym
glawbē/billig solten gefast haben/seiner gnedigē reichlichen
vnd barmhertzigen fursehung/vnd als ein milten vñ willigen
helffer der seynen/der vnser notturfft vnd anligē yn zeitlicher
narung nit vergessen hat. Aber von ewikeit her/ wie allen sei-
nen beschepfften/die mittel/vnd notturfft vnsers lebens zuge-
ordnet/do er sagt Mathei. vi. Es weiß ewer hymlischer vater
das yr der dingen notturfftig seyt/essen/drincken / vñ kleider.

¶ Wie mus bedacht werden das Chrūs Gott ynn dysem
fall/vnter dem namen des vatters furhelt / damit wir vnge-
zweiffelt ym glauben genötiget werdē/ Got dem herrē yn dez
zeitlichē gentzlichē zu vertrawē/wir wolten dan Gottes vet-
terliche trew nit annemen/oder vngenugsam achten/ dz weit
mus sein von allem Christēlichem verstandt vnd wesen. Dan
dieweil der mund der warheit vns furzeigt ein sölchen hauß-
halter vber vnser narung/der Got selbert yst/vnd nach vetter-
licher eygenschafft vns speysen/drencken/bekleidē/vñ vnder-
halten wil/wer kan dan hiezweiffeln vnd sorg tragē/dañ der
Got nit erkennet/vnnd sein hertz von Gott abgewendt yst/so
yst doch nichts Christlichs an yhm. Darumb wollen wir der

uns auch niemands von ihm zucken, wie er selbert sagt Johannis am 10.: Die mir mein Vater geben hat, mag niemands zucken aus meiner Hand.[1] [Bl. 320b]

Aus wylchem allem schleust sich unüberwindlich, wie gar unchristlich, raue, seellos die Menschen sich selbst erzeigen, die in äußerlichen, zeitlichen, vergänglichen Dingen sorgfältig[2] und geängstiget sind, dieweil wir doch so gar gewiss und sicher Gottes allmächtiger Fursehung in den aller größten Sachen ungezweifelt vertröst sind;[3] wie mag doch ein christenlich Herz geachtet werden, das in den allen geringsten, kleinesten Dingen Gottes Beistand und Zusagung ni[ch]t vertrauet.

Zum andern ist mit großem Ernst uns not zu bedenken, dass unser Gott den kleinen Glauben auch bei uns Christen so mechtiglich[4] [ge]stärkt hat, als Christus wohlbedacht und tief begründet die heillos[e] zenichtig[e][5] Fursorg umb das Zeitlich[e] ausgeschlagen hat, und uns hierin auf Gott gedeutet; den wir im Glauben billig[6] sollten gefasst haben, seiner gnädigen reichlichen und barmherzigen Fursehung und als ein[en] milden und willigen Helfer der Seinen, der unser Notdurft und Anliegen yn[7] zeitlicher Nahrung ni[ch]t vergessen hat. Aber von Ewigkeit her, wie allen seinen Beschepfften,[8] die Mittel und Notdurft unsers Lebens zugeordnet, do er sagt Mathei. 6: Es weiß Euer himmlischer Vater, dass ihr der Dingen notdürftig seid, Essen, Trinken und Kleider.[9]

Hie[r] muss bedacht werden, dass Christus Gott in diesem Fall unter dem Namen des Vaters furhelt,[10] damit wir ungezweifelt im Glauben genötiget werden, Gott dem Herren in dem Zeitlichen gentzlichen[11] zu vertrauen; wir wollten dann Gottes väterliche Treu ni[ch]t annehmen oder ungenugsam achten; das weit muss sein von allem christenlichen Verstand und Wesen. Dann dieweil der Mund der Wahrheit uns furzeigt ein[en] solchen Haushalter uber unser[e] Nahrung, der Gott selbert ist und nach väterlicher Eigenschaft uns speisen, tränken, bekleiden und unterhalten will, wer kann dann hie[r] zweifeln und Sorg tragen? Dann der Gott ni[ch]t erkennet und sein Herz von Gott abgewendt ist, so ist doch nichts christlichs an ihm. Darumb wollen wir der

---

1 Vgl. Joh 10,28 f.

2 ängstlich besorgt.

3 Aus allem diesem ergibt sich unbesiegbar, wie sehr unchristlich, roh, seelenos die Menschen sich selbst zeigen, die in äußerlichen, zeitlichen, vergänglichen Angelegenheiten beunruhigt und geängstigt sind, während wir doch so sehr gewiss und sicher in Gottes allmächtiger Vorsehung ohne jeden Zweifel in den aller größten Sachen versichert sind.

4 mächtig.

5 nichtige.

6 geziemend.

7 an.

8 Geschöpfen.

9 Mt 6,32.

10 vor [Augen] stellt.

11 ganz.

worten der vngezweiffelten zuſagung gottes/ ynn dyſem fal gar ein gros auffmercken haben.

¶ Jn dem hören wir dz ſych der almechtig reich Got nach ſeiner götlichen arth vns zuuerſorgen angezeigt wirt.

¶ Es iſt auch alle forcht außgeſchlagẽ/das der mẽſch ſych fur ſeiner götlichen maieſtat mit angſt entſetzen mögt / dan er wirt/wie obẽ angezeit/ als vnſer vatter bedeut.

¶ Auch yſt nit hie zubedencken das er allein ein vatter der gerechten vnd vnſchuldigẽ ſey/aber es werdẽ hie eingeſchloſſen auch die böſen/ſundtlichẽ kinđ/vnd furnemlichen/die ſych ſelbſt erkennẽ. Es ſpricht auch vnſer herr Chrūs. Ewer hymliſcher vater leſt ſein ſon ſcheinẽ vber böß vñ gutt/ vnd regnet vber gerecht vnd vngerecht/es mag von der vetterlichẽ trew vnd furſorg nichtes den menſchen verhyndern/dañ allein vnglauben/vnd das Gott dem herrn/ krefftigklich der menſch nit vertrawet.

¶ Wir haben auch hie ein genötiges vñ vndiſpenſierlichs verpot vnſers herrn Chriſti das niemants one ſundt vbertretten mag/wañ der herr ſagt/yhr ſolt nit ſorgfeltig ſein vber eſſen/drincken oder kleider/ynn dem alle leipliche notturfft begriffen iſt/dan got/ der dz lebẽ/vñ den leib geben hat/das vnſchetzlichẽ vil meer yſt vnd grösser dan die leibliche narūg/wil das geringer vns auch zuſtellẽ. Aus welchẽ vnuberwintlichẽ folgt das/als wir on vnſer ſorg allein von Got leib vñ lebẽ haben/der gleichẽ auch ſöllẽ wir vnſer narūg nit eigner vernūfft oder arbeit vertrawẽ/aber allein der götlichẽ barmhertzigen vnd vetterlichen furſorg / vnd verheiſſung/wie ſcheinbarlich auch am tag leidt/ſo wir groß arbeit vnd fleiß auff die narūg legen wo vns gott daſſelbig nit erſprißlich macht / ſo konnen wir es nit genieſſen.

¶ Der aber ſolchs nit zu hertzen faſt dem ruckt vnſer herr Chrūs mẽſchlich auff ſein vnglaubẽ/ſo er deutet auff die vogel vnterm hymel vñ die blumlein auff der heidẽ dy wider ſyñ noch gedancken habẽ/vnd doch durch Got vorſehen werden Darumb muß hie ein zu nichtiger glawb ſein/ das der menſch

Worten der ungezweifelten Zusagung Gottes in diesem Fall gar ein groß Aufmerken haben. [Bl. 321a]

In dem hören wir, dass sich der allmächtig[e] reich[e] Gott nach seiner göttlichen Art uns zu versorgen angezeigt wird.

Es ist auch alle Forcht ausgeschlagen, dass der Mensch sich für seiner göttlichen Majestät mit Angst entsetzen mögt, dann er wird - wie oben angezeigt – als unser Vater bedeut.[1]

Auch ist m[i]t hie[r] zu bedenken, dass er allein ein Vater der Gerechten und Unschuldigen sei. aber es werden hie[r] eingeschlossen auch die bösen, sündlichen Kinder und furnemlichen,[2] die sich selbst erkennen. Es spricht auch unser Herr Christus: Euer himmlischer Vater lässt sein[e] Sonn scheinen uber Böß und Gut, und regnet uber gerecht und ungerecht.[3] Es mag von der väterlichen Treu und Fursorg nichtes den Menschen verhindern, dann allein Unglauben, und dass Gott dem Herrn krefftigklich der Mensch ni[ch]t vertrauet.[4]

Wir haben auch hie[r] ein genötiges und undispensierlich[e]s Verbot unseres Herrn Christi, das niemands ohne Sünd übertreten mag, wann der Herr sagt, ihr sollt ni[ch]t sorgfältig sein über Essen, Trinken oder Kleider, in dem alle leibliche Notdurft begriffen ist; dann Gott, der das Leben und den Leib geben hat, das unschätzlichen viel mehr ist und größer dann die leibliche Nahrung, will das Geringer uns auch zustellen.[5] Aus welchem unüberwindlichen folgt, dass, als wir ohn unser Sorg allein von Gott Leib und Leben haben; dergleichen auch sollen wir unser Nahrung ni[ch]t eigner Vernunft oder Arbeit [an]vertrauen, aber allein der göttlichen barmherzigen und väterlichen Fursorg und Verheißung. Wie scheinbarlich[6] auch am Tag leidt, so wir groß Arbeit und Fleiß auf die Nahrung legen, wo uns Gott dasselbig ni[ch]t ersprießlich macht, so konnen wir es ni[ch]t genießen.[7]

Der aber solchs ni[ch]t zu Herzen fasst, dem ruckt unser Herr Christus menschlich auf sein[en] Unglauben, so er deutet auf die Vögel unterm Himmel und die Blümlein auf der Heiden, die wider[8] Sinn noch Gedanken haben, und doch durch Gott vorsehen werden.[9] Darum muss hie[r] ein zu nichtiger Glaub sein, dass der Mensch

---

1 Es ist auch jede Furcht verjagt, dass der Mensch sich vor seiner göttlichen Majestät mit Angst entsetzen müsse, denn er wird [...] als unser Vater bezeichnet.

2 vornehmlich.

3 Mt 5,45.

4 Es kann von der väterlichen Treue und Fürsorge nichts den Menschen fern halten, als allein Unglaube, und dass der Mensch Gott dem Herrn nicht ganz kräftig vertraut.

5 Mt 6,25.

6 »schīnbarlich« und »schīnbar« bedeuten u. a. glänzend, sichtbar, augenscheinlich, offenkundig, deutlich, evident, Schweizerisches Idiotikon digital 8, 816, 818.

7 Wie deutlich wir auch tagsüber leiden, wenn wir viel Arbeit und Fleiß auf unseren Lebensunterhalt verwenden, wo Gott es uns nicht nützlich macht, können wir es nicht genießen.

8 weder.

9 Mt 6,26–30.

den Got allen seinẽ creaturen fursetzt/vnd ob yhn allẽ geliebt
hat/gottes fursichtigkeit so schmall/vnnd eng achtet/so yhm
got zusagt yhn zuspeysen/vnd zu neren/ vnd des dennocht ey/
nigen zweiffel tregt.

¶ Darũb Chrũs sölche furwitzige/sorgfeltige/vnd trostlo/
sen menschẽ/dẽ Heidẽ gleichnet/die wider glaubẽ/noch ver/
trawen zu got haben/vnd also beschleust der herr/das die sel/
bigen sorgfeltigen leut nit Christen seyn.

¶ Ist darumb gar not das die nachfolgẽde leer yn vns er/
newert werd/so der herr sagt/sucht am erstẽ das reich gotes/
vnd sein gerechtigkeit/so werden euch die eusserliche ding al/
le zugestelt.

¶ Das reich Gottes deutet der herr Chrũs das heilig Euã/
gelium/wie Mathei am.xxi.do er sagt. Es wirt von euch ge/
nomen dz reich gottes/vnd wirt geben werdẽ einem volck/dz
erfülen wirt sein gerechtigkeit/ dañ das heilig Euangeliũ yst
die tröstlich frölich zusagung götlicher barmhertzigkeit vnnd
hylff yn allen dingẽ/vnd dem selbẽ vngezweiffelten glawben
setzen/yst die gerechtigkeit dyses reichs / das man Gott laßt
Got sein/vnd vertrawt yhm als ein vatter.

¶ Zum dritten mus hie gefaßt werdẽ vnd wol behertziget
das so Got nach seiner höchsten liebhabũg sych selbert als vn
sern vatter anzeigt/das wir dan warliche seine kynder sein/vñ
also synd wir auch alle vntereinander gebruder vñ schwester/
vñ furnẽlich wir Christẽ menschẽ/die sölchs ym glauben erkẽ
nen mögen. Nun muß ye sych die bruderschafft oder kyndheit
vnder Got der vetterlichẽ eygenschafft nachfolgent / vnd ge/
meß halten/wie vnser hymelischer vatter vns am hochstẽ lieb
hat/vnd mit dem grosten hertzlichsten getrewẽ gemeint hatt/
also mus võ nötten vnter vns ein warer christlicher grund er/
funden werdẽ/das wir auch aus gantzem hertzen/vñ mit dez
hochsten fleiß/zugefallen vnserm hymelischen vatter/vns vn
tereinander liebhabend/vnd mit aller trew einer den andern
furder/vnd hie nichtes außgeschlagen/do wir vnserm negstẽ
yn Got dienstlich mogen sein.

den Gott allen seinen Kreaturen fursetzt, und ob ihn allen geliebt hat, Gottes Fursichtigkeit so schmal und eng achtet, so ihm Gott zusagt, ihn zu speisen und zu nähren, und des dennoch einigen Zweifel trägt.[1] [Bl. 321b]

Darum Christus solche furwitzigen, sorgfältigen und trostlosen Menschen den Heiden gleichnet,[2] die wider[3] Glauben noch Vertrauen zu Gott haben, und also beschleußt[4] der Herr, dass die selbigen sorgfältigen Leut ni[ch]t Christen seien.

Ist darumb gar not, dass die nachfolgende Lehr in uns erneuert wird, so der Herr sagt: Sucht am ersten das Reich Gottes und sein Gerechtigkeit, so werden euch die äußerliche Ding alle zugestellt.[5]

Das Reich Gottes deutet der Herr Christus das heilig Evangelium, wie Mathei am 21., do er sagt: Es wird von euch genommen das Reich Gottes und wird geben werden einem Volk, das erfüllen wird sein Gerechtigkeit;[6] dann das heilig Evangelium ist die tröstlich, fröhlich Zusagung göttlicher Barmherzigkeit und Hilf in allen Dingen, und dem selben ungezweifelten Glauben setzen[7] ist die Gerechtigkeit dieses Reichs, dass man Gott laßt Gott sein und vertraut ihm als ein[em] Vater.

Zum Dritten muss hie[r] gefasst werden und wohl beherziget, dass, so Gott nach seiner höchsten Liebhabung sich selbert als unern Vater anzeigt, dass wir dann wahrliche feine Kinder sein, und also sind wir auch alle untereinander Gebrüder und Schwester, und fürnehmlich wir Christenmenschen, die solchs im Glauben erkennen mögen. Nun muss je sich die Bruderschaft oder Kindheit under Gott der väterliche[n] Eigenschaft nachfolgent und gemäß halten, wie unser himmelischer Vater uns am hochsten lieb hat und mit dem größten herzlichsten Getrauen[8] gemeint hat. Also muss von Nöten unter uns ein wahrer christlicher Grund erfunden werden, dass wir auch aus ganzem Herzen und mit dem höchsten Fleiß zu gefallen unserm himmlischen Vater uns untereinander liebhabend und mit aller Treu einer den andern furder[9] und hie[r] nichtes ausgeschlagen, do wir unserm Nächsten in Gott dienstlich mogen sein.

---

1 Darum muss hier ein zu kraftloser Glaube sein, wenn der Mensch, den Gott allen seinen Geschöpfen voran stellt und mehr als sie alle geliebt hat, Gottes Vorsehung als so schmal und eng erachet, wenn ihm Gott zusagt, ihn zu speisen und zu nähren, und [er] hieran dennoch einigen Zweifel hegt.

2 gleichsetzt.

3 weder.

4 beschließt.

5 Mt 6,33.

6 Mt 21,43.

7 […] und darauf zweifellosen Glauben zu setzen […].

8 Vertrauen.

9 ferner.

¶ Wu ſolchs yñ vns nicht erfunden wirt / ſo ſynd wir
auch nit Chriſtẽ / den d᷑ glaub mag nit ſein on die liebhabung.
Darumb folget auch kleglichen vñ erbermlichẽ aus dieſem dz
wir nicht kynder Gottes ſein. Auch kein teyl an Got noch an
ſeynem reich habẽ. Dan d᷑ vatter hat die kynder alle ſampte ſo
getrewlich lieb (wie oben ſteht) vñ gros geachtet. Darũb wz
yhm geliebt / kõnẽ ſeyne ware kind nit verachtẽ / ſo dẽ d᷑ mẽſch
ſeyn negſtẽ menſchen nit lieb hat / ſo hat er auch Got nit lieb.
¶ Es kan vnd mag auch nit anders geſein / wiltu wiſſen ob
du gottes kynd biſt / vñ yhm ſeyner gótlichẽ leer glaubig vñ ge
hórig yn der warheyt ſeyeſt / ſo frag dich ſelbert / ob alle chriſt
liche menſchẽ / beherczliche ainmutig ſeyn / vnd das du eynen
yden ſo vil ehre / glucks vñ guttes vergũneſt als deynem eygnẽ
hertzen / vñ bereyt ſeyeſt / erſtlich deines negſten ſelen heyl / mitt
der hochſten engſtlichſten begird zu furderen / auch ynn euſſer
licher betrubnis / vñ yn aller ſeyner not / mit hertzen / mundt / vñ
den wercken yhm hilff / radt / vñ beiſtand thun. Als du wolteſt
das dir yn deynẽ nóđten widerfaren ſolt / vnd wo du dich des
nicht befyndeſt geſchickt vnd bereit / ſo haſtu auch mangel an
dem warẽ glaubẽ / vñ dz iſt võ dem d᷑ herr ſagt Johan. am. xiij.
ca. In dem wirt yderman erkennẽ dz yhr meine yunger ſeyt / ſo
yhr die lieb zu eynander habt. Dañ dz iſt mein new gebot / das
ich euch gib / dz yhr eynand᷑ liebet / wie ich euch geliebet hab.
Vnd die ſelb liebhabung vnſers herrn Chriſti wirt nit abge-
fertiget mit der zungen / vnd den worten / aber mit den werckẽ
vnd der warheit / alſo auch bey vns werden / die wort vnd die
zung / die bruderliche lieb nit volendẽ / aber ſye mus volſtreckt
werdẽ mit den werckẽ / die Got vns yn d᷑ warheit gebotẽ hat.
Folgt vnnd ſchleuſſt ſych hye das wir vns al / billich Chri-
lichs namens / beſchemen ſollen / vñ beſonderlichen die gemo-
leten euangeliſten / die auff der zungen vnd yn ſuſſen wortten
die lieb furtragẽ vnd predigẽ vberal yn winckeln / man ſoll nur
den glaubẽ vnd die lieb predigẽ / als ob ſunſt etwas yn euange
liſcher leer / anders gepredigt kund werden. Ja man muſt den
ſelbẽ gnadiunckern alwegen ſagẽ / glawb glaub / lieb / lieb / vñ
B

---

1 Vgl. 1Joh 4,21. Deshalb, wer ihn liebt, kann seine wahren Kinder nicht verachten, so dass der Mensch, der seinen Nächsten nicht lieb hat, auch Gott nicht lieb hat.

2 […] so frag dich selbst, ob alle christlichen Menschen herzlich einmütig seien, und dass du jedem so viel Ehre, Glück und Gutes gönnst wie deinem eigenen Herzen und [ob du] bereit seiest, zuerst deines Nächsten Seelenheil mit der höchsten, gewissenhaftesten Begierde zu fördern […].

3 Joh 13,34 f.

4 1Joh 3,18.

5 [Daraus] folgt und erschließt sich hier […].

6 geziemend.

Wenn solchs in uns nicht erfunden wird, so sind wir [Bl. 322a]
auch ni[ch]t Christen, denn der Glaub mag ni[ch]t sein ohn die Liebhabung. Darum folget auch kläglichen und erbärmlichen aus diesem, dass wir nicht Kinder Gottes sein. Auch kein Teil an Gott noch an seinem Reich haben. Dann der Vater hat die Kinder alle sampte so getreulich lieb (wie oben steht) und groß geachtet. Darumb, wer ihm geliebt, konnen seine wahren Kinder ni[ch]t verachten, so dass der Mensch sein[en] nächsten Menschen ni[ch]t lieb hat, so hat er auch Gott ni[ch]t lieb.[1]

Es kann und mag auch ni[ch]t anders gesein; will[lst] du wissen, ob du Gottes Kind bist, und ihm seiner göttlichen Lehr glaubig und gehörig in der Wahrheit seiest, so frag dich selbert, ob alle christliche Menschen behertzliche ainmutig sein und dass du einen jeden so viel Ehre, Glucks und Gutes vergunnest als deinem eignen Herzen und bereit seiest, erstlich deines Nächsten Seelenheil mit der hochsten, ängstlichsten Begierd zu furderen,[2] auch in äußerlicher Betrubnis und in aller seiner Not mit Herzen, Mund und den Werken ihm Hilf, Rat und Beistand tun. Als du wolltest, dass dir in deinen Nöten widerfahren sollt; und wo du dich des nicht befindest geschickt und bereit, so hast [d]u auch Mangel an dem wahren Glauben, und das ist von dem der Herr sagt Johan. am 13. Ka[pitel]: In dem wird jedermann erkennen, dass ihr meine Jünger seid, so ihr die Lieb zu einander habt. Dann das ist mein neu Gebot, das ich euch gib, dass ihr einander liebet, wie ich euch geliebet hab.[3] Und die selb[e] Liebhabung unsers Herrn Christi wird ni[ch]t abgefertiget mit der Zungen und den Worten, aber mit den Werken und der Wahrheit;[4] also auch bei uns werden die Wort und die Zung die brüderliche Lieb ni[ch]t vollenden, aber sie muss vollstreckt werden mit den Werken, die Gott uns in der Wahrheit geboten hat.

Folgt und schleusst sich hie[r],[5] dass wir uns all[e] billich[6] christlichs Namens beschämen sollen und besonderlichen die gemoleten[7] Evangelisten, die auf der Zungen und in süßen Worten die Lieb furtragen und predigen uberall in Winkeln, man soll nur den Glauben und die Lieb predigen, als ob sunst etwas in evangelischer Lehr anders gepredigt kund werden.[8] Ja man must denselben Gnadjunkern[9] allwegen sagen »Glaub, Glaub, Lieb, Lieb« und

7 nachgemachten.

8 Die Räte hatten Strauß gemäß ihrer Instruktion die herzogliche Erwartung übermittelt, er solle »allein die ehre gottes und die lieb des nechsten« predigen, LaTH-HStAW EGA 126, Bl. 9a. Da Strauß wusste, dass Luther und Melanchthon hinter dieser Weisung standen, können seine Angriffe hier gegen die Wittenberger Reformatoren gerichtet sein.

9 Auch LUTHER hatte 1523 in seiner Schrift »Von weltlicher Obrigkeit« WA 11,246, diesen Ausdruck polemisch eingesetzt, jedoch im ursprünglichen Sinn als Adelsanrede. Strauß verwendet den Begriff »Gnade« im theologischen Sinn und ironisiert so seine theologischen Gegner wegen dessen aus seiner Sicht inflatorischen Verwendung als »Gnadjunker«.

blos yn wynd ſchlahen/da kan der glaub/vnd die lieb yn wor-
ten/vnd auff der zungē nit volkomē ſein/es mus das götliche
wort yn glauben durch die lieb zu wercken komē/das befynd
ſich dan wol bey dē ſelbē euāgeliſchē ſchwetzern/ſo es an yrē
eygē nutz geht/vnd dz zeitlich anruret/wie dan yr vertrawen
zu Got ſteht/vnd wie groß der beyſtand iſt den nechſtē zu trö-
ſtē vñ zu fordern.Es iſt als heuchlerey/vñ gleiſſender ſchein/
wo mit ſölch leut vmbgehē/das erzeygt ſych yn dem helliſchē
wucher wol/ den alle creaturn/vnter dem wort Gottes nicht
vortedigē konnen/dan hiryn iſt vnnutzlich alle chriſtliche trew
vnd lieb außgeſchlagē/vnd ſtcht Gottes wort vnd gepott ge-
ſpert vnd gebundē.Darūb wem es geliebet der glaube den ſel
bigen zarten wucheriſchē Euangeliſten.Wir konnē nit kinder
Gottes ſein/vñ wucher ſuchtig/vnſern nechſtē menſchen/mit
vns zur hellē fordern/dan Got hat einmall geſprochē vñ wirt
es ynn ewikait nit widerruffen/es yſt nicht muglich das yhr
Got dienen mögt vnd dem vngerechtfertigen gut.

Zum vierdē iſt vns die bruδlich lieb vntereinanđ ſo hoch
vnd vollekomē/von Got furgezeilet/ das nit allein die zeitlich
hylff vnſerm nechſtē zuthun vns not iſt/aber es mus vns biß
an das lebē gehē.Darūb ſo yſt vnuberwintlich der ſentētz/vñ
euan geliſch grund/als vndiſpenſierlich/vns not/von Got dez
heiligen geiſt/durch den heyligē geliebten yunger Chriſti Jo-
hannē/ſeiner erſtē Epiſt am iij.angezaigt/da er alſo ſagt.Dar-
an habē wir erkand die lieb yn Gott/das er ſein lebē fur vns
gelaſſen hat/vñ wir ſöllē auch vnſer lebē fur die bruder laſſen.

Dyſe wort mögen nit kein gloß erleiden die Chriſtlich lieb
dringt durch den glaubē durch alle leibliche yrdiſche/ ya auch
aller creaturn vermögē/vñ furt dz hertz ledikllich vñ blos i got

Darūb iſt hie zu merckē/dz alles wz vns gebotē vñ ange-
zeigt wirt/vnſerm nechſtē mit allē trewē/ zu beweiſen ſein wir
nit pflichtig vnſerm nechſtē menſchē vmb ſein ſelbert willē/
auch nit yhne entlichē vnd beſchlußlichē hyrin angeſehē/aber
gottes wolgefallē vñ willen mus hie bedacht werdē/der wil
es alſo habē/vnd diſem muſſen wir gehörig ſein. Dañ đ glaub
laſt vnſer begird vñ auffmerckē nienert anhangē dan allein yn

---

1 schlagen.

2 »Sich befinden« bedeutet u.a. wahrnehmen, gewahr werden, empfinden, Schweizerisches Idiotikon digital 1, 849.

3 so wird es dann wohl gewahr bei denselben evangelischen Schwätzern, wenn es an ihren Eigennutz geht und das Zeitliche berührt […].

4 fördern.

5 verteidigen.

6 beliebt.

bloß in Wind schlahen,[1] da kann der Glaub und die Lieb in Worten und auf der Zunge ni[ch]t vollkommen sein; es muss das göttliche Wort in Glauben durch die Lieb zu Werken kommen; das befind[2] sich dann wohl bei denselben evangelischen Schwätzern, so es an ihren Eigennutz geht und das Zeitlich[e] anruret,[3] wie dann ihr Vertrauen zu Gott steht und wie groß der Beistand ist den Nächsten zu trösten und zu fordern.[4] Es ist al[le]s Heuchlerei und gleißender Schein, wo mit solch[e] Leut umgehen; das erzeigt sich in dem höllischen Wucher wohl, den alle Kreaturen unter dem Wort Gottes nicht vortedigen[5] konnen. dann hierin ist unnutzlich alle christliche Treu und Lieb ausgeschlagen und steht Gottes Wort und Gebot gesperrt und gebunden. Darum, wem es geliebet,[6] der glaube den selbigen zarten, wucherischen Evangelisten. Wir konnen ni[ch]t Kinder Gottes sein und wuchersüchtig unsern nächsten Menschen mit uns zur Hölle fordern, dann Gott hat einmal gesprochen und wird es in Ewigkeit ni[ch]t widerrufen; es ist nicht muglich, dass ihr Gott dienen mögt und dem ungerechtfertigen Gut. [Bl. 322b]

Zum Vierten ist uns die brüderlich Lieb untereinander so hoch und vollkommen von Gott furgezeilet,[7] dass ni[ch]t allein die zeitlich Hilfe unserm Nächsten zu tun uns not ist, aber es muss uns bis an das Leben gehen. Darumb so ist unüberwindlich der Sentenz und evangelisch Grund als undispensierlich uns not von Gott dem Heiligen Geist durch den heiligen Geliebten Jünger Christi Johannes seiner ersten Epist[el] am 3. angezeigt, da er also sagt: Daran haben wir erkannt die Lieb in Gott, dass er sein Leben für uns gelassen hat, und wir sollen auch unser Leben für die Brüder lassen.[8]

Diese Wort mögen kein[e] Gloss[e] erleiden; die christlich Lieb dringt durch den Glauben durch alle leibliche, irdische, ja auch aller Kreaturn Vermögen und furt das Herz lediglich und bloß in Gott.

Darumb ist hie[r] zu merken, dass alles, was uns geboten und angezeigt wird, unserm Nächsten mit aller Treuen zu beweisen, sein wir ni[ch]t pflichtig unserm nächsten Menschen umb sein selbert willen, auch ni[ch]t ihne entlichen und beschlusslichen hierin angesehen, aber Gottes Wohlgefallen und Willen[9] muss hie[r] bedacht werden, der will es also haben und diesem müssen wir gehörig[10] sein. Dann der Glaub lässt unser Begierd und Aufmerken nienert[11] anhangen, dann allein in

---

7 Begriff aus dem Weinbau. Hier etwa: vorgeordnet, s. DWB 31, 515.

8 1Joh 3, 16.

9 Darum hier darauf zu achten, dass all das, was uns gegenüber unserem Nächsten in aller Treue zu beweisen geboten [...] wird, wir unserem nächsten Menschen nicht um seiner selbst willen schuldig sind, auch letztlich nicht er hierbei im Blick ist, sondern Gottes Wohlgefallen und Willen [...].

10 gehorsam.

11 nirgends.

Gott des genötiger gebitender wille vns ym anfang zu aller
christlicher vbung bewegen/soll auch aller vnserer wirckung
entlicher beschluss sein.

¶ So dan Got vns also geliebt hat wie obē angezeigt/dz er
sein köstbarlichs edels lebē für vns alle verlassen hat/so söllē
wir aus seinez gepot vñ wolgefallē/vnser lebē nit mer achtē.
Aber auch für einandͤ/wo es not ist/getrewlich zu setzen/ wil
lig vñ bereit sein. Dañ der herr Jhesus sagt Joā.am.iiij. dz ist
meī gebot/dz yr einandͤ solt liebhabē wie ich euch geliebt hab.

¶ Es mag ye nit gesein dz wir die lieb eusserlich an vnserm
Got beweisen könnē/dan er vnser gutthat nicht bedarff Dar
umb mus die widͤliebhabung gottes an vnserm nechstē men-
schen/bey vns erfundē werdē/vñ so wissen wir dan wie lieb
vns Got ist/vmb des willē wir auch leib vñ leben für vnsern
nechsten mitbruder zuuerlassen vnuerzagt seynt.

¶ Wie acht ich wirt bedeutet vñ gelert/die recht warhaff-
tig christlich lieb/die dͤ götlich krefftig glaub einfürt/vñ wirt
aller schein vnd gemalte liebhabung/gruntlich erkant/dan dͤ
des heylosen zeitlichē guttes vmb seines nechstes willē nich-
tes mag erleiden/der wirt auch lang nit sein leib vñ leben dar
strecken. Wo bleibē dañ die wucherherrn/vñ zins yunckern?

¶ Es yst auch not das die volkomē lieb yn volkomenē glau-
ben/also bedacht werde/dañ vnser herr Chrūs hatt vns da-
hin gefurt dz es nicht anders sein mag/wollē wir vnser sel vñ
leben ewigklichē behaltē/so mussen wir sye vmb seinet willē
verlysen/wie beschrieben yst Mathei am.x.capit.

¶ Zum funfftē teilt sych dz heilig euangeliū klerlichē aus-
mit offenbarē vndispensierlichē gepottē/yn aller freuntschaft
trew vñ lieb/vns gegen vnserm nechstē zuhalten/dz dan alles
gar gering vnd leichtlich zuthun yst. So der glaub yn dez yetzt
angezeygten grundt das hertz gefast hatt.

¶ Also hat vns Chrūs gebottē vnserm nechstē menschē zu
gebē/furzusetzē/schenckē/lichē. Auch sölchs nit dē guttē allein
vnd vnsern freundē/aber auch den bösen/vnd denē die vns be-
leidigen/vnd vbels gethan haben/dan hie soll vnnd muss der
kynder Gottes eygenschafft bewert sein/vnnd muss der alle

Gott, des[sen] genötiger, gebietender Wille uns im Anfang zu aller christlicher Übung bewegen, soll auch aller unserer Wirkung endlicher Beschluss sein.[1] [Bl. 323a]

So dann Gott uns also geliebt hat wie oben angezeigt, dass er sein kostbarlichs, edels Leben für uns alle verlassen hat, so sollen wir aus seinem Gebot und Wohlgefallen unser Leben ni[ch]t mehr achten. Aber auch füreinander, wo es not ist, getreulich zu setzen[2] willig und bereit sein. Dann der Herr Jesus sagt Johannes am 3.: Das ist mein Gebot, dass ihr einander sollt liebhaben, wie ich euch geliebt hab.[3]

Es mag ja ni[ch]t gesein, dass wir die Lieb äußerlich an unserm Gott beweisen können, dann[4] er unser Guttat nicht bedarf. Darumb[5] muss die Widerliebhabung Gottes[6] an unserm nächsten Menschen bei uns erfunden werden, und so wissen wir dann, wie lieb uns Gott ist, umb des willen wir auch Lieb und Leben für unsern nächsten Mitbruder zu verlassen unverzagt seynt.

Die acht ich wert, bedeutend und gelehrt, die recht wahrhaftig christlich Lieb, die der göttlich kräftig Glaub einführt, und wird aller Schein und gemalte Liebhabung gründlich erkannt; dann der des heillosen zeitlichen Gutes umb seines Nächste[n]s willen nichtes mag erleiden, der wird auch lang ni[ch]t sein Leib und Leben darstrecken. Wo bleiben dann die Wucherherrn und Zinsjunkern?[7] Es ist auch not, dass die vollkommen Lieb in vollkommenem Glauben also bedacht werden, dann unser Herr Christus hatt uns dahin geführt, dass es nicht anders sein mag, wollen wir unser[e] Seel und Leben ewiglichen behalten, so mussen wir sie umb seinet willen verlysen,[8] wie beschrieben ist Mathei am 10. Kapitel.[9]

Zum Fünften teilt sich das heilig Evangelium klärlichen aus mit offenbaren, undispensierlichen Geboten in aller Freundschaft, Treu und Lieb uns gegen unserm Nächsten zu halten, dass dann alles gar gering und leichtlich zu tun ist. So der Glaub in des jetzt angezeigten Grund das Herz gefasst hat.

Also hat uns Christus geboten, unserm nächsten Menschen zu geben, fürzusetzen, schenken, liehen.[10] Auch solchs ni[ch]t den Guten allein und unsern Freunden, aber auch den Bösen und denen, die uns beleidigen und Übels getan haben; dann hie[r] soll und muss der Kinder Gottes Eigenschaft bewährt sein und muss der alt

---

1 Denn der Glaube lässt unsere Begierde und Aufmerksamkeit nirgends festmachen, als allein an Gott. Sein dringender, gebietender Wille soll uns von Anfang [an] zu jeder christlichen Übung bewegen, soll auch das letzte Ziel all' unseren Wirkens sein.

2 getreulich einzusetzen.

3 Joh 15,12.

4 da.

5 Deshalb.

6 die Gegenliebe [zu] Gott.

7 Die »zinß junckern« hatte LUTHER im »Großen Sermon vom Wucher« kritisiert, WA 6, 55f.

8 verlieren.

9 Mt 10,39.

10 leihen.

Adam yn vns erlegt werden/das wir nitt guttes vmb guttes
allein/aber vil mer dz gut vmb das bós widerlegent/vnd also
mussen die kynder gottes yhnen selbert nichts zugeben/ Aber
bloss vnnd lediglich der gótlichen gutigkait yhres vatters an/
hangē vnd nachfolgen/vnd also solltu es lesen Matt.v.Lu.vi.

¶Vnd darūb so Chrūs yn dē selbē gepottē klerlichen auss/
truckt/das wir eynander sollen fursetzē vnd leyhen / vñ keyner
widerlegūg verhofft seyn/wo kan dann der hellische wucher
bleyben: der nitt allein wyderlegung/aber auch vnnaturlichē
gesuch/dem negsten abtringet.

In diesem weñ wir die schulgelerten/vñ der Rómischē kir
chen bestette lere mustē annemē/so fundent die wucher herrē
vñ zinßyunckern/eyn feins ertichtet glóßlein/ das sanct Tho/
mas zugeschrybē wirt/vñ wie pfaffen vnd mūch furgebē vnd
leren/als sey yn disen kostlichen hohen gebottē Christi nur re/
the vnd nit genótige gebot/vñ also wolts der Teuffel haben/
auch hat got dē teuffel durch sollichs getrūgē/ damit auch hie
erscheynen sollt was sycherhait yn menschen lere vom Bapst
bestetiget erfunden/zu vnseglicher verderbung der seelen von
yhnen furgeben wirt.

Ach Got wie habē sie so groblich vñ vnuorschempt hie ge
logen/vñ dz gótlich wort gefelschet/ móchte es doch eyn kynd
erkennē/das dyse Euāgelische leer vnuberwintlich starcke ge/
pott synd/so doch vnser herr Chrūs/was dem negstē menschē
zuthū ist/vō vns yn dē beschlus setzt/vñ spricht. Alles das yhr
wólt/dz euch die menschen thun sollen/das thut yhn auch/als
hernach folget Matthei.vij.Luce.vi.

Nun sagent doch die schulgelerten/als Thomas/Scotus
Bonauētura/vñ die andern/dz hieryn bedeut sey dz sytlich na
turlich gesetz/dz alwegen vndispensyrlich sey. Wer wil dan sa/
gen mit der warhait/dz er verarmutet vnd yn nódtē nit wollte
das yhm geschēckt oder gelyhen wurde/ vnd weñ er aus wa/
rer nodt nicht mochte bezalūg thun/yhn dann nitt weyter ym
rechtē vmbtziehen/oder sonst betriebē. Furwar es erzaigt sich
hy so gar grūtlich. dz die grossen Rabi vñ alle hohe schulē mit

---

1 Die Überwindung des alten Adam war ein wichtiges Thema der Theologie Luthers, das ihn in Schriften Johannes Taulers, OP, berührt hatte, s. Volker Leppin, Die fremde Reformation: Luthers mystische Wurzeln, München 2016, 39f. Auch der Dominikaner Strauß wird mit dieser Tradition vertraut gewesen sein.

2 vergelten.

3 erlauben.

4 Mt 5,39–48, Lk 6,27–35.

5 vorstrecken.

6 Entgelt.

7 Luk 6, 34f.

8 Der dem Nächsten nicht allein Entgelt, sondern auch unnatürlichen Zins abdringt.

9 bestätigte.

10 Thomas v. Aquin, OP, (1224/5–1274).

11 […] Mönche vorgeben […].

Adam in uns erlegt werden,[1] dass wir ni[ch]t Gutes umb Gutes [Bl. 323b]
allein, aber viel mehr das Gut[e] umb das Bös[e] widerlegent[2] und also müssen die Kinder Gottes ihnen selbert nichts zugeben.[3] Aber bloß und lediglich der göttlichen Gutigkeit ihres Vaters anhangen und nachfolgen und also soll[s]t [d]u es lesen Matt. 5., Lu[ce] 6.[4]

Und darumb, so Christus in demselben Gebot klärlichen ausdrückt, dass wir einander sollen fursetzen[5] und leihen und keiner Widerlegung[6] verhofft sein,[7] wo kann dann der höllische Wucher bleiben? Der ni[ch]t allein Widerlegung, aber auch unnatürlichen Gesuch dem Nächsten abtringet.[8]

In diesem, wenn wir die Schulgelehrten und der römischen Kirche bestette[9] Lehre mussten annehmen, so fundent die Wucherherren und Zinsjunkern ein feins erdichtet Glößlein, das Sankt Thomas[10] zugeschrieben wird, und wie die Pfaffen und Munch furgeben[11] und lehren, als sei in diesen köstlichen hohen Geboten Christi nur Räte und ni[ch]t genötige Gebot,[12] und also wollts der Teufel haben, auch hat Gott den Teufel durch sollichs getrugen, damit auch hie[r] erscheinen sollt, was Sicherheit in Menschenlehre vom Papst befestiget erfunden, zu unsäglicher Verderbung der Seelen von ihnen furgeben wird.

Ach Gott, wie haben sie so groblich und unverschämt hie[r] gelogen und das göttlich Wort gefälschet, möchte es doch ein Kind erkennen, dass diese evangelischen Lehr[en] unuberwindlich starke Gebot sind, so doch unser Herr Christus, was dem nächsten Menschen zu tun ist von uns, in den Beschluss setzt und spricht: Alles was ihr wollt, das euch die Menschen tun sollen, das tut ihn[en] auch, als hernach folget Mathei 7., Luce 6.[13]

Nun sagent doch die Schulgelehrten als Thomas, Scotus,[14] Bonaventura[15] und die andern, dass hierin bedeut sei, dass sittlich natürlich Gesetz,[16] das allwegen undispensierlich sei. Wer will dann sagen mit der Wahrheit, dass, der verarmutet und in Nöten ni[ch]t wollte, dass ihm geschenkt oder geliehen wurde, und wenn er aus wahrer Not nicht mochte Bezahlung tun, ihn dann ni[ch]t weiter im Rechten umbtziehen oder sonst betrieben.[17] Fürwahr, es erzeigt sich hie[r] so gar gründlich, dass die großen Rabi[18] und alle hohe Schulen mit

---

12 Bei der ab dem 12./13. Jahrhundert intensiv geführten Diskussion um die evangelischen Räte (consilia evangelica) ging es auch um die Frage, wieweit die Vollkommenheit der »Vita Apostolica« allen Christen möglich sei. In diesem Zusammenhang wurde die Verbindlichkeit der Bergpredigt für alle Christen in Frage gestellt. Thomas von Aquin jedoch wandte sich gerade gegen die Beschränkung der Gültigkeit der evangelischen Räte, s. LUDWIG HÖDL, Art. Evangelische Räte, in: LMA 4 (1989), 131–134, hier: 132f.

13 Mt 7,12; Lk 6,31.

14 Johannes Duns Scotus, OFM, (1266–1308).

15 Bonaventura, Beiname von Johannes Fidanza, OFM, (1221–1274).

16 Zu den Naturrechtslehren Augustinus', Thomas v. Aquins, Duns Scotus' und Bonaventuras s. RAINER SPECHT, Art. Naturrecht. Mittelalter und Neuzeit, in: HWPh 6 (1984), 571–582, hier: 571–575.

17 nicht weiter zur Rechenschaft ziehen oder sonst betrüben.

18 Vgl. Mt 23,8: »Aber ihr sollt euch nicht Rabbi nennen lassen; denn *einer* ist euer Meister; ihr aber seid alle Brüder.«

yhrem Bapſt/eyn wort yhr eygnen confirmirtẽ lere nit verſtehen. Darūb ſie al mit eynandˀ/vns/auch yn dieſem fal/võ Chrõgenẽt werden/ als die do blynd ſynd vñ blynden leyter. Wem not yſt yn graben zufallen/der halt ſych an ſolche lerer.

¶ Zum ſechſten/das vnnutz vergebens geſchwetz hie nitt ſtad hab/ſol nicht gedacht werdẽ/das die gebot vnſers herrẽ eym ydẽ der hilff võ vns begeret nach ſeynem willẽ ſtat zuthū auſſtrucken. Es mochtẽ ſonſt die Sophiſtẽ ſagen/ wo dˀ gleichen euãgeliſche leer blos ſolte yhrẽ furgãck habẽ/wurdẽ viel gotloſer leut yn yhr boßheyt geſterckt/ vñ ſych darauff laſſen/keiner arbeit weitter ſorg tragẽ/ſo ſy ſo willig vñ bereit/ von dem reichen hylff fundent/es hatt aber kein anſehen/yſt auch kein argument wider die reichlich hilff/die vns Chriſtus gebietet vnſerm nechſtẽ zuthun. Dañ wie yetzt oben angezeigt/es wirt entlichen yn dyſen dingẽ allẽ nur der wille Gottes vnnd nit des nechſten eygen wolgefallen angeſehen.

¶ Nun wil Got yn ſeinen gebottẽ nichtes das vnſern negſten zu ſundẽ fordern muge. Darumb iſt leichtlich zu erkennẽ/das nit einem yeden nach ſeinẽ begirden/aber nach notturfft/vnnd vnſerm vermögen gemeß/vmb Gottes willen hilff beſchechе. Dañ der wider ſeiner ſeelen heyl/tugendt/vñ eere/dz zeitlich gut von vns begert/ſol von vns nicht erhort werden/als der zu ſpilen/braſſen/vñ ander buberey/yhm zu leyhẽ oder zugebẽ vns anſynnet. Do leeret vns bruderliche lieb ynn glauben ſtill zu haltẽ/vnd nit meer hylff zuthun/dann die bloß anligende leibes notturfft zubehertzigen.

¶ Vñ alſo mag den wolgeordenten Gottes gepotten keyn vordechtligkeitt eingebunden ſeyn.

¶ Zum ſybenden yſt auch hoch zu bedencken/das ſych die kindˀ Gottes vor dem ſchadẽ yres nechſten bruders gar fleißſigklich vorhueten.

¶ Vñ dz aller furnemlichſt yn dez/dz die ſele beruret/dã einleibūg brudˀlicher liebe/erſtlich vñ beſchlußlich/ vor ergernis vñ ſchadẽ des gewiſſens/vnſers nechſtẽ/vns enthaltet. Darumb Chrūs ergernis zuuermeidẽ/ſo hohẽ fleiß ankerett. Wo will

---

1 Mt 15,14.

2 […] das nutzlose, vergebliche Geschwätz trifft nicht zu: [es] soll nicht gedacht werden, dass die Gebote unseres Herrn audrücken, einem jeden, der Hilfe von uns begehrt, nach seinem Willen Genüge zu tun.

3 Erfolg, s. Schweizerisches Idiotikon digital 2, 346.

4 fänden.

5 Strauß widerspricht hier Luther, der in seinem Gutachten vom 18. Oktober 1523 gegenüber Kanzler Georg Brück die Befürchtung geäußert hatte, »der gemeine Pöbel« könne Strauß vorsätzlich falsch verstehen, LUTHER, WA Br. 3, 176–78, S. 177.

6 schließlich.

ihrem Papst ein Wort ihr eignen konfirmierten Lehre ni[ch]t verstehen. Darumb sie all mit einander uns auch in diesem Fall von Christo genannt werden als die, do blind sind und Blindenleiter.[1] Wem not ist in Graben zu fallen, der halt sich an solche Lehrer. [Bl. 324a]

Zum Sechsten, das unnutz vergebens Geschwätz hie[r] ni[ch]t statt hab, soll nicht gedacht werden, dass die Gebot unsers Herren eym jedem, der Hilf von uns begehret, nach seinem Willen statt zu tun austrucken.[2] Es mochten sonst die Sophisten sagen, wo dergleichen evangelische Lehr bloß sollte ihren Furgang[3] haben, wurden viel gottlose Leut in ihr Bosheit gestärket, und sich darauf lassen keiner Arbeit weiter Sorg tragen, so sie willig und bereit von dem Reichen Hilf fundent;[4] es hat aber kein Ansehen, ist auch kein Argument wider die reichlich Hilf, die uns Christus gebietet unserm Nächsten zu tun. [5] Dann wie jetzt oben angezeigt, es wird entlichen[6] in diesen Dingen allen nur der Wille Gottes und ni[ch]t des Nächsten eigen Wohlgefallen angesehen.

Nun will Gott in seinen Geboten nichtes, das unsern Nächsten zu Sünden fordern möge. Darumb ist leichtlich zu erkennen, dass ni[ch]t einem jeden nach seinen Begierden, aber nach Notdurft und unserm Vermögen gemäß um Gottes Willen Hilf bescheche.[7] Dann der wider seine Seelen Heil, Tugend und Ehre das zeitlich Gut von uns begehrt, soll von uns nicht erhört werden, als der zu Spielen, Prassen und ander Buberei ihm zu leihen oder zu geben uns ansinnet. Do lehret uns brüderliche Lieb im Glauben still zu halten und ni[ch]t mehr Hilf zu tun, dann die bloß anliegende Leibes Notdurft zu beherzigen.

Und also mag den wohl geordneten Gottesgeboten kein Vordachtligkeit[8] eingebunden sein.

Zum Siebenten ist auch hoch zu bedenken, dass sich die Kinder Gottes vor dem Schaden ihres nächsten Bruders gar fleissiglich vorhüten.

Und das aller führnemlichst indes, das die Seele berühret, dass Einleibung brüderlicher Liebe erstlich und beschlusslich vor Ärgernis und Schaden des Gewissens unsers Nächsten uns enthaltet. Darumb Christus Ärgernis zu vermeiden, so hohen Fleiß ankeret.[9] Wo will

---

7 geschehe.

8 Verdächtigkeit.

9 Und das aller Vorrangigste indessen, das die Seele berührt: dass uns die Einverleibung brüderlicher Liebe zuerst und zuletzt von Ärgernis und Schaden am Gewissen unseres Nächsten bewahrt. Darum strengt euch mit hohem Fleiß an, um Christus Anstoß zu vermeiden. – »Ankern« kann im übertragenen Sinn bedeuten: »heftig darnach trachten«, JOHANN CHRISTOPH ADELUNG, Grammatisch-kritisches Wörterbuch der Hochdeutschen Mundart mit beständiger Vergleichung der übrigen Mundarten, besonders aber der oberdeutschen 1, Leipzig [2]1793–1801, 322.

dan der mörderiſch wucher handel bleybē: Jn dem auffs wenigſt zwo ſelen ermordet werden/ des/ der den wucher nimpt vnd der den wucher gibt.

Es habent aber die ſchulgelertē hie auch ein verdālich gloſe erfunden/ yn yrer groſſen hohen lere/ von der heyligen römiſchen kirchen beſtettiget. So ſie ſagen/ das die not des armen yhn entſchuldige von der todtſunde/ ſo yhm on wucher tzinſs niemāts helffen oder leyhē wil. Vn̄ habens wol getroffen die heyligen lerer/ es kondt ye nit dahynden bleybē/ als ſie gottes weißhait vnd ewiges wort verlaſſen habē/ vnd yhr aigē witz vnd hohen verſtandt furwenden. Es wurden ſolche helliſche ſtrick/ yn yhr lere eyngefurt.

Welche not iſt ſo gros bey eynem warhafftigen criſtē mēſchen/ das er one verdamliche ſunde/ von gottes wort vnd gebot abtretten möge:

Oder iſt der todt nit ein gröſſere nott dan zeitlich armut vn̄ abganck: wer wil aber ſagen/ das zuuermeydē den leiblichen todt/ on ſchadē der ſelen/ das wort gottes vnd bruderlich lieb gelaſſen mög werden:

Es mues ſeel/ leib/ ere vnd gut/ aller gezwanck/ durchechtigūg/ verfolgūg/ ſchwert/ todt/ hell/ vnd aller creaturn gewalt vbergāgen werdē/ vō got vn̄ ſeynem wort laſt die warhafftig lieb ym glauben yn Chriſto ſich nit abſchreckē/ wie got durch ſanct Paulum ſagt zun Römern am. viij.

Wie iſt es den̄ ſo ein heylige Chriſtliche glos: das angeſehen zeitliche armut/ der Chriſten menſch von Chriſto/ one ſunde/ möge abtrinnig werden:

Es fyndt ſich nit anders/ dann dz ſolch renck vnd außzug/ vom teuffel her fliegen/ der yn dieſem fal/ gar ein gewiſſen hādel hat/ vn̄ alwegen zwo abtriniger vertzagter ſelen/ mit dem wucher erhaſchet/ vn̄ das mag keynes lerers glos abwenden. Wiewol die newen lerer Auguſtinū her fur ziehen/ der gelert ſoll haben/ des verkertē gotloſen menſchen bößhait/ möge vō dem frum̄en/ zu ſeynez nutz gebraucht werdē. Alſo ein fromer Chriſt zu beſtetē ſein warhait/ des haidē od vnglaubigen eyd/

---

1 Scholastiker.

2 Die Kommentierung von Texten durch Glossen war aus der antiken Schulpraxis erwachsen. Zunächst waren nur unklare Begriffe durch Wörter zwischen den Zeilen oder am Rand erklärt worden. Hieraus entwickelten sich einerseits Glossare, andererseits Kommentare der zu rezipierenden Texte. Derart wurden auch biblische Bücher kommentiert, durch Exzerpte der Kirchenväter und mittelalterlicher Theologen. Kanonischen Rang erreichte die Glossa ordinaria, die auf Anselm von Laon († 1177) zurückgeht; vgl. Arnold Angenendt, Geschichte der Religiosität im Mittelalter, Darmstadt 1997, 177f. Strauß setzt sich in seinen Schriften mit den Bibelglossen ebenso auseinander wie mit den juristischen Glossatoren. Denn auch die Quellen des römischen Rechts und das Decretum Gratiani, das grundlegende Werk des Kirchenrechts, wurden in dieser Weise kommentiert. Auch die Zusammenfassung der Glossen zum Corpus Iuris Civilis des Bologneser Juristen Accursius (1183–1263) wird als »Glossa ordinaria« bezeichnet, ebenso diejenige des Johannes Teutonicus († 1245) zum Decretum Gratiani; vgl. Gerhard Köbler, Deutsche Rechtsgeschichte. Ein systematischer Grundriß, München [4]1990, 124–128. Die Bibelglossen wie die juristischen Glossen hatten autoritativen Charakter.

dann der mörderisch Wucherhandel bleiben? In dem aufs wenigst zwo Seelen ermordet werden, der, der den Wucher nimmt und der, der den Wucher gibt. [Bl. 324b]

Es habent aber die Schulgelehrten[1] hie[r] auch ein verdammlich Glosse[2] erfunden in ihrer großen hohen Lehre, von der heiligen römischen Kirchen bestätiget. So sie sagen, dass die Not des Armen ihn entschuldigt von der Todsünde, so ihm ohne Wucherzins niemants helfen oder leihen will.[3] Und habens wohl getroffen, die heiligen Lehrer, es kondt ihnen ni[ch]t dahinden bleiben,[4] als sie Gottes Weisheit und ewiges Wort verlassen haben und ihr eigen Witz[5] und hohen Verstand furwenden.[6] Es wurden solche höllische Strick in ihr[er] Lehre eingefurt.[7]

Welche Not ist so groß bei einem wahrhaftigen Christenmenschen, dass er ohne verdammliche Sünde von Gottes Wort und Gebot abtreten möge?

Oder ist der Tod ni[ch]t ein größere Not dann zeitlich Armut und Abgang? Wer will aber sagen, dass zu vermeiden den leiblichen Tod, ohn[e] Schaden der Seelen das Wort Gottes und brüderlich Lieb gelassen[8] mög werden?

Es muss Seel, Leib, Ehre und Gut, aller Gezwanck, Durchechtigung,[9] Verfolgung, Schwert, Tod, Höll und aller Kreaturn Gewalt ubergangen werden;[10] von Gott und seinem Wort lässt die wahrhaftig Lieb im Glauben yn[11] Christo sich ni[ch]t abschrecken, wie Gott durch Sankt Paulum sagt zun Römern am 8.[12]
Wie ist denn so ein heilige, christliche Glos[se]? Dass angesehen[13] zeitliche Armut der Christenmensch von Christo ohne Sünde möge abtrünnig werden?

Es findt sich nicht anders, dann dass solch[e] Ränk[e] und Auszug[14] vom Teufel her fliegen, der in diesem Fall gar ein gewissen Handel hat und allwegen zwo abtrünniger verzagter Seelen mit dem Wucher erhaschet, und das mag keines Lehrers Glos[se] abwenden. Wiewohl die neuen Lehrer Augustin herfur ziehen, der gelehrt soll haben, des verkehrten, gottlosen Menschen Bosheit möge von dem Frommen zu seines Nutz gebraucht werden. Also ein frommer Christ zu besteten[15] sein Wahrheit, des Heiden oder Ungläubigen Eid

---

3 Thomas v. Aquin bestand allerdings darauf, »dass Leihkapital (mutuum) für einen bedrängten Bruder zinsfrei zu geben war«, PRIEN, Wirtschaftsethik, 60.
4 übrig bleiben.
5 eigene Weisheit.
6 vorschützen.
7 »ī(n)füere« bedeutet einführen, zitieren, anführen im Sinne von »hereinlegen«, Schweizerisches Idiotikon digital 1, 979 f.
8 verlassen.
9 Unterdrückung.
10 Es muss über Seel […] Gewalt hinweg gegangen werden.
11 an.
12 Röm 8,35–39.
13 angesichts.
14 Ausflucht.
15 bekräftigen.

bey ſeynen aptgot gethan/one ſund begeren.
Das hat warlich kein anſehen yn vnſerm Chriſtenlichem we
ſen/mag auch bey dem wort gottes keynē beſtād haben/ wen
es gleich wol alle creaturen mit ſanct Auguſtino alſo hielten.
Es iſt vngezweyfelt ein werck ď abtgötterey/yn ď noturft dy
warhait zu bezeugē/vñ nit mit dem lebendigē ewigē got/ der
ſelber die ewig warhait iſt. Das dā got allein zugehöret ſal nit
durch eyn Chriſten/den abgöttern zu erbietē/geurſacht werdē
Es ſteht hie dz ewig wort gottes durch ſanct Paulū auſge
ſprochē/zun Römern am.i. das nit allein die ſolchs thūd/ aber
auch die dareyn bewilligē/ſeint des todes wirdig/darūb mus
ſonď zweyfel Auguſti. hie dem heyligē geiſt weichē. Es was
auch ď will nye S. Auguſtini/ dz yn ſeine wort vō dē verkertē
ſchulgelerten/gottes wort höcher geachtet ſolten ſeyn.
Bleibt hyrūb vnuerruckt dyſer gotlicher ſententz/ dz wucher
gebē vñ nemē/yn eynem lauff zur hellē eylet/es kā ye ď wucher
vō eym eynigē mēſchē nit verſtreckt werdē / wē er gleich wu
cherſuchtig iſt/ſo ď geber nit wer/ſo kūd auch ď wucherer nit
Mā beſechs auch gegē eynand/dē wucherer (einnemen
nach ſeynem hertē geltſuchtigē hertzē/vñ dē wucher betzaler/
nach ſeynem vertzagtē trewloſen hertzē an got/das er yn zeitli
cher nott eyn kleyne zeit mit got nit vor gut will haben/vnd in
zeytlicher armuet das creutz Chriſti ſo gering achtet/ vnd Got
tes zuſagung gantz vngleubig erfunden.
Welcher iſt nun der frumer/der wucherherr/oder wucher
knecht/es halt ſich eben hie/ als wen die verzweyffelten lewt
ſagen/will mir Got nit helffen/ſo helff mir aber der teuffel.
¶ Aus dyſen ſybē vnuberwintlichē fundamentē mag nun
gar offenbarlich erkāt ſein/wz ď wucher hādel bey vns Chri
ſtē thu/vñ wie bapſt/biſchoff/pfaffen/mūch/vñ doctores/ein
geſetz/eingefurt haben/ob dem ſo krefftiklich gehalten wirt/
das auch das heylige Euangelium bey vill tauſent menſchen
yhn dyſem fall muſs eyn anſtandt erleyden.
¶ Das wollen wir zu dez andern teyl dyſer leere/mit gu
tem verſtandt klerlich an tag bryngen.

bei seinen Abgott getan, ohne Sünde begehren.[1] [Bl. 325a]
Das hat wahrlich kein Ansehen in unserm christenlichen Wesen, mag auch bei dem Wort Gottes keinen Bestand haben, wenn es gleich wohl alle Kreaturen mit Sankt Augustino also hielten.

Es ist ungezweifelt ein Werk der Abgötterei, in der Notdurft die Wahrheit zu bezeugen und ni[ch]t mit dem lebendigen ewigen Gott, der selber die ewig Wahrheit ist. Das dann Gott allein zugehöret, soll ni[ch]t durch ein Christen, den Abgöttern zu erbieten, geursacht werden.

Es steht hie[r] das ewig Wort Gottes durch Sankt Paulum ausgesprochen zun Römern am 1.: dass ni[ch]t allein, die solchs tun, aber auch die darein bewilligen, sind des Todes würdig,[2] darumb muss sonder Zweifel Augusti[nu]s hie[r] dem Heiligen Geist weichen. Es was [sic] auch der Will nie S. Augustini, dass in seine Wort von den verkehrten Schulgelehrten Gottes Wort höher geachtet sollten sein[3].

Bleibt hierumb unverrückt dieser göttlicher Sentenz, dass Wucher geben und nehmen in einem Lauf zur Höllen eilet, es kann ja der Wucher von einem einigen[4] Menschen ni[ch]t verstreckt[5] werden, wenn er gleich wuchersüchtig ist, so der Geber ni[ch]t wär, so kund auch der Wucherer ni[ch]t einnehmen.

Man besechs[6] auch gegen einander:[7] den Wucherer nach seinem harten, geldsüchtigen Herzen und den Wucherbezahler nach seinem verzagten, treulosen Herzen an Gott, dass er in zeitlicher Not ein kleine Zeit mit Gott ni[ch]t vor gut will haben und in zeitlicher Armut das Kreuz Christi so gering achtet und Gottes Zusagung ganz ungläubig erfunden.

Welcher ist nun der Frömmere, der Wucherherr oder Wucherknecht? Es halt sich eben hie[r], als wenn die verzweifelten Leut sagen: will mir Gott ni[ch]t helfen, so helf' mir aber der Teufel.

Aus diesen sieben unüberwindlichen Fundamenten mag nun gar offenbarlich erkannt sein, was der Wucherhandel bei uns Christen tu, und wie Papst, Bischof, Pfaffen, Munch und Doctores ein Gesetz eingeführt haben, ob dem so kräftiglich gehalten wird, dass auch das heilige Evangelium bei viel[en] Tausend Menschen in diesem Fall muss ein Anstand[8] erleiden.

Das wollen wir zu dem andern Teil dieser Lehre mit gutem Verstand an [den] Tag bringen.

---

1 Strauß bezieht sich auf eine um 400 verfasste Antwort Augustinus' auf die Anfrage Valerius Publicolas, ob er und andere christliche Grundbesitzer Eide ihrer Pächter auf deren heidnischen Götter akzeptieren dürften, SANCTI AUGUSTINI opera, Sect. 2, Ps. 2: Ep. XXXI – CXXIII, CSEL 34,2, Ep. 47, S. 129–136. S. auch MADELEINE MOREAU, Sur un correspondant d'Augustin: qui est donc Publicola ?, in: REAug 28 (1982), 226–238.

2 Vgl. Röm 1,32.

3 Es war auch nie der Wille Sankt Augustins, dass seine Worte von den verkehrten Schulgelehrten höher geachtet werden sollten als Gottes Wort.

4 einzigen

5 ausgeführt, s. Schweizerisches Idiotikon digital 11, 2172.

6 sehe genau.

7 Man vergleiche auch genau: […].

8 Zweifel.

¶ Erſtlich ligt am tag/das kein geldt der weitē welt mag
yn ſeiner ſubſtantz gemert werdē/dan dieweil es genutzet iſt/
ſo bleibt eyn ytzlichs an ſeiner zall/wie es dañ zuſamē gethan/
oder von einander geteilt wirt/als weñ du zehē guldē legſt/
die mogen nym̃ermeer/nach yhr eygenſchafft/natur/oder ſub
ſtantz/gemeert werden/du legeſt dan ander gulden oder mūtz
darzu/vnd die ſelb narūg kompt nit von dē zehen guldē/aber
von deinem zuſatz mit dem du die zall gemeret haſt.

¶ Alſo yſt vnmuglich das mit gelt/des geldes meerung ge/
ſcheeh on ein euſſerlichen zuſatz/dann leg die zehē gulden wo
hyn du wilt/yn beutel/yn kaſten/ynhandel/oder ynn was ort
vñ gewerb es beſchehē mag. So ſind es nur zehen guldē/vnd
wenn es tauſent yar anſtehet/dan du haſt nit meer gelegt als
zehen gulden.

¶ Aus welchem folgt/das die natur des geldes/gelt zu ge
winnen/vnd zu meeren/fur ſych ſelbert nit erleiden mag. Alſo
das du mit eyner Sum geldes/die dir vnuerruckt bleybē ſoll/
ein andere Sum vber dein gelegt gelt eroberſt/yſt hyrumb d̄
wucher wider die natur des geldes.

¶ Dañ das gelt ynn ſeinem gebrauch/kan dir nit bleiben/
du muſtes einem andern zuſtellē/der dir des geldes werth dar
umb gebe. So yſt doch dan das geltt nicht meer dein/du haſt
kein redlichē ſpruch meer darzu. Aber das du darumb einge/
nomē haſt/das ſelbig yſt deyn/vñ des magſtu dich gebrauchē
zu deynem zymlichen nutz.

¶ Vnnd alſo kan das geldt nicht gebraucht werden/nach
rechtem naturlichen nutzbryngē/dieweil es yn deiner gewalt
bleibet/dañ des geldes gebrauch/ſtehet ynn auſſgebē/vnd nit
yn ynhaltē/vnd alſo muß beſchlußlichē das gelt yn ordenlichē
gebrauch komen/das es mit aller gerechtikeit/aus deiner ge/
walt/vnd eigenthumb/yn ein andern tranſſfieriert werde/der
nach rechtlichem gebrauch des geldes werd/auch aus ſeiner
gewalt vñ eygenthumb/dir zu ſtelle/der ſelben war/oder gut
biſtu deyn eygner herr vnnd beſytzer.

¶ Was man nu anders anhebt mit dem gelt/das iſt wider

Erstlich liegt am Tag, dass kein Geld der weiten Welt mag in seiner Substanz gemehrt werden, dann dieweil es genutzet ist, so bleibt ein etliches an seiner Zahl, wie es dann zusammen getan oder voneinander geteilet wird, als wenn du zehn Gulden legst, die mögen nimmermehr nach ihr[er] Eigenschaft, Natur oder Substanz gemehrt werden, du legst dann ander Gulden oder Münze darzu, und die selb Nahrung kommt ni[ch]t von den zeh[e]n Gulden, aber von deinem Zusatz, mit dem du die Zahl gemehret hast. [Bl. 325b]

Also ist unmöglich, dass mit Geld des Geldes Mehrung geschech[1] ohn ein[en] äußerlichen Zusatz; dann leg die zehn Gulden, wohin du will[s]t, in Beutel, in Kasten, in Handel oder in was Ort und Gewerb es beschehen mag. So sind es nur zehn Gulden und wenn es tausend Jahr anstehet, dann du hast ni[ch]t mehr gelegt als zehn Gulden.

Aus welchem folgt, dass die Natur des Geldes Geld zu gewinnen und zu mehren für sich selbert ni[ch]t erleiden mag. Also dass du mit einer Summ Geldes, die dir unverrückt bleiben soll, ein ander Summ über dein gelegt Geld eroberst, ist hierumb der Wucher wider die Natur des Geldes.

Dann das Geld in seinem Gebrauch kann dir ni[ch]t bleiben, du musst es einem andern zustellen, der dir des Geldes Wert darumb gebe. So ist doch dann das Geld nicht mehr dein, du hast kein redlichen Spruch[2] mehr darzu. Aber das du darumb eingenommen hast, das selbig ist dein und das magst [d]u dich gebrauchen zu deinem ziemlichen Nutz[en].

Und also kann das Geld nicht gebraucht werden nach rechtem natürlichen Nutzbringen, dieweil es in deiner Gewalt bleibet, dann des Geldes Gebrauch stehet in Ausgeben und ni[ch]t in Inhalten,[3] und also muss beschlusslichen[4] das Geld in ordentlichen Gebrauch kommen, dass es mit aller Gerechtigkeit aus deiner Gewalt und Eigentum in ein andern transferiert werde, der nach rechtlichem Gebrauch des Geldes werd[e] auch aus seiner Gewalt und Eigentum dir zustellen, derselben War[e] oder Gut bist [d]u dein eigner Herr und Besitzer.

Was man nun anders anhebt mit dem Geld, das ist wider

1 geschehe.
2 Anspruch.
3 Behalten.
4 endlich.

dez gebrauch vñ natur des geldes/vñ wirt yn vnserm teutschẽ
gebreuchlich wucher genant.
❡Zum andern so yst die recht form des wuchers gelt/eyn
zeitlang außgebẽ/vñ dar zwischen so lang/eyn nutz daruõ ein-
zunemen/bys dz selb gelt/oder so vil widergelegt wirt. Als ei-
ner einem hundert gluden leyht/vnd nympt yerlich daruon.v.
oder.vi.guldẽ/meer oder weniger/wie die zween d sachẽ eins
werden/vñ wenn einer des yerlichen besuchs den er von den
hundert guldẽ gebẽ mus/wil ledig sein/als dañ so mus er die
hundert gulden widerlegẽ/vñ so bleibet die sum geldes fur vñ
fur/dem der es außgelihen hat/vnuerruckt/yn seiner gewalt/
vnd yst das selbig gelt nie genßlich dem andern vberantwortt
wordẽ volkomener posseß/er hat auch dar gegen kein billiche
widerlegung gethan/ dan den yerlichen gesuch/ deñ der auß-
leicher wider die natur des geldes/von nichtẽ eingenomẽ hat
❡Es hylfft hie nichts/das man den schalck bedecken wil/
so man sagt/ der belegnet mit den hundert gulden / hab dar
zwischen sein nutz damit geschafft/vñ dennocht zu vberschuß
solchẽ gesuch gebẽ dez lehẽ herrn/dan es hie gantz vngewys-
vnd vnuersychert yst der außlieher/aber der yst seiner sach ge-
wiß/vñ ist nu gewinnes halbẽ/one arbeyt vñ fursorg. Es wil
sych ye nit schickẽ zwo töchtern mit einer ehe stewr außfreyẽ.
❡Dieweil aber die natur allenthalben verblendt ist/ vñ dz
yrdische geltsuchtige hertz/ym geitz alle ding verkert. Vñ alle
ding wie Salomon saget/dez gelt gehörig synd. So wirt war
lich die vernunfft hyrin klein helffen. Darũb so sol der gezwãg
vnsers glaubens/vñ das götliche wort hie den vorzug haben/
vñ wie yn dem andern teyl obenangezeigt/Chrũs gepotẽ hat/
gelt außzulichen vnserm nechsten/so wirs vermögen vñ nich-
tes dar gegẽ verhoffen/wider hauptsum noch gesuch. Darũb
Christus den hellischen wucher handel gar außschlecht.
❡Es mag auch kein einredt hie stadt habẽ/wider den lich-
ten offenbaren verstandt der wortten Christi. Als wenn man
sagen wollt. Dermassen gelt ausleihen heyst nit leyhen / aber
schencken/so man nichts widder dargegen verhoffen soll. Es
C

---

1 zurück erstattet.

2 Zwei.

3 Zins.

4 Und so ist dasselbe Geld nie ganz dem andern in seinen vollkommenen Besitz überantwortet worden; er hat auch dagegen keinen angemessenen Entgelt geleistet, als den jährlichen Zins, denn der Verleiher hat entgegen der Natur des Geldes aus nichts eine Einnahme erzielt.

5 die Arglist verbergen, s. DWB 14, 2076.

6 belastet.

7 Zins.

den Gebrauch und Natur des Geldes und wird in unserm Deutschen gebräuchlich Wucher genannt. [Bl. 326a]

Zum andern so ist die recht Form des Wuchers, Geld ein Zeitlang ausgeben und darzwischen so lang ein Nutz darvon einzunehmen, bis dasselbGeld oder so viel widergelegt[1] wird. Als einer einem hundert Gluden [sic] leiht und nimmt jährlich darvon 5 oder 6 Gulden mehr oder weniger, wie die Zween[2] der Sache eins werden, und wenn einer des jährlichen Besuchs,[3] den er von den hundert Gulden geben muss, will ledig sein, als dann so muss er die hundert Gulden widerlegen, und so bleibet die Summ Geldes für und für dem, der es ausgeliehen hat, unverrückt in seiner Gewalt, und ist das selbig Geld nie gänzlich dem andern überantwort worden vollkommener Possess[sion]; er hat auch dargegen kein billiche Widerlegung getan, dann den jährlichen Gesuch, denn der Ausleicher wider die Natur des Geldes von Nichten eingenommen hat.[4]

Es hilft hie[r] nichts, dass man den Schalk bedecken[5] will, so man sagt, der belegnet[6] mit den hundert Gulden hab darzwischen sein Nutz damit geschafft und dennoch zu Überschuss solchen Gesuch[7] geben dem Lehenherrn,[8] dann es hie[r] ganz ungewiss und unversichert ist, der Ausleiher aber, der ist seiner Sach gewiss und ist nu Gewinnes halber ohne Arbeit und Fursorg. Es will sich ja ni[ch]t schicken, zwo Töchtern mit einer Ehesteuer[9] ausfreien.

Dieweil aber die Natur allenthalben verblendet ist, und das irdische, geldsüchtige Herz im Geiz alle Dinge verkehrt. Und alle Ding, wie Salomon saget, dem Geld gehörig sind.[10] So wird wahrlich die Vernunft hierin klein[11] helfen. Darumb so soll der Gezwang[12] unsers Glaubens und das göttliche Wort hie[r] den Vorzug haben und, wie in dem andern Teil oben angezeigt, Christus geboten hat, Geld auszuliehen unserm Nächsten, so wirs vermögen, und nichtes dargegen verhoffen, wider[13] Hauptsum noch Gesuch.[14] Darumb Christus den höllischen Wucherhandel gar ausschlecht.[15]

Es mag auch kein[e] Einred[e] hie[r] stadt haben, wider den lichten, offenbaren Verstand der Worten Christi. Als wenn man sagen wollt: Dermaßen Geld ausleihen heißt ni[ch]t leihen, aber schenken, so man nichts wieder dargegen verhoffen soll. Es

8 Gemeint ist hier der Verleiher des Geldes.
9 Aussteuer.
10 Vgl. Koh 5,9.
11 wenig.
12 Rechtsverpflichtung.
13 weder.
14 Zins.
15 abschlägt, s. DWB 1, 53f.

yst noch eyn grosser unterscheydt hye.

¶ Dann Got unser lieber herr Chrũs wil das seine kynder einander also freuntlich unnd so dienstlich seyen / das der reicher und habiger / seynem nechsten ynn anligendẽ nöttẽ / der auch verhofft vñ furgibt / nach etlicher zeit bezalũg und wider legung zuthun / dem selbẽ sol willig geliehẽ werden / und so er wider bezalung thut. So nemes der lehenherr gutlich widerumb an. Es sol aber yn dez außliehẽ furnemlich gottes gebote und bruderlicher lieb ein auffsehẽ habẽ / und nit auff die bezalung sych furnemlichen referieren.

Was aber geschenckt wirt das erfordert kein bezalung / vñ das yst gutt zumerckẽ / einem fromen Christlichẽ menschẽ der die Euangelischen gebot / euangelisch verstehet und annimpt.

¶ Die Euangelische gebot deuten an den geist der uns uber die natur erhöcht / unnd dz uns naturlich nit muglich yst / volnbringt ym glaubẽ der geist Christi reichlich yn uns. Darũb der fleischlich yrdisch mensch / nach seinem altẽ Adam / kan er die gebot Christi nit fassen. Darũb scheinet yhm sein eygener nutz notturfft und gut / vñ besteht yhn leichtlich die wucher sucht.

¶ Zum dritten muss nun entdeckt werden / dz furnemlichẽ ynn dyser leer bedacht yst / die grosse wichtig unnd sundtlich vermessenhait / dann man also blindtlich und mit dunnem unsynnigen hyrn den hellischen wucher mit erdichtem namen gezyren unnd vortedigen will / und heyst nun meer eynenn yerlichenn zynss kauff / yazu der hellenn eyn schnellen unsynnigen lauff / das wer ye seyn rechter nam. Es meynen villeicht die wucherer Got verstehe nicht alle sprachen. Es muss aber also seyn. So man Gottes wort hynwurfft unnd die warhait außschlecht / das man sych dann des scheyns / unnd des gleyssens behelff. Und so wir blyndt syndt / so meinen wir unns sehe niemants / das dann von Gott verflucht yst Esaie. xxix. da Gott spricht. Wee euch ynn ewerm tieffen hertzen / das yhr bergen wöllet fur Gott ewern radtschlag / unnd ewere werck bestehen ynn der fynsternyss / unnd dann so sprecht yhr / wer sycht uns? und wer hat uns erkennet.

ist noch ein großer Unterscheid hie. [Bl. 326b]

Dann Gott unser lieber Herr Christus will, dass seine Kinder einander also freundlich und so dienstlich seien, dass der Reicher und Habiger seinem Nächsten in anliegenden Nöten, der auch verhofft und furgibt,[1] nach etlicher Zeit Bezahlung und Widerlegung zu tun, demselben soll willig geliehen werden, und so er wieder Bezahlung tut. So nehme es der Lehenherr gütlich wiederumb an. Es soll aber in diesem Ausleihen furnemlich Gottes Gebote und brüderlicher Lieb ein Aufsehen haben und ni[ch]t auf die Bezahlung sich furnemlichen referieren.[2]

Was aber geschenkt wird, das erfordert kein[e] Bezahlung, und das ist gut zu merken einem frommen christlichen Menschen, der die evangelischen Gebot evangelisch verstehet und annimmt.

Die evangelische Gebot deuten an den Geist, der uns über die Natur erhöht und der uns natürlich ni[ch]t möglich ist, volnbringt[3] im Glauben der Geist Christi reichlich in uns. Darumb der fleischlich, irdisch Mensch nach seinem alten Adam kann er die Gebot Christi ni[ch]t fassen. Darumb scheinet ihm sein eigener Nutz Notdurft und Gut und besteht[4] ihn leichtlich die Wuchersucht.[5]

Zum Dritten muss nun entdeckt werden, dass furnemlichen in dieser Lehr bedacht ist die große, wichtig und sündlich Vermessenheit, dann man also blindtlich und mit dunnem,[6] unsinnigen Hirn den höllischen Wucher mit erdichtem Namen gezieren und verteidigen will, und heißt[7] nunmehr einen jährlichen Zinskauf; ja zu der Hölle ein schnellen, unsinnigen Lauf, das wär ja sein rechter Nam.[8] Es meinen vielleicht die Wucherer, Gott verstehe nicht alle Sprachen. Es muss aber also sein. So man Gottes Wort hinwirft und die Wahrheit ausschlecht, dass man sich dann des Scheins und des Gleissens behelf. Und so wir blind sind, so meinen wir, uns sehe niemand, das dann von Gott verflucht ist, Esaie 29, da Gott spricht: Weh euch in eurem tiefen Herzen, dass ihr [ver]bergen wollet für Gott euren Ratschlag und eure Werk bestehen in der Finsternis, und dann so sprecht ihr: Wer sieht uns? und wer hat uns erkannt?[9]

---

1 darlegt.

2 Es soll aber bei diesem Ausleihen vornehmlich auf Gottes Gebote und [die] brüderliche Liebe geachtet werden und sich nicht vornehmlich auf die Bezahlung beziehen.

3 vollbringt.

4 überfällt.

5 Vgl. Luther, Kleiner Sermon vom Wucher, WA 6, 7: »Thu den namen der Kirchen ab und sprich 'es thut der wuchersuchtige geytz odder der faulentzer alter Adam, der nit gerne arbeytt, [...] das er seinem mussig gang unter der kirchen namen eynen deckell mache.«

6 betrunkenem.

7 nennt [ihn].

8 ja ein schneller, unsinniger Höllenlauf, das wäre ja sein wirklicher Name.

9 Jes 29,15.

¶ Es hätt aber der krafftloße wucher/ vnter/ dem scheyn eines kauffs so mechtigklich vberhandt genomen/ vnd habē so vil daruber geschrieben/ das er ausserhalb des götlichē worts ein sölcher laborinth yst/ dz sych niemants wol hyraus arbaitē kan Jst woll von nödten dann es gehören vñ lugen darzu/ das man der lugen ein gestalt geb.

¶ Aber wir wöllen den teuffel mit Gottes wort anlauffen. So muß er vns weichen/ vnd wirt der kauff ym glauben vnd bruderlicher lieb wurtzlich verschwinden.

¶ Der schon edele kauff wirt also geblumet vnd fur rechtfertig geachtet/ so einer ab eynez erbgut/ hauß/ hoff/ acker/ wysen/ vñ der gleichniß/ vmb eine summe geldes ein zyns yerlich zu bezalen zubereyt/ vnd kaufft auch nichtes vor augen/ aber den zukunfftigē gewiñ den der verkauffter aus sölchē erbguttern mit seiner arbait/ oder handel vberkomen mag/ vnd so er deñ hernach des zyns ledig wil sein/ so muss er die hauptsum widerlegen/ vnangesehē wie offt der zyns eingenomē ist worden/ auch weytter betreffen/ dan des hauptguttes yst.

¶ Wen aber die gutter gar zuuerließ giengen/ so wurd der zyns außgetilget/ vñ das sol dan ein gerechter götlicher kauff sein/ wie vnmuglich das selbig yst/ mag hie bedacht werden.

¶ Es hat ye kein vnterscheidt also kauffen nebē außleyhen/ dann allein so die vnterpfandt zugrundt gehent/ das der zynsstyl stehet/ vnd yst eyn feyne sophisterey.

Dañ so sych der selb fal/ so selten zutreckt vñ dar zwischen fur vñ fur d̉ gewyñ des kauffers zunimpt vnd vber die hauptsum steyget/ so mus der vorkauffer yn stettiger gefar vnd schaden stehen/ vñ wirt gezwungē sein hochsten fleiß anzukeren/ das die grund gutter von denen er sych neben dem zynß neren soll/ nit zuschaden oder zuuerliess komet.

Darumb yst der tzinßyuncker seyner sachen gar gewyss/ vnnd stehet ym die Hauptsum neben seynem yerlichen tzins/ freysycher vñ wolfurwart/ vñ solt der and̉ gar yn boden verderbē dēnocht mussen die bemeitē gutter/ fur vnd fur/ dez zynß vnterworffen seyn/ es hab sye hernach ynne wer do wil.

Es hat aber der kraftlose Wucher unter dem Schein eines Kaufs so mächtiglich überhand genommen, und haben so viel[e] darüber geschrieben, dass er außerhalb des göttlichen Worts ein solcher Labyrinth ist, des sich niemand wohl herausarbeiten kann. Ist wohl von Nöten, dann es gehören viel Lügen darzu, dass man der Lüge ein Gestalt geb. [Bl. 327a]

Aber wir wollen den Teufel mit Gottes Wort anlaufen.[1] So muss er uns weichen und wird der Kauf im Glauben und brüderlicher Lieb wurtzlich[2] verschwinden.

Der schön, edle Kauf wird also geblumet[3] und für rechtfertig geachtet, so einer ab eines Erbgut, Haus, Hof, Acker, Wiesen und der gleichnis[4] um eine Summe Geldes ein Zins jährlich zu bezahlen zubereit,[5] und kauft auch nichts vor Augen, aber den zukünftigen Gewinn, den der Verkäufer aus solchem Erbgütern mit seiner Arbeit oder Handel überkommen mag, und so er denn hernach des Zins ledig will sein, so muss er die Hauptsum[6] widerlegen, unangesehen wie oft der Zins eingenommen ist worden, auch weiter betreffen,[7] dann des Hauptgutes ist.

Wenn aber die Güter gar zu uerließ[8] gingen, so wurd der Zins ausgetilget, und das soll dann ein gerechter, göttlicher Kauf sein, wie unmöglich das selbig ist, mag hie[r] bedacht werden.

Es hat ja kein Unterscheid also Kaufen neben Ausleihen, dann allein so die Unterpfand zugrund gehen, dass der Zins still stehet, und ist eine feine Sophisterei.

Dann so sich der selb Fall so selten zuträgt und darzwischen für und für der Gewinn des Käufers zunimmt und über die Hauptsum steiget, so muss der Verkäufer in stetiger Gefahr und Schaden stehen und wird gezwungen, sein höchsten Fleiß anzukeren,[9] dass die Grundgüter, von denen er sich neben dem Zins nähren soll, ni[ch]t zu Schaden oder zu Verließ kommet.[10]
Darum ist der Zinsjunker seiner Sachen gar gewiss und stehet ihm die Hauptsum neben seinem jährlichen Zins frei, sicher und wohl verwahrt, und sollt der ander gar in Boden verderben, dennocht müssen die bemelten[11] Güter für und für dem Zins unterworfen sein, es hab sie hernach inne, wer da will

---

1 Aber wir wollen gegen den Teufel mit Gottes Wort anrennen.

2 ganz und gar.

3 verblümt.

4 dergleichen.

5 bereit.

6 Hauptsumme ist hier gleichbedeutend mit Hauptgut. Mit Hauptgut oder capitale wurde der Kaufpreis bezeichnet, den der Rentenkäufer für das Recht seines jährlichen Rentenbezuges bezahlte. »Der Rentenkäufer zahlte also beispielsweise einem Bauern 20 Gulden und erhielt dafür das Recht zum Bezug einer jährlichen Rente von 1 Gulden. Der Bauer belastete in diesem Umfang bestimmte Grundstücke seines Hofes.« GILOMEN, Motiv, 5.

7 sich höher beläuft.

8 verloren.

9 anzustrengen.

10 oder verlustig geht.

11 besagten.

Ich acht gentzlich eyn yeder vernūfftiger ď nit wuchersuch
tig yst/möge verstehen/dz ď do gelt außleyhet/ onbenēte stuck
oder vnderpfandt/nit vil mer vorsychert yst seynes hauptgut
tes / dan eyn solcher kauffer.

Auch hat ď geferlich kauff die fursichtigkait/ das alwegē
die guter vil besser seint/dā dz gezelt gelt/ es fleissen sich auch
solch kauffer/dz on vnterschait die guter des verkauffers sam
menhafftig vmb den zins verkūmert synd/ob vileicht an eynez
zurrynnen wolt/das an dem andern erstadt wurde / dz selbig
raicht deñ zu mercklichem verderbē vñ schadē des verkaufers
wie vor augen/vnd darnach bass angezaigt wirt.

Es wirt auch die ainig gut conditiō dieses kauffes gar nit
gehaltē/also dz der tzinsherr allein dem tzins gemeyn/ vnd zu-
fellig verlust sych vntergibt. So es offentlich am tag ligt/das
ď gewyn/bey aller getrewer arbait des tzinßmās vnzalbar vil/
gefar vnd schadens vnderworffen ist/als vngewitter/ krieg-
krāckhait/newe beschwerden vnn schatzungen / von der her-
schafft auffgeladen/vnnd der gleichen.

Dys alles vnangesehen will der tzinsherr seynen tzins ha-
ben/vnd mues der tzinsman drob verderben.

Welches alles on alle ausrede wider gottes gebot vñ bru
derliche lieb erfundē wirt/mā glosier es wie mā wölle. Es sol
le ye der keuffer gleicher condition vnnd aigenschafft sich be-
helffen/vnnd nit meer vortails haben/dan der verkauffer/wie
es auch alle naturliche billigkait erfordert.

Es mag auch die selbig naturlich billigkait nit erleydē/das
ď verkauffer gedrungen sey/dem keuffer sein gekaufft gut/vor
schadē vñ gefar zu verwaren/vñ dem nach so ď zinsmā sein ge
trew möglich arbait/vnd fleys gethan hat/den gewin vō sey
nē güttern heraus zunemē vnd den tzinß dauō auszurichtē/ so
sych der vnfal zutregt/steht der verlust bey dem keuffer/vnnd
nicht bey dem verkeuffer.

Es kan ye hie nicht anderst verkaufft werdē/ dā dy frucht
vnd nutzung der getrewen arbait/ doch vorbehalten alwegē
die narung vnd vnderhaltung des arbaiters/ Wo solichs nit

Ich acht gänzlich, ein jeder vernünftiger, der ni[ch]t wuchersüchtig ist, möge verstehen, dass der, do Geld ausleihet ohn benennte[1] Stuck oder Unterpfand ni[ch]t viel mehr versichert ist seines Hauptgutes dann ein solcher Käufer. [Bl. 327b]

Auch hat der gefährlich Kauf die Fursichtigkeit, dass allwegen die Güter viel besser sind, dann das gezählt[e] Geld; es fleissen[2] sich auch solch Käufer, dass ohn Unterschait[3] die Güter des Verkäufers sammenhaftig um den Zins verkummert[4] sind, ob vielleicht an eines zurrinnen wollt, das an dem andern erstattet würde; das selbig reicht denn zu merklichem Verderben und Schaden des Verkäufers, wie vor Augen und darnach bass[5] angezeigt wird.[6]

Es wird auch die einig gut Kondition dieses Kaufs gar ni[ch]t gehalten, also dass der Zinsherr allein dem Zins gemein und zufällig Verlust sich untergibt. So es öffentlich am Tag liegt, dass der Gewinn bei aller getreuer Arbeit des Zinsmanns unzahlbar viel Gefahr und Schadens unterworfen ist als Ungewitter, Krieg, Krankheit, neue Beschwerden und Schatzungen,[7] von der Herrschaft aufgeladen, und der gleichen.

Dies alles unangesehen[8] will der Zinsherr seinen Zins haben und muss der Zinsmann drob[9] verderben.

Welches alles ohn alle Ausrede wider Gottes Gebot und brüderliche Lieb erfunden wird, man glossier[10] es, wie man wolle. Es solle ja der Käufer gleicher Kondition und Eigenschaft sich behelfen und ni[ch]t mehr Vorteils haben dann der Verkäufer, wie es auch alle natürliche Billigkeit erfordert.

Es mag auch die selbig natürlich Billigkeit ni[ch]t erleiden, dass der Verkäufer gedrungen sei, dem Käufer sein gekauft Gut vor Schaden und Gefahr zu verwahren und dem nach, so der Zinsmann sein getreu möglich Arbeit und Fleiß getan hat, den Gewinn von seinen Gütern heraus zu nehmen und den Zins davon auszurichten; so sich der Unfall zuträgt, steht der Verlust bei dem Käufer und nicht bei dem Verkäufer.

Es kann ja hie[r] nicht anderst verkauft werden, dann die Frucht und Nutzung der getreuen Arbeit, doch vorbehalten allwegen die Nahrung und Unterhaltung des Arbeiters. Wo solichs ni[ch]t

---

1 angegebene.
2 befleißigen.
3 Unterschied.
4 verpfändet.
5 weiter.
6 Auch hat der gefährliche Kauf die Umsicht, dass stets die Güter viel besser sind, als das gezahlte Geld; auch bemühen sich derartige Käufer, dass alle Güter des Verkäufers [der Rente] [ihnen] ohne Unterschied insgesamt um den Zins verpfändet werden, ob vielleicht eines zerrinnen könnte, das aus dem anderen erstattet würde; dasselbe reicht dann zu spürbarem Verderben und Schaden des Verkäufers, wie vor Augen [ist] und unten dargelegt wird.
7 neue Lasten und Steuern.
8 Ungeachtet alles dessen.
9 darüber.
10 Zur Glossierung s. o. die Erläuterung zu Bl. 324b.

geſchicht/ſo yſt vorab ein ſolcher kauff wucheriſch vnd tyrã-
niſch/wyder got vnd die natur.
Nun wirt ſolichs von keinen wucherer oder tzinßyũckern
gedacht oder gehalten. Darumb iſt der handel gar vergyfft/
dem glauben/dem wort gottes/ bruderlicher lieb/dem gantzẽ
Chriſtenlichen weſen/vnd der naturlichen billikait entgegen.
¶ Zum viertẽ/ob gleich wol die yttzt gemeltẽ gutẽ vmbſtẽd
gehalten werdẽ/ſo kã doch yn anſehen des ewigen wort got-
tes eyn ſolcher kauff nit ſycher vnd chriſtlich geachtet werdẽ/
angeſehen das der verkeuffer oder tzynßman on auffhören an
ſeyner arbait vnd handel dem tzinßyunckern fur vnd fur ver-
bunden muſſe ſein/weñ gleich wol die Mauptſumma langeſt
(den langwerenden tzinß gerechnet) vom tzinsherren wider-
vmb eyngenomen/So mag er doch nym̃ermer/ vnd ſolt es bis
an den iungſten tag ſtehn/an ſeiner arbait vñ guttern geledigt
werden/er lege dan vor/von newen an/die erſte hauptſummã
Vnd alſo bleibt aber ein fart dem wucher herrẽ ſein gezalt
gelt vnuerruckt/vñ ſchadlos/vñ tregt ſych alſo offt zu/das er
ab dem zins/drey/vier/oder zehen mal alſo vil eyngenomẽ hat.
Iſt das nit gewuchert/ſo yſt es yhm doch faſt gleich. Es mag
keyn Glos erleyden/ dan Got vnd das gantz Chriſtenlich we-
ſen haben keyn teyl an dieſem kauffe.
Von dieſem haben wir ein vnuberwintlich exempel auſs-
gedruckt von Got dem heyligen gayſt durch Moſen Deutro.
am. xv. do got alſo ſagt. Im ſybenden yar ſolte erledygung von
aller beſchwerde werden/mit ſolcher ordenung gehaltẽ. Wel
chem ſein bruder oder negſter etwas zuthũ iſt/ das mag er nit
meer von yhm fordern. Wiewol dieſes zum tail eyn Ceremo-
niſch vnd furbedeutlichs geſetz yſt/der zal halb der ſyben yarẽ/
So heylt es doch yn ſeyner ſubſtantz das allen kyndern Got-
tes gelt ſchulde eynzunemen/eyn getrew bruderlich mitleydẽ/
vnd das do etwan die ſelbigẽ hertikait ein ende habe. So dã
Gott der almechtig dem hartneckigen/ fleiſchlichen yudiſchẽ
volck/ ſolichs vndiſpenſierlich gepot der milrikait geben hat/
wer kan dan das Chriſtenlich hertz/dz in alweg ſeynem nech-

geschieht, so ist vorab ein solcher Kauf wucherisch und tyrannisch, wider Gott und die Natur. [Bl. 328a]

Nun wird solches von keinen Wucherer oder Zinsjunkern gedacht oder gehalten. Darum ist der Handel gar vergift[et], dem Glauben, dem Wort Gottes, brüderlicher Lieb, dem ganzen christlichen Wesen und der natürlichen Billigkeit entgegen.

Zum Vierten: obgleich wohl die jetzt gemelten[1] guten Umbständ gehalten werden. so kann doch in Ansehen des ewigen Wort Gottes ein solcher Kauf ni[ch]t sicher und christlich geachtet werden, angesehen dass der Verkäufer oder Zinsmann ohn Aufhören an seiner Arbeit und Handel dem Zinsjunkern für und für verbunden müsse sein, wenngleich wohl die Hauptsumma langest[2] (den lang währenden Zins gerechnet) vom Zinsherrn widerumb eingenommen. So mag er doch nimmermehr, und sollt es bis an den Jüngsten Tag stehen, an seiner Arbeit und Gütern geledigt[3] werden; er lege dann vor von neuem an die erste Hauptsumma.

Und also bleibt aber ein fart[4] dem Wucherherren sein gezahlt Geld unverrückt und schadlos; und trägt sich also oft zu, dass er ab dem Zins drei-, vier- oder zehnmal also viel eingenommen hat. Ist das ni[ch]t gewuchert, so ist es ihm doch fast gleich. Es mag kein Gloß[5] erleiden, dann Gott und das ganz[e] christenlich Wesen haben kein Teil an diesem Kaufe.

Von diesem haben wir ein unüberwindlich Exempel ausgedruckt von Gott dem Heiligen Geist durch Mosen Deut[e]ro[nomium] am 15., do Gott also sagt: Im siebenten Jahr sollte Erledigung von aller Beschwerde werden mit solcher Ordnung gehalten. Welchem sein Bruder oder Nächster etwas zu tun ist, das mag er ni[ch]t mehr von ihm fordern.[6] Wiewohl dieses zum Teil ein zeremonisch und furbedeutlichs[7] Gesetz ist, der Zahl halb der sieben Jahre. So hält es doch in seiner Substanz, dass allen Kindern Gottes Geldschulden einzunehmen ein getreu brüderlich Mitleiden und dass do etwan die selbigen Härtigkeit ein Ende habe. So dann Gott der Allmächtig dem hartnäckigen, fleischlichen, jüdischen Volk solichs undispensierlich Gebot der Miltigkeit geben hat; wer kann dann das christenlich Herz, das in allweg seinem Näch-

---

1 die besagten.
2 längst.
3 befreit.
4 einmal.
5 Zur Glossierung s. o. die Erläuterung zu Bl. 324b.
6 Dtn 15,1f.
7 symbolisches.

sten zu dienen biß yn den todt/berait mus sein/entschuldigen/ von grosser schwerer sunde/yn eynem sölchē gotlosen vnbruderlichē kauff: wen einer doch sein gelegt gelt yn dez yerlichē zyns eingenommen hatt/vnd doch des einnemens kein ende nit yst. Es werde yhm dann von newē an die gantz summa gereicht: Furwar es ist nit ein kleyne schand vnd laster das wir Christen vnter dem armen herrn Christo so geltsuchtig/vñ vnersetlich vns erzeigē/vnd grober/auch herter vnserm nechstē menschen beschweren/dan die gotlosen Juden einer dem andern thut.

¶ Noch eins dz noch vil offenbarlicher die hellisch wucher sucht/ vns billig solt verdreibē/hat got auch durch Mosen geboten Levitici am.xxv. du sollt die zalen neun vnd vertzyg yar nach eynander / vnd das funfftzig yar wirt dir sein das yubel yar oder gnadreich yar. In dem vil herter dienstbarbeit vnnd beschwerden nach werdent gelassen/vñ volget hernach dz ein yed wid zugelassen soll werdē zu seinē verkaufftē erbguttern.

¶ Vnd folget meer hernach/ so dein mitbruder fur armutt dir sein erbgutlein verkaufft hat/wil es sein freund/ so mag er es an sych kauffen/hat er aber keinen freund der das selb thū wil/vnd er der verkauffer fyndt/ so vill dz er es widerumb vō dir kauffen mag. Sollen geschetzt werden die fruchten von d zeit als du es gekaufft hast / vnnd was sych vber das selb die bezalung erstreckt/das sol er dem keuffer geben/ vnd also soll er sein erbgutt widderumb zu handen nemen. Wenn aber der verkeuffer nicht so vill vermag fur vnd fur / so sol der keuffer yhme das er gekaufft hatt behaltenn / bytz ynn das gnadenreich yar / dann ynn dem selben yar kert sych widderumb wz verkaufft yst der erbgutter zu seynem erstenn herren vnnd besytzer.

¶ Hye haben wir zwey auffmerckliche hohe gepot Gottes/daryn bruderlich trew vnnd liebe hoch zu behertzigen yst.

Es gebentet hye Gott offenbarlich/das so eyner dem ansten zu dienen bis in den Tod bereit muss sein, entschuldigen von großer, schwerer Sünde in einem solchen gottlosen, unbrüderlichen Kauf, wenn einer doch sein gelegt[1] Geld in dem jährlichen Zins eingenommen hat und doch des Einnehmens kein Ende ni[ch]t ist? Es werde ihm dann von neuem an die ganz Summa gereicht? Fürwahr, es ist ni[ch]t ein kleine Schand und Laster, dass wir Christen unter dem armen Herrn Christo so geldsüchtig und unersättlich uns erzeigen und grober, auch härter unserm nächsten Menschen beschweren, dann die gottlosen Juden einer dem andern tut. [Bl. 328b]

Noch eins, das noch viel offenbarlicher die höllisch Wuchersucht uns billig sollt vertreiben, hat Gott auch durch Mosen geboten Levitici am 25: du sollst die zahlen neun und vierzig Jahr nach einander und fünfzigste Jahr wird dir sein das Jubeljahr oder gnadreich Jahr.[2] In dem viel härter Dienstbarkeit und Beschwerden nach werdent gelassen[3] und folget hernach, dass ein jeder wieder zugelassen soll werden zu seinen verkauften Erbgütern.[4]

Und folget mehr hernach: So dein Mitbruder für Armut dir sein Erbgütlein verkauft hat, will es sein Freund, so mag er es an sich kaufen; hat er aber keinen Freund, der das selb[e] tun will, und er, der Verkäufer, find so viel, dass er es wiederum von dir kaufen mag: Sollen geschätzt werden die Fruchten[5] von der Zeit, als du es gekauft hast, und was sich über das selb die Bezahlung erstreckt, das soll er dem Käufer geben, und also soll er sein Erbgut wiederumb zu Händen nehmen. Wenn aber der Verkäufer nicht so viel vermag für und für, so soll der Käufer ihme, das er gekauft hat, behalten bis in das gnadenreich Jahr, dann in dem selben Jahr kehrt sich wiederumb, was verkauft ist, der Erbgüter zu seinem ersten Herren und Besitzer.[6]

Hie[r] haben wir zwei aufmerkliche,[7] hohe Gebot Gottes, darin brüderlich Treu und Liebe hoch zu beherzigen ist.

Es gebeutet[8] hie[r] Gott offenbarlich, dass so einer dem an-

---

1 gezahltes, s. Schweizerisches Idiotikon digital 3, 1174f.

2 Das Erlassjahr nach Leviticus 25 war »Ausdruck der Vision [...] einer Rückkehr zu der nach Gottes Willen gestifteten Ordnung des Gemeinschaftslebens. [...] einen unmittelbaren Beleg dafür [...], dass das Erlaßjahr jemals tatsächlich durchgeführt wurde« gibt es nicht, KONRAD RAISER, Ernstfall des Glaubens. Kirche sein im 21. Jahrhundert (Bensheimer Hefte 90), Göttingen 1999, 66.

3 Dort werden Dienstverpflichtungen und Belastungen viel härter [in der Auswirkung für den Leistungsempfänger] nachgelassen [...].

4 Lev 25,8–24.

5 Früchte.

6 Lev 25,25–28 interpretiert hier Strauß von seinem sozialkritischen Anliegen her und verfehlt so die Aussagen des Textes zur Löserinstitution, s. hierzu die Erläuterungen in der Einleitung.

7 zu beachtende.

8 gebietet.

dern seyn erbgutt / Acker vnnd wysen/ vnd des gleichen/das yerliche nutzung tregt/verkaufft/so soll er alwegen macht haben das selbig widderumb vmb eyn gleych geldt wie er es verkaufft hatt widderumb zu kauffen/ vnnd soll der widderkauff also getrewlichen gefordert werden/das ynn der bezalung die fruchten von der zeyt an/des vorigen kauffs / von dez keuffer eingenommen sollen gerechent werden/vnnd darauff die betzalung geschehen. Als/so eyner ein erbgutt vonn seynem nechsten vmb hundert gulden gekaufft hette/ vnnd hette nutzūg darab gehabt/frey vber seine kostūg/zwētzig od dreissig gulden/vnd so es denn der erst besytzer widerkauffen will/ so soll er auff die berechet nutzung das vberig betzalen / vnnd soll der erst keuffer sych an solcher betzalung benugen lassen/ vnnd dem widderkauffer seyn erbgutt widderumb zustellen.

¶ Wo nun aus mit dem wucher zynss ynn dem so vnuerschampt vber die eingenommen zynss/ ya auch meer dann die Hauptsum antrifft von newen an die gantz hauptsumma yn dem widderkauff erfordert wirt / vnd wenn gleich woll der yerlich zynss so lang gegangenn were / das die selb Hauptsumma tausent mall eingenommen werdt / dannocht wil der tzynss Juncker oder seyne Erben an der widderlösung nichts lassen abgehen.

¶ O wie hatt der teuffel sein spyll so weyßlich eingefurt/ das dyße lauttere offenbare geschrifft so gar ynn kainer vbūg noch gebrauch der geleerten gefunden wirt.

¶ Es mag furwar hie nicht helffen ob die verfurtten der welt woltē sagē. Es were nur den Judē gebotē vn̄ gyng vns Christen nichts an. Dann es gehet so nahet vnnd so tieff hynein ynn die bruderlich trew vnd hertzlich liebe/das von nödten vnuberwintlichē sölichs voraus ein Christlichs gebot ist/ das Christus vnser herr nicht komen yst zu brechen / aber zu erkleren vnd zu erfullen.

dern sein Erbgut, Acker und Wiesen und desgleichen, das jährliche Nutzung trägt, verkauft, so soll er allwegen Macht haben das selbig wiederumb um ein gleich[es] Geld, wie er es verkauft hat, wiederumb zu kaufen, und soll der Wiederkauf[1] also getreulichen gefordert werden, dass in der Bezahlung die Früchte von der Zeit an des vorigen Kaufs von dem Käufer eingenommen sollen gerechnet werden und darauf die Bezahlung geschehen. Als so einer ein Erbgut von seinem Nächsten um hundert Gulden gekauft hätte, und hätte Nutzung darab gehabt, frei über seine Kostung zwanzig oder dreissig Gulden, und so es denn der Erstbesitzer wiederkaufen will, so soll er auf die berech[n]et Nutzung das Überig[e] bezahlen und soll der Erstkäufer sich an solcher Bezahlung benugen[2] lassen und dem Wiederkäufer sein Erbgut wiederumb zustellen. [Bl. 329a]

Wo nun aus mit dem Wucherzins, in dem so unverschämt über die eingenommen Zins, ja auch mehr dann die Hauptsum antrifft, von neuen an die ganz Hauptsumma in dem Wiederkauf erfordert wird, und wenn gleich wohl der jährlich Zins so lang gegangen wäre, dass die selb Hauptsumma tausendmal eingenommen werdt, dannocht will der Zinsjunker oder seine Erben an der Wiederlösung nichts lassen abgehen.[3]

O wie hat der Teufel sein Spiel so weislich eingeführt, dass diese lautere offenbare Geschrift so gar in keiner Übung noch Gebrauch der Gelehrten gefunden wird!

Es mag fürwahr hie[r] nicht helfen, ob die Verführten der Welt wollten sagen: Es wären nur den Juden geboten und ging uns Christen nichts an. Dann es gehet so nahet und so tief hinein in die brüderlich Treu und herzlich Liebe, dass von Nöten unüberwindlichen solches voraus ein christlichs Gebot ist,[4] das Christus unser Herr nicht kommen ist zu brechen, aber zu erklären und erfüllen.[5]

1 Strauß führt hier das zeitgenössische Institut des Wiederkaufs in das israelitische Erlassjahr ein. Zum Wiederkauf s. die Erläuterungen in der Einleitung.

2 genügen.

3 Diese Kritik deckte sich mit den Forderungen der aufständischen Bauern 1513/14, die in der Einleitung ausführlicher dargestellt werden.

4 Denn es bewegt sich so nah und tief in die brüderliche Treue und herzliche Liebe hinein, dass es mit unüberwindlicher Notwendigkeit zuerst ein christliches Gebot ist […].

5 Mt 5,17 f.

¶ Chriſtus hatt die verfynſterte gebot der liebhabung aus falſchem fleiſchlichem verſtandt mit dem hochſtē fleiſs erlediget/vnd yn yren rechten hertzlichē verſtandt gefurt/wie yſt es dan möglich das durch Chriſtū ſolt auffgehebt wordē ſein?

¶ Ein ſolch ſchon/feines vn̄ lautters gebot/yn dez ſo krefftigklich erfodert wirt/ein guttmuttig getrew hertz zu vnſerm nechſten/vnd auch daryn ſo gar ausgeſchlagē wirt aller geitz vnd aygen nutzikeit.

¶ Es kunte dem helliſchē wucher ſein hertz vnd alle ſeyne krefften hardt ſtercker entnomen werden/dan̄ mit ſölchē ſchonen götlichen gebottē. Ich wil gern erwartten welcher hoch gelerte ſych vermutē wirt dyſe vnuberwintliche ſchrifft vmb zuſtoſſen/dem ſelbigen wirt leychtlich zu begegnen ſeyn. Dan̄ was Got geredt hat mus ewiklich vnuerruckt bleiben.

¶ Das ander ſchone vndiſpenſierlich gebott yn dem oben angezeigten text begryffen/lautt alſo/wen einer ſein vorkaufft erbguetlein nit mag widerkauffen vnd bezalen. So ſol es yhm doch frey lediklich ym funfftzigſtē yare widderūb heimfallē.

¶ So dan die Chriſtenlich gerechtikeit yn liebe vnd trew zu dem nechſtē/vil meer vnd groſſer ſoll ſein dan der geſchrifft gelerten vn̄ geiſtlichen der Juden wie der herr anzeigt Matt. am. v. Wie mugēt wir dan vns ſölliches gepottes entſchlahē?

¶ Ich geb woll zu das dyſer Text nach ynhalt der ausgedruckten zal des funfftzigſten yares ein fur bedeutung yſt / vn̄ eynen geiſtlichen ſyn̄ erfodert/das durch ein ſölchs yubel yar die freyzulaſſung durch Chriſtū nach dem endt der falſchenn ſundtlichen welt den geſeligetten ynn ewikeit zugeſtelt wirt.

¶ Do ein ytzlicher an ſeyn ſelbs zuthun ſeyn recht erbteill von ewikeit yhme berait/yn dem verſprochnē lande vn̄ reiche Gottes widderūb einnemen wirt/das er aus ſeiner verſycheretten hoffnung/durch den tauſch der ſunden von yhm ſelbſt/vn̄ durch den alten Adam vergeben hat/wie auch Got durch den propheten ſagt Eſaie am. lij. Ihr ſeyt vmb ſonſt vorkaufft worden / vnd alſo wert yr auch widderūb on gelt erkaufft od̄ erloſt. Aber ſölchen notturfftigen geiſtlichen ſyn̄ mogen wir

Christus hat die verfinsterste Gebot der Liebhabung aus falschem, fleischlichem Verstand mit dem höchsten Fleiß erlediget und in ihren rechten, herzlichen Verstand gefurt; wie ist es dann möglich, dass durch Christum sollt aufgehebt worden sein? [Bl. 329b]

Ein solch schön, feines und lauters Gebot, in dem so kräftiglich erfordert wird ein gutmütig, getreu Herz zu unserm Nächsten und auch darin so gar ausgeschlagen wird aller Geiz und Eigennützigkeit.

Es konnte dem höllischen Wucher sein Herz und alle seine Kräften hart[1] stärker entnommen werden, dann mit solchen schönen göttlichen Geboten. Ich will gern erwarten, welcher Hochgelehrte sich vermuten wird, diese unüberwindliche Schrift umbzustoßen, dem selbigen wird leichtlich zu begegnen sein. Dann was Gott geredt hat, muss ewiglich unverrückt bleiben.

Das ander schöne, undispensierliche Gebot in dem oben angezeigten Text begriffen laut[e]t also: Wenn einer sein verkauft Erbgütlein ni[ch]t mag widerkaufen und bezahlen. so soll es ihm doch frei lediglich im fünfzigsten Jahre wiederumb heimfallen.[2]

So dann die christenlich Gerechtigkeit in Liebe und Treu zu dem Nächsten viel mehr und größer soll sein, dann der Geschrift Gelehrten[3] und Geistlichen der Juden, wie der Herr anzeigt Matt. am 5.[4] Wie mugent wir dann uns solliches Gebotes entschlahen?[5]

Ich geb wohl zu, dass dieser Text nach Inhalt der ausgedruckten Zahl des fünfzigsten Jahres ein Furbedeutung[6] ist und einen geistlichen Sinn erfordert, dass durch ein solchs Jubeljahr die frei Zulassung durch Christum nach dem End der falschen sündlichen Welt den Geseligeten in Ewigkeit zugestellt wird.

Do ein itzlicher[7] an sein selbs Zutun[8] sein recht Erbteil,[9] von Ewigkeit ihme bereit in dem versprochnen Lande und Reiche Gottes, wiederumb einnehmen wird, das er aus seiner versicherten Hoffnung durch den Tausch der Sünden von ihm selbst[10] und durch den alten Adam vergeben hat, wie auch Gott durch den Propheten sagt Esaie am 53.: Ihr seid umbsonst verkauft worden und also wird[et] ihr auch wiederumb ohn Geld erkauft oder erlost.[11] Aber solchen notdürftigen geistlichen Sinn mögen wir

---

1 schwerlich
2 Lev 25,28.
3 Schriftgelehrten.
4 Mt 5,20.
5 Wie dürfen wir uns dann solchen Gebots entledigen?
6 Symbol.
7 jeglicher.
8 ohne sein eigenes Zutun.
9 Eph 1,11.
10 Im Hintergrund stehen der altkirchliche Begriff des commercium passionis und Luthers Heilsmetapher des fröhlichen Wechsels. Zu diesen Begriffen s. LUDWIG HÖDL, Art. Commercium,in: LMA 3 (1986), 82f; DIETRICH KORSCH, Glaube und Rechtfertigung, in: ALBRECHT BEUTEL (Hrsg.), Luther-Handbuch, Tübingen [2]2010, 272-381. 377.
11 Jes 52,3.

nitt zu eynem vortail haben / was hie den Juden ynn dem Jubel yar zuthun bruderliche trewe vnnd liebe betreffend / Got gebotten hat / solchs ynn vnserm Christenlichen wesen nitt pflichtig vnnd schuldig vnnserm mitbruder zu sein. Als der gleychen auch des dritten gebots den Sabat / das yst den sybenden tag / nach der ordenung der Judenn / den wir ytzundt den Sambstag oder Sonabent nennen / hailig zu machen fur bedeutlich / vnnd eyns sonderlichen verstandes notturfftig yst / vnnd nitt die eusserlich feyer / wie es die Juden halten / von nödten zu halten.

¶ Es stehet doch solche gebott nicht still / vnnd laßt vnns nicht mussig fur Gott / von rechter hailigmachung diss tags / das yst / das wir styll halten mussen vonn allenn knechtlichen dienstlichen werckenn der sunden / vnnd Got lassen ynn vnns ruwen mitt seynen regirenden gewalt / wie wir bitten / Zukum deynn reich / vnnd das wir vnnsern wyllen vnnd all begyrden ynn Gott setzen / wie wir dann auch betten sollen / Deyn wylle werde ynn vnns volbracht wie ym hymel. Das vnns dann alle tag notturfftig yst / vnd dem waren rechten Christglaubigen menschē alle yar vnd alle tag seynes lebens eynn heyliger tag yst / ynn dem er von Got geheyliget wirt zu ersterben der sunden / vnd durch dē glauben ynn Christo alleyn zu leben.

¶ So dann ynn der ordnung des Jubel yars ym Text offenbarlich außgedruckt wirt das gebot das die notturfftig bruderlich lieb fordert / wie vorgesagt / muss alle eynrede still halten / vnnd allenn Christen des gleichen zuthun gebotten vngezweyffelt seyn. Darumb mussen alle Patronen des wuchers das wort Gottes lassen seyn furgang haben / vnnd hie mitt schanden yhr wuchersuchtig hertz vonn Gott vnnd seynem wortt abgewendt / vberwunden vnnd nidder geschlagenn befundenn / mitt spott vnnd schannde.

D

ni[ch]t zu einem Vorteil haben, was hie[r] den Juden in dem Jubeljahr zu tun brüderliche Treue und Liebe betreffend Gott geboten hat, solchs in unserm christenlichen Wesen ni[ch]t pflichtig und schuldig unserm Mitbruder zu sein. Als dergleichen auch des dritten Gebots, den Sabbat, das ist den siebenten Tag nach der Ordnung der Juden, den wir itzund den Sambstag oder Sonnabend nennen, heilig zu machen furbedeutlich[1] und ein[e]s sonderlichen Verstandes notdürftig ist und ni[ch]t die äußerlich Feier, wie es die Juden halten, von Nöten zu halten. [Bl. 330a]

Es stehet doch solche Gebot nicht still und lässt uns nicht müßig fur Gott von rechter Heiligmachung dies[e]s Tag, das ist, dass wir still halten müssen von allen knechtlichen, dienstlichen Werken der Sünden und Gott lassen in uns ruwen[2] mit seinen regierenden Gewalt, wie wir bitten: Zukum dein Reich,[3] und dass wir unserm Willen und all Begierden in Gott setzen, wie wir dann auch beten sollen: Dein Wille werde in uns vollbracht wie im Himmel. Das uns dann alle Tag notdürftig ist und dem wahren rechten christgläubigen Menschen alle Jahr und alle Tag seines Lebens ein heiliger Tag ist, in dem er von Gott geheiliget wird zu ersterben der Sünden und durch den Glauben in Christo allein zu leben.[4]

So dann in der Ordnung des Jubeljahrs im Text offenbarlich ausgedruckt wird das Gebot, das die notdurftig brüderlich Lieb fordert, wie vorgesagt, muss alle Einrede[5] still halten und allen Christen desgleichen zu tun geboten ungezweifelt sein. Darumb müssen alle Patronen des Wuchers das Wort Gottes lassen sein Furgang[6] haben und hie[r] mit Schanden ihr wuchersüchtig Herz von Gott und seinem Wort abgewendt, überwunden und nieder geschlagen befunden, mit Spott und Schande.

---

1 sinnbildlich.
2 ruhen.
3 Dein Reich komme.
4 Röm 6,11.
5 Einwand.
6 Fortgang.

Ich sag auch nit das solch frey nachlassung erkaufter erbgutter seynes nechsten mensches soll vertzogenn werdenn byss auff das funfftzigist yare. Aber der geyst muss hie das gericht besytzen. Das so dein nechster mensch seyn erbguttleyn/das er auff die selb zeyt nicht erhaltē mochte/auff dem yhm vnnd seynen erben die recht ordenlich narung stehet/ So du dann vonn yhm ynn etlichen kurtzen oder langen yaren durch die yerlich nutzunng das Hawptgut diss kauffs vber all deynn erlittenn kosten/ vnnd schaden gnugsamlich eyngenommenn hast/ als bald trifft dich hie das Götlich gebott/ vnnd deutet dir auff die bruderlich lieb/ ob du dan dem selbygen nitt gehörig sollt seyn/ das magst du ynn dir selber wol ermessen.

Die zal der yaren seyn nitt von nöten/ aber das eynnhemen gegen der Hawptsumma wirt hie bedacht/ wie vor vnnd nach der Text klerlichen anzaigt.

¶ Ich weiss woll das dyse Christenlich lere den Geltsuchtygen Wuchersecken/ vnnd yhrem anhang als freund/ seltzam/ vnnd vnmüglich yhres dumen/ verplendten vormutes/ vyll gespottes vnnd verachtung vrsach geben wird/ Auch das sych villeicht niemantz darnach rychten wirt/ dann alleyn die warhafftygen kynder Gottes/ welchenn mehr ann Gott/ vnnd seynem wortt gelegen yst/ dann an allen schetzenn vnnd reychtumben dieser wellt/ Der zall leyder kleynn yst. Denn selbygenn wyll ich auch hie mitt alleynn gedienet habenn/ vnnd

Ich sag auch ni[ch]t, dass solch frei Nachlassung erkaufter Erbgüter seines nächsten Menschen soll verzogen werden bis auf das fünfzigst Jahre. Aber der Geist muss hie[r] das Gericht besitzen. Das so dein nächster Mensch sein Erbgütlein, das er auf die selb Zeit nicht erhalten mochte, auf dem ihm und seinen Erben die recht ordentlich Nahrung stehet. So du dann von ihm in etlichen kurzen oder langen Jahren durch die jährlich Nutzung das Hauptgut dies[e]s Kaufs über all dein erlitten Kosten und Schaden gnugsamlich eingenommen hast, als bald trifft dich hie[r] das göttlich Gebot und deutet dir auf die brüderlich Lieb, ob du dann dem selbigen ni[ch]t gehörig sollt ein,[1] das magst du in dir selber wohl ermessen. [Bl. 330b]

Die Zahl der Jahren sein ni[ch]t vonnöten, aber das Einnehmen gegen der Hauptsumma wird hie[r] bedacht, wie vor und nach der Text klärlichen anzeigt.

Ich[2] weiß wohl, dass diese christenlich Lere den geldsüchtigen Wuchersäcken und ihrem Anhang als Freund[3] seltsam und unmöglich ihres dummen, verblend[e]ten Vormutes viel Gespottes und Verachtung Ursach geben wird. Auch dass sich vielleicht niemands darnach richten wird, dann allein die wahrhaftigen Kinder Gottes, welchen mehr an Gott und seinem Wort gelegen ist, dann an allen Schätzen und Reichtümben dieser Welt. Der[en] Zahl leider klein ist. Denn selbigen will ich auch hie[r]mit allein gedienet haben und

---

1 ob du dann demselben nicht gehorchen willst [...].

2 Bl. 330b, Z. 19 bis Bl. 331a, Z. 14 sind in größerer Schrift mit größeren Absätzen gesetzt. Offenbar wollte Strauß diesen Abschnitt als ihm besonders wichtig hervorgehoben sehen. Im Straßburger Druck wird diese Passage optisch nicht hervorgehoben.

3 und ihrem Anhang wie Freunden (VD 16 S 9479: fründ) [wegen] ihres dummen, verblendeten Übermuts [als] seltsam und unmöglich [zu] viel Gespött und Verachtung Ursache geben wird.

dem grossenn hauffenn vrſach ſych ſelbſt yn yhrem geytz zu erkennen vnnd vnuberwintlichen/ was ſy fur Chriſten ſynd/ furgemalt haben.

Ich achte auch hie kleyn/ was die Weyſen hier zu ſagent/ auſs fleiſchlicher furſorg der helliſchenn auffruer. Es gebyrt mir vnnd meynes gleychen/ den weg der liebe nach volkomenheyt der geſchrift zu leren/ es ergere ſych darab wer do wyll/ vnnd thue eyn yeder was yhme gefalt/ beſtehe auch eyn yetlicher ſeynn obenteur/ vnnd achte ſöllicher leer nicht/ es wirt ſich fynden In Gottes gericht alles.

¶ Wie es aber ſtehet ynn dem tzinſzkauff auff den Mewſern/ ynn Stedten gelegen/ do villeycht die gefare dem Keuffer durch prunſt offter wyderfaren möcht/ ob der ſelbig Götlicher ſey/ magſt du ſelber wol ermeſſenn. So doch der tzinſs vonn dem gewynn der vnderpfanndt ſoll gereycht werden/ ob dann der Kewffer auſs ſeynem hauſs eyn reichlicheren gewinn habe/ ſo es verkummert iſt/ dan do es des tzyns frey was/ kan ich nit verſtehen. Es were dan/ das er etwas vmb das gelt dar an beſſeret/ von dem er vber ſeynn gewonlich narung den tzinſs erreychen möchte/ das ſych dan ſeltenn vnnd ynn wenig Stedten zutregt. Darumb auch Got denn Judenn ynn denn obennangezaigtenn gebottenn/ der Mewſer halb/ ynn denn Stedtenn gelegenn/ die wyderlöſunng nur auff eynn Jar dem Verkawffer/ odder ſeynen

dem großen Haufen Ursach, sich selbst in ihrem Geiz zu erkennen und unüberwindlichen, was sie für Christen sind, furgemalt haben. [Bl. 331a]

Ich achte auch hie[r] klein, was die Weisen hier zu sagent aus fleischlicher Fürsorg der höllischen Aufruhr. Es gebührt mir und meinesgleichen, den Weg der Liebe nach Vollkommenheit der Geschrift zu lehren; es ärgere sich darab, wer do will, und tue ein jeder, was ihme gefällt, bestehe auch ein jetlicher[1] sein Obenteur[2] und achte söllicher Lehr nicht; es wird sich finden in Gottes Gericht alles.

Wie es aber stehet in dem Zinskauf auf den Häusern in Städten gelegen, do vielleicht die Gefahre dem Käufer durch Brunst öfter widerfahren möchte, ob der selbig göttlicher sei, magst du selber wohl ermessen. So doch der Zins von dem Gewinn der Unterpfand soll gereicht werden, ob dann der Käufer aus seinem Haus ein reichlicheren Gewinn habe, so es verkummert[3] ist, dann do es des Zins frei was,[4] kann ich ni[ch]t verstehen. Es wäre dann, dass er etwas umb das Geld daran besseret, von dem er über sein gewöhnlich Nahrung den Zins erreichen möchte, das sich dann selten und in wenig Städten zuträgt. Darumb auch Gott den Juden in den oben angezeigten Geboten der Häuser halb in den Städten gelegen die Wiederlösung nur auf ein Jahr dem Verkäufer oder seinen

---

1 jeglicher.
2 Abenteuer.
3 verpfändet.
4 war.

freunden ſtellet. Es was auch ym funtzigiſten yar nit gebotẽ die ſelben heuſer widerzugebẽ dem verkeuffer/ dan die narũg der Juden was yhnen vberflussig auff dem landt/ vnd yn der fruchtbaren erden zugeſtellet/ wie dan des landes art vnd benedeiung ynhelt. Darumb die hewſer am felde vñ yn dörffern gelegen zu gleicher freyung des widderkauffs/ vnd ym Jubel yar dem erſten verkeuffer wider zu geben ym text oben angezeigt/ geachtet worent. Wo aber die gleichmeſſig narung götlich eynem an ſeinem hauſs gelegen/ ſo muſs auch gleyche trewe vñ bruderliche lieb gehalten werdẽ/ wie vorgeſagt von den andern erbguttern/ die ſo vil gut ſein als ſye frucht vñ nutz tragen. Der wegen iſt d̉ kauff auff den heuſern gemeinlich mer geferlich der bruderlichen liebe/ dan auff acker/ wyſen/ weingarten/ vnd der gleichen. Dan die heuſer tragẽ gemeinlich keinen nutz weitter nach dem der zyns gekaufft yſt dann vor. Vñ wiewoll der keuffer nachender dem gefar yſt/ ſo wirt doch d̉ vorkeuffer gewonlichen meer beſchwerdt. Darũb yſt es hye nichts beſſers oder ſycherers yn diſem zyns dan yn dez andn̉/ vnd kan nicht anders gehaltẽ werdẽ/ dan wie fur angezeigt.

¶ Jn dem drittẽ tail dyſer leere kan auch nit do hindẽ bleiben/ aber mus klerlich angezeigt ſein/ wie doch das geſetz des todts ym wucher handel/ alſo ſtarck vñ krefftenklich ynn der gantzen Chriſtenhait vberhand genomen hat.

¶ Jſt furnemliche die gemeineſt vrſach dz geſagt wirt/ die heilig Chriſtẽlich kirch hab ſolchẽ wucher kauff/ od̉ wie ſy ſagen/ zins kauff als gut vnd Chriſtẽlich angenomẽ vñ beſtetet/ vñ darũb ſol er recht vñ götlich ſeyn. Jch kan aber nit verſtehẽ wer die heylig Chriſtenlich kirch ſey/ die götlich oder Chriſtlich achtet das/ das Got vnſer herr Chrũs ſo manigfeltiglich verbotten hat/ vnd das bruderliche liebe/ auch naturlich billigkait nit erleiden mag.

¶ Es mus freylich dyſe kirch oder verſamlung nit geheyliget ſein von Got dem hailigẽ geiſt/ der Chriſto vnſerm herrn nichs widwertiges od̉ brudlicher lieb entgegẽ leret od̉ zugibt

¶ Aber die wucherer deuten auff die heilig verſamlung/ vnd kirchen der heiligkait allein ſtehet auff reichtumb/ pomp/

Freunden stellet. Es was auch im fünfzigsten Jahr ni[ch]t geboten, [Bl. 331b] die selben Häuser wiederzugeben dem Verkäufer, dann die Nahrung der Juden was ihnen überflüssig auf dem Land und in der fruchtbaren Erden zugestellet, wie dann des Landes Art und Benedeiung ynhelt.[1] Darumb die Häuser am Felde und in Dörfern gelegen zu gleicher Freiung des Wiederkaufs und im Jubeljahr dem ersten Verkäufer wieder zu geben, im Text oben angezeigt,[2] geachtet worent.[3] Wo aber die gleichmäßig Nahrung göttlich einem an seinem Haus gelegen, so muss auch gleiche Treue und brüderliche Lieb gehalten werden, wie vorgesagt von den andern Erbgütern, die so viel gut sein als sie Frucht und Nutz tragen. Derwegen ist der Kauf auf den Häusern gemeinlich mehr gefährlich der brüderlichen Liebe dann auf Acker, Wiesen, Weingarten und der gleichen. Dann die Häuser tragen gemeinlich keinen Nutz weiter, nachdem der Zins gekauft ist, dann vor. Und wiewohl der Käufer nachender[4] dem Gefahr ist, so wird doch der Vorkäufer gewöhnlichen mehr beschwert. Darumb ist es hie[r] nichts Bessers oder Sicherers in diesem Zins dann in dem andern und kann nicht anders gehalten werden, dann wir fur angezeigt.

In dem dritten Teil dieser Lehre kann auch ni[ch]t do hinden bleiben, aber muss klärlich angezeigt sein, wie doch das Gesetz des Tods im Wucherhandel also stark und kräfftenklich in der ganzen Christenheit überhand genommen hat.

Ist fürnehmliche die gemeinest Ursach, dass gesagt wird, die heilig christenlich Kirch hab solchen Wucherkauf oder – wie sie sagen: Zinskauf – als gut und christenlich angenommen und bestetet, und darumb soll er recht und göttlich sein. Ich kann aber ni[ch]t verstehen, wer die heilig christenlich Kirch sei, die göttlich oder christlich achtet das, das Gott unser Herr Christus so mannigfältiglich verboten hat und das brüderliche Liebe auch natürlich Billigkeit ni[ch]t erleiden mag.

Es muss[5] freilich diese Kirch oder Versammlung ni[ch]t geheiliget sein von Gott dem Heiligen Geist, der Christo unserm Herrn nichts Widerwärtiges oder brüderlicher Lieb entgegen lehret oder zugibt.

Aber die Wucherer deuten auf die heilig Versammlung von Kirchen, der[en] Heiligkeit allein stehet auf Reichtumb, Pomp

---

1 innehält.
2 Lev 25,29–31.
3 waren.
4 gleich nah.
5 Freilich kann diese Kirche oder Gemeinde nicht von Gott dem Heiligen Geist geheiligt sein [...].

gewalt vnd Tyrãney dyſer welt/dan ſie ſagent/der Bapſt mit ſampt dẽ hailigẽ Cõciliẽ habẽ ein ſolchẽ freyẽ kauff zu geben.

Nun weys ich yn dyſem fal den Cõcilien nichts zu glewbẽ Dan Got der hailig gaiſt ſpricht ym buch der ſpruchen Solomonis/am ain vndzwentzigiſtẽ. Jſt kain weyßhait/kain klughait oder radtſchlag wyder Got den herren.

Vnd wen vns bißher alwegẽ nit wiſſen wer geweſen/ dz die Concilien haben menigfeltiglichen wider Gott vnnd den hailigen glawben beſchloſſen vnnd geleret/ So hetten wir es doch yn dyſem fal gutten grundt.

Dañ wie kunte dz eyn hailig Cõciliũ ſein yn Got dem hailigen gaiſt verſamlet/yn dem eyn ſolicher teuffeliſcher kauff/fur gut vñ Chriſtẽlich zu gebẽ ſol werdẽ? Dieweyl aus oben angezaigter Chriſtenlicher lere/auch teglicher erfarũg/ gut wiſſen vñ kũtlich yſt/dz vber die verdãmũg ď ſeelẽ/die got mit ſeynez blut erkaufft hat/auch landt vnd lewt beſchediget vnd verderbet werdẽ/durch eyn ſolchen wucherſuchtigen kauff.

Chrũs vnſer lieber herr zaigt vns an yn allem ſeynem leben auch yn aller ſeiner lere/dz die furſorg ď zeitlichẽ guttern/auch ynn zimlichen handlen/dem warẽ Chriſtenlichen weſen gantz entgegen ſey/vnd des Bapſt verſamlung yſt ſo hailig vnnd getzyret ein ſolchen verderblichẽ kauff mit chriſtenlichem namẽ.

Was wil doch dz yñer fur ein Chriſtenlich Conciliũ ſein/ das wider Chrm̃ yſt? Oder wer kan wiď Chrm̃ ſein oder lebẽ? Es mus nũ eyn ſolche verſamlũg/radſchlage oď beſchlus ſein yn dyſem fall/ wie yn andern des auffgebloßnẽ grauſamlichẽ ſunders/der ſych mit ſeynem anhang widerwertiget vñ erhöhet vber alles dz do gedacht vnd geredt wirt/dz iſt vber Gott den almechtigen/wie ď ſelb mit ſeynem namẽ heyſt/fyndt man Math. am. xxiij. capi. vnd yn ď erſten Epiſtel Johã. am. ij. vñ yſt lang ynn dem teutſchen alſo genant worden/ Der Entechriſt/ ynn des ſelben namen vnd eygenſchafft wirt geleret vnnd beſtettet alles das zu ewygem verderben der ſelen reychen ſolle.

Dañ ſchawe die ſieben oben angezaigtẽ Chriſtlichẽ fundament an/vñ betracht alles was zu Chriſtlicher lieb ſich erfor-

Gewalt und Tyrannei dieser Welt, dann sie sagent, der Papst mitsamt der heiligen Konzilien haben ein solchen freien Kauf zugeben. [Bl. 332a]

Nun weiß ich in diesem Fall den Konzilien nichts zu glauben. Dann Gott der Heilig Geist spricht im Buch der Sprüchen Solomonis am einundzwanzigsten: Ist kein Weisheit, kein Klugheit oder Ratschlag wider Gott den Herren.[1]

Und wenn uns bisher allwegen ni[ch]t wissen wär gewesen, dass die Konzilien haben mannigfaltiglichen wider Gott und den heiligen Glauben beschlossen und gelehret, so hätten wir es doch in diesem Fall guten Grund.

Dann wie konnte das ein heilig Concilium sein in Gott dem Heiligen Geist versamlet,[2] in dem ein solicher teuffelischer Kauf für gut und christenlich zu geben soll werden? Dieweil aus oben angezeigter christenlicher Lehre, auch täglicher Erfahrung gut wissen und kundlich ist, dass über die Verdammung der Seelen, die Gott mit seinem Blut erkauft hat, auch Land und Leut beschädiget und verderbet werden, durch ein solchen wuchersüchtigen Kauf.

Christus, unser lieber Herr, zeigt uns an in allem seinem Leben, auch in aller seiner Lehre, dass die Fursorg der zeitlichen Gütern, auch in ziemlichen Handlen, dem wahren christenlichen Wesen ganz entgegen sei, und des Papst[s] Versammlung ist so heilig und gezieret ein solchen verderblichen Kauf mit christenlichem Namen.

Was will doch das immer für ein christenlich Concilium sein, das wider Christum ist? Oder wer kann wider Christum sein oder leben? Es muss nun ein solche Versammlung ratschlagen oder Beschluss sein in diesem Fall, wie in andern des aufgeblasnen, grausamlichen Sünders, der sich mit seinem Anhang widerwärtiget und erhöhet über alles, das do gedacht und geredt wird, das ist über Gott den Allmächtigen; wie der selb mit seinem Namen heißt, find man Math. am 23. Kapi[tel][3] und in der ersten Epistel Joha[nnis] am 2.[4] und ist lang in dem Deutschen also genannt worden: Der Antichrist, in desselben Namen und Eigenschaft wird gelehret und bestetet alles, das zu ewigem Verderben der Seelen reichen solle.

Dann schaue die sieben oben angezeigten christlichen Fundament an und betracht alles, was zu christlicher Lieb sich erfor

---

1 Spr 21,30.

2 versammelt.

3 Vgl. Mt 23,1–33.

4 1Joh 2,18.

dert/vnd ſage mir dan ob auch ymants darwider eyn ſolchen laſterkauff gut achten möge/ Er rede dann vnd werde gefurt durch den vatter der lugen/der dan der Götlichen warhait võ anbegyn ſeyner ſchöpfung entgegen yſt.

Vnd darumb mues eyn ſolch Concilium von nödten/eynn ſchuel oder verſamlung erkant vnd geheyſſen werden des ſelben Haubtlugners/ yn dem Got d̃ hailig gaiſt nichts zu ſchaffen hat. Aber Lucifer mit ſeyner geſelſchafft ſeynẽ furzug hat

Es möchte dem Bapſt vñ ſeynem anhãg dz veryrrete hertz brechen/das ſie itzt hören muſſen/das die Cõciliẽ/ ynn vnſerm glawbẽ vñ was vnſer ſelẽ hail betriefft/auſſerthalb dez wort gottes/nichtes zu beſchlieſſen oder zu gebieten haben.

Man möcht es doch eyn yedes kynt wiſſen vnnd erkennen. Sollen die Concilia verſamlung ſeyn yn Got dem hailigẽ geiſt ſo muſſen ſie auch dem hailigen Gaiſt nicht widerwertigs leren/gebieten/oder beſchlieſſen.

Jch mus aber ſagẽ/dz ich dẽ wucher kauff d̃ maſſen beſtettet/yn kaines Cõciliũs acta geleſen hab/wywol nichts dar an gelegen yſt. Dan wan gleich ſolichs yn allẽ Cõciliẽ dy ye celebriert ſynd wordẽ/fur gut geachtet/ ſo hat es eben dy krafft wie ytzt ãgezaigt/ vñ bleibt dz wort vñ gebot gotes vnuerrukt

Jch acht aber es werde yn dyſem fall die lugẽ mit eyner andern lugen beſetzt vñ bekrefftiget/wie es dã ſein mus yn allez dem dz wider Got vnd ſein wort geleert vñ glaubt wirt. Alſo mag auch hie ain lugen der andern nit entrynnen.

¶Ein ſolchen kauff hab ich nyn des bapſtes altẽ rechtbuchern noch nye geleſen/aber allein yn zweyẽ außſchwaiffendẽ bullen. Der die ein außgangẽ yſt von Martino dem funfften/ der yar zal nach/vngefarlich do man gezalt hatt Tauſent vierhundert vnnd ſechsvndzwentzig/zu geſant dem Ertzbiſchoff von Trier vnd ſeynen Suffraganien.

¶Do wirt ein ſölcher helliſcher kauff von dem ſelben verfurer/auff anſynnen der pfaffheit vnd ettlicher des Adels der Stadt vnnd des Biſtumbs Breſlaw fur gutt/ vnnd gerecht eingefurt.

---

1 jemand.

2 Er rede denn und werde geführt durch den Vater der Lügen, der so der göttlichen Wahrheit von Anbeginn seiner [scl.: Gottes] Schöpfung entgegen steht.

3 Vorzug.

4 bestätigt.

5 Druckfehler aus »in«.

6 Er meint die Bücher des Ius canonicum: das Decretum Gratiani, die Dekretalensammlungen des Liber extra und des Liber sextus und die Clementinen. S. HANS ERICH FEINE, Kirchliche Rechtsgeschichte. Die katholische Kirche, Köln [5]1972, 276–292.

dert und sage mir dann, ob auch ymants[1] darwider ein solchen Lasterkauf gut achte möge. Er rede dann und werde gefurt durch den Vater der Lügen, der dann der göttlichen Wahrheit von Anbeginn seiner Schöpfung entgegen ist.[2] [Bl. 332b]

Und darumb muss ein solch Concilium von Nöten ein Schul oder Versammlung erkannt und geheissen werden des selben Hauptlügners, in dem Gott der Heilig Geist nichts zu schaffen hat. Aber Lucifer mit seiner Gesellschaft seinen Furzug[3] hat.

Es möchte dem Papst und seinen Anhang das verirrte Herz brechen, dass sie itzt hören müssen, dass die Konzilien inn unserm Glauben und was unser Seelenheil betrifft, außerhalb dem Wort Gottes nichtes zu beschließen oder zu gebieten haben.

Nun möchte es doch ein jedes Kind wissen und erkennen: Sollen die Concilia Versammlung sein in Gott dem Heiligen Geist, so müssen sie auch dem Heiligen Geist nicht Widerwärtiges lehren, gebieten oder beschließen.

Ich muss aber sagen, dass ich den Wucherkauf dermaßen bestettet[4] in keines Conciliums Acta gelesen hab, wiewohl nichts daran gelegen ist. Dann wann gleich solichs in allen Konzilien, die je zelebriert sind worden, fur gut geachtet, so hat es eben die Kraft, wie itzt angezeigt, und bleibt das Wort und Gebot Gottes unverrrückt.

Ich acht aber, es werde in diesem Fall die Lügen mit einer andern Lügen besetzt und bekräftigt, wie es dann sein muss in allem dem, das wider Gott und sein Wort gelehrt und [ge]glaubt wird. Also mag auch hie[r] ein Lügen der andern ni[ch]t entrinnen.

Ein solchen Kauf hab ich nyn[5] des Papstes alten Rechtbüchern[6] noch nie gelesen, aber allein in zweien ausschweifenden Bullen. Der die ein ausgangen ist[7] von Martino dem fünften,[8] der Jahr[es]zahl nach ungefährlich,[9] do man gezählt hat tausendvierhundertundsechsundzwanzig, zugesandt dem Erzbischof von Trier und seinen Suffraganien.[10]

Do wird ein solcher höllischer Kauf von demselben Verführer auf Ansinnen der Pfaffheit und etlicher des Adels der Stadt und des Bistums Breslau für gut und gerecht eingefurt.

---

7 Von denen die eine ausgegangen ist […].

8 Martin V., Odo Colonna (1367–1431), war 1417 auf dem Konstanzer Konzil zum Papst gewählt worden, zu ihm BIRIGIT STUDT, Papst Martin V. (1417–1431) und die Kirchenreform in Deutschland (FKPG Beihefte zu RI 23), Köln 2004.

9 ungefähr.

10 Ein Suffraganbischof ist ein dem Metropoliten einer Kirchenprovinz unterstehender Diözesanbischof. Das Erzbistum Trier hatte im früheren Mittelalter den Primat über die Kirchenprovinzen Germania und Gallia inne gehabt. Der Erzbischof von Trier gehörte zu den geistlichen Kurfürsten.

¶ Die ander außschwaiffent bulle kam hernach võ Calix-to dem dritten auch vngefarlich do man gezallt hatt/tausent vierhundert vnd funff vnd funfftzig/ vñ wart zugestellet dem Bischoff zu Maydeburg Newenburg/vnd Halberstadt/ do solicher verdamlicher kauff aus bit eynes Bischoffs zn Mer-senburg vnnd seyner pfaffheit von dem selben Calixto als ge-recht declarirt warde.

¶ Nun referirẽ sych die genantẽ bullẽ auff kain furgehal-ten gemain Conciliũ oder auff dy altẽ bepstischẽ rechtbucher. Vñ das fueg ich mit sönderlichem gunst den grossen doctorẽ yn dẽ rottẽ huetlein wol zubedẽckẽ/damit sy dez wucherkauff ein anders ferblein suchen/dan auß yrem geschriebenẽ rechtẽ die dan yn dysem fall/ keynen bestandt oder stich haltẽ mogẽ.

¶ Vnd das kan sych nit bergẽ/so man die obgenantẽ zwo bullen oder wasser blasen lieset/oder angreifft.

¶ Es mus ye der selb Martinus vnnd Calixtus wider das wort Gottes krafftloß/vnd keynes gewallts erkant werden. Auch furent sye ynn yhren elenden lufftblasen kain wort der geschrifft das doher diene.

¶ Dz aber das krancke kyndische furnemen hyrynnẽ yder-man bekandt sey. So verderbẽ dise köstlichẽ grunde vnd fau-len lamen zotten yn der erstẽ bullẽ gelesen wie hernach folgt.

¶ Dem Bapst Martino wart furgehaltẽ/wie yn der vorge-nanten stadt vñ bystumb der widderkauff zins auff hundert yar vñ darunter so ein lang zeit vber mẽschlich gedechtnis yn gebrauch vñ were /genge vñ vnuerhindert gehaltẽ were. Vñ das ist das erst fundament darauff der bapst das gesetz d̃ hel-len gebawet hat. Als ob ein langer gebrauch on glaubẽ vñ ge-schrifft/ya wid̃ den Christlichẽ glaubẽ vñ alle heilige geschrift solte den furtzug habẽ. Das dan des Bapsts rechtbucher sel-ber vmbsturtzẽ/wie sie furgebẽ Extra de con. vñ an vil andern titteln/do man so liest/dz die gewonheit der warheit weychẽ muse/vnnd die synd so vill grosser vnd schwerer sunde/so sye lenger die vnselig seele gefangen erhalten.

¶ Es ist nun meer got hab lobe allẽ fromẽ Christẽ ym hei-ligẽ euangelio gut wissen dz kein alter gebrauch vns võ gotes

---

[1] Calixt III., Alfons de Borja (1378–1458), Kanonist, Papst seit 1455, s. MIQUEL BATLLORI, Art. Calixtus III., in: LMA 2 (1983), 1389f.

[2] Druckfehler aus »Merseburg«.

[3] Martin V. hatte in der Bulle Regimini universalis vom 2. Juli 1425 »das Ablösungsrecht des Schuldners«, also das Wiederkaufsrecht, zur Voraussetzung für die wucherrechtliche Unbedenklichkeit eines Rentenkaufs erklärt. Diese Bulle wurde 1455 von Papst Calixt III. »wiederholt mit Bezug auf die Praxis des Rentenkaufs *in diversis Alemaniae partibus*«, GILOMEN, Reichtum, 223f.

[4] päpstlichen.

[5] Strauß spielt auf den Kardinalshut an, weil zahlreiche Kanonisten zu Kardinälen erhoben worden waren.

Die ander ausschweifend Bulle kam hernach von Calixto dem Dritten,[1] auch ungefährlich, do man gezählt hat tausendvierhundertundfünfundfünzig, und ward zugestellet dem Bischof zu Magdeburg, Mewenburg[2] und Halberstadt, do solicher verdammlicher Kauf aus Bitt eines Bischofs zu Mersenburg und seiner Pfaffheit von dem selben Calixto als gerecht deklariert warde.[3] [Bl. 333a]

Nun referieren sich die genannten Bullen auf kein furgehalten gemein Concilium oder auf die alten bepstischen[4] Rechtbücher. Und das füg ich mit sonderlichem Gunst den großen Doktoren in dem roten Hütlein[5] wohl zu bedenken, damit sie dem Wucherkauf ein anderes Färblein suchen, dann aus ihrem geschriebenen Rechten, die dann in diesem Fall keinen Bestand oder Stich halten mögen.

Und das kann sich ni[ch]t bergen, so man die obgenannten zwo Bullen oder Wasserblasen lieset oder angreift.[6]

Es muss ja derselb Martinus und Calixtus wider das Wort Gottes kraftlos und keines Gewalts erkannt werden. Auch furent sie in ihren elenden Luftblasen kein Wort der Geschrift, das doher diene.[7]

Dass aber das kranke, kindische Furnemen[8] hierinnen jedermann bekannt sei, so verderben diese köstlichen Gründe und faulen, lahmen Zotten[9] in der ersten Bulle gelesen, wie hernach folgt.

Dem Papst Martino ward furgehalten, wie in der vorgenannten Stadt und Bistum der Wiederkaufzins auf hundert Jahr und darunter, so ein lang Zeit über menschlich Gedächtnis, in Gebrauch und wäre genge[10] und unverhindert gehalten wäre. Und das ist das erst Fundament, darauf der Papst das Gesetz der Höllen gebauet hat. Als ob ein langer Gebrauch ohn Glauben und Geschrift, ja wider den christlichen Glauben und alle heilige Geschrift sollte den Furzug haben. Das dann des Papsts Rechtbücher selber umstürzen, wie sie furgeben Extra de con.[11] und an viel andern Titeln, do man so liest, dass die Gewohnheit der Wahrheit weichen muss, und die sind so viel größer und schwerer Sünde, so sie länger die unselig Seele gefangen erhalten.

Es ist nun mehr, Gott hab Lobe, allen frommen Christen im heiligen Evangelio gut wissen, dass kein alter Gebrauch uns von Gottes

---

6 Und das kann sich nicht verbergen, wenn man die beiden oben genannten Wasserblasen oder Bullen liest oder angreift.

7 Sie führen in ihren elenden Luftblasen kein hierzu dienliches Schriftwort an.

8 Vorhaben.

9 Zotteln. – Möglicherweise spielt Strauß hier auf die Siegelschnur der Bulle an.

10 üblich.

11 Extravagantes comm lib. III, tit. 5, c. 1. Zu den Dekretalensammlungen Extravagantes Joannis XXII. und Extravagantes communes s. FEINE, Rechtsgeschichte, 292.

geſetze ledigét/vñ die vbertretũg gottes wortes vñ gebottes nit entſchuldigẽ mag/anderſt wurde ð teufel auch ynn ſeiner boßhait gerecht werdẽ/ſo er doch die ſelbe mer als ſechs tau ſent yar erhaltẽ hat. Der gleichen auch die erſte wellt mochte durch dẽ ſyndt/lus nit erſoffen ſein/dieweil ſye wider gottes wort yr fleiſchlich vihiſch lebẽ vil hundert yar gefurt haben.

¶ Es bleibẽt auch die Judẽ nũ mer als funffzehẽ hũdert yar yn widerſpennikait des Euãgeliũs/vñ ſynd darũb nit gerecht

¶ Sũma ſumarũ/hũdert tauſent yar wider dz wort gottes gehandlet/wart eyn ſtund nicht gerecht.

Das anð fundament der krafftloſen bullẽ zaigt an wie auff eyn ſölchen kauff meer als zwey tauſent pfaffen lehẽ vñ pfrũ- den yn dez obgenanten byſtũb geſtifft ſynd. Vñ das iſt ð recht grũt dz ſölcher kauff fur gut beſtettet wart. Dañ was pfaffen guter/bauch vñ beutel meret vñ fordert/daſſelbig alles macht der hailig vatter ð Bapſt recht vñ hailig/es ſey auch wið got oder ſein wort/dan ſölich pfaffen vñ gaiſtlich perſonẽ muſſen eyn ſollichs fundament haben/yhnen vnauffhörlich/ vnd on allen abgang yhren bewtel vnd bauch anfullen.

¶ Das dritte dz dez heyloſen kauff ſein erdichte beſtettigũg yn ð Bullẽ furtregt/yſt/dz ð bapſt Martinus eynes cardinals mit namẽ Willermi des tittels ſancti Marci/ratſchlage vñ er- farnus fur gnugſam angeſehen/eyn ſolchen geferlichen han del beſtettet/vnd volendet hat/ vñ domit die fromẽ einwoner- ð ſtad vnd Biſtũbs Breſlaw/kleglich verfurt hat/ die dã aus guttem vertrawẽ vñ ainfeltigem verſtand yren glaubẽ yn den bapſt geſetzt hatten. Vnd alſo folgend ander aigennutzig ain- feltig lewt yn dem fal hernach/vnd ſagte man dan/ die hailig Chriſtenlich kirch hab yhnen ſölch zu geben.

¶ O wie iſt dz ſo ain hailig Chriſtelich kirch ð bapſt Marti nus mit ſeinem Cardinal Willermo/vñ den gelartẽ zu Rom/ do verlãgeſt vñ bis auff den heutigẽ tag/nicht vor ſund gehal tẽ wirdet/dã kein gelt habẽ. Aber alles dz gelt tregt/dz iſt hai- lig/chriſtenlich/gut vnd gerecht/ auch vom Bapſt beſtettet.

¶ Wie will doch der mẽſch ſo gar offenlich verfurt ſein/ ð

Gesetze lediget[1] und die Übertretung Gottes Wortes und Gebotes ni[ch]t entschuldigen mag, anderst würde der Teufel auch in seiner Bosheit gerecht werden, so er doch dieselbe mehr als sechstausend Jahr erhalten hat. Dergleichen auch die erste Welt mochte durch den Sündfluss[2] ni[ch]t ersoffen sein, dieweil sie wider Gottes Wort ihr fleischlich, viehisch Leben viel hundert Jahr geführt haben. [Bl. 333b]

Es bleibent auch die Juden nun mehr als fünfzehnhundert Jahr in Widerspenstigkeit des Evangeliums und sind darumb ni[ch]t gerecht.

Summa summarum hunderttausend Jahr wider das Wort Gottes gehandelt, ward ein Stund nicht gerecht.

Das ander Fundament der kraftlosen Bullen zeigt an, wie auf ein solchen Kauf mehr als zweitausend Pfaffenlehen und Pfründen in dem obgenannten Bistumb gestifft[et] sind. Und das ist der recht Grund, dass solcher Kauf für gut bestettet ward. Dann was Pfaffen guter Bauch und Beutel mehret und fordert, dasselbig alles macht der Heilig Vater, der Papst, recht und heilig, es sei auch wider Gott oder sein Wort, dann solich Pfaffen und geistlich Personen mussen ein solches Fundament haben, ihnen unaufhörlich und ohn allen Abgang ihren Beutel und Bauch anfüllen.

Das Dritte, das dem heillosen Kauf sein erdichte Bestettigung[3] in der Bullen furtregt,[4] ist, dass der Papst Martinus eines Kardinals mit Namen Willermi des Titels Sancti Marci[5] Ratschläge und Erfarnus[6] für gnugsam angesehen, ein solchen gefährlichen Handel bestettet[7] und vollendet hat und domit die frommen Einwohner der Stadt und Bistumbs Breslau kläglich verführt hat, die dann aus gutem Vertrauen und einfältigem Verstand ihren Glauben in den Papst gesetzt hatten. Und also folgend ander eigennutzig, einfältig Leut in dem Fall hernach und sagte man dann, die heilig christenlich Kirch hab ihnen solch zu [ge]geben.

O wie ist das so ein heilig christenlich Kirch, der Papst Martinus mit seinem Kardinal Willermo und den Gelahrten zu Rom, do verlangest und bis auf den heutigen Tag nicht für Sünd gehalten wirdet, dann kein Geld haben. Aber alles, das Geld trägt, das ist heilig, christenlich, gut und gerecht, auch vom Papst bestettet.

Wie will doch der Mensch so gar offenlich verführt sein, der

---

1 befreit.

2 Sintflut.

3 Befestigung.

4 einbringt.

5 Guillaume Fillastre d. Ä. (um 1350–1428), Kardinalpresbyter an der Titelkirche San Marco, Kanonist und Legat Martins V., s. WOLFGANG DECKER, Art. Fillastre, Guillaume d. Ä, in: LMA 4 (1989), 450f.

6 Erkundung, Schweizerisches Idiotikon digital 1, 897.

7 bekräftigt.

sein sele vñ gewissen mit solcher bestetigũg yn ruwe vñ sycherhait stellet. Es hat nemlichen der fluch Gottes sein furgang. So Got spricht durch den Propheten Ezechiel am dreytzehẽden capit. Der flucht synd die/ wilche zusamen flicken kleine kußlein vnder eynen yedẽ elenbogen/vnd die do machẽ polster vnder yedem haupt zu aller zeit des lebens/zu fahen die seelẽ. Vnd do sye hatten gefangẽ die seelen meins volcks/do machten sye lebendig die selen/die nicht lebten/mit yrem lugẽ glauben. Wer sych nun dem Bapst hie vertrawet der ergybt sych auch sollichem fluch Gottes vnd wil betrogen sein/vnd legt seine falsche böße meynung/ auch auff sein vngetrew vnbruderlich handelung/auffs Bapsts erdicht/vnd erlogen zusagẽ/vnd bestettigung/ vnd das haist das haupt auff den polster/vnnd den elnbogen auffs kussen gelegt.

¶ Huet du dich aber fromer Christ vor solchem falschen won/dan dein hertz nimpt kein sycherung yn menschlichẽ zusagẽ. Aber d͛ glaub des lebendigen wort gottes berueiget dein gewissen/so du yn gantzem vertrawen zu gott vnd hertzlicher lieb/auch dienstbarkeit deines nechsten dich befyndest.

¶ Die ander bulle des Bapsts Calixti referiret sych gantz auff die ersten/vnnd yst ain hellisch verfurung wie die ander. Hyrũb stehet der wucher handel ebẽ so woll verwart bey den Juristen als bey den gelerten der schulisten Theologi.

¶ Das aber die legisten yre heydnische weltlichẽ recht furwenden/ do lassen wir sye vnter dem fursten dyser wellt/den Christus außgeworffen hat/hynrauschen. Der selbig furst vñ regirẽt herr der wellt weiß den wuchermarckt yn der gleichẽ haidnischen/weltlichẽ hertzẽ wol zuuertedigẽ. Nach dem vñ solcher handel yme sein reich yn hellischẽ grundt getrewlichẽ gefordert vnd on auffhörent meret/vnd angefullet hat. Vnser gericht vnd gerechtikait stehet yn dysem falle/ allein yn Chrõ nach außweysung des heiligẽ Euangeliums/ das will nicht zulassen/haidnische vnnd weltliche recht/ ynn der außlegung vnsers glaubens vnd was die lieb des nechstẽ betriffet. Hye mus Gottes wort vberwinden vnd den syge behalten/ vnd d͛

E

sein Seelen und Gewissen mit solcher Bestetigung in Ruhe und Sicherheit stellet. Es hat nämlichen der Fluch Gottes sein Furgang.[1] [Bl. 334a] So Gott spricht durch den Propheten Ezechiel am dreizehenten Kapit[el]: Verflucht sind die, welche zusammen flicken kleine Kußlein unter einen jedem Ellenbogen und die do machen Polster unter jedem Haupt zu aller Zeit des Lebens, zu fahen[2] die Seelen.[3] Und do sie hatten gefangen die Seelen meins Volks, do machten sie lebendig die Seelen, die nicht lebten mit ihrem Lügenglauben. Wer sich nun dem Papst hier[r] vertrauet, der ergibt sich auch sollichem Fluch Gottes und will betrogen sein und legt seine falsche, böse Meinung auch auf sein ungetreu, unbrüderlich Handelung, aufs Papst erdicht[ete] und erlogen Zusage und Bestettigung, und das heißt: das Haupt auf den Polster und den Ellenbogen aufs Kussen gelegt.

Hüt du dich aber frommer Christ vor solchem falschen Won,[4] dann dein Herz nimmt kein Sicherung in menschlichen Zusagen. Aber der Glaub des lebendigen Wort Gottes berueiget[5] dein Gewissen, so du in ganzem Vertrauen zu Gott und herzlicher Lieb auch die Dienstbarkeit deines Nächsten dich befindest.

Die ander Bulle des Papsts Calixti referieret sich ganz auf die ersten und ist ein höllisch Verführung wie die ander. Hierumb stehet der Wucherhandel ebenso wohl verwahrt bei den Juristen als bei den Gelehrten der schulisten[6] Theologi[e].

Dass aber die Legisten[7] ihre heidnische, weltlichen Recht furwenden,[8] do lassen wir sie unter dem Fürsten dieser Welt, den Christus ausgeworfen hat, hinrauschen. Der selbig Fürst und regierend Herr der Welt weiß den Wuchermarkt in der gleichen heidnischen, weltlichen Herzen wohl zu verteidigen. Nach dem und solcher Handel ihme sein Reich in höllischen Grund getreulichen gefordert und ohn Aufhörent mehret und angefüllet hat. Unser Gericht und Gerechtigkeit stehet in diesem Falle allein in Christo nach Ausweisung des heiligen Evangeliums, das will nicht zulassen heidnische und weltliche Recht in der Auslegung unsers Glaubens und was die Lieb des Nächsten betriffet. Hie[r] muss Gottes Wort überwinden und den Syge[9] behalten und der

---

1 Fortgang.
2 fangen.
3 Ez 13,18f. Strauß' Zitierweise entspricht zeitgenössischen Übersetzungen. (Die modernen Ausgaben der Lutherübersetzung haben »Kissen« durch »Binden« ersetzt und »Polster« durch »Hüllen«.)
4 Wahn. Vgl. Paul Speratus' Lied aus dem Jahr 1523 »Es ist das Heil uns kommen her«, Strophe 3: »Es war eyn falscher won darbey [...].«
5 beruhiget.
6 scholastischen.
7 Juristen des römischen Rechts im Unterschied zu den Kanonisten.
8 vorschützen.
9 Sieg.

Codex mit ſeynen rechten die Flucht geben.
Weitter haben ſych auch erhebt die Kayſer/könig/Furſtẽ/
vñ landesherrẽ/durch yꝛe beichtueter/auch pꝛediger/ vñ yhꝛe
weyſe hochgelerte Rethe eingefurt/ den wucher zu nemẽ vñ
zugebẽ/ſchutzẽ vñ ſchirmẽ/vñ gewaltigklichen handtzuhabẽ/
vñ hie mus das hailig Euangeliũ not leydẽ/dan ſöllich zeitlich
geoꝛdnete oberkait/auch der gemein adel/burger/vnd ſchir al-
le menſchẽ võ den geſchwindẽ weltverfurern/pfaffen/mũchẽ
vnd gelerten alſo gar verblendt/vnd yn vnwiſſen/auch yn dy-
ſem fal eingefurt ſynd/das es yderman ſeltzam vnd vngehoꝛt
zymet vnd anfycht. So der recht warhafftig grundt des wu-
cher handels mit dem liecht der götlichen warheit entdeckt
wirt. Es iſt auch widder mich vnd vnſer verſamlung vmb dy-
ſe lere/das groſte wueten vnd toben/eingedꝛungen/vñ meret
ſych teglich/wir wollen ſeyn aber nicht achten. Dan wir ynn
dem namẽ vnſers herrn Chꝛiſti dem teuffel kein rwe noch fri-
den bey vns vergonnen wöllen.
¶ Nun mag die warhait ye nicht do hynden bleibẽ. Aber
ſye eroffnet ſych alwegen denen/die ſye ym glaubẽ ſuchen.
¶ Vnd das wir die groſſe fynſternus vñ verfurũg erkennẽ
mogẽ. So möchte doch ein kindt vns leeren. Es hat ď wucher
alle naturlich billigkait allenthalben vñ vberal zuriſſen vñ ver
dempfft/alſo das die groſſen König/furſten vnd herren/yꝛen
aignen knechtẽ vnterſtehen muſſen/ vnd werden knecht yꝛer
knecht/vñ dz yn einem ſölchẽ verachtlichen ſchnöden handel/
das beweinlich vnd erbermlich yſt.
¶ Ach Got wie iſt dz ein regiment/vñ ein oꝛdenung/ſo die
gotloſen wucherer die groſmechtigen auch hochgeboꝛnẽ re-
girendẽ herren/vnter yꝛen wucher gezwang dringẽ/vñ dan ſo
haben ſy recht/vnd hat alles ein furgang was ynen die welt
verderber furnemen.
¶ Es kan ye das recht vbel gehandthabt werdẽ/do der kle
ger oder antwoꝛter dez richter nit ledliklich vnter woꝛffen iſt.
¶ Jch rede hie vill/vnnd laß mich villeicht ynn gefar. Jch
kan ſeiner aber nit achtẽ/warhait iſt warhait. Wenn ich vnd

Codex mit seinen Rechten[1] die Flucht geben. [Bl. 334b]

Weiter haben sich auch erhebt die Kaiser, König, Fürsten und Landesherren durch ihre Beichtväter, auch Prediger und ihre weise, hochgelehrte Räte, eingefurt den Wucher zu nehmen und zu geben, schützen und schirmen und gewaltiglichen handtzuhaben;[2] und hie[r] muss das heilig Evangelium Not leiden, dann sollich zeitlich geordnete Oberkeit, auch der gemein Adel, Bürger und schier alle Menschen von den geschwinden Weltverführern, Pfaffen, Munchen und Gelehrten also gar verblendt und in Unwissen auch in diesem Fall eingefurt sind, dass es jedermann seltsam und ungehort ziemet und anficht. So der recht wahrhaftig Grund des Wucherhandels mit dem Licht der göttlichen Wahrheit entdeckt wird. Es ist auch wider mich und unser Versammlung[3] umb diese Lehre das größte Wüten und Toben eingedrungen und mehret sich täglich, wir wollen sein aber nicht achten. Dann wir in dem Namen unsers Herrn Christi dem Teufel kein Ru[h]e noch Frieden bei uns vergönnen wollen.

Nun mag die Wahrheit je nicht so hinten bleiben. Aber sie eröffnet sich allwegen denen, die sie im Glauben suchen.

Und dass wir die große Finsternis und Verführung erkennen mögen. So möchte doch ein Kind uns lehren. Es hat der Wucher alle natürlich Billigkeit allenthalben und überall zurissen und verdempft,[4] also dass die großen König, Fürsten und Herren ihren eignen Knechten unterstehen müssen und werden Knecht ihrer Knecht, und dass in einem solchen verachtlichen, schnöden Handel, das beweinlich und erbärmlich ist.

Ach Gott, wie ist das ein Regiment und ein Ordenung, so die gottlosen Wucherer die großmächtigen, auch hochgebornen regierenden Herren unter ihren Wuchergezwang dringen, und dann so haben sie recht und hat alles ein Furgang,[5] was ihnen die Weltverderber furnemen.[6]

Es kann ja das Recht übel gehandhabt werden, do der Kläger oder Antworter[7] dem Richter ni[ch]t lediglich unterworfen ist.

Ich rede hie[r] viel und lass mich vielleicht in Gefahr.[8] Ich kann seiner aber ni[ch]t achten, Wahrheit ist Wahrheit. Wenn ich und

---

1 Codex Iustiniani, s. PETER WEIMAR, Art. Corpus iuris civilis, in: LMA 3 (1986), 270–277.

2 S. Anm. zu »Hauptstück,« Artikel 7.

3 »Versammlung« war Strauß' Bezeichnung für die evangelische Gemeinde, die er in seinen Thesen zum evangelischen Predigerstand vom Juni 1523 für Kurprinz Johann Friedrich eingeführt hatte, s. die Angaben in der Einleitung.

4 Es hat der Wucher alle natürliche Gerechtigkeit zerrissen und erstickt.

5 Erfolg.

6 vorschlagen, Schweizerisches Idiotikon digital 4, 745.

7 Beklagter.

8 [...] und lasse mich vielleicht auf eine Gefahr ein.

meins gleichē wurden ſchweygē. So werden doch die ſtain des götlichē zorns gar bald außſchreiē. Wy mag es verſchwygen bleiben/das ſo ein König/furſt/oder landsherr yn ſeynen nödten/auch betreffent landt vnd lewt/von ſeinē naturlichen vnterthanē gelt auffnimpt/vñ ſol ym ſchlos/pfleg/dorffer od gericht darūb verpfendē vñ yerlichē geſuch darumb betzalen.

¶ Es ſolt doch ein ytlicher vnterthan ſeyner herſchafft/nit allein das gut/aber auch ſein leib/vñ lebē/fur zuſetzen bey ſeinem Eyde/trewen/vnnd eeren/pflichtig vnnd ſchuldig ſych erkennen. Wenn wir gleich nit Chriſten weren/ſo vberwinde vns doch geweltiklich die naturlich billigkait/das ſolichs verſchmelich vnd grawſam zu hören yſt.

¶ Es yſt yetzt darzu komē yn der Chriſtenhait gewonlich yn allen königreichē/vñ yn vil Furſtēthumē. So du durch die lād wanderſt/ſo frag wes yſt die ſtadt/ſchlos oder gegnet/vñ ſo du dy herſchafft erkēneſt/frag weiter/wz mag es doch yerlich d herſchafft yn yr kamer gut erraichē Da wirſtu gar offt hörē dz man ſagē wirt/die herſchafft hat nicht vil dauō. Es iſt verſetzt vñ verpfendt dem kauffman/dez edelman/auch zu zeitten den pfaffen/vñ faiſtē Munchē. Vñ alſo haben die herren den tittel/vnd yhre knecht vnd vnterthanen den nutze.

¶ Ich waiß wol wz ich hie ſage/dan es befyndet ſych hie leider/dz vil groſſer mechtiger furſtenthum/des gleichē auch zu dyſer zeit beſchwerd ſynd/das wo der Furſt eynē pfenning yerlich einnimpt/da nimpt darnebē ein wichtiger ertzwucherer zehē ein. Ich nēne den ſelbē landtveröber mit ſeinem namē nicht/er iſt aber der gantzen wellt wolbekant.

¶ Vnd alſo komen die herſchafften ynn der Chriſtenheit zu beſchutzung vnnd beſchyrm yhrer landt/vnd nutzlicher gutter pollicey/nicht fruchtbars mer außrichten/dan die wucherer lygen allenthalben ym wege.

¶ Nun wollt ich ye gern wyſſen womit der vntterthan ſeyne ehre/vnnd ayde verwartt/ſo er ſeyner geordenten herſchafft ſollich beſchwerden auffladet/darunder landt vñ lewt zuuerderben raichen.

meinsgleichen würden schweigen. So werden doch die Stein [Bl. 335a]
des göttlichen Zorns gar bald ausschreien. Wie mag es verschwiegen bleiben, dass so ein König, Fürst oder Landsherr in seinen Nöten auch betreffend Land und Leut von seinen natürlichen Untertanen Geld aufnimmt und soll ihm Schloss, Pfleg, Dörfer oder Gericht darumb verpfänden und jährlichen Gesuch[1] darumb bezahlen.

Es sollt doch ein yclicher[2] Untertan, seiner Herrschaft ni[ch]t allein das Gut, aber auch sein Leib und Leben furzusetzen,[3] bei seinem Eide, Treuen, und Ehren pflichtig und schuldig sich erkennen. Wenn wir gleich ni[ch]t Christen wären, so überwinde uns doch geweltiklich[4] die natürlich Billigkeit, dass solichs verschmählich und grausam zu hören ist.

Es ist jetzt darzu kommen in der Christenheit gewöhnlich in allen Königreichen und in viel Fürstentümern. So du durch die Land wanderst, so frag, wes ist die Stadt, Schloss oder Gegnet,[5] und so du die Herrschaft erkennest, frag weiter, was mag es doch jährlich der Herrschaft in ihr Kammergut erreichen? Da wirst [d]u gar oft hören, dass man sagen wird, die Herrschaft hat nicht viel davon. Es ist versetzt und verpfändt dem Kaufmann, dem Edelmann, auch zu Zeiten den Pfaffen und feisten Munchen. Und also haben die Herren den Titel und ihre Knecht und Untertanen den Nutze[n].[6]

Ich weiß wohl, was ich hie[r] sage, dann es befindet sich hie[r] leider, dass viel großer, mächtiger Fürstentüm[er] des gleichen auch zu dieser Zeit beschwert sind, dass, wo der Fürst einen Pfennig jährlich einnumpt,[7] da nimmt darneben ein wichtiger Erzwucherer zehen ein. Ich nenne den selben Landverderber mit seinem Namen nicht, er ist aber der ganzen Welt wohl bekannt.[8]

Und also komen[9] die Herrschaften in der Christenheit zu Beschützung und Beschirm ihrer Land und nützlicher guter Policey nicht[s] Fruchtbars mehr ausrichten, dann die Wucherer liegen allenthalben im Wege.

Nun wollt ich ja gern wissen, womit der Untertan seine Ehre und Eide verwahret, so er seiner geordenten Herrschaft sollich Beschwerden aufladet, darunter Land und Leut zu verderben reichen.

---

1 Zins.

2 jeglicher.

3 dazugeben.

4 gewaltig.

5 Gegend.

6 Strauß versucht hier, seinen Landesherrn zu überzeugen, dass Verpfändungen seine Position als Herrscher schwächen. Denn, so sein Argument, der jeweilige Herrscher verfügt über sein Eigentum nur noch dem Titel nach, die Erträge daraus aber fallen denjenigen seiner Untertanen zu, von denen er sich Geld geliehen hat: Kaufleuten, Adligen, Pfarrern und Klöstern.

7 einnimmt.

8 Nach BARGE, Jakob Strauß, 75, Anm. 203 meint Strauß Jakob Fugger und Kaiser Karl V. Hier werden aber auch Beobachtungen Strauß' in Schwaz eine Rolle spielen, dessen Silber- und Kupferproduktion bis zu 75 % an die Fugger verpfändet war.

9 Verschreibung von »konnen«.

¶ So dan der wucher niemants verſchonet er ſey yn was
ſtandts/wirdē/oder gewalt/ſolten ye die großmechtigen her-
ſchafften dz ſchwert ſelber zu handen nemē/vñ yrer landt vnd
leutt gerechter nutzung/vnd einkomens ſelbert herrē vnd be-
ſytzer ſein. Damit ſye yrer eigener knechten knechtliche dienſt
barkait veryagtē/vñ die ſtuel nicht auff den benckē hupffen.

¶ Sollichs zu predigen oder zuſchreiben mag mir woll bey
vil leuttē geferlich furderung bryngē. Aber wer mag ſo grob
vñ gotlos gefunden werdē/der/der geordneten vñ gebornen
herſchafftē ſchadē erkennet/vnd nicht behertziget/ wolte got
das vnſer Chriſtliche Furſtē/der das meerer teyl yunge ange-
gehende/regirende herren ſyndt/ſolchē vnſchetzlichen ſchadē
fur augen nemēt/ vnd ſych ſelbs auch alle yre vnderthanen/
auffs beldeſt aus dem vnſeligē yoch des wuchers außreiſſen/
ſo wurden yre landtſchafftē/ vnd yr hendel widderūb erneu-
wert/ fridt vnd gerechtikait widderūb eingeſetzt/ vnd alle vn
gehorſamkait der vnderthanen leichtlich abgeſtelt.

¶ So nun vnuberwitlich des wuchers krafft ſich alſo auß-
ſtreckt/yſt wol ein groß wundt aus wz vrſach die groſſen her-
ſchafftē vber yrem aignen verderbē ſo hart vñ feſt haltē. Aber
es yſt ye vnd ye alſo geweſen/dz Furſtliche miltigkait von den
eygēnutzigen offt vñ menigmal angefurt wirt / vnd alſo hatt
man hie auch gefundē / ein hubſchen ſchein vnd ein wol ver-
bluemte vrſach zu haupthabung des wuchers/ dz die weyſen
vñ hochgeleertē ſtettigs furgeben / wie hernach folgt.

¶ Es ſol ein yeder König/Furſt oder herre / auch ein yeder
fromer redlicher man ſein verſprochne trew vnd glaubē/vnd
verſchreybung yn keynē weg nicht brechē/aber feſtiklich hal-
ten. Es ſoll auch niemants ſeiner verſchriebener nutzung ent-
wert werden/ vnd das yſt ſo ein groß erſchrockēlichs ding vñ
furgebē / vnd habens auch wolgetroffen/ſo man vō wucher
ſagen wil. So glaub auch ein yeder fromer Chriſt/das hie ebē
der gleichen furgebildet wirt wie ynn des Bapſts bann eyn
geharniſchter gewapēpter Straupuß/wer ſych dauor furch-
tet den möcht er freſſen.

So dann der Wucher niemands verschonet, er sei in was Stands Würden oder Gewalt, sollten ja die großmächtigen Herrschaften das Schwert selber zu Händen nehmen und ihrer Land und Leut gerechter Nutzung und Einkommens selbert Herren und Besitzer sein. Damit sie ihrer eigener Knechten knechtliche Dienstbarkeit verjagten und die Stühl nicht auf den Bänken hüpften. [Bl. 335b]

Sollichs zu predigen oder zu schreiben mag mir wohl bei viel Leuten gefährlich Furderung[1] bringen. Aber wer mag so grob und gottlos gefunden werden, der der geordneten und geborenen Herrschaften Schaden erkennet und nicht beherziget; wollte Gott, dass unser christliche Fürsten, der das mehrer Teil junge angehende regierende Herren sind,[2] solchen unschätzlichen Schaden fur augent nehment[3] und sich selbs[t], auch alle ihre Untertanen aufs bäldest aus dem unseligen Joch des Wuchers ausreißen; so wurden ihre Landschaften und ihr Händel wiederumb erneuert, Fried und Gerechtigkeit wiederumb eingesetzt und alle Ungehorsamkeit der Untertanen leichtlich abgestellt.

So nun unüberwindlich des Wuchers Kraft sich also ausstreckt, ist wohl ein groß Wunder, aus was Ursach die großen Herrschaften über ihrem eignen Verderben so hart und fest halten. Aber es ist je und je also gewesen, dass fürstliche Miltigkeit von den Eigennützigen oft und menigmal angefurt[4] wird, und also hat man auch hie[r] gefunden ein hübschen Schein und ein wohl verblümte Ursach zu Haupthabung[5] des Wuchers, das die Weisen und Hochgelehrten stettigs furgeben,[6] wie hernach folgt.

Es soll ein jeder König, Fürst oder Herre, auch ein jeder frommer, redlicher Mann sein versprochne Treu und Glauben und Verschreibung in keinem Weg nicht brechen, aber festiglich halten. Es soll auch niemands seiner verschriebener Nutzung entwert[7] werden, und das ist so ein groß, erschrockenlichs Ding und Furgeben, und habens auch wohl getroffen, so man von Wucher sagen will.[8] So glaub auch ein jeder frommer Christ, dass hie[r] eben der gleichen furgebildet wird wie in des Papsts Bann ein geharnischet gewappneter Strauputz,[9] wer sich davor fürchtet, den möcht er fressen.

---

1 Empfehlung.

2 Strauß wendet sich hier an den Kurprinzen Johann Friedrich.

3 in Blick nehmen.

4 mannigfach getäuscht.

5 Hauptfestigung, vgl. Schweizerisches Idiotikon digital 2, 928.

6 halsstarrig vorgeben.

7 entfremdet.

8 Es soll auch niemand seiner vertraglichen Nutzung entfremdet werden – und das ist so ein großes, schreckliches Ding und Vortäuschen, und [sie] haben es auch gut getroffen, wenn man von Wucher reden will. – Strauß verteidigt sich hier wohl gegen Vorwürfe, er habe zu Rechtsbruch aufgerufen.

9 Strohputz.

Jch wolt die weyſen hochgelertē vntertenigs fleys bittē-
das ſie mir doch yhr groſſe kūſt mitteyletē/ vñ zaigtē vns cler-
lich an/welcher glaub/trew od verſchreybūg/aide/ od gelub-
de ſolte wid dē warē gottes chriſtēlichē glawbē. Auch wider
gottes gebot/vñ ſein ewigs lebēdiges wort/ein furtzug habē.

Es kan ye nicht aus bleibē/die wucher patronē muſſen al-
lēthalbē offenlich befyndē wiewl ſie ym Euangelio gelert ſynd

Jch wolt das dye groſſen doctores yhre aigne rechtbucher
ausſchauetten/ do vngezweyffelt geleſen wirt/das ynn vnzim-
lichen gelubden nit glawben gehalten ſol werden.

So dan der wucher handel ſo offenbarlich/ wie ym erſten
tail dys buchleins angezaigt/ vō Got ym altē vnd newen teſta
ment verbottē yſt/wer kan ſych ſelbs dan wider gottes gebot
vnd wort verſchreyben oder verbynden:

Es wer furwar not ſolichē witzigen hochgelertē leutē/als
Doctor Ecken vñ ſeynem gleichē/Jch main alle die/die dē wu
cher hādel vertedygen wöllē/das ſey furſtē vnd Herrē/ auch
dem gemainē man/des wucher zinß verſchreybungen/chriſtē-
lich/vnd yn der warhait außlegtē. Dan ſo ſolich vorſchreybū-
gen bey dem hellen liecht des euāgeliūs geſehen werden/kan
man nichts anders daryn verſtehē/dan das d wucher knecht/
ſych ſeynem wucher herren krefftiglich vntergibt/wider got/
vnd yhrer beder ſeelen hail vnnd ſeligkait.

Jſt dan dz eyn verſchreybūg/ die d Chriſtē mēſch ſchuldig/
aus chriſtenlichem glaubē erkeñt vnnd gelert ſol werden. So
mus alle hailige geſchriefft vñ Chrūs ſelber geirret habē.

Wie aber d gemeyn mann nit ſeyn ſelbs richter ſol ſeyn/
vnnd ſych ym wucher tzinß gegen yderman halten/ wirt
hernach am endt clerlich geleret.

Ach es yſt ymer m er zu beclagen vñ zu beweynen/ dz d gley-
chen/weyſen vñ hochgelertē (yn yhrem ſyñ) alſo vnuerſchābt
die groß mechtigen herſchafften/vnd das arme gemeyne volck
von Gott abwenden.

Derwegen laſs ſych keyn fromer Chriſtenlich furſt an ſol-
cher welt verfurer/verbluemte/geſchwinde vnd ſubtyle wort

Ich wollt die Weisen, Hochgelehrten untertänigs Fleiß bitten, [Bl. 336a]
dass sie mir doch ihr große Kunst mitteileten und zeigten uns klärlich an, welcher Glaub, Treu oder Verschreibung, Eide oder Gelübde sollte wider den wahren Gottes christenlichen Glauben, auch wider Gottes Gebot und sein ewigs, lebendiges Wort ein Furtzug[1] haben.

Es kann ja nicht ausbleiben, die Wucherpatronen[2] müssen allenthalben öffentlich befinden, wie viel sie im Evangelio gelehrt sind.

Ich wollt, dass die großen Doctores ihre eigene Rechtbücher ausschauetten, do ungezweifelt gelesen wird, dass in unziemlichen Gelübden ni[ch]t Glauben gehalten soll werden.

So dann der Wucherhandel so offenbarlich, wie im ersten Teil des Büchleins angezeigt, von Gott im Alten und Neuen Testament verboten ist, wer kann sich selbs dann wider Gottes Gebot und Wort verschreiben oder verbünden?

Es wär fürwahr not, solichen witzigen,[3] hochgelehrten Leuten als Doctor Ecken[4] und seinem gleichen – ich mein alle die, die den Wucherhandel verteidigen wollen – das sei Fürsten und Herren – auch dem gemeinen Mann des Wucherzins Verschreibungen christenlich und in der Wahrheit auslegten. Dann so solichs Vorschreibungen bei dem hellen Licht des Evangeliums gesehen werden, kann man nichts anders darin verstehen, dann dass der Wucherknecht sich seinem Wucherherren kräftiglich untergibt wider Gott und ihrer beder[5] Seelenheil und Seligkeit.

Ist dann das ein Verschreibung,[6] die der Christenmensch schuldig aus christenlichem Glauben erkennt und gelehrt soll werden, so muss alle Heilige Geschrift und Christus selber geirret haben.

Wie aber der gemein Mann ni[ch]t sein selbs Richter soll sein
und sich im Wucherzins gegen jedermann halten, wird
hernach am Ende klärlich gelehret.[7]

Ach, es ist immer zu beklagen und zu beweinen, dass dergleichen Weisen und Hochgelehrten (in ihrem Sinn) also unverschämbt die großmächtigen Herrschaften und das arme gemeine Volk von Gott abwenden.

Derwegen lass sich kein frommer christenlich Fürst an solcher Weltverführer verblümte, geschwinde und subtile Wort.

---

1 Vorzug.

2 Wucherpatrone.

3 klugen.

4 Johannes Eck (1486–1543).

5 beider.

6 Verpflichtung.

7 Wie aber der gemeine Mann nicht sein eigener Richter sein soll und sich bezüglich des Wucherzinses gegen jedermann verhalten [soll], wird nachher am Ende deutlich gelehrt.

Dan ſie ſelber vnd nicht ſoliche lerer vñ rethe muſſen Got fur
ſich ſelbs vnd alle yhre vnterthanen rechnung thun. Es mag
auch eyn yeder fromẽr Chriſt yn Gottes wort leychtlich erkẽ-
nen/das auch ob gleich wol einer ſych mit ſeynẽ aignem blut
auch furgetruckt ſein aignes hertz wider Gottes gebot zuthũ
verſchryeben hett/ſo hat es doch alles kein krafft oder anſehẽ
vnd mus (als aus dem teuffel erdicht.) gebrochen vnnd nicht
gehalten werden.

Es yſt ytzunder (Got hab lobe) an tag kum̃en/dz auch vn-
zimlich gelubdẽ Got geſchehẽ/ ynn kainen weg das gewiſſen
bynden/mus dan das ſo feſt gehalten werdẽ/das eyn menſch
dem andern gelobt/oder verſchreibt wyder Got?Oder ſol der
glawbe zu Gott verruckt/ vnd Gottes gepot vbertretten wer
den/ damit man dem menſchen glawben halt?

Es mochte eynem from̃en Chriſten menſchẽ ſoliche Gotzle
ſterliche witz/radt/vñ lere/ vor angſt ſeyn hertz zebrechen.

Niemãts mag auch ď gleichẽ Gotlos furgebẽ on ſchmer-
tzẽ bedenckẽ/ dã allain ď on glaubẽ vnd liebe erfunden wirt.

Als wyr nun wyder den wucherzinße wol verſichert/aus
aller Götlicher geſchrieft clerlich vñ offenbar gelert ſynd/vnd
hyryn auch nach vermögen der naturlichen billikait/ vñ tegli-
cher erfarnus bekrefftiget werdẽ.So haben ſych nun die wu-
cherſuchtigẽ yn groſſem geſchraye erhebt/vnd ſchamẽ ſich nit
ſo vnhöflich zu liegen.Das ſie ſagẽ/wir leren hie zu Iſennach
Man ſoll niemants nicht meer betzalen/auch kain erbzins ray
chen.Denn ſelbenn hab ich nitt groſs nott zu antwortten.Sie
werden yhre vnchriſtenliche lugen klerlich anſchawen / ſo ſie
diſs buchlein leſen byſs an das ende.

Es yſt freylich niemants ſo ainfeltig/der mein predigen ge-
hort hat/vnd diſs buchlein leſen wirdt/der nit verſtehe/ was
wucherzinß oder erbzinß ſey/ſo ich doch ſo offt mit lauterem
verſtand den wucherhandel entdeckt hab.

Aber Got hab lobe yn ewikait/der vns ſeynes eyngebornẽ
ſons mitgenoſſen ym Euangelio rufft/ das den gelydern nicht
baſs ergehe/dan es dem haupt ergangen yſt.

Dann sie selber und nicht soliche Lehrer und Räte müssen Gott für sich selbs und alle ihre Untertanen Rechnung tun. Es mag auch ein jeder frommer Christ in Gottes Wort leichtlich erkennen, dass auch, ob gleich wohl einer sich mit seinem eignen Blut, auch furgeruckt[1] sein eignes Herz wider Gottes Gebot zu tun verschrieben hätt, so hat es doch alles kein Kraft oder Ansehen und muss (als aus dem Teufel erdicht) gebrochen und nicht gehalten werden. [Bl. 336b]

Es ist itzunder[2] (Gott hab Lobe) an Tag kommen, dass auch unziemlich Gelübden Gott geschehen in keinen Weg[3] das Gewissen binden, muss dann das so fest gehalten werden, dass ein Mensch dem andern gelobt oder verschreibt wider Gott? Oder soll der Glaube zu Gott verruckt und Gottes Gebot ubertreten werden, damit man dem Menschen Glauben halt?

Es möchte einem frommen Christenmenschen soliche gotzlesterliche Witz,[4] Rat und Lehre vor Angst sein Herz zerbrechen.

Niemands mag auch dergleichen gottlos Furgeben[5] ohn Schmerzen bedenken, dann allein, der ohn Glaube und Liebe erfunden wird.

Als wir nun wider den Wucherzinse wohl versichert aus aller göttlicher Geschrift klärlich und offenbar gelehrt sind und hierin auch nach Vermögen der natürlichen Billigkeit und täglicher Erfarnus[6] bekräftiget werden, so haben sich nun die Wuchersüchtigen in großem Geschrei erhebt und schämen sich ni[ch]t so unhöflich zu liegen.[7] Dass sie sagen, wir lehren hie[r] zu Isennach: Man soll niemands nicht mehr bezahlen, auch kein Erbzins reichen. Denselben hab ich ni[ch]t groß Not zu antworten. Sie werden ihre unchristenliche Lügen klärlich anschauen, so sie dies Büchlein lesen bis an das Ende.

Es ist freilich niemands so einfältig, der mein Predigen gehört hat und dies Büchlein lesen wird, der ni[ch]t verstehe, was Wucherzins oder Erbzins sei, so ich doch so oft mit lauterem Verstand den Wucherhandel entdeckt hab.

Aber Gott hab Lobe in Ewigkeit, der uns seines eingebornen Sohns Mitgenossen[8] im Evangelio ruft, dass den Gliedern nicht bass[9] ergehe, dann es dem Haupt ergangen ist.

---

1 vorübergehend, vgl. Schweizerisches Idiotikon digital. 6, 859.
2 jetzt.
3 dass auch sittenwidrige Gott geleistete Gelübde keineswegs.
4 gotteslästerliche Klugheit.
5 Vorwand.
6 Erfahrung.
7 lügen.
8 Eph 2,19.
9 besser.

Chriſtus hat gelert/mā ſol dem Kaiſer geben was yhm zu-
gehöret/vnd Got was Got zugehöret. Die hochweyſen/hoch
gelerten/andechtigen from̃en lewt die Phariſeyer / ſagtē vor
Pylato/er hette verbotten dem Kayſer ſein tzynſs vnnd tribut
zu geben.

Jch hab hie gelert yn dem nāmen vnſers lieben herren Je-
ſu Chriſti/ man ſol yederman geben was man Götlich vñ red-
lich ſchuldig yſt. Wucher tzynß willig vnnd on gezwang auch
on bruderliche vermanung vnd proteſtation des vnpilligē an-
forderes/zu geben/iſt wider Got/vnd das gantz chriſtenlich
weſen/das allain ym glawben vnd bruderlicher liebe frucht-
barlich wurckt. Vnd ſo ich ſolchs auſs Chriſtenlicher pflicht
getrewlich gelert habe/ſo ſchreyen die vnuerſchambten luge-
ner/vnd füllen allen menſchen die oren an/vnd ſagen. Jch hab
verbotten alle tzinſs vnnd betzalung . Das ſych Gott vber die
elennden lugener wölle erbarmen/ vnnd gebe yhnen die war-
hait zu erkennen.

Jm beſchlus dyſer lere erhebt ſich erſt angſt vnd not/ſo nie
mants oder gar wenig dem Euangelio vorharlichē glawben
gibt/ vñ ð zeitlich gewalt auff den wucher dringet/wie ſoll dā
der frome Chriſt ſych haltē/ð mit dem wucher beladē yſt/vnd
er erkennet ytzt yn dem wort Gottes ſeyn ſelbs oder auch ſey-
ner eltern yrrūg Es kan ye niemants/ wie der herr ſagt/zweyē
herrē dienē. Nun verbietet Got ſo menigfeltig dē wucher hā
del/wen dan die zeytlich herſchafft den wucher hanthabt/ vñ
zu bezalen ſo ſtreng ernſtlich gebot gibt/ſo ſynnd auch ſoliche
gebot geſtracks wydereynanð/vnd mus ains gehaltē werdē/
vñ dz anð gebrochē/wie vor augē. Will ð from Chriſten man/
wie not iſt/gottes wort vñ ſeyn gebot nit vbertrettē/ ſo mues
er ynn dyſem fall der menſchlichen oberkait keyn volge thun/
will er aber das menſchlich gebot volſtrecken/ ſo wirt er Got
tes gebot vnd ſeyn wort muſſen verlaſſen.

Der wegen hab ich offt geſagt der helliſch wucherhandel
wurde die ſchwachen ym Euangelio beſunderlich engſtygen
vnd yhr vil abtrunig machen. Dann ſo die wucher Patronen

Christus hat gelehrt, man soll dem Kaiser geben, was ihm zugehöret, und Gott, was Gott zugehöret.[1] Die hochweisen, hochlehrten, andächtigen, frommen Leut, die Pharisäer, sagten vor Pylato, er hätte verboten, dem Kaiser sein Zins und Tribut zu geben.[2] [Bl. 337a]

Ich hab hie[r] gelehrt in dem Namen unsers lieben Herren Jesu Christi, man soll jedermann geben, was man göttlich und redlich schuldig ist.[3] Wucherzins willig und ohn Gezwang auch ohn brüderliche Vermahnung und Protestation des unbilligen Anforderers zu geben, ist wider Gott und das ganz christenlich Wesen, das allein im Glauben und brüderlicher Liebe fruchtbarlich wurckt.[4] Und so ich solchs aus christenlicher Pflicht getreulich gelehrt habe, so schreien die unverschämten Lugener[5] und füllen allen Menschen die Ohren an und sagen: Ich hab verboten alle Zins und Bezahlung. Dass sich Gott über die elenden Lugener wolle erbarmen und gebe ihnen die Wahrheit zu erkennen.

Im Beschluss dieser Lehre erhebt sich erst Angst und Not, so niemands oder gar wenig dem Evangelio vorharlichen[6] Glauben gibt und zeitlich Gewalt auf den Wucher dringet, wie soll dann der fromme Christ sich halten, der mit dem Wucher beladen ist, und er erkennet itzt in dem Wort Gottes sein selbs oder auch seiner Eltern Irrung? Es kann ja niemands, wie der Herr sagt, zweien Herren dienen.[7] Nun verbietet Gott so mannigfaltig den Wucherhandel, wenn dann die zeitlich Herrschaft den Wucher handhabt[8] und zu bezahlen so streng ernstlich Gebot gibt, so sind auch soliche Gebot gestracks wider einander, und muss eins gehalten werden und das ander gebrochen, wie vor Augen. Will der fromm Christenmann, wie not ist, Gottes Wort und sein Gebot ni[ch]t übertreten, so muss er in diesem Fall der menschlichen Oberkeit kein Folge tun, will er aber das menschlich Gebot vollstrecken, so wird er Gottes Gebot und sein Wort müssen verlassen.

Derwegen hab ich oft gesagt, der höllisch Wucherhandel würde die Schwachen im Evangelio besunderlich ängstigen und ihr[er] viel[e] abtrünnig machen. Dann so die Wucherpatronen

---

1 Mk 12,17 par.
2 Lk. 23,2.
3 Vgl. Mk 12,17 par.
4 wirkt.
5 Lügner.
6 beharrlichen.
7 Mt 6,24.
8 praktiziert.

vnd ſchirmherrn mit ſolchē liſten wie yczt oben angezeigt/die
herſchafften den wucher zu handthaben / teglich einfurenn.
Wer dan ſolchē geſtrengē gepotten nicht gehórig will ſeyn/ d
wirt vngehorſam vñ auffrurig geſchultē/vnd dan ſagen ſy die
feyndt der warheit/ich vnd meyns gleichen ſchaffen nichts
anders mit vnſerm predigen/dan das wir den gemeinen man
zu auffrur erwecken.

Vñ das iſt d vergyffte helliſche ſtrick/dē Bapſt/pfaffen vñ
munich geflochtē habē/als ſie dan mit ſolichem geplerr etlich
großmechtig chriſtelich furſtē vom Euangelio abgewent ha
ben. Vnd an dyſem ſtrick ziehen auch hernach alle die/die yrs
bauchs vnd beuttels zu gleycherweiſs/als pfaffen/vñ munch
ſchmelerung vnd abpruch furchten/vnd ſchreyen alle on auff-
hóren/vber das heylig Euangelium auffrur/auffrur / vnd hel-
tet ſych doch eben mit yhnen/wie Got durch den heyligē pro-
phetē Eſaiam am.viij.capittel ſagt/das alles was ſye ſagē das
yſt auffrurig wider Got vnd ſeyne diener. Vnnd alſo ſchelten
vnnd verdammen ſye vnuerhóret / vnnd vnuberwunden die
vnſchuldigen.

¶ Nun byn ich vngezweiffelt die ſelbē weyſen verſtendigē
werden yn yhrem aignen ſtrick ſych ſelbs verknupffen/vñ vō
dem will ich hernach ſagen.

Aber Got hab lobe/wir haben yn dem hailigen Euangelio ſo
uil gelernet/dz wir wiſſen vnter dem creutz vnſers herren alſo
vns zuhaltē/domit wir gottes gebot/vñ ſeyn lebēdigs ewigs
wort ym wucherhandel nit werden verlaſſen/vñ darnebē der
zeytlichen oberkait vns zu aller vndertenikait beweyſen. Das
wir mit der warhait ſtraffbar nit beclagt mogen werdē. Vñ
eher wir daſſelbig gótlich vnd Chriſtenlich mittel erklerē/ So
wil ich am erſtē wydervmb yn gedechtnus bryngen/was vor-
mals vō dem fryden Chriſti/vñ vō des teuffels frydē/ vnd alſo
von Chriſtenlicher auffrur/vnd der welt auffrur / mit guttem
vnderſchaid geprediget vnnd geleret.

¶ Es iſt gut wiſſen/das Chriſtus vnſer getrewer Got/von
yhm ſelbs beſchlußlichen ſagt Mathei am zehenden capittel.

und Schirmherrn mit solchen Listen – wie itzt oben angezeigt – die [Bl. 337b]
Herrschaften, den Wucher zu handhaben, täglich einfuren.
Wer dann solchen gestrengen Geboten nicht gehörig will sein, der wird ungehorsam und aufrührig geschulten,[1] und dann sagen sie, die Feind der Wahrheit, ich und meinsgleichen schaffen nichts anders mit unserm Predigen, dann wir den gemeinen Mann zu Aufruhr erwecken.

Und das ist der vergifte[te] höllische Strick, den Papst, Pfaffen und Munich geflochten haben, als sie dann mit solichem Geplärr etlich großmächtig, christenlich Fürsten vom Evangelio abgewen[de]t haben. Und an diesem Strick ziehen auch hernach alle die, die ihrs Bauchs und Beutels zu gleicherweis als Pfaffen und Munch Schmälerung und Abbruch fürchten und schreien alle ohn Aufhören über das heilig Evangelium »Aufruhr, Aufruhr« und heltet[2] sich doch eben mit ihnen, wie Gott durch den heiligen Propheten Esaiam am 8. Kapitel sagt, dass alles, was sie sagen, das ist aufrührig wider Gott und seine Diener.[3] Und also schelten und verdammen sie unverhöret[4] und unüberwunden die Unschuldigen.

Nun bin ich ungezweifelt,[5] dieselben Weisen, Verständigen werden in ihrem eignen Strick sich selbst verknüpfen und von dem will ich hernach sagen.
Aber Gott hab Lobe, wir haben in dem heiligen Evangelio so viel gelernet, dass wir wissen, unter dem Kreuz unsers Herren also uns zu halten, domit wir Gottes Gebot und sein lebendigs ewigs Wort im Wucherhandel ni[ch]t werden verlassen und darneben der zeitlichen Oberkeit uns zu aller Untertänigkeit beweisen. Dass wir mit der Wahrheit strafbar ni[ch]t beklagt mögen werden. Und eher wir dasselbig göttlich und christenlich Mittel erklären, so will ich am ersten wiederumb in Gedächtnis bringen, was vormals von dem Frieden Christi und von des Teufels Frieden und also von christenlicher Auffruhr und der Welt Aufruhr mit gutem Unterscheid geprediget und gelehret.

Es ist gut wissen, dass Christus unser getreuer Gott von ihm selbs beschlusslichen sagt[6] Mathei am zehenden Kapitel:

---

1 gescholten.
2 und [es] verhält sich doch […].
3 Vgl. Jes 9,14f.
4 ohne Anhörung.
5 Nun bin ich sicher […].
6 […] von sich selbst abschließend sagt […].

Ihr solt nit wenen das ich komen sey frid zu sendē/sonder dz schwert/dan ich bin komen dez menschē zu erregen wider seinen vatter/vnd die dochter wider yre mutter/vnnd die schnur widder yhre schwyger / vnnd des menschen feindt werden. seyne aigne haußgenossen sein. Vñ also zaigt vnser herr Christus von yhm selbs an/ das das ende seyner menschwerdung vnd vnser erlósung mag nicht erraicht werden durch friden. Es mus vorgehen ein erschrockenliche auffrur. Darūb gleichnet er hie sein gótlichs wort nit eynem fuchßschwantz / aber eynem schwerd/dz die ding/die der natur nach/gantz miteynander verknupfft vnd vereyniget synd/von einander schlecht vnd zurtrennet/wie dan der text exēplificirt/das Christus mit dem schwert seines worttes/den son absondert widder seynē vatter/vnd die dochter wider yre mutter/vnd dasselbige auffrurige wesen eroffnet vnser herr Christus gleich ym nachfolgendem text/do er sagt/der do meer liebt vatter oder mutter/dan mich/der yst mein nit wirdig/ vnd der do meer liebt seyn son oder tochter dan mich der ist mein nit wirdig/vnd der do nit auff sych nimpt sein Creutz/ vnnd volgt mir nach/der yst mein nit werdt/

¶ Wer sein leben fyndet/der wirt es verlieren/vnd der sein leben verlewret vmb meynen willen/der wirt es fynden. Wie fychtet Christus hie mit seynem wort/vnd wil das Christenlich hertz abgeschnittē habē/von aller Creaturn auffmerckūg/vnd anhangender liebe/so er anzaigt vatter vnd mutter zuuer lassen. Ja auch das aigen leben/ wo hyrinne der glaub mit dē begirden ynn Gott gestracks einzudryngen verhyndert wirt/ Wo wil vns dann bleiben oder vergunnet werden/ das zeytliche vnrechtfertige gut? So wir doch mussen leib vnd leben/ vatter vnd mutter/weib vñ kinder/aus gezwang des gótlichē worttes/zu ruck schlahen/wo ynn dysen dyngen allen etwas ainmutiges Got dem herrn entgegen vns anruret/damit wir frey ledigklichen Christum yn vns haben/ vnd aller vnser begirden yn yhm verharlich bleyben.

¶ Ich mein es sol ein yeder fromer verstendiger Christ aus

f

»Ihr sollt ni[ch]t wenen,[1] dass ich kommen sei, Fried zu senden, sonder das Schwert, dann ich bin kommen, den Menschen zu erregen wider seinen Vater und die Tochter wider ihre Mutter und die Schnur[2] wider ihre Schwieger[3] und des Menschen Feinde werden seine eigne Hausgenossen sein.[4] Und also zeigt unser Herr Christus von ihm selbs an, dass das Ende seiner Menschwerdung und unser Erlösung mag nicht erreicht werden durch Frieden. Es muss vorgehen[5] ein erschrockenliche Aufruhr. Darumb gleichnet er hie[r] sein göttlichs Wort ni[ch]t einem Fuchsschwanz, aber einem Schwert,[6] das die Ding, die der Natur nach ganz mit einander verknüpft und vereiniget sind, voneinander schlecht[7] und zurtrennet, wie dann der Text exemplifiziert, dass Christus mit dem Schwert seines Wortes den Sohn absondert wider seinen Vater und die Tochter wider ihre Mutter, und dasselbige aufrührige Wesen eröffnet unser Herr Christus gleich im nachfolgenden Text, do er sagt: »Der do mehr liebt Vater oder Mutter dann mich, der ist mein ni[ch]t würdig, und der do ni[ch]t auf sich nimmt sein Kreuz und folgt mir nach, der ist mein ni[ch]t wert. [Bl. 338a]

Wer sein Leben findet, der wird es verlieren; und der sein Leben verlieret umb meinen Willen, der wird es finden. «[8] Wie fichtet[9] Christus hie[r] mit seinem Wort und will das christenlich Herz abgeschnitten haben von aller Kreaturn Aufmerkung und anhangender Liebe, so er anzeigt, Vater und Mutter zu verlassen. Ja auch das eigen Leben, wo hierinne[10] der Glaub mit den Begierden in Gott gestracks[11] einzudringen verhindert wird. Wo will uns dann bleiben oder vergunnet[12] werden das zeitliche unrechtfertige Gut? So wir doch müssen Leib und Leben, Vater und Mutter, Weib und Kinder aus Gezwang des göttlichen Wortes zu ruck schlahen,[13] wo in diesen Dingen allen etwas ainmütiges,[14] Gott dem Herrn entgegen uns anrühret, damit wir frei lediglichen Christum in uns haben, und unser Begierden in ihm verharrlich[15] bleiben.

Ich mein, es soll ein jeder frommer, verständiger Christ aus

---

1 wähnen.
2 Schwiegertochter.
3 Schwiegermutter.
4 Mt 10,34–36.
5 vorausgehen.
6 Darum vergleicht er hier sein göttliches Wort nicht mit einem Fuchsschwanz, sondern mit einem Schwert […].
7 schlägt.
8 Mt 10,37–39.
9 ficht.
10 hierin.
11 unmittelbar.
12 vergönnt.
13 zurück schlagen.
14 eigensinniges.
15 beharrlich.

behertzigung diſer gôtlichen hoher wort krefftiglichē faſſen/ was groſſer manigfeltiger auffrur er yn ſeyner ſelen/ auch yn ſeynem fleiſch vnd blut teglichen allein ym glauben erleyden mus/ehr der alt Adam gar yn yhm erſtirbt. Auch des geſetzes der ſunden geledigetwirt.

¶ Es muß ſych auch ein yeder der Chrō gehôrig wil ſein/ kainer freuntſchafft vertrôſten/deren die das hailig Euangeliū yn der warheit nit erleyden mōgē. Der gleichē auch der ſelbigen liebhabern diſer welt/vngūſt/vñ feyntſchafft/oder verfolgung ſoll er ſych nit yrren laſſen. Es muß alſo ſeyn/das die welt yres gleichen liebhabe/vñ was Got durch ſein gôtlichs wort von der welt yhme auſſerwelet hat/das haſſet auch die welt/wie Chriſtus ſagt Johānis am.xv. Vnnd ſôliche auffrur wider den teuffel vnd die welt/hat Chriſtus erweckt vnd die furgeordneten zu ď ſeligkait mit dem ſchwerd ſeynes gôtlichē worttes erſtreytten. Vnd furet fur vnd fur/den ſelben krieg/ byſs an den yungſten tag.

¶ Wer nun ſôlliche auffrur nicht erleyden mag/dem bleibt nemlichen die wellt vnd ſeyn aygen leben/freudt/wolluſt/vñ aygner nutze/meer als Chriſtus/darumb mag er dz ſchwert nit erleyden/das yhme ſein ſundtlich wolluſt/aygnen nutz/vñ weltlich ehre vnd freudt abſchlecht.

¶ Mit der gleichen auffrur vnd vnfride ſol das haylig Euāgelium gepredigt vnd eingefurt/vns dem teuffel abnemen/ vnd Chriſto zufuren.

¶ Vnd alſo kan ich mich auch nit außnemen (doch on allē weltlichē berhum) das mein predigen/vnd hochſter fleyß nit zu auffrur gericht ſey/dann ich wolt das kein menſch des andern freundt blieb/vnnd alle gaſſen vnd ſtraſſen/vnnd yhre einwoner on auffhôren ynn ſôlchem hader vnd zang blyeben/ vnnd das niemants dem andern kein gleichs oder folge thette yn allen dem das Got vnſer herr durch ſeyn hayliges wort abſchafft/vnd verbotten hatt.

Beherzigung dieser göttlichen hoher Wort kräftiglichen fassen, was großer mannigfältiger Aufruhr er in seiner Seelen, auch in seinem Fleisch und Blut täglichen allein im Glauben erleiden muss, ehe der alt Adam gar in ihm erstirbt. Auch des Gesetzes der Sünden gelediget wird. [Bl. 338b]

Es muss sich auch ein jeder, der Christo gehörig will sein, keiner Freundschaft vertrösten, deren die das heilige Evangelium in der Wahrheit ni[ch]t erleiden möge. Dergleichen auch der selbigen Liebhabern dieser Welt Ungunst und Freundschaft oder Verfolgung soll er sich ni[ch]t irren lassen. Es muss also sein, dass die Welt ihresgleichen liebhabe, und was Gott durch sein göttlichs Wort von der Welt ihme auserwählet hat, das hasset auch die Welt, wie Christus sagt Johannis am 15.[1] Und soliche Aufruhr wider den Teufel und die Welt hat Christus erweckt und die Furgeordneten[2] zu der Seligkeit mit dem Schwert seines göttlichen Wortes erstreiten.[3] Und führet für und für denselben Krieg bis an den Jüngsten Tag.

Wer nun solliche Aufruhr nicht erleiden mag, dem bleibt nämlichen die Welt und sein eigen Leben, Freud, Wollust und eignen Nutze[n] mehr als Christus, darumb mag er das Schwert ni[ch]t erleiden, das ihme sein sündlich Wollust, eignen Nutz und weltlich Ehre und Freud abschlecht.[4]

Mit dergleichen Aufruhr und Unfriede soll das heilig Evangelium, geprediget und eingefürt, uns dem Teufel abnehmen und Christo zu führen.

Und also kann ich mich auch ni[ch]t ausnehmen (doch ohn alle weltlichen berhum[5]), dass mein Predigen und höchster Fleiß ni[ch]t zu Aufruhr gericht[et] sei, dann ich wollt, dass kein Mensch des andern Freund blieb und alle Gassen und Straßen und ihre Einwohner ohn Aufhören in solchem Hader und Zank blieben und dass niemands dem andern kein Gleichs oder Folge täte in allen dem, das Gott unser Herr durch sein heiliges Wort abschafft und verboten hat

1 Joh 15,19.
2 Vorherbestimmten.
3 erstritten.
4 abschlägt.
5 Ruhm.

¶ Wo ich anderst leeret vnd prediget/so wer ich nicht ein diener des Euangeliums Jhesu Christi. Aber ein lugener/vñ eyn feyndt des Creutzes Christi/derwegen mag ich wol leyden/vnd danck meinem Got/das ich als auffrurig gescholten wird vnd teglich vermaledeyet vnd verdampt. Dan ich wirde ynn kainen weg sölche auffrur zu fordern nachlassen. So lang mir der geyst ym hertzen bleibt. Ich wayß auch kain richtung anzunemen/mit den feynden meins Gotts. Ich wollte dann das Creutz Christi von mir werffen vnd trewlos/auch abtrinnig von Christo erscheynen.

¶ Wir haben vor etlichen kurtzē tagē/vil grosser Hansen vom Euangelio hohe dyng hören sagen/vnd sych beruemen. Sie wöllen bey dem Euangelio sterben. Ja auch wie Petrus sagt/mit Christo ynn gefencknisß vnnd todt gehen. Auch do man allain wider die elenden Pfaffen vnd munich/das euangelium einfurt/mochten sye desselben wol lachen/vnd yhr etlich wolten Pfaffen vnnd Manich sturmen/vnnd veryagen. So aber das schwert Christi yhnen den stych bewt/vnd beruret yhnen yr sundtlich wollust vnd aygnen nutz. So befindet es sych/wo der hase lag/vnd also bleiben sye bey dem euāgelio/wie Petrus bey Christo.

¶ Aber doch haben sye die selben hohen Euāngelisten also vil ym Euangelio erlernet/das sye yhre thumme verblentnusß konnen bedecken/wie die Phariseyer vnd schrifftgelerten/yren morderischen hasse zu Chrō verbluemtē/mit fursorg der auffrur/das wo Christus yn seyner leere fur hette gefarē/vnnd bey dem leben blyeben/so hetten sye yhrs bedunckens landt vnd lewte verloren. Also schreyen die weysen lewt auch vber das haylig Euangelium auffrur/auffrur/als ob niemāts so verstendig wer/der erkennenn möcht wo yhnen die auffrur ym bewtel vnd ym bauch lygt/furwar es möchte woll darzu komē/das sölchen weysen leutten noch vblers begegnē wurde/vnnd die vnschulde des heyligenn Euangeliums/auch

f ij

Wo ich anderst lehret und prediget, so wär ich nicht ein Diener des Evangeliums Jesu Christi, aber ein Lügener und ein Feind des Kreuzes Christi; derwegen mag ich wohl leiden und dank meinem Gott, dass ich als aufrührig gescholten wird[1] und täglich vermaledeiet[2] und verdammt. Dann ich würde in keinen Weg solche Aufruhr zu fördern nachlassen. So lang mir der Geist im Herzen bleibt. Ich weiß auch kein Richtung anzunehmen mit den Feinden meins Gotts. Ich wollte dann das Kreuz Christi von mir werfen und treulos, auch abtünnig von Christo erscheinen. [Bl. 339a]

Wir haben vor etlichen kurzen Tagen viel grosser Hansen vom Evangelio hohe Ding hören sagen und sich berühmen. Sie wollen bei dem Evangelio sterben. Ja auch, wie Petrus sagt, mit Christo in Gefängnis und Tod gehen.[3] Auch do man allein wider die elenden Pfaffen und Munich das Evangelium einfurt, mochten sie desselben wohl lachen und ihr etlich wollten Pfaffen und Munich stürmen und verjagen. So aber das Schwert Christ ihnen den Stich beut[4] und berühret ihnen ihr sündlich Wollust und eignen Nutz, so befindet es sich, wo der Hase lag,[5] und also bleiben sie bei dem Evangelio wie Petrus bei Christo.[6]

Aber doch haben sie, die selben hohen Evangelisten, also viel im Evangelio erlernet, dass sie ihre dumme Verblentnus[7] können bedecken, wie die Pharisäer und Schriftgelehrten ihren mörderischen Hasse zu Christo verblümten mit Fursorg der Auffrur, dass, wo Christus in seiner Lehre fur hette gefaren und bei dem Leben blieben, so hätten sie ihrs Bedunckens Land und Leute verloren.[8] Also schreien die weisen Leut auch über das heilig Evangelium: »Aufruhr, Aufruhr«, als ob niemands so verständig wär, der erkennen möchte, wo ihnen die Aufruhr im Beutel und im Bauch liegt; fürwahr, es möchte wohl darzu kommen, dass solchen weisen Leuten noch üblers begegenen würde und die Unschulde des heiligen Evangeliums, auch

---

1 werde.
2 verflucht.
3 Mk 14,31 par.
4 bietet.
5 so erkennt man, worauf es hinaus will.
6 Vgl. Mk 14,27–31 u. 14,66–72 par.
7 Verblendung.
8 wie die Pharisäer und Schriftgelehrten ihren mörderischen Hass gegen Christus als Vorsorge gegen Aufruhr verblümten; denn, wenn Christus fortgefahren hätte zu lehren und am Leben geblieben wäre, so hätten sie nach ihrer Meinung Land und Leute verloren.

seiner getrewen diener bas erkleret wurde/ wie bey den Juden geschehen yst. Sie haben Christum am Creutz ermordet/ vnd haben darneben leib vnnd gutt/landt vnd lewt verloren/ vmb yhre vnmenschliche grosse sunde/zu der sye das hailig Euangelium nicht verursacht hatt. Vnd als sye das schwert vnsers herrn Jhesu Christi nicht mochten leyden/synd sye mit dem schwert/des sorge sye furgewendt habē/verdorbē. Dyrumb ist mein getrewer radt/ das ein yeder/dem das haylig Euangelium klerlichē zugestelt wirt/nit suche mit verdempfung des wort gottes sein sunde vnd aigēnutzikait zu bedeckē.

¶Es yst auch fast not/das alle Christenlichen fursten vnd herrn yhre sach mit Christo/vnd nicht mit aigennutzigē lewtē tractirn dan die auffrur/die der aigennutz furwēdet yst leichtlich fur zu komen. So man eynem yeden sein recht christēlich vnd götlich last widerfaren/auch die arme gemein rot/wider Gott vnnd die naturlich billigkait nit beschweret/man muste gedencken yn christenlicher liebe das wir alle gebruder synd/ vnd darumben kainer auff den andern so verachtlich vnnd tyrannisch solte dryngē/vnd yhm got lassen sein/als ob yhm sein eben Christen mensch vnter den fussen gewachßen were. Vñ wo dan ein auffruriger vnter dem schein des hailigen Euangeliums wurde betretten/das der selbig mit rechtlicher straffe (den andern zu einem exempel) gebessert wurde. Damit dz hailig Euangelium nit beschuldiget/ auch seyne diener/ vnnd ein gantze versamlung mochte bleiben.

¶Die verderbnis Jerusalem/vñ des Judischē volcks/kam vber sye allain/vnd furnemlich darumb/ das sye nit erkanten die zeyt yhrer haimsuchung/ wie Christus anzaigt. Es will auch niemants zu dyser zeyt/die wunderbarlich/barmhertzig vnnd gnadenreich Gottes haimsuchung/ ynn dem newenn liecht des heyligen Euangeliums zu hertzen nemen/vnnd sych zu Christo keren. Darumb vns nichts bessers zuuermutten/ dann wie es den Juden ergangen ist. So doch vnser vndanckbarkaytt vill grosser/ vnnd schwerer sych erzaygt dann der Juden.

seiner getreuen Diener, bas[1] erkläret wurde, wie bei den Juden geschehen ist. Sie haben Christum am Kreuz ermordet und haben darneben Leib und Gut, Land und Leut verloren umb ihre unmenschliche große Sünde, zu der sie das heilig Evangelium nicht verursacht hat. Und als sie das Schwert unsers Herrn Jesu Christi nicht mochten leiden, sind sie mit dem Schwert, des Sorge sie furgewendet haben, verdorben.[2] Hierumb ist mein getreuer Rat, dass ein jeder, dem das heilig Evangelium klärlichen zugestellt wird, ni[ch]t suche mit Verdempffung[3] des Wort Gottes sein Sünde und Eigennützigkeit zu bedecken. [Bl. 339b]

Es ist auch fast not, dass alle christenlichen Fürsten und Herrn ihre Sach mit Christo und nicht mit eigennützigen Leuten traktiern, dann die Aufruhr, die der Eigennutz furwendet, ist leichtlich fur zu kommen.[4] So man einem jeden sein Recht christenlich und göttlich lässt widerfahren, auch die arme, gemein Rot[5] wider Gott und die natürlich Billigkeit ni[ch]t beschweret, man müsste gedenken in christenlicher Liebe, dass wir alle Gebrüder sind, und darumben keiner auf den andern so verächtlich und tyrannisch sollte dringen und ihm Gott lassen sein, als ob ihm sein eben[6] Christenmensch unter den Füßen gewachsen wäre. Und wo dann ein Aufrühriger unter dem Schein des heiligen Evangeliums wurde betreten,[7] dass der selbig mit rechtlicher Strafe (den andern zu einem Exempel) gebessert würde. Damit das heilig Evangelium ni[ch]t beschuldiget, auch seine Diener und ein ganze Versammlung möchte bleiben.[8]

Die Verderbnis Jerusalems und des jüdischen Volks kam über sie allein und fürnehmlich darumb, dass sie ni[ch]t erkannten die Zeit ihrer Heimsuchung, wie Christus anzeigt.[9] Es will auch niemands zu dieser Zeit die wunderbarlich, barmherzig und gnadenreich Gottes Heimsuchung in dem neuen Licht des heiligen Evangeliums zu Herzen nehmen und sich zu Christo kehren. Darumb uns nichts Bessers zu vermuten, dann wie es den Juden ergangen ist.[10] So doch unser Undankbarkeit viel größer und schwerer sich erzeigt dann der Juden.[11]

---

[1] besser.

[2] Und als sie das Schwert unseres Herrn Jesus Christus nicht dulden mochten, sind sie mit dem Schwert, vor dem sie Furcht vorgetäuscht hatten, zugrunde gegangen.

[3] Erstickung.

[4] [...] weil die Empörungen, die der Eigennutz vorgibt, leicht abzuwenden sind.

[5] [...] den armen, durchschnittlichen Haufen. – »gemein Rot« hat hier keine pejorative Bedeutung.

[6] gleicher.

[7] ertappt.

[8] Damit das heilige Evangelium unbeschuldigt bleiben möchte, auch seine Diener und eine ganze Gemeinde.

[9] Lk 19,41–44.

[10] Deshalb ist [für] uns kein besseres [Schicksal] zu erwarten, als wie es den Juden ergangen ist.

[11] als [der] der Juden.

¶Wer nun wiſſen wil/wo das geſchraye auffrur ſych er/
hebt/das ynn der warhait nit zu beſorgen yſt. Vnd warynne
die geferlich auffrur zu forchten/der thu die oren auff/vnd hö
re hye was das Euangelium leret.

¶Wir wöllen aber nit vergeſſen / das Jheſus mit ſeynem
ſchwert ſeine gehorigen ynn ſeynen friden furet/deñ die welt
nit gebē kan/vñ darūb wie ſcharpff vnd hardt/dz euangeliſch
ſchwerd ſticht vñ ſchlecht.So es dan ym glaubē vnterthenig
lichen angenommen wirt.So erſchlecht es nun die ſunde/ vñ
den altten Adam/vnd beſueſſiget das hertz ym Chriſto/ mit
vnaußſprechlicher freude. Darumb yſt ym grunde die euan/
geliſche predig/die rechte botſchafft des frides/ den die wellt
nicht geben mag.

¶Nun meer wöllen wir greiffen/zu dem letzten beſchlus
vnd anzaigē/wie wir vns ym wucher getzwang/als gut Chri
ſten lewt halten ſollen. So vnns die menſchliche herſchafft
nöttiget/das wir vns recht vnd geburlich gegen yhnen erzai/
gen/vnd doch von Gott/vnnd ſeynem wortt nit abbrechen/

¶Vnd wiewoll ſollichs ſchwerlich zu thun/dieweil/wie
oben angezaigt/niemants zweyen widderwertigen herrn ge/
dienen mag.So haben wir doch den rechtē chriſtenlichē weg
vndter dem Creutz Chriſti/vonn Chriſto angezaigt/ynn wel/
chem wege zu gehen vill meer erlitten/vmb Gottes willen/
dann gethan mus werden.

Alſo furet vns hie auch das heylig Euangelium nach ſei/
ner genaturten artt/yn die rechte probe da es ſich fynden ſoll/
wie ſtete vnd feſte wir ynn dem wort Gottes verharlich bley
ben.Dan die auffrur mus vber vns ergehen/ dz wir des creu/
tzes pitterkait mit Chriſto vnſerm haubt verſuchen mögen.

¶Vnd daſſelbig mag ſych ynn dyſem fall/ des wucher ge
zwangs bey eynem yeden begeben/der durch ſych ſelbs/oder
ſeyner elttern verſchreybung/mit wucher beladen yſt.So dan
ſeyn herſchafft gebot gibt/den wucher zuraichen/ vnnd er nit

Wer nun wissen will, wo das Geschrei Aufruhr sich erhebt, das in der Wahrheit ni[ch]t zu besorgen[1] ist, und warinne die gefährlich Aufruhr zu forchten,[2] der tu die Ohren auf und höre hie[r], was das Evangelium lehret. [Bl. 340a]

Wir wollen aber ni[ch]t vergessen, dass Jesus mit seinem Schwert seine Gehorigen in seinen Frieden führet, den die Welt ni[ch]t geben kann,[3] und darumb, wie scharf und hart das evangelisch Schwert sticht und schlecht.[4] So es dann im Glauben untertäniglichen angenommen wird. so erschlecht es nun die Sünde und den alten Adam und besüßiget das Herz in Christo mit unaussprechlicher Freude. Darumb ist im Grunde die evangelische Predig[t] die rechte Botschaft des Friede[n]s, den die Welt nicht geben mag.

Nunmehr wollen wir greifen zu dem letzten Beschluß und anzeigen, wie wir uns im Wuchergezwang als gut Christen halten sollen. So uns die menschliche Herrschaft nötiget, dass wir uns recht und gebührlich gegen ihnen erzeigen und doch von Gott und seinem Wort ni[ch]t abbrechen.

Und wie wohl sollichs schwerlich zu tun, dieweil, wie oben angezeigt, niemands zweien widerwärtigen[5] Herrn gedienen mag, so haben wir doch den rechten christenlichen Weg unter dem Kreuz Christi von Christo angezeigt, in welchem Wege zu gehen, viel mehr erlitten, um Gottes willen dann getan muss werden.

Also führet und hie[r] auch das heilig Evangelium nach seiner genaturten[6] Art in die rechte Probe, da es sich finden soll, wie stete und feste wir in dem Wort Gottes verharlich bleiben. Dann die Aufruhr muss über uns ergehen, dass wir des Kreuzes Bitterkeit mit Christo unserm Haupt versuchen mögen.

Und dasselbig mag sich in diesem Fall des Wuchergezwangs bei einem jeden begeben, der durch sich selbs oder seiner Eltern Verschreibung mit Wucher beladen ist. So dann sein Herrschaft Gebot gibt, den Wucher zu reichen, und er ni[ch]t

---

1 befürchten.
2 fürchten.
3 Joh 14,27.
4 schlägt.
5 gegnerischen.
6 natürlich geschaffenen.

gleich von stundan bezalung thut/dan so wirt er vngehorsam vnnd auffrurig/wie vor gesagt/vonn den Wuchersuchtigen ausgeschrawen/vnnd das man yhn auch (wie sie vor geben.) an leybe vnnd gutt straffen soll. Vnnd das yst die aine betrubliche angst vnd nott.

Dargegenn stehet krefftiglich das gesetze Gottes/vnnd das hailig Euangelium/vnnd wil nit/das glauben vnnd zusagung/wider gottes gebot vnd bruderliche liebe geschehen/gehalten sol werden/vnnd dem mus mann meer gehorsam seyn dan allen menschen vnd allen creaturen. Dan es ist hie ein vnvberwintlicher gezwanng des vnbieglichen starcken willen/des almechtigen Gottes/wyder den vns keyn menschliche gewalt befreyen kann.

Wo wil nun aus der frome Gothafftig mensch/auff welches tail er sych hengt/so kan er dem andern nit entgehen.

Es sol dich aber nichts yrren du fromer Christ/raich nur heer deyn hertz ym glaubē/dan das lebendig wort gottes wyl sich befruchtigen yn dir/vnd Chrūs wil dir aus seynem kelch seliglichen zu drincken geben.

Hie mustu etwas thun/das du nit vmbgehen magst/vnnd must vill darumb erleyden/das ist/du must Gottes wort mitt festem glawben vnnd begyrden vnabtrunglichen erhaltenn/vnnd must darneben deynn zeytlich narung eynem anndernn lassenn angreyffenn/wiewol dir solichs peynnlichenn vnnd vnnlustig yst/so sollt du doch als eynn gesunndt gelydt deynes leydenhafftigenn Haubts Christi/leydlich vnnd gedultig dich beweysenn. Dann wo das hailig Euangelium dem alltenn Adam nicht gewaltiglich ynn die wolle greyfft/do yst es noch nicht ynn das hertz kommenn. Es muste ye das waytzenn kornn ynn die erdenn fallenn/vnnd ersterbenn. Johannis am zwölfftenn. Solte es die frucht vnser erlösung bringen/also yst auch not das wir yn ansehē des wort gottes

gleich von Stund an Bezahlung tut, dann so wird er ungehorsam und aufrührig, wie vor gesagt, von den Wuchersüchtigen ausgeschrawen,[1] und dass man ihn auch (wie sie vorgeben) an Leib und Gut strafen soll. Und das ist die eine betrübliche Angst und Not. [Bl. 340b]

Dargegen stehet kräftiglich das Gesetze Gottes und das heilig Evangelium und will ni[ch]t, das Glauben und Zusagung, wider Gottes Gebot und brüderliche Liebe geschehen, gehalten soll werden, und dem muss man mehr gehorsam sein dann allen Menschen und allen Kreaturen. Dann es ist hie[r] ein unüberwindlicher Gezwang des unbieglichen, starken Willen des allmächtigen Gottes, wider den uns kein menschliche Gewalt befreien kann.

Wo will nun aus der fromme, gotthaftig Mensch – auf welches Teil er sich hängt, so kann er dem andern ni[ch]t entgehen.

Es soll dich aber nichts irren, du frommer Christ, reich nur her dein Herz im Glauben, dann das lebendig Wort Gottes will sich befruchtigen in dir, und Christus will dir aus seinem Kelch seliglichen zu trinken geben.

Hie[r] musst [d]u etwas tun, dass du ni[ch]t umbgehen magst, und musst viel darumb erleiden; das ist, du musst Gottes Wort mit festem Glauben und Begierden unabtrünniglichen erhalten und musst darneben dein zeitlich Nahrung einem andern lassen angreifen, wiewohl dir solichs peinlichen und unnlustig ist, so sollst du doch als ein gesund Gelydt[2] deines leidenhaftigen Haupts Christi leidlich und geduldig dich beweisen. Dann wo das heilig Evangelium dem alten Adam nicht gewaltiglich in die Wolle greift, so ist es noch nicht in das Herz kommen. Es musste ja das Weizenkorn in die Erden fallen und ersterben, Johannis am zwölften.[3] Sollte es die Frucht unser Erlösung bringen, also ist auch not, dass wir in Ansehen des Wort Gottes

---

1 ausgeschrien.

2 Glied.

3 Joh 12,24.

vnserm aygen willen/rechten/vnd gefallen yn vns ersterben/ anderst werden wir kein euangelische frucht bryngen.

¶ Derwegen so du (vnangesehen dein aygen nutze) ym Euangelio gefaßt hast/das wucher zuraichen Christenlichem glawben vnd der liebe entgegen yst. So dir dan von menschē anderst gebotten wirdt/dann solltu erst vnerschrocken deinn christenliches standthafftiges hertz eroffnen/vnnd dem zeytlichen gewalt mit aller senfftmutigkait zu erkennen gebenn/dastu widder Gottes gebot vnd seyn ewiges wort nit weyter handlen wollest/vnnd die oberkait vntertheniges fleisses bitten/das sye dich aus Christenlicher liebe bey dem wort gotes beschutzen/vnd handthaben/wo aber das selbig keyn ansehen hatt/so solltu dich willigklich erbieten/dastu woll mugest leyden/das sye die oberkait/wie gebreuchlich/dein guetlein angreyffen/vnnd den wuchersuchtigen zynsyunckern betzalen.

¶ Furwar es yst hie kein anders mittel/du must auch nicht schweygen vnd gedencken. Jch wils yhnen geben/vnd setzen auff yhre gewissen/dann du must yn solchem fal deinen glawben hie mit dem munde bekennen/wie du yhn mit dem hertzē gefaßt hast/ob villeicht die oberkait ynn deinen Christlichem dargeben/vnd erbietten anderst bedacht/den wucherer yn andere Christenliche wege wurde weysen.

¶ Weitter kan dich kain Christenliche oberkait dryngen. Sie wolte dann (do Got fur sey) tyrannisch dir mit faren. Es helt sych ye yn andern sachen vberal also. So ainer nit betzalen wil/das durch die richter pfand an zu greyffen erkennet wirt/vnd ist dannocht der selbig kein schalck oder boßwycht/man kan yhm auch die haut nit ausziehen.

unserm argen Willen, Rechten und Gefallen in uns ersterben, [Bl. 341a]
anderst werden wir kein evangelische Frucht bringen.

Derwegen, so du (unangesehen dein eigen Nutze[n]) im Evangelio gefasst hast, dass Wucher zu reichen christenlichem Glauben und der Liebe entgegen ist, so dir dann von Menschen anderst geboten wird, dann soll[s]t [d]u erst unerschrocken dein christenlichen standhaftiges Herz eröffen und dem zeitlichen Gewalt mit aller Sanftmütigkeit zu erkennen geben, dass du wider Gottes Gebot und sein ewiges Wort ni[ch]t weiter handlen wollest, und die Oberkeit untertäniges Fleißes bitten, dass sie dich aus christenlicher Liebe bei dem Wort Gottes beschützen und handhaben,[1] wo aber das selbig kein Ansehen hatt, so soll[s]t [d]u dich williglich erbieten, dass du wohl mugest leiden, dass sie die Oberkeit, wie gebräuchlich, dein Gütlein angreifen und den wuchersüchtigen Zinsjunkern bezahlen.

Fürwahr, es ist hie[r] kein anders Mittel, du musst auch nicht schweigen und gedenken: »Ich wills ihnen geben,« und setzen auf ihre Gewissen; dann du musst in solchem Fall deinen Glauben hie[r] mit dem Munde bekennen, wie du ihn mit dem Herzen gefasst hast, ob vielleicht die Oberkeit in deinen christlichem Dargeben und Erbieten anderst bedacht, den Wucherer in andere, christenliche Wege würde weisen.

Weiter kann dich kein christenliche Oberkeit dringen. Sie wollte dann (do Gott für sei) tyrannisch dir mitfaren.[2] Es hält sich ja in andern Sachen überall also. So einer ni[ch]t bezahlen will, dass durch die Richter Pfand anzugreifen erkennet wird, und ist dannocht der selbig kein Schalk oder Böswicht, man kann ihm auch die Haut ni[ch]t ausziehen.

---

1 beschirmen, s. DWB 10, 396.

2 Sie wollte dir dann (da sei Gott vor) tyrannisch mitspielen.

Wo aber ye weyter auff dich gedrungẽ wurde/vñ nach an-
gezaigter beschwerde deyner gewissen / der wucher zinßherre
seyns vnbillichen anfoderns nicht will abstehen . Auch auff
dein vnterthenigs ansuchẽ/ bey der zeitlichẽ oberkait vnange-
sehen/dennoch yst dir nott / als eynem kreutztragendẽ from̃en
Christẽ/dz du dich haltest wie der herr Chrus̃ leret/ vñ solichẽ
vngeburlichẽ tzinß mit deyner aignen hant reychest dem Wu-
cherherren. Vnnd dasselbig schadt dir an deyner sele nichtes/
vnd thust kain sunde daran. Aber du bists schuldig dich nicht
weyter zu sperren/vnd widderspennig dem freuel zu erzaigen/
wie das gebot Christi vnuberwintlichen ynhelt Matt. am. v.
do er sagt. Der mit dir rechten will vnd deynen rock nhemen/
so laß yhm auch den mãtel. Dan hie mus die Christenliche ge-
dult das vnbillich vnd vnrecht erleyden/vnd doch nicht yn dy
sunde des Wucherers bewilligen.

Des halben zu mercken zu gutem vnterschiede vñ beschluß
lichem verstande ytzt gedachter leer/den wucher tzinß zugebẽ/
oder sych des zu erweren.

Jst anfangs not/das aigner nutz hierynne nit bedacht wer-
de/vnd der Wucherzins darumb zugeben verschewet/das der
tzinßman sein aigen nutz oder schaden hie fordern oder abwẽ
den gedacht sey. Wie dan vil aigennutziger menschen dz wort
Gottes annemen / wo sie yhr selbs aigen liebe zu yrem nutz vñ
wollust darmit bedecken mogen/ vnd ym grund das genottig
gefallen gottis/auch der selen hail nichtes gedencken. Den sel
ben kan diss buchlin keyn schirm oder trost ertragen. Dan hie
nichtes anderst gelert/wie vor augẽ/ als wore christliche bru-
derliche liebe nach dem lebendygen glauben erfordert/yn das
verderben der selen des nechsten menschẽs yn keynen weg zu
bewilligen/oder eynige hulff vnd furderung zuthun . Dan ey-
nem yeden frum̃en Christen/auß Gottes gebot die selikeyt sey
nes nehsten hocher anlygen sol/dan seyn aigen leiblich leben.

So dañ der wucherer furdert eynen zinß der yn seynem er-
sten contract gat/vnd der naturlichen billigkait entgegen yst/
so begert er nichtes anders/dann das verderben seyner armen

Wo aber je weiter auf dich gedrungen wurde und nach anzeigter Beschwerde deiner Gewissen der Wucher Zinsherre seins unbillichen Anforderns nicht will abstehen, auch auf dein untertänigs Ansuchen bei der zeitlichen Oberkeit unangsehen, dennoch ist dir not, als einem kreuztragenden frommen Christen, dass du dich haltest, wie der Herr Christus lehret, und solichen ungebührlichen Zins mit deiner eignen Hand reichest dem Wucherherren. Und dasselbig schadt dir an deiner Seele nichtes und tust kein Sünde daran. Aber du bists schuldig, dich nicht weiter zu sperren und widerspenstig dem Frevel zu erzeigen, wie das Gebot Christi unüberwindlichen inhält Matt. am 5., do er sagt: »der mit dir rechten will und deinen Rock nehmen, so lass ihm auch den Mantel.«[1] Dann hie[r] muss die christenliche Geduld das Unbillich und Unrecht erleiden und doch nicht in die Sünde des Wucherers bewilligen. [Bl. 341b]

Deshalben zu merken zu gutem Unterschiede und beschlusslichem Verstande itzt gedachter Lehr, den Wucherzins zu geben oder sich des zu erwehren.[2]

Ist anfangs not, dass eigner Nutz hierinne ni[ch]t bedacht werde und der Wucherzins darumb zu geben verschewet,[3] dass der Zinsmann sein eigen Nutz oder Schaden hie[r] fordern oder abwenden gedacht sei. Wie dann viel eigennütziger Menschen das Wort Gottes annehmen, wo sie ihr selbs Eigenliebe zu ihrem Nutz und Wollust darmit bedecken mögen und im Grund das genötig Gefallen Gottes, auch der Seelen Heil nichtes gedenken. Denselben kann dies Büchlein kein Schirm oder Trost ertragen. Dann hie[r] nichtes anderst gelehrt, wie vor Augen, als wore[4] christliche brüderliche Liebe nach dem lebendigen Glauben erfordert, in das Verderben der Seelen des nächsten Menschens in keinen Weg zu bewilligen oder einige Hülf und Förderung zu tun. Dann einem jeden frommen Christen aus Gottes Gebot die Seligkeit seines Nächsten höcher[5] anliegen soll, dann sein eigen leiblich Leben.

So dann der Wucherer fordert einen Zins, der in seinem ersten Kontrakt gat und der natürlichen Billigkeit entgegen ist, so begehrt er nichtes anders dann das Verderben seiner armen

---

1 Mt 5,40.

2 Deshalb zu achten auf gute Unterscheidung und abschließendes Verständnis [der] jetzt bedachten Lehre, den Wucherzins zu zahlen oder sich dessen zu erwehren.

3 gescheuet.

4 wahre.

5 höher.

ſeelen/ſo er von dir habē wil das yhenig/ das ym wort gottes
nicht erlittē mag werden/vnd der wil Gottes nym̄er meer zu
gibt. Dan ſoltu aus krafft götliches gebottes der brůderlichē
liebe ſeines verdamlichē anſuchens kein bewilligūge od̄ hulff
thun. Dan es gleich gillt/vn̄ eben ſo vill yſt/ynn dem gericht
Gottes ſo du mit der handt ein mēſchē erwurgſt/oder yn ſein
todt bewilligeſt/hylff vn̄ radt darzu gibſt. Alſo auch yn diſem
fal ſo du dem wucherer willig vn̄ helffig biſt/zu dem todt ſey
ner elenden erſtorbnen ſeelen/ſo biſtu an ſeinem verdampten
furnemen ſchuldig vor Got.

¶ Vnd dz ſollichs vnuberwintlich war ſey/ſo faſs ein yed
Chriſtlicher menſch zu hertzen / das gewaltige gebott vnſers
erlöſers Chriſti Mathei am. xviij. do er aus bruderlicher liebe
die boßheit/des der yn vns ſundet/bruderlich zu ſtraffen / vn-
diſpenſierlich geboten hat/do er alſo ſagt. Sundiget dein bru
der an dir ſo gang hyn vn̄ ſtraff yhn zwiſchen dir vnd yhm al-
lein/höret er dich / ſo haſtu deinen bruder gewonnen.

¶ Ob nun dyß gebott nicht zwinge einē yeden Chriſtē d̄ dē
vnzimlichē widderkauff zins aus dem wort Gottes verſtehet
vnd erkennet/das kan vnd mag niemants verleugnen/er wöl
le dan dem Euangelio nicht glewben.

¶ Wie mag den̄ von menſchē geleert oder gebottē werdē/
das on alle einrede vnd gantz willig der verdamlich zyns ſeyn
furgang ſol habē. Es muſs ye der menſch nach gottes gebott
dez nechſtē meer trew beweyſen/an ſeyner ſeelē/dā yhn wöllē
fordern an dem zeitlichen vnrechtfertigen gutt. Vnd alſo ſoll
vnd mus verſtanden werden alles yn dyſem genöttigen buch-
lin geleeret/das ſych die zynslewt den wucher zins zu reichen
beſchwerē vnd widdergebē ſollen/nicht yren eygnē nutz dar-
yn zubedencken. Aber kleglichen zu hertzen faſſen das verder-
ben der ſeelē yres mitbruders/yn das ſy bloß nit konnē bewil
ligen oder furderlich darzu ſein/on verbrechnus gottes gebot-
tes vnd yhr eygnen ſeelen verdamnis.

¶ Aus dyſem allem volget/ſo dz wort gottes dē obgenantē
zyns yn ſeynez erſtē anfang vn̄ furgāg als dez gebot brůdlicher

G

Seelen, so er von dir haben will dasjenig[e], das im Wort Gottes nicht erlitten mag werden, und der Will Gottes nimmermehr zugibt. Dann soll[s]t [d]u aus Kraft göttliches Gebotes der brüderlichen Liebe seines verdammlichen Ansuchens kein Bewilligung oder Hülf tun. Dann es gleich gilt und eben so viel ist, in dem Gericht Gottes, so du mit der Hand ein Menschen erwürgst oder in sein Tod bewilligest, Hilf und Rat darzu gibst. Also auch in diesem Fall, so du dem Wucherer willig und helfig[1] bist zu dem Tod seiner elenden, erstorbnen Seelen, so bist [d]u an seinem verdammten Furnemen[2] schuldig vor Gott. [Bl. 342a]

Und das sollichs unüberwindlich wahr sei, so fass ein jeder christlicher Mensch zu Herzen das gewaltige Gebot unsers Erlösers Christi, Mathei am 18., do er aus brüderlicher Liebe die Bosheit des, der in uns sundet,[3] brüderlich zu strafen, undispensierlich geboten hat, do er also sagt: »Sündiget dein Bruder an dir, so gang hin und straf ihn zwischen dir und ihm allein; höret er dich, so hast [d]u deinen Bruder gewonnen.«[4]

Ob nun dies Gebot nicht zwinge einen jeden Christen, der den unziemlichen Wiederkaufzins aus dem Wort Gottes verstehet und erkennet, das kann und mag niemands verleugnen, er wolle dann dem Evangelio nicht glauben.

Wie mag denn von Menschen gelehrt oder geboten werden, dass ohn all Einrede und ganz willig der verdammlich Zins sein Furgang[5] soll haben? Es muss ja der Mensch nach Gottes Gebot dem Nächsten mehr Treu beweisen an seiner Seelen dann ihn wollen fordern an dem zeitlichen, unrechtfertigen Gut. Uns also soll und muss verstanden werden alles in diesem genötigen Büchlein gelehret, dass sich die Zinsleut den Wucherzins zu reichen beschweren und wiedergeben sollen, nicht ihren eignen Nutz darin zu bedenken. Aber kläglichen zu Herzen fassen das Verderben der Seelen ihres Mitbruders, in das sie bloß ni[ch]t können bewilligen oder furderlich darzu sein, ohn Verbrechnus Gottes Gebotes und ihr eignen Seelen Verdamnis.[6]

Aus diesem allem folget, da das Wort Gottes den obgenannten Zins in seinem ersten Anfang und Furgang[7] als dem Gebot brüderlicher

---

1 behilflich.

2 Vorhaben.

3 der sich an uns versündigt.

4 Mt 18,15.

5 Gelingen.

6 Sondern sich kläglich die Verdammnis der Seele ihres Mitbruders zu Herzen nehmen, die sie nicht zulassen oder fördern können, ohne Bruch des Gebotes Gottes und der Verdammung ihrer eigenen Seele.

7 Fortgang.

liebhabnus groblich entgegen nit zugibt/ dz dan keuffer vnd verkeuffer/ zinsherr vnd zinßman Got dem herrn widerwertig vnd yrer eygner ſeelen verderber yn dem ſchnődẽ zeytlichẽ gutt offenbarlichen betretten ſynd

¶ Weitter iſt wol zu bedenckẽ ſo dz erſte teyl ď bruderlichẽ ſtraff von Chrō oben angezeigt/ an dẽ wucherherrn/ leyď wy vor augẽ nicht ſtadt hat. Aber von ſtundẽ an mit gewalt der oberkait/ aus vngeſtymen anſynnẽ ď wucherer/ auff die zinßleut gedrungẽ wurd/ dz dan der frum̃e chriſtẽ die beſchwerdẽ vñ anlygẽ ſeiner gewiſſene der ſelbẽ ſeiner zeytlichẽ oberkait/ aller chriſtlicher beſcheydenheit entdecke/ mit vntertheniger bitt/ dz ſye den wucherherrn auff anď chriſtliche wege weyſe/ vñ vō eim ſollichẽ vngothafftẽ furnemẽ abwendẽ/ wie oben her auch geleert/ vñ dz wil got vō vns habẽ/ das wir zun ſunden niemants bewilligen oder gehorchen ſollen/ vnd mit dyſem geſchicht Gottes gefallen vnd dem gewiſſen gnug.

¶ Zum anďn furnẽlich wen bruďliche vermanũg/ ſtraff vñ bit nichtes helffen wil/ dẽnoch ſo mus ſych von nőttẽ der frome Chriſt vnder dẽ creutzgezwang gedultiglich gebẽ/ vñ dz vnbillich an dem zeytlichẽ gut erleydẽ/ doch dz yhm von hertzen leid ſey/ dz der anď durch ſein freuel ſych ſelbs verderbt. Vñ ſo dan die gedult yn dez obenangezeigtẽ grũde dz ſych ď zynſmã laſſe mit pfendung vnd andere beſchwerd angreyſſen/ zu bezalung des wucherers/ wie leyď yetzt am tage nit helffen mag.

Dẽnoch ſo ſol er dẽ ſelbẽ zins vñ die bezalũg ſelbert reichẽ/ doch alweg darbei proteſtierẽ/ dz ym hyrin vnrecht geſchicht/ vñ das er ſőlchs geduldẽ wil/ zu vermeyden groſſers vbels vñ gezwanges/ ſo wider bruderliche liebe an yhn gelegt mochte werden/ vnd die ſach Got dem almechtigen beuelhen.

¶ Vñ alſo geſchicht dez gebott Chriſti auch gnug vns gebotẽ Math. v. Der dein rock vō dir wil nemẽ/ vñ mit dir drũb rechten/ dez laß auch den mantel/ derhalben dz gepott ď lieb/ vnd dz gepot zuerleyden dz vnbillige/ nit einandern entgegen ſein/ dann ytliches ſeyn eygenen gegenworff hatt/ vnd yn dyſem fal getrewlichen gehalten ſal werden.

¶ Dz gebot ď lieb bedẽckt dz heil vñ dy ſelikeit des nechſtẽ/ vñ

Liebhabnus[1] groblich entgegen ni[ch]t zugibt, dass dann Käufer und Verkäufer, Zinsherr und Zinsmann Gott dem Herrn widerwärtig und ihrer eigner Seelen Verderber in dem schnöden zeitlichen Gut offenbarlichen betretten sind.[2] [Bl. 342b]

Weiter ist wohl zu bedenken, so das erste Teil der brüderlichen Straf von Christo oben angezeigt an den Wucherherrn leider, wie vor Augen, nicht stadt hat. Aber von Stunden an mit Gewalt der Oberkeit aus ungestümen Ansinnen der Wucherer auf die Zinsleut gedrungen wurd, dass dann der frummen Christen die Beschwerden und Anliegen seiner Gewissene der selben seiner zeitlichen Oberkeit aller christlicher Bescheidenheit entdecke mit untertäniger Bitt, dass sie den Wucherherrn auf ander christenliche Wege weise und von einem sollichen ungotthaften Furnemen[3] abwenden, wie oben her auch gelehrt; und das will Gott von uns haben, dass wir zun Sünden niemands bewilligen oder gehorchen sollen, und mit diesem geschicht[4] Gottes Gefallen und dem Gewissen g[e]nug.

Zum andern furnemlich, wenn brüderliche Vermahnung, Straf und Bitt nichtes helfen will, dennoch so muss sich von Nöten der fromme Christ under dem Kreuzgezwang geduldiglich geben und das unbillich an dem zeitlichen Gut erleiden, doch dass ihm von Herzen leid sei, dass der ander durch sein Frevel sich selbs verderbt. Und so dann die Geduld in dem oben angezeigten Grunde, dass sich der Zinsmann lasse mit Pfändung und andere Beschwerd angreifen zu Bezahlung des Wucherers wie leider itzt am Tage ni[ch]t helfen mag.

Dennoch, so soll er den selben Zins und die Bezahlung selbert reichen, doch allweg dabei protestieren, dass ihm hierin Unrecht geschicht und dass er solchs gedulden will, zu vermeiden grossers Übels und Gezwanges, so wider brüderliche Liebe an ihn gelegt mocht werden, und die Sach Gott dem Allmächtigen befehlen.

Und also geschicht dem Gebot Christi auch g[e]nug uns geboten Math. 5, »Der dein Rock von dir will nehmen und mit dir drüber rechten, dem lass auch den Mantel,«[5] derhalben das Gebot der Lieb und das Gebot zu erleiden das Unbillige ni[ch]t einandern entgegen sein, dann ytliches[6] sein eigen Gegenworff[7] hatt und in diesem Fall getreulichen gehalten sal[8] werden.

Das Gebot der Lieb bedenkt das Heil und die Seligkeit des Nächsten und

---

1 Liebe.
2 angetroffen werden, Schweizerisches Idiotikon digital 14, 1486.
3 Vorsatz.
4 geschieht.
5 Mt 5,40f.
6 etliches.
7 Gegenstand, s. DWB 5, 2302–2305.
8 soll.

laſt vns nit bewilligẽ od̃ helffen yn die ſunde vñ verderpnis d̃
¶ Dz gebot aber d̃ gedult zu leydẽ dz vnbillich be- (ſelen.
trift vnſer eigne liebe zu vns ſelb/vñ zu vnſerm eignẽ nutz/des
wir dan nicht muſſen achten yn dyſem fal. Darũb muſſen wir
vnſer zeitlich gut gedultiglich laſſen fallẽ oder ſelbert angreif
fen/damit nicht groſſers vbels wider die lieb geſchehe.

¶ Vnd alſo geſchicht Gottes gefallen/vnd werden die ge
ſchefft oder gebot der zeytlichen oberkeyt auch gehalten.

¶ Derwegẽ gantz vnmiltiglich vñ wid̃ die natur aller war
hait gelogẽ yſt/dz die feinde gottes ſagẽ vñ ſchreyẽ/dz wir ge-
lert haben auff rur emporunge/od̃ vngehorſam wid̃ die zeit-
lich oberkait. Dã ſo die ſelb zeitlich oberkait an dẽ chriſtlichẽ
mẽſchẽ nit mer gewalts ſich brauchẽ kan/dã vber leib vñ gut/
So dan d̃ vnterthan der ſelbẽ oberkait zu gehorſamẽ gefallẽ/
ſein narũg wider die billigkait laſt angreiffen/ oder greifft ſel-
ber an/wie kan er dã auffrurig od̃ vngehorſam geacht werdẽ?

Es habẽ ſich aber etliche als gar erſoffen ym wucher dẽ vil
genantẽ wucherzins zuuerdedigẽ/vñ alſo gerecht vñ gutt zu-
achtẽ angenomẽ/dz niemãt ſolt darwid̃ lerẽ noch redẽ/ vñ yrs
vermuttẽs ſo ſolt man auch mit gewalt die vnterthanẽ darzu
bezwingẽ/dz ſy mit hertzlichez gutẽ willẽ/vnãgeſehẽ brudliche
ſtraff vñ vermanũg ſych dẽ wucherſuchtigẽ yrs gefallens vn
tertenig machtẽ. Dz dã d̃ euſſerlichẽ zeitlichẽ oberkayt vnmög
lich yſt vber dz hertz vñ ynnerlichẽ willẽ des mẽſchẽs zugebie

¶ Zũ drittẽ mus auch bekãt werdẽ/dz yn dez erſtẽ grũde (tẽ.
d̃ gedult zu leidẽ dz einer vmb dẽ wucher zins gepfend vnd an
ſyner narũg angriffen wirt/iſt nit vngnugſã gelert wordẽ/als
dã vil gemeĩt habẽ/ehe dys buchlei ausgãgẽ iſt/dã es dez eigẽ-
ſinnigẽ mẽſchẽ vil gerĩger iſt/ſo er ein vnbilliche ſchult bezalẽ
ſal mit ſeinẽ eignẽ hẽdẽ zu reichẽ/dã dz im ein anderer ſein gut
ãgriff/vñ darũb d̃ ſich darzu nach gerichtmeſſigẽ gezwãg leſt
pfendẽ dz bezalt werde/dz er vor got nit ſchuldig iſt/ d̃ wurdt
nẽlich kein auffrur noch freuel begeẽ. So aber dz ſelbig kei an
ſehẽ ſol habẽ/ſo iſt darnach vil geringer mit obẽ angezeigter
proteſtyrũg ſölchẽ zins mit eigner hãd zu reichẽ/damit die lieb
gegẽ dez nechſtẽ vñ dy gedult gegẽ vns ſelbs allenthalben ge-
halten werde.

las[s]t uns nicht bewilligen oder helfen in die Sünde und Verderbnis der Seelen. [Bl. 343a]

Das Gebot aber der Geduld, zu leiden das Unbillich, betrifft unser eigne Liebe zu uns selb und zu unserm eignen Nutz, des wir dann nicht müssen achten in diesem Fall. Darumb müssen wir unser zeitlich Gut geduldiglich lassen fallen oder selbert angreifen, damit nicht grossers Übels wider die Lieb geschehe.

Und also geschieht Gottes Gefallen und werden die Geschäft oder Gebot der zeitlichen Oberkeit auch gehalten.

Derwegen ganz unmiltiglich[1] und wider die Natur aller Wahrheit gelogen ist, dass die Feinde Gottes sagen und schreien, dass wir gelehrt haben Aufruhr, Emporunge oder Ungehorsam wider die zeitliche Oberkeit. Dann so die selb zeitlich Oberkeit an den christlichen Menschen ni[ch]t mehr Gewalts sich brauchen kann, da über Leib und Gut, so dann der Untertan der selben Oberkeit zu gehorsamem Gefallen sein Nahrung wider die Billigkeit lässt angreifen oder greift selber an, wie kann er dann aufrührig oder ungehorsam geacht werden?

Es haben sich aber etliche als gar ersoffen im Wucher den viel genannten Wucherzins zu verdedigen[2] und also gerecht und gut zu achten angenommen, dass niemand sollt darwider lehren noch reden, und ihrs Vermutens, so sollt man auch mit Gewalt die Untertanen darzu bezwingen, dass sie mit herzlichem gutem Willen unangesehen brüderliche Straf und Vermahnung sich dem Wuchersüchtigen ihrs Gefallens untertänig machten. Dass dann der äußerlichen zeitlichen Oberkeit unmöglich ist, über das Herz und innerlichen Willen des Menschens zu gebieten. Zum Dritten muss auch bekannt werden, dass in dem ersten Grunde, der Geduld zu leiden, dass einer umb den Wucherzins gepfänd und an seiner Nahrung angriffen wird, ist ni[ch]t ungenugsam gelehrt worden, als dann viel gemeint haben – ehe dies Büchlein ausgangen ist – dann es dem eigensinnigen Menschen viel geringer ist, so er ein unbilliche Schuld bezahlen sal,[3] mit seinen eignen Händen zu reichen, dann dass ihm ein anderer sein Gut angriff, und darumb der sich darzu nach gerichtmessigen Gezwang[4] lässt pfänden, dass bezahlt werde, das er vor Gott ni[ch]t schuldig ist, der wurdt nämlich kein Aufruhr noch Frevel begehen. So aber dasselbig kein Ansehen soll haben, so ist darnach viel geringer mit oben angezeigter Protestierung solchen Zins mit eigner Hand zu reichen, damit die Lieb gegen den Nächsten und die Geduld gegen uns selbst allenthalben gehalten werde.

---

1 grausam.

2 verteidigen.

3 soll.

4 nach gerichtlichem Zwang […].

¶ Zum vierden vnd zum letzten yst auch wol eynem yedẽ
frumen Christen zu radten/angesehen das der widerkauf lich
zinß nicht allein pfaffen vñ mönnich / aber auch Edel lewt vñ
burger/an allen stetten vnd enden der welt verschlucket hatt.
Vnd also eyn yder Wucherherr bezalt wil seyn/das er seiner
geordnetẽ oberkait verschon/vñ nach dem er seyner gewissen
gnug gethan hat/mit Christlicher vermanung vnd stroff/ auff
das vngebörlich ansuchen/dz er dem nach mit geoult die beza
lung raiche.

Vnd das will ich besunderlich geleert vnnd geradten ha-
ben/vmb etlicher frumer Landsfursten willen / die aus dem
wort Gottes ytzundert/ Got hab lob/ den schaden des verdã-
lichen zinss erkennen/ vnd doch so ylends nit konnen abstellẽ.
Damit die selbigen frumen Fursten auß dem wieten der vile d
wucherer/ widder yhr gewissen/ den vntergethanen zu gepie-
ten nitt werden gedrungen.

Wiewol die mittel / so dem wort Gottes krefftlichenn ge-
glawbt vnnd vertrawet wirt/mögen yn kurtzer zeit sych gebẽ.
das eyn yder frumer Christlicher Furst vnnd Landßherr seyn
landt vnd leut von der gleichen beschwerd erlösen vnd befre-
yen mag. Gott gebe seyn gnade vnd hulff söllichs zuuolstreckẽ
wie es ym wort Gottis bekantlich vnd wissen yst.

Wiltu aber yn dysem fall widder die gepot der menschli-
chen gewalt zurnen/scheltẽ oder drewẽ / so wirt es dich doch
nichts helffen/dan das du Gottes huld vnd das hailig Euan-
gelium verlierest/ auch fallestu yn vngnad der rechtlichẽ men-
schlichen gewalt. vnd erfrewest höchlich vnsere feynde.
Darũb ist hie dz köstbarlich reich Creutz Christi vnsere sichere
weyßhait/vnter dez wir vnabgedrũgẽ sind võ got/vñ dẽ klugẽ
vñ weysen dyser welt/weißlich vñ brudlich begegnen konnen

Warlich lieber brud so wir vns d massen gegen gott vñ dez
mẽschẽ nit wissen zuhaltẽ/yn einem sollichẽ geringẽ handel/ d
weder leib noch seel berurt/so habẽ wir auch noch nichts ym
Euangelio begryffen / vnd wissen auch wedder weyss noch
wege/wy man Christo musse nachfolgen.

Zum Vierten und zum Letzten ist auch wohl einem jeden frommen Christen zu raten angesehen, dass der widerkäuflich Zins nicht allein Pfaffen und Mönnich, aber auch Edelleut und Bürger an allen Stätten und Enden der Welt verschlucket hat, und also ein jeder Wucherherr bezahlt will sein, dass er seiner geordneten Oberkeit verschon und, nachdem er seiner Gewissen g[e]nug getan hat, mit christlicher Vermahnung und Stroff[1] auf das ungebührlich Ansuchen, dass er demnach mit Geduld die Bezahlung reiche. [Bl. 343b]

Und das will ich besunderlich[2] gelehrt und geraten haben umb etlicher frommer Landsfürsten willen, die aus dem Wort Gottes itzundert[3] – Gott hab Lob – den Schaden des verdammlichen Zins erkennen und doch so ylends[4] ni[ch]t können abstellen. Damit dieselbigen frommen Fürsten aus dem Wieten[5] der vielen der Wucherer wider ihr Gewissen den Untertanen zu gebieten nicht werden gedrungen.

Wiewohl die Mittel, so dem Wort Gottes kräftlichen geglaubt und vertrauet wird, mögen in kurzer Zeit sich geben,[6] dass ein jeder frommer christlicher Fürst und Landsherr sein Land und Leut von dergelichen Beschwerd erlösen und befreien mag. Gott gebe sein Gnade und Hilf sollichs zu vollstrecken, wie es im Wort Gottes bekanntlich und wissen ist.

Will[s]t [d]u aber in diesem Fall wider die Gebot der menschlichen Gewalt zürnen, schelten oder dräuen, so wird des dich doch nichts helfen, dann dass du Gottes Huld und das heilig Evangelium verlierest, auch fallest [d]u in Ungnad der rechtlichen menschlichen Gewalt und erfreuest höchlich unsere Feinde. Darumb ist hie[r] das köstbarlich, reich Kreuz Christi unsere sichere Weisheit, unter der wir unabgedrungen sind von Gott und den Klugen und Weisen dieser Welt[7] weislich und brüderlich begegnen können.

Wahrlich lieber Bruder, so wir uns dermaßen gegen Gott und der Menschen ni[ch]t wissen zu halten in einem sollichen geringen Handel, der weder Leib noch Seel berührt, so haben wir auch noch nichts im Evangelio begriffen und wissen auch weder Weis[e] noch Wege, wie man Christo müsse nachfolgen.

---

1 Strafe.
2 besonders.
3 gerade jetzt.
4 eilends.
5 Wüten.
6 ergeben.
7 Vgl. 1Kor 1,20.

¶ Dan der mit Christo dem herren nit der gleichen gewallt oder nott yn dem eusserlichen nit erleyden mag/ der wirt auch freylich byß ynn todt nit bestendig seyn.

Darumb wie ich etlich hundert mal hie gelert hab/ willtu rumoren/ toben vnd wueten/ schlahen/ sturmen vnd wurgen/ vnd also vermuten das Euangelium eynzufuren/ so weren die Mörder vnd Kriegsgurgeln die geschicksten Apostelen vnnd die krefftigsten predyger/ wen hie das blutvergiessen schwert Cayn/ des ersten mörders verstanden sollt werden.

Wir haben aber eyn ander schwert (wie ytzūd angezaigt) das vns Christus zugestellet hat/ vnnd wolt das seyne yunger auch den rock verkauffen solten/ vn̄ das sie dasselbige schwert allwegen beyhendig hetten/ vnnd ist nichts anders (wie vor bedeutet) dann das lebenndig wort Gottis/ das vnder dem creutz mit gedult alle ding vberwindet.

¶ Vnser herr Christus hat vns nicht gelert/ die sunder zu-uersprechen/ zu schelten/ vermaledeyen/ sturmen oder todschlahen. Aber so wir mit Christlicher leer vnd vermanung nichts an yhnen schaffen konnē/ so sollen wir yhrer mussig gehen/ vn̄ keyn gemeinschafft mit yhnē habē/ wie man lyst Matt. am. x. Auch ynn den Episteln sanct Pawels an vilen orten.

Keyn frucht oder furderūg des Euangeliums/ mag mit ge-walt oder freuel auffgehen oder zunemen. Es wurd auch nitt besser yn ď welt/ wē gleich Bapst/ bischoff/ pfaffen mönnich vn̄ Nonnē/ mit allem yrem anhang/ erschlagen vnnd vertilget wurden. Dan es musten vil vnschuldiger mit gehē/ die bißher nichts bessers gehöret haben/ deren noch vill (sonder zweifel) zum wort Gottes bekeret werden. Dann der sententz vnsers herren Christi hat yn vill menschen ytzt sein furgang/ so ď her-re spricht Math. am. xx. Es werden die ersten die letzten/ vnnd die letzten die ersten. Vnd der selbigen warhafftigen prophe-cey wöllen wir vns vertrösten/ vnd gute hoffnūge haben/ das vill die ytzt wyder das hailig Euangelium wueten vnd toben/ sollen durch Gottes wunderbarliche barmhertzigkeyt bekert werden/ vnd dar nach zu dem Euangelio leib vnd leben setzen.

Dann der mit Christo dem Herren ni[ch]t dergleichen Gewalt oder Not in dem äußerlichen ni[ch]t erleiden mag, der wird auch freilich bis in Tod ni[ch]t beständig sein. [Bl. 344a]

Darumb, wie ich etlich hundert Mal hie[r] gelehrt hab, will[s]t [d]u rumoren, toben und wüten, schlahen, stürmen und würgen, und also vermuten, dass Evangelium einzuführen, so wären die Mörder und Kriegsgurgeln die geschicktesten Apostelen und die kräftigsten Prediger, wenn hie[r] das blutvergießen Schwert Cayn,[1] des ersten Mörders,[2] verstanden sollt werden.

Wir haben aber ein ander Schwert (wie itzund angezeigt), das uns Christus zugestellet hat, und wollt dass seine Jünger auch den Rock verkaufen sollten und dass sie dasselbige Schwert allwegen beihendig[3] hätten und ist nichts anders (wie vor bedeutet), dann das lebendig Wort Gottes, das unter dem Kreuz mit Geduld alle Ding überwindet.

Unser Herr Christus hat uns nicht gelehrt, die Sünder zu versprechen,[4] zu schelten, vermaledeien,[5] sturmen[6] oder totschlagen. Aber so wir mit christlicher Lehr und Vermahnung nichts an ihnen schaffen können, so sollen wir ihrer müssig gehen und kein Gemeinschaft mit ihnen haben, wie man liest Matt. am 10.,[7] auch in den Episteln Sankt Pawels[8] an vielen Orten.[9]

Kein Frucht oder Furderung des Evangeliums mag mit Gewalt oder Frevel aufgehen oder zunehmen. Es würd auch ni[ch]t besser in der Welt, wenn gleich Papst, Bischoff, Pfaffen, Mönnich und Nonnen mit ihrem Anhang erschlagen und vertilget würden. Dann es müssten viel Unschuldiger mitgehen, die bisher nicht Bessers gehöret haben, deren noch viel (sonder Zweifel) zum Wort Gottes bekehret werden. Dann der Sentenz unsers Herren Christi hat in viel Menschen itzt sein Furgang,[10] so der Herre spricht Math. am 20: »Es werden die Ersten die Letzten und die Letzten die Ersten.«[11] Und derselbigen wahrhaftigen Prophezey[12] wollen wir uns vertrösten und gute Hoffnunge haben, dass viel, die itze wider das Heilig Evangelium wüten und toben, sollen durch Gottes wundbarliche Barmherzigkeit bekehrt werden und darnach zu dem Evangelio Leib und Leben setzen.

---

1 […] das blutvergießende Schwert Kains […].
2 Vgl. Gen 4,8.
3 zur Hand.
4 verrufen, s. DWB 25, 1448–1491.
5 verfluchen.
6 (gegen sie) anrennen.
7 Mt 10,14,23.
8 Sankt Paulus'.
9 Röm 16,17; 1Kor 5,9–11; 2Thess 3,6; Tit 3,10f.
10 Fortgang.
11 Mt 20,16.
12 Prophezeiung.

Es yst ye das eyn teyll dyser propheceyen erfullet/ wie vor augen/das vil der ersten/vnd als wir meynten/die aller hytzigisten ym Euangelio/seynd leyder nur die letzten/vnd verfolgen nur das wort/ als ob sie darūb nye gehort od̃ geret hettẽ.

Vnd das synd die wunderbarlichẽ werck vnd gericht gottes/yn die sych niemants schlahen sol. Es kans auch niemants w ed̃ fordern noch hindern. Dan wem Got wil des erbarmt er sych/vnd verstockt auch welchen er wil. Wie zu dẽ Romeren am. ix. gesagt wirt. Dan Got thut billich was er wyl/vnd seyne rede yst voller gewalts/vnd mag niemants zu yhm sagẽ. Worūb thust du also? wie geschrieben stehet Ecclesiastes am achten/vnnd Job am eylfften.

Es wolt der Euangelisch vatter/wie geschriebenn stehet Matthei am. xiij. nit das das vnkraut ausgerauffet wurde/damit eyn tayl des waytzes nicht mit gieng. Also soll das Christlich hertz die wyderwertigen dem Euangelio/ nit wöllen mit todt vnnd gewalt zuuertylgen.

Die zeit yst noch nicht hie/von der David ym psalter sagt Es wurd sych der gerecht erfrewen/ so er Gottes rach wird sehen/vnd sein hende waschen ym blut des sunders. Aber die zeyt ist hie vor augen/das eyn yder fur sych selbs schaw/ d̃ sich vermeynt er sthe das er nicht falle/wie Paulus spricht yn der ersten Episteln zun Corinthern am zehenden.

Derwegen sey weyt von vnserm munde vnnd hertzen/ das wir aus dem wort der barmhertzikait wolten Tyrannisch od̃ mörderisch eynem menschen auff erden mitfaren.

Darumb laß pfaffen vñ munnich farẽ/auch bekũmer dich nichts vmb yrẽ anhāg/sterck sy nur nicht yn yrer boßhait/vnd thu yhnẽ keynẽ furschub mit einiger zeitlicher hulff. Bistu yhnẽ aber etwz zuthũ/als die erbzinß vñ d̃ gleichẽ/do bezal nach allem deynem vermögẽ/wie obẽ angezaigt/Vnnd gyb yhnen kain vrsach zu gots lesterũg vñ seynes hailigen worttes. Las dich auch nichts yrren/das sie d̃ selbẽ erbzinß wie recht besytzer synd gewesen. Sey du nicht dein selbs aigner richter/dan es gehöret Kunigen vnnd Landsfursten zu/so sie wöllen gutt

Es ist ja das ein Teil dieser Prophezeien erfüllet, wie vor Augen, dass viel der Ersten und, als wir meinten, die aller hitzigsten im Evangelio seind leider nur die Letzten und verfolgen nur das Wort, als ob sie darvon nie gehört oder gered hätten. [Bl. 344b]

Und das sind die wunderbarlichen Werk und Gericht Gottes, in die sich niemands schlahen soll.[1] Es kanns auch niemands weder fordern noch hindern. Dann wem Gott will, des erbarmt er sich, und verstockt auch, welchen er will. Wie zu den Römeren am 9. gesagt wird.[2] Dann Gott tut billich, was er will, und seine Rede ist voller Gewalts und mag niemands zu ihm sagen: »Warumb tust du also?« Wie geschrieben steht Ecclesiastes am achten[3] und Job am elften.[4]

Es wolt der evangelisch Vater, wie geschrieben stehet Matthei am 13.,[5] ni[ch]t, dass das Unkraut ausgerauft wurde, damit ein Teil des Weize[n]s nicht mitging. Also soll das christlich Herz die Widerwärtigen dem Evangelio ni[ch]t wollen mit Tod und Gewalt zu vertilgen.

Die Zeit ist noch nicht hie[r], von der David im Psalter sagt: »Es wurd sich der Gerecht erfreuen, so er Gottes Rach wird sehen und sein Hände waschen im Blut des Sünders.«[6] Aber die Zeit ist hie[r] vor Augen, dass ein jeder für sich selbs schau, der sich vermeint, er stehe, dass er nicht falle, wie Paulus spricht in der ersten Epistel zun Korinthern am zehenden.[7]

Derwegen sei weit von unserm Munde und Herzen, dass wir aus dem Wort der Barmherzigkeit wollten tyrannisch oder mörderisch einem Menschen auf Erden wollten mitfaren.[8]

Darumb lass Pfaffen und Münnich fahren, auch bekümmer dich nichts umb ihren Anhang, stärk sie nur nich in ihrer Bosheit und tu ihnen keinen Furschub[9] mit einiger zeitlicher Hülf. Bist [d]u ihnen aber etwas zuthun,[10] als ob die Erbzins und dergleichen, do bezahl nach allem deinem Vermögen, wie oben angezeigt. Und gib ihnen kein Ursach zu Gotts Lästerung und seines heiligen Wortes. Lass dich auch nichts irren, dass sie derselben Erbzins wie recht Besitzer sind gewesen. Sei du nicht dein selbs eigner Richter, dann es gehöret Kunigen und Landsfürsten zu, so sie wollen gut

---

1 gegen die niemand schlagen soll.
2 Röm 9,15.
3 Koh 8,4.
4 Hiob 11,7.
5 Mt 13,24–30.
6 Vgl. Ps 58,11f.
7 1Kor 10,11.
8 mitspielen.
9 Förderung.
10 Bist du ihnen aber etwas zu tun [verpflichtet] wie die Erbzinsen […].

Chriſten ſeyn/dz ſie der Pfaffheyt vnd der Municheyt yn yre
vberfluſſige reichtũb greyffen/vñ die ſelbigẽ gutter/ die pfaf-
fen vnd mönnich/mit yhrer erlognen ſcheynenden heyligkeit/
königen/furſten vnd herren / auch dem gemeynen man abge-
wendet haben/widerũb zu yhren henden nemen / vñ dẽ rech-
ten erben zuſtellen. Auch den gemeynẽ nutz damit fordern/vñ
wo die rechtẽ erbẽ nicht vorhandẽ ſynd/mit ſollichẽ vnſchetz-
lichẽ reichtumẽ/arme lewt/yhre vnterthanẽ tröſtẽ vñ vnterhal
ten/vnd yhre Königreich vnd Furſtentumb ſchutzẽ vñ ſtauren.
Vnd alſo habẽ wir hie ym Euangelio mit eynander gehã-
delt/geprediget vnd gelert/ ich wil auch ſolichs als gantz chri
ſtenlich vnd Götlich geprediget/gelert/vnd geſchriben haben
Auch wil ich hierynne keyner creaturen / ſie ſey hymeliſch
oder yrdiſch vnterſtehn/ Es werde dã an mich gelãget durch
Götlich wort vnd geſchrifft. Vnd wer dan ſolichs annemen
wil yn Chriſtlicher vnd bruderlicher liebe/ ſo bin ich mit freu-
den vnd höchſtem luſt bereyt/ainen yeden yn dem lebendigen
wort Gottes zu hören vnd zuuernemen/ vnd dem ſelben auch
auß dem vnuberwintlichen wort/gut verſtendig vnd bruder-
lich bericht zuthun.
Weyter werde ich keyner gewalt nicht achtẽ yn dyſem fall/
darũb pleyb eyn yder dohaymẽ mit menſchẽ leer vñ geſetz/altẽ
gebrauch vñ ď cõciliẽ reformirũg/dz alles hie kein anſehẽ hat
Vnſer leer vnd geſetz / ewiger gepreauch vñ beſtettigung/
yn dem wir auch ob Got will/vnd alleyn mit gottis gnad/vn
verruckt pleyben/iſt Chriſtus vnſer lieber herre yn ſeynẽ götli-
chen ewygen wort/dem ſey allein lob vnd ehre/die gewalt vñ
regyrung yn ewigkayt A M E N.

Eyſſennach. M.D.xxiiij.

D. J. S.

Christen sein, dass sie der Pfaffheit und der Münicheit in ihre überflüssige Reichtumb greifen und die selbigen Güter, die Pfaffen und Mönnich mit ihrer erlognen, scheinenden Heiligkeit Königen, Fürsten und Herren, auch dem gemeinen Mann abgewendet haben, wiederumb zu ihren Händen nehmen und den rechten Erben zustellen. Auch den gemeinen Nutz damit fordern und, wo die rechten Erben nicht vorhanden sind, mit sollichen unschätzlichen Reichtumen arme Leut, ihre Untertanen, trösten und unterhalten und ihre Königreich und Fürstentumb schützen und stauren.[1] [Bl. 345a]

Und also haben wir hie[r] im Evangelio mit einander gehandelt, geprediget und gelehrt, ich will auch solichs als ganz christenlich und göttlich geprediget, gelehrt und geschrieben haben.

Auch will ich hierinne keiner Kreaturen, sie sei himmelisch oder irdisch, unterstehn. Es werde dann an mich gelanget durch göttlich Wort und Geschrift.[2] Und wer dann solichs annehmen will in christlicher und brüderlicher Liebe, so bin ich mit Freuden und höchstem Lust bereit, einen jeden in dem lebendigen Wort Gottes zu hören und zu vernehmen und demselben auch aus dem unüberwindlichen Wort gut verständig und brüderlich Bericht zu tun.

Weiter werde ich keiner Gewalt nicht achten in diesem Fall, darumb bleib ein jeder doheime mit Menschenlehr und -gesetz, altem Gebrauch und der Konzilien Reformierung; das alles hie[r] kein Ansehen hat.

Unser Lehr und Gesetz, ewiger Gebrauch und Bestettigung, in dem wir auch, ob Gott will und allein mit Gottes Gnad, unverrückt bleiben, ist Christus unser lieber Herre in seinem göttlichen ewigen Wort, dem sei allein Lob und Ehre, die Gewalt und Regierung in Ewigkeit. A M E N.

Eyssennach 1524

D[octor]. J[acob]. S[trauß].

---

1 steuern.

2 Strauß weigert sich hier, sich Luthers theologischem Urteil und der Weisung der Herzöge zu unterstellen, s. Ausführungen in der Einleitung.

Autorenverzeichnis

Fritz Backhaus ist stellvertretender Direktor des Jüdischen Museums in Frankfurt am Main.

Prof. Dr. Joachim Bauer ist Leiter des Universitätsarchivs und apl. Professor am Historischen Institut der Friedrich-Schiller-Universität Jena.

Dagmar Blaha ist Archivdirektorin und Leiterin des Hauptstaatsarchivs Weimar.

Prof. Dr. Michael Haspel ist Direktor der Evangelischen Akademie Thüringen und apl. Professor für Systematische Theologie der Theologischen Fakultät der Friedrich-Schiller-Universität Jena.

Dr. Maximilian Kalus ist Wirtschaftshistoriker in Kempten.

Prof. Dr. Rainer Kessler ist emeritierter Professor der Philipps-Universität Marburg im Fachgebiet Altes Testament.

PD Dr. Stefan Michel ist Mitarbeiter an der Sächsischen Akademie der Wissenschaften zu Leipzig und lehrt an der Theologischen Fakultät der Universität Leipzig Kirchengeschichte.

Dr. Thomas T. Müller ist Direktor der Mühlhäuser Museen.

Dr. Carlies Maria Raddatz-Breidbach ist Historikerin und Archivwissenschaftlerin in Jena.

Prof. Dr. Siegrid Westphal ist Professorin für die Geschichte der Frühen Neuzeit an der Universität Osnabrück.

Nachwort

Dieser Band schließt eine Trilogie von Publikationen der Akademie in der Evangelischen Verlagsanstalt ab. Die drei Bücher sind thematisch dadurch verbunden, dass sie die Bearbeitung eines wichtigen, aber oft wenig beachteten reformatorischen Themas mit der Frage nach dessen Wirkungen bis in die Gegenwart verbunden haben.

In dem Band *Christopher Spehr / Michael Haspel / Wolfgang Holler (Hrsg.), Weimar und die Reformation. Luthers Obrigkeitslehre und ihre Wirkungen (2016)* werden die oft übersehenen »Obrigkeitspredigten« von Martin Luther, die er 1522 in der Schlosskirche zu Weimar hielt und aus denen seine Schrift »Von weltlicher Obrigkeit« (1523) hervorging, zum Ausgangspunkt genommen. Nachhaltig haben dieser theologische Impuls und die Reformen des Landesherrn in Weimar die Reformation des 16. Jahrhunderts gesellschaftlich, staats- und sozialpolitisch geprägt. Die Wirkungen von Luthers Obrigkeitslehre finden nicht nur Gestalt im dort früh entwickelten Landeskirchentum, sondern auch in der Übernahme von Verantwortung für Bildung, Wohlfahrt und Armenfürsorge. Hier finden sich wichtige Impulse für das Entstehen des modernen Staates, auch in seiner Ausprägung als Fürsorge- bzw. Sozialstaat. Das Buch spannt mit seinen Beiträgen einen Bogen von der Grundlegung der Obrigkeitslehre in Weimar über ihre Wirkungen bis hin in die Moderne mit ihren spezifischen Fragestellungen. Inhaltlich stehen hier die Fragen nach dem Verhältnis von Staat, Kirche und Gesellschaft im Fokus.

Die Frage des Gewissens und der Verantwortung der Einzelnen sowie die Rolle der Musik als kulturellem Ausdruck von Protestbewegungen sind die Leitthemen des Sammelbandes *Michael Haspel / Peter Reif-Spirek (Hrsg.), »Hier stehe ich und kann nicht anders!«. Martin Luther, Martin Luther King und die Musik (2017).* Martin Luther King, Jr. hat sich in seinem Engagement für die schwarze Bürgerrechtsbewegung in den USA und in seinem gewaltfreien Widerstand gegen Unterdrückung und Ungerechtigkeit ausdrücklich auf seinen Namenspaten bezogen. Er folgte seinem Gewissen so, wie es Martin Luther vor dem Reichstag in Worms getan hatte. Der Einsatz für Freiheit und Gerechtigkeit ist als wichtige Traditionslinie der Reformation über Jahrhunderte lebendig geblieben und spiegelt sich nicht zuletzt im Medium Musik wider. Dabei kann man durchaus eine Linie von Bach zu Jazz verfolgen.

Im letzten Teil dieser Trilogie wird schließlich der Bereich der Wirtschaft behandelt: *Joachim Bauer / Michael Haspel (Hrsg.), Jakob Strauß und der reformatorische Wucherstreit. Die soziale Dimension der Reformation und ihre Wirkungen (2018).* In der Reformationszeit spielt die Auseinandersetzung über Zins und Wucher eine bedeutsame Rolle. 1523 veröffentlichte der Eisenacher Reformator Jakob Strauß 51 Artikel gegen den Wucher, in denen er sich gegen überhöhte Zinsen auf Geld und Land ausspricht. Viele Bürger waren überschuldet, und Strauß versuchte, mit Hilfe dieser Artikel Gerechtigkeit zu schaffen. Für ihn ging es um die Frage, welches Handeln aus dem Glauben folgt. Strauß hat seine Artikel gegen den Wucher biblisch begründet. Vielleicht haben viele Menschen in Eisenach und Mitteldeutschland gerade deshalb so enthusiastisch auf die Botschaft der Reformatoren gehört, weil die geistliche Freiheit auch Befreiung aus weltlichen Zwängen verhieß. Dabei wird deutlich, dass vor dem Bauernkrieg gerade im Thüringer Raum unterschiedliche reformatorische Programme wirksam waren, die zwar in Beziehung zu Wittenberg standen, aber nicht in direkter Abhängigkeit. Durch die Auseinandersetzung mit Strauß in Eisenach beleuchtet das Buch die weitgehend vernachlässigte sozialethische Dimension der Reformation und zieht Parallelen bis zur Finanzkrise in der Gegenwart.

Mit dieser Trilogie wurden wichtige, aber oft vernachlässigte Aspekte der Reformation sichtbar gemacht und ihre Wirkung in die Moderne hinein, teilweise bis in die Gegenwart dargestellt. Darüber hinaus sind in der Reformationsdekade fünf weitere Bände, die auch auf Tagungen der Evangelischen Akademie Thüringen basieren, im Wartburg Verlag Weimar in der Reihe *scripturae* erschienen. Sie thematisieren und diskutieren Folgewirkungen der Reformation in der Neuzeit.

Der Band *Peter Vogt / Michael Haspel (Hrsg.), Zinzendorf – Reformator in Bildung, Kirche und Gesellschaft, scripturae 3 (2012)* versammelt Beiträge, die zu einer Tagung anlässlich des 250. Todestages von Nikolaus Ludwig Graf von Zinzendorf (1700–1760) im Jahre 2010 entstanden sind. Inspiriert von den Ideen der Reformationszeit setzte Zinzendorf in den Siedlungen der Brüdergemeine Formen des gemeinsamen Lebens, Glaubens und Arbeitens durch, die vielfach als revolutionär wahrgenommen wurden und enorme Ausstrahlungskraft auf die gesamte Gesellschaft hatten. Dabei wurden Impulse der Reformation aufgenommen und für die damalige Zeit aktualisiert und vitalisiert. Zahlreiche Reformimpulse, die für Bildung, Kirche und Gesellschaft von ihm ausgingen, prägen nachhaltig unsere Vorstellung von einem toleranten gesellschaftlichen Zusammenleben und trugen wesentlich zu einer am Individuum orientierten Pädagogik bei.

Der Sammelband *Michael Haspel / Ralf Koerrenz (Hrsg.), Johannes Daniel Falk. Impulse für Pädagogik, Diakonie, und Sozialpädagogik, scripturae 5 (2016)* knüpft inhaltlich an »Weimar und die Reformation« an. Die 1525 in Weimar eingeführte Ordnung der Sozialfürsorge (Gemeiner Kasten) kam schon durch den Dreißigjährigen Krieg erheblich unter Druck und bricht in den Napoleonischen Kriegen vollends zusammen. Gemeinsam mit dem Stiftsprediger Karl Friedrich Horn gründet Falk in dieser Situation die »Gesellschaft der Freunde in der Not« zur Unterstützung für eltern- und heimatlos gewordene Kinder und Jugendliche. Hunderte von Kindern und vor allem Jugendliche werden durch das Falk'sche Institut gerettet. Wie bei Zinzendorf spielte persönliche Frömmigkeit und Bildung eine wichtige Rolle, wenn auch weniger an der Individualität orientiert, sondern an einer Erziehung zum guten Staatsbürger. War Falk also ein visionärer Sozialreformer? Oder ein christlich Konservativer, der den geordneten Ständestaat bewahren wollte und nur deshalb die Ausgeschlossenen integrieren möchte? Je mehr man sich mit Falk beschäftigt, umso mehr Fragen entstehen – und ein großes Erstaunen, wie wenig wir eigentlich Genaues über die sozialen und politischen Kontexte und die Details seines Handelns wissen. Das Buch »Johannes Daniel Falk – Impulse für Pädagogik, Diakonie und Sozialpolitik« versucht eine Annäherung.

In ganz anderem geographischen und kulturellen Kontext spürt der Band *Jörg Nagler / Michael Haspel (Hrsg.), Abraham Lincoln und die Religion. Das Konzept der Nation unter Gott, scripturae 2 (2012)* den Folgen der Reformation nach. Abraham Lincoln gilt als einer der großen amerikanischen Präsidenten, der vor allem mit der Überwindung der Sklaverei und der Rettung der Union in Verbindung gebracht wird. Seine Reden sind legendär. Viele Motive seiner durch biblische Bilder geprägten Ansprachen sind in die amerikanische Zivilreligion eingegangen. Lincoln selbst wurde zur zivilreligiösen Ikone. Er prägt bis heute das Verhältnis von Religion und Politik in den USA. Aber wie hielt es Lincoln selbst mit der Religion? Er sprach von der »Nation unter Gott«, er war vertraut mit der Bibel, durch und durch protestantisch geprägt – doch woran glaubte er? Und wie beeinflusste das sein politisches Handeln, insbesondere sein Engagement für die Beendigung der Sklaverei?

Diesen Themenstrang verfolgt auch das Buch *Michael Haspel / Britta Waldschmidt-Nelson (Hrsg.), Martin Luther King. Leben, Werk und Vermächtnis, scripturae 1 (2008)*, das anlässlich des 40. Todestags von Martin Luther King, Jr. entstanden ist. Martin Luther King ist bis heute eine Symbolfigur der afroamerikanischen Bürgerrechtsbewegung und des gewaltlosen Widerstands. Dieser Band greift Fragen nach Kings Motivation, seinen Erfolgen und Niederlagen auf. Er befasst sich mit den Auseinandersetzungen innerhalb der schwarzen Protestbewegung und analysiert die heutige Situation der Afroamerikaner in den USA. Ein umfassender Blick auf King, sein Umfeld und seine Wirkung bis in die Gegenwart.

Ganz im Gegensatz dazu steht das Leitmotiv des letzten Bandes *Hans-Joachim Döring / Michael Haspel (Hrsg.), Lothar Kreyssig und Walter Grundmann. Zwei kirchenpolitische Protagonisten des 20. Jahrhunderts in Mitteldeutschland, scripturae 4 (2015)*. Denn es geht dabei um eine Inanspruchnahme der Reformation, die nicht emanzipatorisch ist, sondern am Antijudaismus und Antisemitismus Luthers anknüpft. In ihrer Verhältnisbestimmung zum Nationalsozialismus und zur Aufnahme nationalsozialistischer Ideologie in der evangelischen Kirche haben die beiden Protagonisten konträre Positionen eingenommen. Sie gehörten einer Generation an, waren Mitglieder der gleichen Kirche. Sie lasen in der einen Bibel. Nach 1945 wirkten beide prägend: Kreyssig in der Kirchenprovinz Sachsen und Grundmann in der Thüringer Landeskirche. Doch ihre Lebenswege konnten unterschiedlicher kaum sein: In der Zeit des Nationalsozialismus klagte Kreyssig als Jurist führende Funktionäre des Mordes an, war aktiv in der Bekennenden Kirche und versteckte Juden. Grundmann entwickelte als führender »Deutscher Christ« eine völkische Theologie, entwarf eine sogenannte »entjudete« Bibel, missbrauchte Evangelium und Recht. Der eine war Richter, der theologisch gedacht hat – der andere Theologe, dessen Argumente enorme rechtliche Konsequenzen hatten.

Anliegen der den beiden Buchreihen zugrunde liegenden Akademietagungen war es, das Reformationsgedenken nicht als historisierendes oder glorifizierendes Unternehmen zu betrachten, sondern durch die Auseinandersetzung mit der Reformation und ihren ganz unterschiedlichen Folgen Orientierung für Kirche und Gesellschaft in der Gegenwart und für die Zukunft zu gewinnen. Wir hoffen, dass dies zumindest in Ansätzen gelungen ist und durch die Publikation der Bände die in den Tagungen gewonnenen Einsichten und Perspektiven einer weiteren Öffentlichkeit zugänglich sind und bleiben.